明清运河漕运仓储与区域社会研究

郑民德 著

人民出版社

目　　录

序

郑民德博士的专著《明清运河漕运仓储与区域社会研究》出版在即，手捧厚厚的书稿，我脑海中突然冒出一句话："但凡坐得住冷板凳的，摘取硕果皆在意料之中。"我与民德博士相识已逾十年，记得2008年8月去聊城大学报到时，单位领导安排了两位研究生帮忙打扫宿舍卫生，其中一位便是郑民德。简短的交流得知，他正师从王云教授读硕士二年级，王教授是运河领域专家，其弟子多以运河区域经济社会为选题方向。由于我本人一直关注明清黄运地区的环境与社会问题，共同的研究旨趣一下子拉近了我们的距离，其后围绕大运河的学术交往持续至今。在多年的相处中，深感其为人老实、为学踏实、善于钻研、甘于寂寞。

漕运是中国历史上的特有现象，涉及漕河、漕粮、漕军、漕政、漕船、漕法、漕仓等方面，是一项重要的系统性国家事务，堪称古代王朝的立国之本和经济命脉，也是我们认识古代社会的一个很好的切入点。近年来，随着南水北调、运河申遗以及大运河文化带建设工作的开展，运河漕运问题引起了更加广泛的关注。其中，社会史视角下的漕运研究成为热点，研究视角下移到微观具体的基层社会，以人为中心，强调田野调查等研究方法的运用。但比较而言，专门以漕运仓储为研究对象，将其放在区域社会变迁视野下探讨的成果还不多见。

仓储是国家漕粮收兑的重要场所，是漕运系统的重要组成部分，涉及漕运起点的交纳兑运、漕运中途的转运补给以及漕运终点的入仓存贮，贯穿漕运活动的整个过程，其间必与区域社会发生一定的联系。尤其是明清时期，王朝定都北京，京城供需、边镇开支、灾荒赈济均需耗费大量粮食等物资，因此迫切需要南方经济重心区的供应接济，南粮北运成为国家层面的重大举措。该著作基于区域社会史的研究视角，选择漕运仓储问题为研究对象，聚焦于明清漕运鼎盛时期的仓储与区域社会关系，全面揭示了漕仓运作过程中对经济、社会、文化的影响。在具体研究中，借鉴了历史学、社会学、地理学、民俗学等多科学的理论与方法，参考利用了实录、奏疏、档案、方志、碑刻等大量文献资料，客观评价了漕仓在明清社会中的地位与作用，是在前人研究基础上向纵深拓展的一项可喜成果。

该书作为教育部课题的最终结项成果，乃作者花费多年心血精心打造而成，是他不懈努力的又一硕果。全书共七章，35 万余字，分别探讨了先秦至元代漕仓与社会关系、明清漕运仓储的管理与运作、明清漕运仓储的功能作用与区域社会关系、明清漕弊及京通仓和大型水次仓之弊、明清基层社会的漕仓弊端、清代有漕省份的闹漕案与区域社会关系、明清时期的漕仓神灵信仰与社会关系等重要问题，从而揭示出了漕仓结构、功能、作用的演变以及对区域社会的影响。全文结构合理，逻辑清晰，研究结论多有创新，具有较高的学术水平。从中可以看出，明清漕运仓储作为国家漕粮交兑、收支的重要场所，其管理运作过程中对区域社会产生了诸多影响，涉及社会秩序、官民关系、军事供需、荒政粮价、商品市场、宗教信仰、民俗文化等方面。上述研究显示了作者扎实的专业知识和较强的分析解决问题能力，以及认真细致、科学严谨的科研态度。在当前大运河文化带建设的背景下，该成果不仅有助于拓展漕运史研究的广度与深度，而且有助于深化区域社会史的研究视域，其学术价值和现实意义不言而喻。

民德博士专注于漕运仓储研究十余年，从硕士论文的四大水次仓扩展至博士论文的整个仓储系统，从聚焦仓储制度到关注漕运社会，研究视角越来越广，材料挖掘越来越深。近年来，他先后承担了国家社科基金、教育部社科基金等多项课题，出版相关研究专著 2 部，发表论文 80 余篇，可谓硕果累累，堪称同辈青年学者中的佼佼者！作为其在该研究领域的见证人，我衷心希望他在学术道路上乘风破浪、行稳致远，为运河研究做出更大贡献！

是为序。

李德楠

2020年冬月于淮安清江浦

绪　论

一、研究目的与意义

中国的漕运有着悠久的历史，早在先秦时期就已有官方的水上运输活动，用于运输漕粮与军队，以便军事征战。其后随着人工运河的不断开凿，漕运的政治性、国家性、官方性日益强烈，成为了古代政权重要的国家策略。特别是明清两代，因政治中心与经济中心的分离，京城供需、边镇开支、灾荒赈济需要消耗大量的粮食，因此南粮北运成为了国家不得不施行的举措，而陆路运输旷日持久，会耗费大量的人力、物力、财力，海运则有风涛之险，因此运输量更大、效率更高、运价相对低廉的京杭大运河成为了明清王朝最主要的水上运输线路，而与之伴随而生的是漕运制度的不断完善，漕河、漕粮、漕军、漕政、漕船、漕法、漕仓既各成体系，有着相应的管理机构与管理人员，同时不同环节之间又密切配合，相互支持，构成了整个的漕运系统。作为其中的重要组成部分，漕仓是为适应漕运的发展而产生的，漕粮的长途运输存在诸多的困难与弊端，而存贮、转运、补给需要相应的管理机构与存储场所，于是从最初的巨桥仓、敖仓、京师仓再到后世的沿河水次仓，仓储的管理、运作、功能既有一脉相承之处，同时又产生了新的特点，对国家及区域社会的影响不断扩大，漕仓不但成为了古代王朝维持统治的物质基础，而且对社会灾荒赈济、粮价平衡、市场稳定、民众生活、民俗信仰都产生了重要的辐射作用。

明清时期漕仓与区域社会关系不是单边或孤立的，而是一种双向的互动关系，彼此既相互影响，又相互制约，而漕仓的政治供给、军事开支及运作中的人际交往、仓储弊端其实也是仓储内部或仓储与周边区域社会中人与人之间关系的交流。漕运仓储从政治制度史上研究可以关注其历史沿革、管理制度的形成与变迁、运作机制保障等，而从社会史、人类学、民俗学的角度进行研究，可以探讨仓储与社会中不同人群的互动，通过对处于不同社会阶层中人的需求及心理变化的分析与描述，揭示漕运仓储变迁的影响因素，进而总结出变化的轨迹与规律，以便更加深入的了解漕仓与区域社会的互动关系究竟具体体现在哪些方面。

本书以明清运河漕运仓储与区域社会关系作为研究对象，其目的与意义主要有以下三个方面。首先，关于漕运仓储的成果相对较少，目前的相关研究多集中于政治制度史方面，而对仓储与区域社会之间的关系论述不多，因此，本书通过对该方面的深入探讨，以期全面揭示明清漕仓在发展演变过程中对社会政治、经济、文化的影响，并就社会中不同因素、不同人员对漕仓的反作用予以分析，以拓展中国漕运史研究的广度与深度，丰富学界的相关成果，增强该领域的学术活跃度与交流度。其次，过去关于中国运河文化的研究主要集中于运河河道变迁、水利工程、漕运制度、商业市镇等方面，多关注于研究的宏观性，从整体史的角度去介绍中国大运河对古代社会的影响，而对社会中的不同群体与人员则不太重视，过于强调国家的政治制度性，忽略了人的主观能动性。而明清漕运仓储与区域社会的互动关系实质为不同人群的交流，无论是仓储的管理、运作、功能作用的发挥，或者是仓弊的产生与整顿、围绕漕粮交兑的官民冲突与博弈、仓神信仰等，其中不同关系的主体均为人，不同的利益群体一方面对漕运仓储施加作用，影响了其发展演变，同时漕仓也对仓储内部人员交往、区域社会中不同人群关系产生着辐射，使其中因利益纠葛而导致的矛盾错综复杂。最后，中国运河文化史的研究逐渐成为学界与社会关注的热点，对运河历史的研究也有助于服务社会，为当今的一些社会实践提供借鉴与参考。2014 年在卡塔尔首都多哈举行的第 38 届世界遗产大会上，中国大运河列入《世界遗产名录》，关于运河文化的研究逐渐深入与广泛。2017 年，习近平总书记有两次重要讲话与批示："要古为今用，深入挖掘以大运河为核心的历史文化资源。保护大运河是运河沿线所有地区的共同责任。”“大运河是祖先留给我们的宝贵遗产，是流动的文化，要统筹保护好、传承好、利用好”，为运河文化的建设指明了方向。2019 年，中共中央办公厅、国务院办公厅联合印发《大运河文化保护传承利用规划纲要》、《长城、大运河、长征国家文化公园建设方案》，为运河文化带建设、运河国家公园建设提供了宏观指导。因此，对包括漕运仓储在内的运河文化的研究，有助于为当今运河文化的科学保护、传承与利用提供某些方面的经验与参考，使运河文化得到更好的延续，为国家与社会服务。

总之，对明清漕运仓储的研究与论述，虽以历史资料的整理、分析为基础，通过对漕运仓储历史演变过程中不同人群社会实践活动及心理状态的探讨，以揭示仓储变化的规律及与区域社会之间的关系，但同时历史研究的重要意义也有着“以史为鉴”、“以史为镜”的功能与作用，在历史叙述的过程中，可以总结经验与教训，为现代社会有关运河文化的规划与发展提供一些借鉴与参考！

二、研究现状与概况

目前关于运河史、漕运史的研究取得了大量的成果，这些成果涉及河道变迁、漕运制度、商业市镇、工程水利、民俗文化等方面，分别从历史地理学、政治制度史、经济史、水利史、民俗学等角度进行了探讨，拓展了运河文化的研究范围。而漕运仓储作为古代社会漕运系统的重要组成部分，目前也有一定数量的成果，对漕仓的建置沿革、管理运作、功能作用进行了相当的研究，但重点多放在制度建设方面，而对制度空间内部之间的人际关系、权力冲突、弊端整顿探讨不多，更没有深入分析仓储与区域社会之间的互动关系，因此有着进一步深入论述的必要。下面即对目前的相关研究成果进行介绍，这些成果不但提供了研究的视角与思路，而且也为研究的深入与拓展奠定了基础，具有重要的价值与意义！

（一）明清漕运仓储的专题性研究

关于明清漕运仓储的专题性研究主要集中于京通仓、大型水次仓两种类型的仓储上，目前较为详细的研究主要以著作、硕博论文的形式出现，这些成果字数较多，论述较为深刻，从不同的角度分析了仓储的历史演变与运作机制，同时对仓储的其他方面也有一定的论述。而大量的论文研究则思路较为广泛，特别是近几年来，除从政治制度史探讨漕仓的沿革外，开始将研究的视角转变到基层社会漕仓，关注漕仓与基层社会民众、地方官府之间，甚至与自然环境、人文环境之间的关系，从社会史、人类学、城市史、历史地理学等角度去分析传统漕运、漕仓在当时社会发展的规律及对区域空间的影响。

于德源的《北京的漕运与仓场》一书，在介绍北京古代河流水系、北京地区漕运的基础上，对金、元、明、清四代的运河管理、漕仓管理进行了论述，尤其是对明清京通仓储的沿革与规模、管理机构、收支制度、仓储弊端多有探讨，另外也涉及仓粮赈济与平粜、商业发展等情况，较为全面地研究了古代北京漕运、漕仓演变过程。① 郑民德从政治制度史的角度出发，对明清京杭运河沿线漕运仓储的建置沿革、管理运作、功能作用、弊端整顿进行了探讨，同时对基层社会小型漕仓的分布及闹漕、哄仓之争也有所论述。② 梁科的《明代京通仓储制度研究》一文，以明代京通仓制度为研究对象，在叙述历代京师太仓制度发展演变的基础上，对明代漕仓设置、京通仓管理制度、仓储运作程序、仓储制度特点与危机解决进行了全面论述，较为深入地探析了明代京通仓储制度发展、演变的脉络。③ 李永萍以清代京通仓储制度为论述视角，指出清代京通仓制度基本沿袭明代，但同时又有创新与发展，即便在整个清王朝，在仓储的建设材料、建制规模、储粮数量、发放对象上在不同时期既有类似，又有差异。清代京通仓管理体制森严，除专管人员外，督察院、户部、八旗、工部也参与其中，共同保障仓粮的供给、赈济与市场调节作用。④ 郑民德的《明清运河水次仓研究》一文指出明清水次

---

① 于德源：《北京的漕运与仓场》，北京同心出版社 2004 年版。

② 郑民德：《明清京杭运河沿线漕运仓储系统研究》，中国社会科学出版社 2015 年版。

③ 梁科：《明代京通仓储制度研究》，北京大学 2005 年硕士论文。

④ 李永萍：《清代京仓、通仓研究浅见》，首都师范大学 2012 年硕士论文。

仓是为保障漕粮运输、存储而设置，其目的是满足边疆、皇室、百官及卫所的粮食需求，国家通过健全管理机构与维持运作程序，以便漕仓的政治、军事、经济功能得到最大程度发挥，巩固王朝的统治。① 以上为研究明清两朝漕运仓储的专著与硕博论文，其研究的关注点主要集中于京通仓储的制度沿革上，对仓储本身及管理机构的设置介绍较为详细，虽对仓储与区域社会关系有所论述，如仓粮平粜与赈济、仓弊整顿、闹漕纠纷等，但所占比例不大，没有全面、详实、深入地探讨明清漕仓演变过程中人的作用及与社会的互动关系。

关于明清漕运仓储的论文数量相对较多，较早期的成果仍以政治制度史研究为主，不过已开始关注仓储的其他方面，随着研究范围的不断深入，在揭示仓储空间结构的基础上，对仓储内外人员关系的探讨日渐丰富，力图去分析漕仓在区域社会中的地位与作用。高寿仙指出明代在京通设置仓储，并建立了相应的仓场管理与监督制度，按一定比例分贮漕粮，明前期仓储较为丰盈，但中叶以后由于折银日多与冗员增加，京通二仓存粮数额大幅下降，只在万历初期一度回升。京通仓粮对于京卫官军月粮、边镇军储、灾荒赈济、米价平衡具有重要作用，不过随着存粮减少，这些作用日益弱化。② 刘捷的《明代京杭大运河沿线的转运仓与运河城市》一文，明代为漕运需要在大运河沿线设置了转运仓，仓储对运河沿线城市产生了很大的影响，通过叙述明代通州、德州、临清、徐州等城市的变迁与转运仓的关系，说明了转运仓在运河城市中的重要作用。③ 钟行明指出明代京通仓的设置与大运河密切相关，用以存储漕粮，保障京师之用，明朝设立了一套完备的管理体系维持仓储的有效运作，对仓储官员机构设置、纳粮支粮流程、入仓管理与运作等内容进行探讨，可以分析京通仓管理运作的空间载体及制度运行与空间关系。④ 李菁以明代南直隶漕仓为研究对象，指出南直隶地区为明代重税区，

① 郑民德：《明清运河水次仓研究》，聊城大学 2010 年硕士论文。

② 高寿仙：《明代京通二仓述略》，《中国史研究》2003 年第 1 期。

③ 刘捷：《明代京杭大运河沿线的转运仓与运河城市》，《建筑史》2006 年第 1 期。

④ 钟行明：《明代京通仓的管理运作》，《中国名城》2011 年第 4 期。

漕粮起运比例高，漕仓数量相对较多，规模较大，研究价值较大，通过对影印方志中散落的漕仓建筑信息为资料，可以考察明代南直隶地方漕仓设置背景、修建过程、选址特点与建筑特色。[①] 郑民德指出淮安常盈仓作为明代的五大水次仓之一，不但每年转运上百万石江南漕粮，而且对于京通仓储的维持、城市经济的发展、自然灾荒的赈济都具有重要的意义与价值。[②] 张程娟的《明代运河沿线的水次仓与城镇的发展——以山东张秋镇为例》一文，以运河名镇张秋为例，考察在漕运制度改革下，张秋镇九个水次仓的设立、运作及其对地方社会的影响，认为张秋镇的发展不仅仅视为交通区位影响下的结果，而通过细致分析制度变化影响下的地方语境及社会机制，才能呈现更加立体的历史场景[③]，她的另一篇文章《从漕运卫所和仓储体系看明前中期漕运改革——以徐州地区为中心的考察》则指出明代徐州卫所与仓储体系的转变与国家财政体系、漕制转变有着密切关系，运法的改变使徐州形成了两套仓储体系，即在全国范围内发挥支运功能的广运仓和兑运法下州县级水次仓，长运法施行后，并未改变徐州所行兑运法，但对支运体系进行了调整，广运仓成为了运军支取行粮所在，明代运法的改变并非简单的线性变化，需要从整体上进行考量。[④] 阮宝玉、吴滔从漕运的实际运作层面考察，发现明清有漕州县水次仓的设置及漕运运法的实施存在明显的区域差异，江浙、江西、湖广、山东、河南有着明显的不同，这表明明清漕运制度的推行具有鲜明的区域差异性和复杂性[⑤]，阮宝玉的另一文章《明清漕运中民运与军运的抉择——以江西、湖广"仪兑"为中心的讨论》指出，明代宣德、成化实行兑运、改兑后，江南漕粮运输改由本地运军驾驶漕船前往州县水次

---

① 李菁：《明代南直隶地方漕仓研究》，《建筑史》2013 年第 2 期。

② 郑民德：《漕运与国脉：略论明代的淮安常盈仓》，《武汉理工大学学报》（社会科学版）2013 年第 2 期。

③ 张程娟：《明代运河沿线的水次仓与城镇的发展——以山东张秋镇为例》，《中山大学研究生学刊》（社会科学版）2014 年第 1 期。

④ 张程娟：《从漕运卫所和仓储体系看明前中期漕运改革——以徐州地区为中心的考察》，《史林》2017 年第 5 期。

⑤ 阮宝玉、吴滔：《明清漕粮运输方式推行中的区域差异——以州县水次仓为视角》，《中国历史地理论丛》2016 年第 3 期。

交兑，然后北运京通二仓，不过南京运军游离于这一体制之外，多采用雇募民船前往仪真交兑的方式，后江西运军借鉴这一方式，使江西、湖广等地漕粮交兑深受这一运法影响，随着各种矛盾的尖锐，甚至直接改由民运至仪真交兑，至明末演变为“仪兑”制度，在清代则形成了不同于长运法的运输体系，充分体现了民运与军运的复杂关系。① 杨品优认为明成化十年的漕粮行改兑法是一次重要的制度变动，为避旗军、运丁勒索，加上江西河道不利于运输，自万历朝始江西州县即在省城设置漕仓，于省仓兑粮于运军，“一条鞭法”推行中，漕粮官收官解，地方州县也设置了一批漕仓，至清乾隆时，南昌城外西北、西南已漕仓林立，这些城外漕仓后来成为试馆、会馆，供士子考试及州县官民赴省之用，通过对明清江西城外漕仓兴起历史的考察，可以认识贡赋体制对城市空间塑造的意义。② 以上关于明清漕运仓储的专题性论文，逐渐由政治制度史向社会史、城市史的研究视角转化，开始关注基层社会中漕仓与地理环境、区域空间、地方文化及不同人员之间的互动关系，更加重视宏观与微观的结合，使研究的广度与深度得到了进一步的增强。

总之，关于明清漕运仓储的相关探讨已出现了一批研究成果，其研究特点与趋势主要有以下三个方面。首先，从研究内容上讲，从最初对京通仓储的政治制度史研究开始逐渐下探，关注基层社会漕仓与不同群体关系的成果不断涌现，更加重视“人”在漕仓发展演变过程中的地位与作用，同时对仓储对区域社会影响的论述趋向深入与细致。其次，从研究资料上看，过去的相关研究多注重正史、实录、奏疏等传统资料的使用，而现在随着研究范围的扩大，档案资料、方志资料、文集笔记，甚至碑刻、契约、家谱、口述史资料得到了一定的使用，资料来源更为丰富，语境建构更为生动。最后，目前看来，关于明清漕仓的研究还是多拘于历史学方面的探讨，而从其他学

① 阮宝玉：《明清漕运中民运与军运的抉择——以江西、湖广“仪兑”为中心的讨论》，《史林》2019 年第 6 期。

② 杨品优：《明清漕运与南昌城外的空间格局——再论江西省仓》，《江西社会科学》2019 年第 8 期。

科角度论述的较少，不同学科交叉度不高，综合性不强，与社会现实联系不多，以后的研究应在基于历史资料的前提下，观照现实，采用多学科的综合研究方法，使该领域的研究进一步深入与强化。

（二）涉及漕仓研究的相关论著

除漕运仓储的专题性研究外，更大量的运河史、漕运史研究成果中对漕仓有所涉及，这些作品在研究内容、研究深度、结构布局上有所差异，但基本都是在漕运变迁的宏观背景下，对漕仓的建置沿革、功能作用进行论述，通过局部的探讨以揭示当时漕运演变的规律与脉络，进而分析漕运对国家与社会的影响。尽管这些作品对漕仓的研究并不是那么细致、深入，但仍具有很大的参考价值，不但使我们可以了解漕运系统变化过程中漕仓的地位与作用，而且透过漕运变迁规律可以更加深入地探讨漕仓在当时社会背景下对国家政治、经济、军事、民生的意义。

著作中涉及漕仓的内容多作为运河史、漕运史的重要组成部分进行介绍与论述，通过对局部的探讨以总结漕运在古代国家与社会中的地位与作用。李文治、江太新的《清代漕运》一书，在介绍中国古代漕运制度发展演变的基础上，对清代漕运系统的不同环节进行了全面的论述，涉及农业生产与漕运持续、漕粮财政与赈恤、漕粮赋税制度、漕粮兑运与交仓、漕运官制与船制、漕粮运道、运丁与屯田、漕弊整顿与改革、漕运与商品经济等诸方面，既从宏观角度叙述清代漕运变迁，又对漕运系统的诸方面予以探讨，其中对京通仓储管理制度、漕粮起卸与交仓、漕仓禁令与完欠、仓厫与贮米、仓弊危害多有论述。① 彭云鹤在概述明以前漕运制度的前提下，对明清漕运制度的全盛与衰亡进行了深入探究，对漕运制度发展、繁荣的原因与条件，河道修治与管理、漕粮征解、漕运社会效益、漕弊整顿诸方面做了全面分析，揭示了明清漕运兴衰对王朝统治的影响，其中对仓厫设置、功能作用、仓弊表现进行了一定研究。② 傅崇兰的《中国运河城市发展史》对运河沿线

① 李文治、江太新：《清代漕运》，中华书局 1995 年版。

② 彭云鹤：《明清漕运史》，首都师范大学出版社 1995 年版。

城市的发展演变与运河之间的关系进行了深入探讨，内容涉及城市选址与位置、环境与人口、经济与商业、文化与生活等方面，认为通州、天津、临清、德州、淮安等城市的兴起、繁荣与漕运的延续、漕仓的设置有着密切的关系，漕运的因素对城市经济的促进具有重要作用。① 陈锋从漕运与古代社会的关系入手，认为漕运是缘于集权统治而产生的，对漕运组织与理漕官吏，漕卒、水手与青帮，漕运对专制王朝的意义，漕运与城市及社会生活进行了研究，其中对仓储组织的历史演变、官制设置、监督体系、仓官弊端等方面做了较为深入地分析与探讨。② 王云在掌握丰富文献资料与社会调查资料的基础上，运用历史学、历史地理学、社会学、民俗学等多学科理论，对明清山东运河区域社会变迁的动因进行了考察，认为其动力主要是交通环境改善、漕运政策和对其他区域多种文化的吸纳融合，指出运河沿岸城镇与运河腹地社会发展具有不平衡性，总结出了该区域在社会变革过程中所表现出的马鞍形的发展趋势与经验教训，其中在介绍漕运兴盛与南北物资交流的活跃部分中对运河沿岸水次仓沿革、功能作用、管理机构等内容多有涉及。③ 李泉、王云的《山东运河文化研究》一书，通过对山东运河区域文化的研究，既介绍了山东运河河道、漕运制度的历史变迁，又对沿河城镇、商人商帮、文化交流、民间宗教与信仰、民风习俗多有探讨，其中对山东运河沿岸明清水次仓的设置与管理有所叙述。④ 以上著作类成果或观照于明清漕运制度的整体变化，或以某一运河区域社会变迁为研究对象，对京通仓储、沿河水次仓的管理、运作、功能作用进行了论述，同时对仓储与区域社会之间的关系也从某些方面有所分析，对于专题性研究的进一步深化具有重要的参考意义。

论文研究成果的内容较为丰富，既对中国历代漕仓的演变进行了探索，同时对明清漕运体系中漕仓的地位与作用也予以论述。邹逸麟的《从含嘉

① 傅崇兰：《中国运河城市发展史》，四川人民出版社 1985 年版。
② 陈锋：《漕运与古代社会》，陕西人民教育出版社 2000 年版。
③ 王云：《明清山东运河区域社会变迁》，人民出版社 2006 年版。
④ 李泉、王云：《山东运河文化研究》，齐鲁书社 2006 年版。

仓的发掘谈隋唐时期的漕运和粮仓》一文，指出含嘉仓既是唐代东都洛阳的粮仓，也是当时漕运沿线的大型官仓之一，起着关东和关中之间漕米转运站的作用，其设置与唐代粮仓布局、水运环境、政治需求有着密切关系。而隋唐时期的其他漕仓，如洛口仓、回洛仓、河阳仓、广通仓等，都是按照当时的漕运路线设置、分布的，各仓的地理位置与当时的分段运输法密切相关，用以供给长安、洛阳的需求。① 董进泉对隋朝仓储与瓦岗军的关系进行了论述，他认为隋末诸仓一方面是引起农民大起义的经济根源，另一方面也成了覆灭隋王朝的各种政治势力崛起的重大物质因素，但如果只会依靠粮食吸引群众，那么一旦粮食散尽或粮仓失守，也会失去掌握群众的物质条件。② 方孝廉指出洛阳位于河南省西部的黄河南岸，地势险要，河流众多，是著名的古都与战略要地，自秦汉以来多设置粮仓储粮，这些粮仓对巩固当时国家的统一和经济繁荣都起到了积极作用，同时也为我们提供了地下贮粮的科学方法。③ 宋杰的《敖仓在秦汉时代的兴衰》以秦汉敖仓为研究对象，指出秦汉在河南荥阳设置敖仓，囤积漕粮、修筑仓城、派兵驻守，有着重要的政治、军事价值，在国家的经济生活中有着不可低估的影响，东汉以后敖仓地位不断下降，魏晋南北朝数百年间缺乏管理与经营，逐渐在历史舞台上销声匿迹。④ 毛佩琦认为古今城市的兴起除政治原因外，经济的发展是最主要的因素，而二者无不联系于交通条件，京杭大运河的贯通使临清从偏僻小县迅速崛起，成为了著名的商业都会，其中临清粮仓的设立凸显了其军地要地、漕运咽喉的位置，而清末黄河北徙、运河淤塞，加之海运、铁路兴起，临清失去交通枢纽地位，迅速衰落下去。⑤ 邵鸿对西汉的仓制进行了考证，为了保障京师的粮食消费，西汉一直仰赖漕运，于漕河沿线置仓，是转运漕

① 邹逸麟：《从含嘉仓的发掘谈隋唐时期的漕运和粮仓》，《文物》1974 年第 2 期。

② 董进泉：《隋末仓储与李密瓦岗军》，《复旦学报》（社会科学版）1982 年第 6 期。

③ 方孝廉：《洛阳附近的古代粮仓》，《中原文物》1984 年第 1 期。

④ 宋杰：《敖仓在秦汉时代的兴衰》，《北京师范学院学报》（社会科学版）1989 年第 3 期。

⑤ 毛佩琦：《明代临清钩沉》，《北京大学学报》（哲学社会科学版）1988 年第 5 期。

粮的主要中介机构，是西汉王朝政治机器运行的基本条件。① 曹铁圈的《隋唐时期洛阳及其周围地区仓储初探》指出洛阳及周围地区在隋唐时期曾长期作为封建国家的仓储中心，聚藏了全国大部分的粮食、布帛、食盐等物资，这一地区的仓储情况在一定程度上影响了这两个王朝的政治、经济、军事动向，是国家机器正常运转的重要保证。② 张新斌通过对历史时期敖仓进行系统研究，提出敖仓始建年代为秦，废止于宋，敖仓因所处的位置及巨大的粮食储备，在秦汉时期尤显重要，敖仓故城位于今郑州西北的敖山上，遗址犹存，通过对敖仓进行研究，对于秦汉仓储制度以及某些地名的地址位置探讨具有重要意义。③ 辛德勇的《论细柳仓与澂邑仓》一文，认为细柳与澂邑二仓是西汉时期长安附近两处重要的国家级粮仓，通过对仓储地点的考察，仓储设置的目的首先是要便于向北部边防运送军粮，在北部边境形势较为稳定，军粮所需减少的情况下，自然就成为供应都城长安的理想仓储了。④ 周源的《隋唐洛阳含嘉仓城东门考》通过从城门俗名的角度理解铭文砖上的“东门”和与之关系密切的“仓中门”，以假设与验证，认为含嘉仓城如文献所载只有三座城门，东门不存在，铭文砖中的“东门”指的是仓城“含嘉门”。⑤ 赵晓军以战国与隋唐时期的洛阳官仓为例，对古代仓窖储粮计量问题进行了考察，估算了隋回洛仓、子罗仓，唐含嘉仓、常平仓的存粮数额，通过对此研究，既可以加深对粮仓规模的认识，还可以对当时国家的农业经济状况有比较直观的了解。⑥ 陈喜波、邓辉《明清北京通州古城研究》一文，指出通州是明清时期运河北端漕运枢纽城市，随着漕运的发展，通州城池自明初以来也日益扩展和完善。通州城市的发展演变与漕运密切相

① 邵鸿：《西汉仓制考》，《中国史研究》1998 年第 3 期。

② 曹铁圈：《隋唐时期洛阳及其周围地区仓储初探》，《中州学刊》1996 年第 5 期。

③ 张新斌：《敖仓史迹研究》，《中国历史地理论丛》2003 年第 1 期。

④ 辛德勇：《论细柳仓与澂邑仓》，《陕西师范大学学报》（哲学社会科学版）2010 年第 2 期。

⑤ 周源：《隋唐洛阳含嘉仓城东门考》，《中国历史地理论丛》2015 年第 1 期。

⑥ 赵晓军：《古代仓窖储粮计量问题研究——以洛阳战国与隋唐官仓为例》，《中国国家博物馆馆刊》2016 年第 8 期。

关，古城城垣扩展受到仓储职能的较大影响，具体体现在漕粮转运与漕粮存储两个方面，这也是通州乃至北京地区运河文化的最主要内容。① 官士刚认为作为宋代仓法的重要组成部分，仓窖储粮在宋代占有十分重要的地位，随着洛阳含嘉仓遗址、湖北巴东旧县坪仓储遗址的考古进行，发现了一批宋代仓窖资料，以此为基础，结合宋《天圣令·仓库令》等文献，对宋代仓窖储粮中的仓窖形态、规模、建造工艺进行了深入研究。② 周登超等以明清漕运兴衰的见证者丰济仓为研究对象，对丰济仓的渊源、重建、没落及相关碑刻文物进行了考证，指出仓储的兴衰见证了淮安的漕运历史，有着丰富的文化内涵。③ 以上论文成果对中国历代漕仓，如秦汉、隋唐、宋元、明清时期的漕仓从不同角度进行了探讨，涉及社会史、考古学、历史地理学、政治制度史、城市史等诸多学科，既分析了漕运、漕仓对国家与社会的巨大影响，又探讨了地理环境、水运条件、国家政令对漕运仓储设置、管理、运作的反作用，在一定程度上凸显了中国古代漕运、漕仓与社会的互动关系。

目前涉及漕仓研究的相关论著，多从中国漕运发展演变的角度出发，并以此为基础对整个历史时期或某一朝代的漕运与国家、社会关系进行探讨与论述。研究的重点也许并不在于明清时期，但通过对历代漕运与漕仓发展轨迹及功能、作用的分析，有助于强化与加深对明清漕仓的认识与理解，对于进一步拓宽该领域的研究内涵与外延具有重要的意义！

（三）漕运与社会争端的相关研究

中国古代漕运制度虽是一项政治体系，但却对社会的方方面面产生了巨大的影响，这些影响既有正面的、促进的，也有负面的、消极的，甚至在其运作的过程中，因利益纠纷，导致官民之间产生了诸多的争端与冲突，使地域社会秩序遭受严重冲击。吴琦指出："清代漕运的深层问题在于，其一作为国家事务的特殊属性；其二在制度范围内，存在多重利益关系，在漕运事

① 陈喜波、邓辉：《明清北京通州古城研究》，《中国历史地理论丛》2017 年第 1 期。

② 官士刚：《宋代仓窖储粮的考古学观察》，《农业考古》2017 年第 3 期。

③ 周登超、谈有法、姜晴：《明清漕运兴衰的见证者丰济仓》，《档案与建设》2019 年第 7 期。

务的运行过程中，各种利益关系错综复杂，在追逐利益中制造出一系列矛盾和弊端，并逐渐导致各种利益关系的失衡，地方社会秩序由此受到深远的影响。"① 利益关系的复杂性使各种矛盾不断激化，进而产生了诸多的社会问题。吴欣也认为："作为一个复杂系统，运河连接与传承的不仅是地域意义上的南北，地理意义上的水系，经济意义上的市场，政治意义上的漕运军政，社会意义上的人群生活，文化意义上的艺术、风俗等内容，而且其自身就是中国社会发展的一种运行与表现方式。"② 正是因为运河、漕运与社会的不同方面发生着密切的关系，所以导致的冲突、争端异常丰富与繁杂，而解决问题、处理矛盾的方式或举措直接影响着冲突的发展趋向与影响范围。

明清漕运与社会争端的集中体现之一为闹漕、抗粮案件的出现，这在清代尤为剧烈，闹漕、抗粮主要以拒交漕粮、哄闹漕仓、抗官诉讼为表现形式，实质为漕运问题在官民关系上的体现。陈支平的《清末民间抗粮与乡族势力》指出，清末民间抗粮与官府统治权力是一种此消彼长的关系，乡族势力在与国家政权争夺权益的时候，必须控制在一定限度之内，当国家政权统治比较稳固的时候，乡族势力能够相对地约束自己和配合政权的统治，而国家政权社会控制力下降的时候，乡族势力就能更多地操纵地方事务，并且侵蚀国家政权的权益。③ 吴琦、肖丽红通过对清代抗粮事件的考察，对清代漕粮征派中的官府、绅衿、民众之间的利益纠葛进行了探讨，指出抗粮事件不仅是征漕各方矛盾爆发的一种形式，更是群体利益关系中本质问题的集中体现④，他们的另一篇论文《漕控与清代地方社会秩序——以匡光文控漕事件为中心的考察》则认为漕控是一种通过法律途径进行"闹漕"的重要形式，贯穿于整个清王朝，围绕漕控案件，清代地方的官、绅、民展开了频

---

① 吴琦：《国家事务与地方社会秩序——以清代漕粮征运为基点的考察》，《中国社会经济史研究》2012 年第 2 期。

② 吴欣：《运河学研究的理论、方法与知识体系》，《人文杂志》2019 年第 6 期。

③ 陈支平：《清末民间抗粮与乡族势力》，《厦门大学学报》（哲学社会科学版）2006 年第 1 期。

④ 吴琦、肖丽红：《清代漕粮征派中的官府、绅衿、民众及其利益纠葛——以清代抗粮事件为中心的考察》，《中国社会经济史研究》2008 年第 2 期。

繁的利益纠葛与角色互动，漕控反映了漕粮征派对于绅民生活的深刻影响，并广泛影响地方社会秩序的变动，不同程度地揭示了清代国家事务在地方社会的执行状态以及地方社会秩序格局的动向。① 张小也以清代漕讼为中心，分析了清代官员对健讼的看法、健讼之人与漕讼、健讼之人在公共事务中的复杂面相，指出健讼之人的多面性是由中国传统法文化、清代政治与社会结构所共同造就的一种特色。② 赵思渊认为清嘉道年间苏、松地区频繁发生的“告漕”案件，应当理解为生员群体在既得利益遭到侵蚀后所做出的反应，在官府的严厉打压下，此后的漕利分配中生员的地位逐渐下降。在太平天国战争之后的漕运利益链条中，州县官对生员拥有了支配地位。③ 郑民德以清末光绪年间河南洛阳闹漕案为研究对象，分析了专制社会末期漕运困境中百姓与地方官府的利益纠葛及冲突，揭示了当时的社会背景与现实，认为百姓闹漕是百姓宣泄愤怒、表达不满、追求公平的一种方式。④ 林乾通过对清代相关文献的考察，对发生于道光年间的新喻县漕案作了深入研究，新喻漕案是嘉道社会危机总爆发的前奏，而作为新喻知县的包世臣力图减轻民众的负担，也注定了他的悲剧结局，这一案件对于了解清代中叶的官民冲突具有典型意义，也是“文献互异”的标本。⑤ 肖丽红的《从官诬闹漕案看清代地方官漕政理念与地方社会治理——以陆名扬闹漕为中心的考察》一文，指出在清代漕政制度存在缺陷的情况下，不法州县官擅用制度缺陷，运用种种策略与绅衿周旋争利，不同的社会治理思想亦对漕案的兴起、发展、善后产生影响，从而决定地方社会秩序状况。通过对陆名扬案的考察，揭示了清嘉

① 吴琦、肖丽红：《漕控与清代地方社会秩序——以匡光文控漕事件为中心的考察》，《华中师范大学学报》（人文社会科学版）2009 年第 2 期。

② 张小也：《健讼之人与地方公共事务——以清代漕讼为中心》，《清史研究》2004 年第 2 期。

③ 赵思渊：《从“包漕”到“告漕”——道光初年“漕弊”整顿进程中苏松士绅力量的演化》，《清史研究》2011 年第 3 期。

④ 郑民德：《清代漕运中的官民冲突——以光绪河南洛阳闹漕案为视角的历史考察》，《农业考古》2016 年第 1 期。

⑤ 林乾：《新喻漕案与包世臣罢官——探究文献背后的真相》，《中国古代法律文献研究》2016 年第 1 期。

道时期漕案频发、官民冲突加剧的内在原因，以及地方社会的应对策略与效果。①

社会冲突的另一表现为京通仓弊的日趋激烈化及利益纠纷的复杂化。袁飞的《论嘉庆时期漕政的腐败——以通仓舞弊案为中心的分析》一文，以嘉庆朝通仓舞弊案为中心，通过对舞弊案的发生、舞弊数额的巨大、舞弊官吏集团化、舞弊手段极致化、案件的处理等几个方面的论述，探讨了漕运腐败的实况，显示出了漕政腐败的新特点与颓势，从中揭示出清朝由盛转衰的历史趋势。② 郑民德、王云指出清代京通仓花户作为保障仓储运转且地位较低的下层群体，在清代中后期逐渐成为威胁京通仓储的重要因素，他们不但掺假使诈、盗窃仓粮、私卖米票、苛索旗军、影射把持，甚至与监仓官员、胥吏、地棍相互勾结，将国家粮仓变成了堕落腐败的渊薮，导致了仓粮的巨大损失。③ 康沛竹以清代仓储制度的衰败与饥荒为研究对象，认为随着晚清水旱蝗等自然灾害的频发，饥荒随之而生，京通仓、常平仓、社仓、义仓对于灾荒赈济的作用削弱，其原因在于不及时采买仓粮、仓厫管理不善、侵盗仓谷现象严重、监督体制有名无实、积钱代谷日盛，正是由于这些弊端的存在，仓储难以达到预防灾荒的作用，不能平抑粮价，致使赈济政策大打折扣，对社会秩序产生了严重冲击。④ 郑民德以《清实录》为参考资料，对同治朝的京通仓弊端进行了探讨与分析，指出清代京通仓弊由来已久，清初由于国家极力整顿吏治，所以其破坏性有限，至道光、咸丰朝，京通仓弊逐渐公开与规模化，成为了危害国家仓政的重要因素，同治时由于黄河北徙、运河断流，漕粮多行海运，但京通仓弊依然未减，发生了诸多侵盗、亏短、偷漏等大案、要案，其人员涉及仓监督、花户、仓书、土棍、头役等人员，尽

① 肖丽红：《从官诬闹漕案看清代地方官漕政理念与地方社会治理——以陆名扬闹漕为中心的考察》，《安徽史学》2010 年第 5 期。

② 袁飞：《论嘉庆时期漕政的腐败——以通仓舞弊案为中心的分析》，《社会科学战线》2012 年第 9 期。

③ 郑民德、王云：《清代北京、通州仓花户对仓储的危害》，《中国石油大学学报》（社会科学版）2013 年第 6 期。

④ 康沛竹：《清代仓储制度的衰败与饥荒》，《社会科学战线》1996 年第 3 期。

管清廷对仓弊进行了整顿，但多为治标不治本的措施，始终没有彻底消除弊端的根源。①

明清两朝围绕着漕粮征收、仓储管理产生了诸多的冲突与争端，这在清朝为尤甚。目前的相关研究成果从不同的角度探讨、分析了漕运系统中不同环节因利益纠纷而产生的矛盾，并对矛盾的背景、动因、人群关系做了论述，找出了争端的根源，从国家、地方官府、区域社会民众等角度提出了解决措施与应对方法，对于研究漕运与区域社会关系具有重要的价值。但目前的研究过多关注于个案与微观方面的探讨，而没有从宏观方面深入分析争端产生的深层次与规律性原因，更未结合与漕运相关联的其他政治、经济、文化要素，进行全面、整体的论述，因此有着进一步深化研究的必要。

三、史料运用

明清两代的史料卷帙浩繁，既包括正史、奏疏、文集、笔记、河工书、水利书、地方志，也包括档案、碑刻、家谱、契约、科书等，不但在内容上异常丰富，而且在数量上相当庞大，为相关领域的研究提供了大量的资料。但同时因漕仓文献多分散于以上诸资料中，因此搜集、整理难度较大，一方面需要去粗取精、去伪存真，选择最合适、最契合的资料予以收录与研究；另一方面不同资料的记载往往存在相互矛盾，甚至讹误之处，所以在整理时还需要对比、考证，争取做到无错误、无遗漏，最大程度发挥文献的作用。下面对本书中使用的一些资料略做介绍。

首先，大量档案资料在本书中得到了充分的使用。明清两朝，漕运作为一项国家策略，受到了相当的重视，无论是河工兴修、闸坝建设、漕粮征兑、漕船航运、漕粮入仓与收支都有着相应的程序与章程，通过律法或其他规范予以保障与约束。明清档案汗牛充栋，在军机处档案、内阁大库档案、内务府档案、河工档案中保存了大量有关漕运的内容，这些档案属于第一手

① 郑民德：《积累与延续：从〈清实录〉看同治朝京通仓储之弊》，《黄河科技大学学报》2012 年第 3 期。

的原始材料，无论在真实性、可靠性上，还是在丰富程度上，都超过了其他资料。本书在第二章明清漕运仓储的管理与运作，第三章明清漕运仓储的功能、作用与区域社会关系，第四章明清漕弊及京通仓、大型水次仓之弊，第六章清代有漕省份的闹漕案与区域社会关系等章节中使用了大量中国第一历史档案馆、台北故宫博物院所藏《军机处录副奏折》、《军机处录副奏片》、《军机处上谕档》、《宫中朱批奏折》等，这些档案或载仓储管理制度、运作机制，或载仓弊种类与国家治理，或载漕粮征兑过程中的利益冲突，深刻反映了当时漕运与仓储的现状，为本书的顺利写作提供了丰富与全面的资料。

其次，官修史书的使用在本书中占有相当大的比例，官修史书的真实性虽然与档案资料相比有一定的差距，但高于别史、杂史、文集、笔记、方志等资料。本书除使用了《明史》、《清史稿》、《明实录》、《清实录》、《大明会典》、《大清会典》等传统官修史书，对其中涉及漕运仓储的相关资料进行了搜集、整理、研究外，还对诸如《太仓考》、《通粮厅志》、《户部漕运全书》、《漕运则例纂》、《漕运通志》等官方或官员个人编纂的资料性书籍进行了甄别，选取了大量关于漕仓设置、沿革、运作等方面的文献。也从其他学界较少使用的《皇朝政典类纂》、《大清新法令》、《大清会典则例》、《大清会典事例》中选取了部分相关资料，在书稿中予以使用。

再次，方志资料是本书文献来源的重要组成部分。方志资料虽存在某些不足与缺陷，往往有作者的主观好恶等情感因素在其中，但对研究明清漕运史却具有重要的参考价值。明清运河区域是全国重要的经济、文化中心，所存方志资料异常丰富，在大事记、艺文志、地理志、古迹志、漕运志、河渠志、水利志、人物志等部分中多有对明清漕运、仓储、河工、水利等方面的记载。本书所选方志资料上至全国性的总志，如《明一统志》、《清一统志》等，下至省、府、州、县志，如《光绪山东通志》、《嘉靖河南通志》、《光绪吉林通志》、《正德大名府志》、《嘉靖青州府志》、《万历平阳府志》、《乾隆河南府志》、《隆庆华州志》、《嘉靖徐州志》、《康熙临清州志》、《乾隆临清直隶州志》、《乾隆德州志》、《民国德县志》、《民国临清县志》等，这些方志中的相关记载为研究明清漕运史提供了丰富的史料。

最后，除档案、正史、方志外，还有大量的文集、笔记、河工书、水利书、碑刻等资料作为补充，甚至部分明清小说中的内容也可以作为佐证文献予以酌用，增加了书稿的生动性与内容的丰富性。这些资料数量庞大，如《魏源集》、《刘三吾集》、《中州杂俎》、《农政全书》、《行水金鉴》、《德州户部司庾使者题名记碑》、《徐州广运仓记》、《重建魏家湾水次仓厫碑记》等资料对明清漕粮征收、运输、入仓以及漕仓管理、沿革、漕弊整顿等事宜多有记载，对于我们全方位了解明清漕运、漕仓的历史演变具有重要的参考价值，是不可或缺的资料。

四、研究方法

研究方法首先是一个哲学术语，是指在研究的过程中发现新事物，新现象，或提出新理论，新观点，揭示事物内在本质与规律的工具与手段，一般包括文献调查法、历史研究法、概念分析法、比较研究法等。而且研究方法并非静止不动的理论，而是处于一个动态变化的过程中。具体到历史学的研究方法则有学科的属性与特色，从史料的表现形式上看分为实物史料、文献史料、口述史料；按史料价值划分则有第一手史料、第二手史料，因此历史研究可从考据、比较、统计、计量等研究方法入手，进行相应的研究与探讨。而具体到历史学更加微观的划分，本书主要采用了社会史以及社会学、民俗学等学科的相关研究方法与知识体系。

从历史学分支上看，本书主要探讨明清漕运仓储与区域社会关系，因此社会史的相关研究方法占本书的主导地位，贯穿于全书的主线，是研究方法的骨干与脉络。社会史受社会学影响较大，主要研究历史时期民众的社会活动，其基本特征主要表现在对整体社会的研究、对下层民众的研究、对“长时段”历史的研究，而区域社会史作为社会史研究的重要组成部分，具有自身的特色，即结合历史资料、田野调查等研究方法，以人为中心，研究区域社会民众生活经历的历史，研究内容较为微观与具体。明清运河沿线作为漕运仓储所在的区域，有着大量的人群存在，从表面上看，漕仓的建设、运作属于制度施行的范畴，而具体操作则需要人的参与，因此无论是从管理角度出发，还是漕仓功能作用的发挥，亦或是漕运运行中各种冲突与矛盾、漕仓信仰与民俗文化，都是在一定的空间范围内，相应的社会群体实践活动的一种表达，当然这种表达并非完全符合社会发展的规律或制度规定的运行轨迹，也会存在一些弊端，正是由于漕运、漕仓相关人员与区域社会的互动关系，才使明清数百年间仓储的沿革并非一帆风顺，而是充满了挫折与反复，甚至出现了大量的利益纠葛与矛盾冲突，这种现象必然会影响到漕运制度的改革与社会的发展进程，使当时的漕运现状异常复杂。

从社会学、民俗学的角度看，社会学是系统地研究社会行为与人类群体的学科，而民俗学则是一门针对风俗习惯、口承文学、传统技艺、生活文化及其思考模式进行研究的学科。当前社会学研究理论和方法呈现多元化的趋势，不同理论之间融合与综合的速度加快，社会学的分化与“本土化”特征日加明显，在研究明清运河漕运仓储与区域社会的关系中，因漕仓系统涉及群体、人员众多，与周边区域社会时刻发生着密切的联系，我们不可避免地会对当时社会的整体或局部进行研究，分析其中的社会现象在社会中的影响与作用，探讨其背后的本质，揭示漕运、漕仓变迁的规律性东西，进而实现对社会主体的人及其社会行为的了解。而民俗学具有交叉学科的性质，研究对象是人类的各种社会实践活动与生活现象，其具有社会性、集体性、传承性等特征，漕运仓储中的群体因所处的社会阶层的差异，往往具有自身的利益诉求，他们在表达诉求时会根据已有的经验或教训与国家、官府博弈与制衡。而仓储文化也是丰富多彩的，在长时期历史演变的过程中，产生了诸如祭祀文化、娱乐文化、游艺文化等，这些文化构成是民俗学研究的重要内容，深刻反映了当时的社会文化环境与漕运文化环境。

基于以上认识，本书试图借助社会史、社会学、民俗学的研究方法，对明清运河漕运仓储与区域社会关系进行研究与探讨。在叙述其制度变迁的基础上，深入探究漕运仓储中“人”的主观能动性，以及对区域社会造成的冲击与影响。并通过漕仓这一漕运系统的构成环节去展现明清漕运以及社会的变革，客观陈述与评价了漕仓在明清社会中的地位与作用！

第一章　先秦至元代漕仓与社会关系

中国漕运的起源比人工开挖运河的历史更加悠久，“漕，水转谷也，从水曹声。一曰人之所乘及船也。”① “车运谷曰转，水运谷曰漕。”② 可见“漕”字最早的释义只与水有关，并没有定义为人工开凿的运河。早期通过黄河、渭河或其他自然河流转运谷物、粮食等皆可称为漕运，只是后世随着漕运制度的不断健全与完善，对国家政治、经济的影响力不断扩大，漕运的国家性、政治性日加浓厚，通过运河运输漕粮至京城、边防成为了漕运的主要内容。先秦至元代，随着运河开凿规模的不断扩大与统一国家的形成，漕运的内容日加丰富，由最初较为单一的军事供需、政治补给功能向商业交流、社会保障、文化传播等方面扩展，对区域社会产生了巨大的影响力。而漕仓作为中国古代社会漕粮存储、收支的重要场所，一直为漕运系统的重要一环。通过史料记载可知，中国漕仓最早始于商代的巨桥仓，后随着仓储体系的健全，漕仓的规格、管理、建设、修缮、运作都有了明显的进步，特别是隋唐大运河、京杭大运河的开凿，漕粮运输额的扩大与国家漕运政策的完善，进一步提升了对漕运仓储的要求，国家设置专官对仓储进行宏观调控与直接管理，从而使仓储的运作效率大为提高，同时在漕运运转的过程中，其不同组成部分与区域社会之间发生着密切的联系，漕粮的交兑、运输、入仓，都会影响着普通民众、运输队伍、地方官员与仓储管理者，甚至在一定

① （汉）许慎撰，（清）段玉裁注：《说文解字注》，上海古籍出版社 1981 年版，第 566 页。

② （汉）司马迁：《史记》卷 30《平准书第八》，中华书局 1959 年版，第 1422 页。

程度上对政治生态空间、区域经济状况、社会局势产生很大的影响。

漕仓与水有着密切的关系，早期泛指在河流沿岸用于存储国家漕粮的仓储，后随着运河开凿规模的扩大与漕运制度的健全，主要指运河沿岸存储漕粮的官仓，服务对象为国家的各项政治、经济开支。漕仓与其他仓储相比，既有着明显的区别与差异，同时又有共性与类似点。首先从定义上讲，漕仓又称庾，“庾，水漕仓也。从广，臾声。一曰：仓无屋者”。① 战国时期纵横家张仪在叙说魏国形势时言：“魏地方不至千里，卒不过三十万人……南与楚境，西与韩境，北与赵境，东与齐境，卒戍四方，守亭障者参列。粟粮漕庾，不下十万。”② 可见战国时期漕庾即为漕仓较早的称呼。清代考据学盛行，著名文字学家段玉裁曾对“庾”字进行注释：“庾，水漕转谷至仓之也。”③ 不过随着历史的演进，漕仓与其他仓储在定义上的区别逐渐模糊化与多元化，产生了诸多不同的称谓，如根据仓储规模大小划分有“大曰仓，小曰庾”；④ 按照地理位置分“在邑曰仓，在野曰庾”；⑤ 根据仓储存粮丰匮划分“庾，裕也，言盈裕也。露积之言也。盈裕不可称受，所以露积之也。”⑥ 也有将多余之粮存于野外之意；根据存粮种类划分有“藏米曰廪，藏谷曰仓”。⑦ 其次，与社仓、义仓、常平仓、预备仓相比，漕仓自产生起就具有浓厚的国家性，仓储的管理、运作均有中央与地方政府派专人维护，仓粮也主要服务于国家政治需求，与基层社会的联系相对没有其他仓储密切。最后，漕仓受自然因素的影响较小，其最突出的特征是存粮数额的相对稳定性，与其他仓储受自然灾害影响而存粮起伏较大相比，漕仓与国家漕运政策、社会政局、运河河道状况等因素的联系更为密切。

---

① 苏宝荣：《〈说文解字〉今注》，陕西人民出版社 2000 年版，第 329 页。

② （汉）刘向：《战国策》卷 22《魏一》，上海古籍出版社 2015 年版，第 475 页。

③ （明）章玄应：《章玄应集》卷 11《京庾巡行》，线装书局 2011 年版，第 570 页。

④ 胡朴安：《中国训诂学史》第 1 章《尔雅派之训诂》，商务印书馆 1939 年版，第 136 页。

⑤ 《中国训诂学史》第 1 章《尔雅派之训诂》。

⑥ 汉语大词典编纂处整理：《康熙字典》，汉语大词典出版社 2002 年版，第 291 页。

⑦ （清）王夫之：《船山遗书》卷 3《礼记章句》，北京出版社 1999 年版，第 939 页。

第一节 先秦时期漕仓与社会关系

中国有着5000年的历史，其中广义的先秦时期指秦王朝建立之前的历史时期，涵盖范围从旧石器时代至战国；而狭义的先秦时期则为中国进入文明时代至秦王朝建立的这一时间段，包括夏、商、周三代及春秋、战国几个历史时期，时间大约为1800余年。先秦时期，中国的文明取得了巨大的进步，无论是甲骨文产生、青铜铸造、学校教育，还是灿若群星的诸子百家学术，都对中国历史与世界文化产生了巨大而深远的影响。而这一历史时期，因国家供需、军事征战的需要，很多政权开始利用自然河流、运河运输粮食、军队，以巩固统治根基，力图统一全国或称霸列国。为存储、转运漕粮，先秦即出现了中国最早的漕仓，尽管这一时期漕仓的建设、管理、维护无法与后世相比，甚至很多漕仓只为暂时需要而置，存在时间较短，但仍然对当时国家策略、社会局势产生了重要影响，为后世漕仓的完善积累了丰富的经验。

一、商代巨桥仓

商朝的建立者为汤，在王朝建立的很长时期内，因受水患与战乱的影响，其国民都一直处于迁徙之中，直到盘庚迁殷后，才逐渐稳定下来，所以商朝又名殷商。商都殷为今天的河南安阳附近，该地在古代有着便利的水运环境，从而为漕粮运输、漕仓创建提供了条件。商代巨桥仓不但是当时最大的漕运仓储，而且也是中国最早的漕仓，关于巨桥仓之名的由来，有两种说法，一为巨桥为仓但有桥梁说，一为巨桥为仓说。《恒言录》载："昔武王伐纣，发巨桥之粟。服虔曰：'巨桥，仓名，巨鹿水之大桥也'。今临侧水湄左右方一二里，中状若邱墟，盖遗囷故窖处也。"① 认为巨桥为仓名，同

① （清）钱大昕：《恒言录》，新群书社1923年版，第110页。

时附近也存有桥梁建筑。《水经注》亦言："衡漳又北径巨桥邸阁西，旧有大梁横水，故有巨桥之称。昔武王伐纣，发巨桥之粟，以赈殷之饥民。"① 相较第一种观点，巨桥单纯为仓的史料更为丰富与广泛。《嘉庆浚县志》载："巨桥，仓名，以为桥名者，误也。"② 《吕氏春秋注疏》记："巨桥，纣仓名。"③ 清代纳兰性德更言："纣之巨桥，盖积粟之仓，而非桥梁也。"④ 以上两种观点尽管在词意方面有所差异，但均认为巨桥仓是存在的。

中国古代社会漕仓的建设和分布与区域社会自然环境、政治环境、经济环境有着密切的关系，巨桥仓为漕仓的性质非常明显。首先，仓储位于自然河道附近，有着便利的水运条件，这种情况的出现与古代社会落后的交通因素有着密切的联系。漕粮运输是一项繁重的劳动，需要耗费大量的人力、物力、财力，通过人力、畜力运输不但成本高，而且效率低，运输量小，难以大规模与长久运行，而水运成本较低，且运输量大，所以自漕运产生之日起，无论是国都选址、城市布局、仓储建设基本都位于河流沿岸，目的就是充分利用水运优势。一种观点认为巨桥仓位于今河北省邯郸市曲周县，曲周位于太行山东麓海河平原的黑龙港流域，古代有滏阳河、漳河等河流流经，距商都城殷距离适中，其中漳河连通曲周至安阳沿线城市，非常便利于漕粮直输都城，而且漳河并非自古多沙，商代时由于沿岸地区植被覆盖率高，河流较为清澈，能够进行航运。唐代杜佑《通典》载："武王既胜殷，得巨桥粟，欲使籴贵。巨桥仓在今广平郡曲周县也。"⑤《汉书补注》亦称："纣盈巨桥之粟，许慎云巨鹿之大桥也。南有棘原，章邯所军处，浊漳水注。衡漳故渎自广平曲周来，北经巨桥邸阁西。"⑥ 其他史料如《管子榷》《册府元龟》《行水金鉴》《方舆考证》等都认为巨桥仓位于河北曲周县，而《同治

① （北魏）郦道元：《水经注》卷10《浊漳水·清漳水》，岳麓书社1995年版，第162页。

② （清）熊象阶：《嘉庆浚县志》卷22《辨讹·巨桥辨》，清嘉庆六年（1796）刊本。

③ 王利器：《吕氏春秋注疏》卷15《慎大》，巴蜀书社2002年版，第1627页。

④ （清）纳兰性德：《陈氏礼记集说补正》卷1《曲礼上》，清文渊阁四库全书本。

⑤ （唐）杜佑：《通典》卷12《食货十二·轻重》，岳麓书社1995年版，第144页。

⑥ （清）王先谦：《汉书补注》卷28《地理志第八上》，清光绪刻本。

曲周县志》则介绍的最为详细："巨桥仓，王志注周书，武成发巨桥之粟。地理今释云，巨桥在今直隶广平府曲周县东北。通典云，洺州曲周县，纣巨桥仓在此。今河南卫辉府淇县东北十五里亦有巨桥，非也。又文献统考、一统志俱载巨桥于曲周，而广舆记则载入淇县。淇县古朝歌地，纣都朝歌……何以聚敛之所独在五百里外，毋亦如敖仓、洛口之类，特设此为窖粟之地，不必附近国都。"① 认为巨桥仓与后世的敖仓、洛口等漕仓类似，未必都设在京城附近，其作用可能为转运漕粮。另一种观点认为巨桥仓位于今河南省淇县或浚县，两县相隔数十里，境内均有卫河、淇水流经，古代行政区域有所重叠，持这种观点者多为清代学者，如《古今图书集成》载："巨桥，在淇县东北十五里吴里社，即商纣积粟处。周书发巨桥之粟，是也。索隐曰：'巨，大；桥，器名也。纣厚赋税，故因器而大其名'，服虔曰：'巨桥，仓名'，浚县西五十里亦有此桥。"② 清代学者任启运所著《史要》中称："鹿台，台名。巨桥，仓名。故址俱在今淇县。"③ 曾参与纂修《河南通志》的学者汪价曾对鹿台、巨桥所处之地进行了详细考证："鹿台，在淇之南阳社，即殷纣积财处。周书，散鹿台之财。史记，厚赋税以实鹿台之钱。刘向新序，纣为鹿台七年而成，其大三里，高千尺。巨桥，在淇河之东，即殷纣积粟处。周书，发巨桥之粟……今其地已割入浚版矣。"④ 他指出因古今地名与行政区域变化，巨桥仓由淇县境转到了浚县境。而《正德大名府志》《明一统志》等史料则认为巨桥仓在浚县。淇县、浚县说存在的依据是，两地均为商都属地，其中淇县曾作为陪都，数代商王在此经营，修建了大量亭台楼阁，所以置仓存粮可以满足各项政治需求。不过，不管巨桥仓位于河北曲周，还是河南淇县、浚县，其先决条件是两地有着便利的水运环境，漳河、卫河及黄河支流淇水的流经，可以使大量漕粮源源不断地输往殷或沿河军事要地，对于巩固商朝的统治，稳定地方社会起到了重要作用。其次，后

① （清）存禄：《同治曲周县志》卷15《古迹》，清同治八年（1869）刻本。
② （清）陈梦雷：《古今图书集成》，中华书局1985年版，第11460页。
③ （清）任启运：《史要》卷1《商》，清嘉庆刻本。
④ （清）汪价：《中州杂俎》卷5《鹿台巨桥》，民国十年（1921）安阳三怡堂排印本。

世史料将巨桥仓与其他朝代漕仓并称，认为其是中国古代漕仓的源头，“巨桥，为黎阳仓之滥觞”，① 将巨桥仓作为隋代黎阳、洛口等漕仓的开端。《龙云集》载“敖仓、巨桥万石红腐而恬不以为怪”，② 《正德新城县志》也载“巨桥适以资周，敖仓资汉，洛口亦为李密之所资矣”，③ 将巨桥仓与敖仓、洛口等漕仓并列。

作为早期的漕仓，尽管关于巨桥仓的管理、运作不见诸于史料，但其仍然具有重要的政治、军事功能，甚至产生了早期的赈济与保障作用，影响了区域社会的方方面面。在政治上，通过巨桥仓转运中原之粮，满足京城殷的供给，对于加强中央政府对全国的控制，增强商朝统治的物质基础具有重要的作用。在军事上，巨桥仓沿河设置，非常便利于仓粮运输，在发生军事行动时，可以迅速调运兵粮，对于满足军粮供需，保障军事胜利意义很大。在社会赈济方面，周武王击败商军后，为收买民心，获得百姓的支持，曾“释箕子囚，封比干墓，式商容闾，散鹿台之财，发巨桥之粟，大赉于四海，而万姓悦服”，④ “命毕公、卫叔出百姓之囚。乃命南宫忽振鹿台之财，巨桥之粟”，⑤ 通过赈济贫乏，周政权获得了商朝百姓的拥护，对于尽快稳定社会秩序起到了重要作用，于是“天下闻者，咸谓武王行义于天下，岂不大哉!”⑥ 武王伐纣时，百姓生活困苦，长期遭受商朝统治者压迫，负担沉重，不但无粮可食，而且市场物价混乱，放巨桥之粮，稳定了市场，减轻了百姓负担，而且在周朝建立后的很长时期内，巨桥仓依然发挥着重要作用。《管子》称：“武王立重泉之戍，令曰：民自有百鼓之粟者不行。民举所最粟，以避重泉之戍，而国谷二什倍，巨桥之粟亦二什倍。武王以巨桥之粟二什倍而市缯帛，军五岁毋籍衣于民。以巨桥之

---

① 《嘉庆浚县志》卷 10《水利考·漕运·渠田》。

② （宋）刘弇：《龙云集》卷 16《书》，民国豫章丛书本。

③ （明）黄文鸑：《正德新城县志》卷 11《艺文·社仓记》，明正德十一年（1516）刻本。

④ （明）刘三吾：《刘三吾集》，岳麓书社 2013 年版，第 394 页。

⑤ （清）魏源：《魏源集》，岳麓书社 2011 年版，第 201 页。

⑥ （西汉）刘向：《说苑》卷 15《指武》，商务印书馆 1937 年版，第 149 页。

粟二什倍而衡黄金百万，终身无籍于民，准衡之数也。”① 通过巨桥之粮以平衡市场粮价，增加国家财政收入，减轻了百姓负担。除此之外，巨桥仓还具有重要的历史借鉴意义，对后世的仓储文化、积蓄文化及历史兴亡教训产生了很大影响。宋代著名历史学家司马光称：“昔鹿台之财，巨桥之粟，商纣聚之以丧国，周武散之以得民。由是观之，人主之所当务者，仁义而已，何必曰利?”② 认为仁政治国是长治久安的保障，否则积蓄再多而不用于民生，则是导致祸患的根源。明代科学家、政治家徐光启在《农政全书》中更进一步指出“先王蓄积，皆为民计，非徒曰藏富于国也，彼有损下以自益，剥民以自丰，如商王巨桥之粟，隋人洛口之仓，所积虽多，岂先王预备忧民之意哉?”③ 指出藏富于国的根本目的应该服务于国计民生，而非与民争利及漠视百姓生死。其他如“巨桥盈而殷丧，成皋溢而秦亡”,④ “纣聚财于鹿台，藏粟于巨桥，且天下贡赋自有常制，安得有余。苟有余于上，必有所不足于下，鹿台、巨桥乃纣王于常赋外掊取以纵欲者也”⑤ 等言论，无不反映了古人希望统治者能够以历史兴亡为戒，爱惜民力，珍惜民财，藏富于民，只有这样，才能得到民众的支持与拥护，巩固王朝的统治。

二、春秋战国时期的漕运与漕仓

春秋战国时期，是中国文化出现的第一次繁荣时期，当时诸子百家学说盛行，不同学派之间相互交流与融合，产生了对中国社会有重大影响的儒、墨、道、法等学术流派。但同时，这一时期也是中国历史上最为混乱的时代，诸侯国之间为争夺土地、人口、财产，频繁的发生战争，对社会经济产

---

① （唐）房玄龄注:《管子》卷 23《地数第七十七》，上海古籍出版社 2015 年版，第 443 页。

② （宋）司马光:《司马文公集编年笺注》卷 48《章奏三十三》，巴蜀书社 2009 年版，第 187 页。

③ （明）徐光启:《农政全书》卷 7《农事》，中华书局 1956 年版，第 133 页。

④ 《通典》卷 4《食货四·赋税上》，第 37 页。

⑤ （明）陈经:《尚书集解》，中华书局 1985 年版，第 264 页。

生了巨大破坏，导致民众大量死亡、土地荒芜。为在争霸战争中取胜，很多诸侯国一方面招揽人才、发展经济，以达到富国强兵的目的，同时还通过自然河道或人工开挖运河运输漕粮、军队，以满足京城供给与军事战争的耗费。春秋时期最著名的漕运活动当属秦、晋之间的“泛舟之役”，秦、晋两国以黄河为界，隔河相邻，在政治、经济、文化上有诸多的交流活动，同时两国之间因利益需求方面的差异，经常发生战争或缔结盟约。鲁僖公十三年（前 647 年），即晋惠公四年，晋国发生严重饥荒，国内存粮难以满足赈灾需求，于是晋向秦寻求援助。在权衡利弊后，秦穆公决定援助晋国，派遣大量船只运输万斛粮食从秦国都城雍（今陕西凤翔南）出发，沿渭河顺流直下，横渡黄河后，再由黄河支流汾河北上，运粮至晋都绛城（今山西新绛县）。唐孔颖达《春秋左传正义》载：“秦都雍，雍临渭。晋都绛，绛临汾。渭水从雍而东，至弘农华阴县入河，从河逆流而北上，至河东汾阴县乃东入汾，逆流东行而通绛。”① 此次运粮路途遥远，经黄河及诸支流，历风涛之险，是中国历史上有史记载的最早的大规模漕运活动，对于缓和晋国灾荒起到了重要作用。虽然“泛舟之役”中没有漕仓的相关记载，但如此大规模、长距离的漕粮运输，可能有漕粮存储、转运的场所。因为如此大量的粮食，其管理、支放是一项复杂的工作，如果露天存放，可能会受雨雪以及失窃等因素的影响，所以修造简单的仓囤用以存粮，是可能存在的。“泛舟之役”之所以能够顺利进行，除与国家之间的利益关系密切相关外，还与区域水环境、土壤环境有很大的关系。据清代地理学家胡渭《禹贡锥指》所载：“洪水初平，艰食未奏，冀田仅第五等。而梁、岐之间，去帝都最近，田既膏腴，转输又便，故禹汲汲于此地。昔秦输粟于晋，自雍及绛相继，命之曰‘泛舟之役’。盖由渭泝河，由河入汾，绛与平阳，均此一路。禹甸梁山之野，通渭水之漕，其为帝都艰食计也。”② 可见当时秦地土地质量较好，粮食产量较高，加上又有便利水道与晋相通，从而为大规模漕粮运输提供了条

① （唐）孔颖达：《春秋左传正义》卷 13《僖公六年至十四年》，上海古籍出版社 1990 年版，第 225 页。

② （清）胡渭：《禹贡锥指》卷 2《冀州》，上海古籍出版社 2006 年版，第 29—30 页。

件。“泛舟之役”对中国古代漕运的发展与演变产生了巨大影响，明代席书《漕船志》载：“春秋秦输粟于晋，自雍及绛相继，命之曰‘泛舟之役’，漕运之舟始此。”① 清代文学家袁枚也认为：“《毛诗》土国城漕，又言至于漕，亦漕字之见端。而《左传》秦输晋粟，命曰泛舟之役，似亦漕之滥觞欤？”② 他指出“泛舟之役”可能是中国古代最早的漕运活动，是传统漕运的开端。春秋时期秦晋两国之间的这次漕运活动，对区域社会产生了重要影响。从秦国方面讲，这次漕运实践，不但在漕粮征集、收购、存储、运输方面积累了丰富的经验，为后世漕运的发展提供了借鉴，而且扩大了与晋国的沟通与交流，增强了秦国与中原诸国之间的联系，为日后的东出奠定了一定的基础。另外通过对渭水、黄河等水道的探索，对于了解区域水环境、掌握航运与水工技术也有着很大的意义。对晋国来说，秦国的粮食缓和了国内的灾荒与危机，“晋人无不感悦”，③ 使社会局势得以稳定，没有产生大量的灾民流亡或饿毙现象，保障了民生。“泛舟之役”后，地处长江中下游的楚、吴两国开始了人工运河的开凿活动，比较知名者有楚庄王时开凿的江汉运河，用以灌溉与航运；楚灵王时所修章华台运渎，以输送宫廷物品及增强章华宫与楚都郢之间的联系。其他还有伍子胥为攻楚、越两国所凿子胥渎、胥溪、胥浦等运河。鲁哀公九年（前 486 年）吴王夫差为北上伐齐，争夺中原霸权，“吴城邗，沟通江、淮”。④ 引长江水北流至淮河，中间利用自然湖泊作为运道，减少了工程量，通过邗沟运河，吴国船队浩浩荡荡的进至山东境内，在艾陵（今山东莱芜东南）击败了齐军。吴军之所以能够长途跋涉而兵丁、粮草没有匮乏，是与邗沟运河的运输功能分不开的，相对于陆地的车马等交通工具，通过运河输送战略物资，不但受自然条件的限制较小，而且运输量大，效率高，人员不会过度疲惫，这对于增强吴军战斗力、丰富战略储备起到了重要作用。因邗沟运河为中国第一部编年体史书《左传》所

① （明）席书、朱家相：《漕船志》卷 3《船纪》，方志出版社 2006 年版，第 50 页。
② （清）袁枚：《随园随笔》卷下《漕粟不始于萧何》，广益书局 1936 年版，第 88 页。
③ （明）冯梦龙：《东周列国志》，岳麓书社 2014 年版，第 205 页。
④ （春秋）左丘明：《左传》卷 12《哀公》，岳麓书社 1988 年版，第 402 页。

载，同时也是后世隋唐运河的重要组成部分，所以也被认为是中国大运河的开端与源头。其后，夫差为迫使晋国承认其霸主地位，在山东境内“阙为深沟，通于商、鲁之间，北属之沂，西属之济，以会晋公午于黄池”。[①] 这条通于商鲁之间的运河称为菏水，直接沟通了济水与泗水，间接贯通了黄河与淮河两大水系，当时的主要目的是为了军事运输，但客观上却促进了江淮与中原地区的政治、经济、文化交流，为中原先进农耕技术的传播提供了便利。

战国时期最早出现漕运仓储的国家为魏国。三家分晋后，魏国发愤图强，魏文侯重用李悝实行变法，奖励耕战、发展农桑，军事上用名将吴起建立武卒制，使魏国成为了战国初期最为强盛的国家。魏文侯后，其子武侯继位，继续沿用强国策略，国力持续上升，他东征西讨，使魏国的疆域不断扩大。至魏惠王时，因秦国东出，魏国首当其冲，秦军先后在武都、洛阴河西一带击败魏军，后来魏国又在少梁、石门之战中损失惨重，国都安邑（今山西运城东部）直接暴露于秦军的攻击范围之内，于是魏将都城迁至大梁（今河南开封西北），以躲避秦军的威胁。迁都后，魏惠王先后击败齐国、秦国等强国，并在逢泽（今河南开封南）召集诸侯，觐见周天子，魏国霸业达到鼎盛。魏国大规模建设漕仓是在迁都大梁后，大梁周边有着优越的水环境，黄河、济水、蔡水、沙水等水道遍布，有着开挖运河、建设漕仓的便利条件。魏惠王十年（前 361 年）为发展水上交通，增强与中原诸国及江淮地区的联系，扩大战时供给能力，“入河水于甫田（又称圃田），又为大沟而引甫水”,[②] 二十余年后又“为大沟于北郛，以行圃田之水”,[③] 通过两次工程开凿的运河称鸿沟，该运河自荥阳北部以黄河水为源，东流入圃田泽，“水盛则北注，渠溢则南播”,[④] 通过该湖调节黄河入鸿沟的水量，是中国历史上最早的水柜，再经圃田泽至中牟北部，流至大梁城北，绕城南流至

① （春秋）左丘明：《国语》，上海古籍出版社 2015 年版，第 406 页。

② 方诗铭、王修龄：《古本竹书纪年辑证》，上海古籍出版社 2005 年版，第 122 页。

③ （清）胡承珙：《毛诗后笺》卷 3《凯风》，黄山书社 1999 年版，第 166 页。

④ 杨宽：《战国史料编年辑证》，上海人民出版社 2016 年版，第 307 页。

淮阳之北，然后东流至淮阳东，入淮河支流颍水。鸿沟运河的开通，使魏国的水上交通网络得以形成，实现了黄、淮两大水系的贯通，使大梁城人口辐辏、商货云集，成为了战国时期著名的城市，同时对于沿线地区的农业灌溉、城镇兴起也起到了重要的促进作用。鸿沟开挖后，为便于漕粮、战略物资的运输与存储，魏国在都城与沿河一线设置了相当数量的漕仓。据《战国策》中张仪为秦连横说魏王时称："魏地方不至千里，卒不过三十万人……无有名山大川之阻。从郑至梁，不过百里；从陈至梁，二百余里。马驰人趋，不待倦而至梁。南与楚境，西与韩境，北与赵境，东与齐境，卒戍四方，守亭障者参列。粟粮漕庾，不下十万。"① 在这里张仪的目的是说服魏王与秦国交好，所以极力说明魏国的险境，但客观上也介绍了魏国有大量漕运仓储的现实。魏国虽有鸿沟运河与大量漕仓作为交通要道及战略储备，但因处于四战之地，在马陵之战中大败，损失严重，"东败于齐，长子死焉；西丧地于秦七百里；南辱于楚"。② 甚至到了战国末期，魏国因水而国灭，"秦之破梁，引河沟而灌大梁，三月城坏，王请降，遂灭魏"，③ 魏国最终被秦所兼并。

先秦时期诸侯割据，国力有限，所以开挖运河距离较短，漕粮多由自然河道运输，漕运仓储数量较少，同时因这一时期漕运制度尚未正式建立，所以漕仓的管理、运作、维护几乎不见诸于史料。因争霸战争的需要，这一时期漕运的主要目的是服务于军事，无论是运河的开挖，还是仓储的建设，都是以京城供需、军事征伐为前提，其他方面如社会保障、灾荒赈济、粮价平衡方面的功能虽已出现，但基本不占主流，也没有形成完善、健全的制度。即便如此，先秦时期邗沟、鸿沟运河的开挖，巨桥等仓储的出现，仍然为后世漕运的发展提供了借鉴与参考，漕运服务社会的功能也发源于这一时期，对区域社会的影响力随着历史的演进也不断扩大。

---

① （汉）刘向：《战国策》卷22《魏一》，上海古籍出版社2015年版，第475页。

② （战国）孟子：《孟子》卷1《梁惠王上》，中华书局2006年版，第8—9页。

③ （汉）司马迁：《史记》卷44《魏世家第十四》，岳麓书社2016年版，第263页。

第二节　秦汉漕运、漕仓与社会关系

秦汉两朝是中国由分裂走向大一统的时期，随着中央集权制度的建立，国家的行政能力、管辖能力、社会控制能力都有了明显的提高。经济的发展与财富的积蓄使国家有能力开凿长距离的运河与设置大型漕仓。尽管这一时期，利用自然河道运输漕粮依然是漕运的主流，但人工运河的比例开始增加，国家对漕运制度的重视程度日益提升，漕仓的设置、守护、管理、运作逐渐科学化与系统化，其功能除军事方面的作用外，与区域社会之间的联系有了进一步发展。

一、秦汉漕运变迁

秦始皇统一六国后，为巩固中央集权制度，在政治上废除分封制，建立郡县制，书同文、车同轨，统一度量衡。在军事上北击匈奴，南并百越，修长城、开灵渠，实现了秦帝国版图的不断扩大。在文化上虽曾“焚书坑儒”，但却综合儒、道、法诸家学说，加以融合以为国用。秦并天下后，位于岭南地区的百越尚处于奴隶社会阶段，不遵从中央政府政令，经常骚扰附近郡县，严重阻碍了国家的统一。为了实现对南越地区的控制，早在秦始皇二十五年（前 222 年）时就命王翦南征百越，平定其地，设置南海郡，以尉屠睢为尉，史禄为监，辖六县，但数年后南越复叛。于是“使尉屠睢将楼船之士攻百粤（越），使监禄凿渠运粮入越地，又发卒五十万，分五军……三年不解甲、驰弩，会食尽，越人击之。三十二年，秦师败绩，杀屠睢，伏尸血流数十里”。[①] 后秦二世又派仁嚣、赵佗平定南越。在征讨南越的过程中，因南越多为山岭，烟瘴盛行，不利于行军作战与粮食运输，所以史禄开凿灵渠以运兵粮。灵渠又名秦凿渠，“在桂之兴安县，秦始戍岭时，

---

① （清）仇巨川：《羊城古钞》卷 4，广东人民出版社 2009 年版，第 282 页。

史禄凿此以通运之遗迹。湘水源于海阳山，在此下融江，融江为牂柯下流，本南下，兴安地势最高，二水远不相谋。禄始作此渠，派湘之流而注之融，使北水南合，北舟逾岭”,① 其原理为在湘江流沙中垒石作铧嘴，前端锐利，分水为二，使之行六十里至灵渠中，进入融江，一起南流，“渠水绕迤兴安县，民田赖之。深不数尺，广可二丈，泛千斛之舟，渠内置斗门三十有六，每舟入一斗门，则复闸之，俟水积而舟以渐进。故能循崖而上，建瓴而下，以南北之舟楫”。② 灵渠沟通了湘江与漓江，而湘江为长江支流，漓江为珠江支流，间接沟通了长江与珠江两大水系。灵渠工程科技含量很高，采用了中国最早的船闸技术，并修筑拦河坝抬高湘江水位，以越过山岭，工程集航运、灌溉、分洪、排涝于一体，不但促进了岭南地区与中原地区的政治、经济、文化交流，加快了民族融合与国家统一，而且对于区域社会的农业生产、水环境改善、商业流通都起到了重要的作用，所以后世评价其为“治水巧妙，无如灵渠者”,③ 在当时与郑国渠、都江堰齐名。除开凿灵渠外，秦始皇为防范六国反叛势力，曾巡游吴越地区，凿丹徒、丹阳之间山岭，开辟行水通道，称徒阳水道，这也是后来江南运河的前身。为攻匈奴，秦朝还曾“使天下飞刍挽粟，起于黄、腄、琅邪负海之郡，转输北河，率三十钟而致一石。男子疾耕不足于粮饷，女子纺绩不足以帷幕。百姓靡敝，孤寡老弱不能相养，道死者相望，盖天下始叛也”。④ 这种大规模、长距离的粮食运输，需要通过水路进行转运，属官方漕运活动。

两汉立国四百余年，时间远超秦朝，政局的长期稳定为国家大规模开凿运河、治理黄河奠定了基础与条件。西汉都长安，主要依赖关中地区的粮食供给，所以对于漕运非常重视，不但修筑了大量的人工水渠以灌溉农业，而

---

① （宋）范成大：《桂海虞衡志校注》，广西人民出版社 1986 年版，第 175 页。

② （宋）周去非：《岭外代答》卷 1《地理门》，中华书局 1985 年版，第 7—8 页。

③ （宋）司马光：《资治通鉴》卷 250《唐纪六十六》，吉林人民出版社 1997 年版，第 5669 页。

④ （清）曾国藩：《经史百家杂钞》卷 11《奏议之属一》，岳麓书社 2015 年版，第 441—442 页。

且利用黄河、渭河等自然河道运输漕粮、物资，并开凿运河连接黄、渭等河，以保障水源充足。汉武帝元光六年（前129年）因渭水弯曲多沙，船只航行不便，直接影响了长安城的物资供给。大司农郑当时建议在渭水南岸开凿漕渠，用以运输漕粮，提高船只航行的安全性与效率。其称："异时关东漕粟，从渭中上，度六月而罢，而渭水道九百余里。时有难处，引渭穿渠，起长安，并南山下，至河三百余里，径，易漕，度可令三月而罢，而渠下民田万余顷，又可得以溉田。此损漕省卒，而益肥关中之地，得谷。"①接到郑当时的建议后，汉武帝予以采纳，于是命齐人水工徐伯表负责工程事宜，率士兵数万人开凿漕渠，历时三年方全部完工。这条人工开挖的运河称关中漕渠，它水源引自渭水，沿途接纳众河，最后流入黄河。漕渠水源丰沛，加上流经平原地区，所以非常适合船只航行，关中之粮得以源源不断地输往京师，漕运量大为增加，至武帝元丰年间，"山东漕益岁六百万石。一岁之中，太仓、甘泉仓满"，② 对于增加长安城的物资积蓄，稳定地方社会有着重要意义。除此之外，漕渠还改善了渭河流域的水环境与农业环境，对于排泄洪水、灌溉农田、保障两岸民生也起到了很大作用。黄河漕运历来艰阻，受两岸地理环境影响很大，特别是三门砥柱之险闻名于天下，不但导致大量漕船在此倾覆，而且淹毙运夫、漂溺漕粮，使运粮者闻风丧胆，止步不前。针对这种局势，汉武帝时河东太守番系主张另辟蹊径，避开三门之险，通过兴修水利、开垦荒地、增加粮食产量的方式扩大积蓄来源。他建言穿渠引汾河之水灌溉皮氏、汾阴下的土地，引黄河灌溉汾阴、蒲坂土地，可以使这些原本的河壖弃地得到充分利用，可得土地五千顷、收粮二百万石以上。汉武帝听取了这一建议，发卒数万人作渠，渠成后，命民众进行垦种，数年后，黄河改道，所开渠道失去水源，农田无法得到灌溉，"田不利，废"。③后又有人上书建议开褒斜道通漕，武帝命张汤子卬负责工程，"发数万人作

① （清）严可均：《全汉文》卷24，商务印书馆1999年版，第244页。

② （汉）司马迁：《史记》卷30《平准书第八》，岳麓书社2016年版，第219页。

③ （宋）徐天麟：《西汉会要》卷51《食货二·水利》，商务印书馆1935年版，第516页。

褒斜道五百余里，道果便近，而水多湍石，不可漕”，① 工程以失败告终。西汉对于漕运非常重视，不但设置水衡都尉、水司空、都水长丞等官员负责运河开凿、漕粮运输、河道治理等事务，而且多次进行漕运尝试，尽管其中有失败的案例，但也体现了西汉王朝大力发展漕运与内河运输的决心。除运河外，六辅渠、白渠、龙首渠等大量灌溉渠道也得以开辟，促进了当地农业的发展，提高了民众的生活水平。

东汉最著名的两条运河为汴渠与阳渠。早在西汉时，原战国魏开凿的鸿沟因黄河泥沙的淤塞，主水道逐渐不能使用，当时鸿沟水系的一支汳水通航能力较强，又称汴渠。至汉平帝时，“河、汴决坏，未及得修”。② 黄河对汴渠的冲击非常严重，导致河岸溃决，洪水泛滥，但平帝早逝，未来得及对黄河、汴渠进行治理。东汉王朝建立后，建武十年（34 年）阳武县令张汜上言称：“河决积久，日月侵毁，济渠所漂数十许县。修理之费，其功不难，宜改修堤防，以安百姓。”③ 光武帝刘秀接到奏报后，准备发卒修河，进行黄汴整修工程。但浚仪县令乐俊表示反对，他指出汉武帝元光年间人口繁盛，百姓在黄河堤旁垦殖土地导致河决，前后治理近二十年。现在战乱方定，人口稀少，未垦土地广阔，即便不对黄河进行治理，造成的祸患也不会很大，而如果加重百姓负担，民不堪受，可能引起社会动荡。在听取了乐俊的意见后，于是停止了治理工程。数年后，“汴渠东侵，日月弥广，兖、豫百姓怨叹，以为县官恒兴他役，不先民急”。④ 随着黄河流入汴渠水量的不断增加，汴渠洪水泛滥，导致附近州县受灾严重，对百姓农业生产、日常生活，乃至生命安全都造成了巨大威胁。明帝永平十二年（69 年）决定对汴渠进行治理，适有人推荐乐浪人王景，称其善于治水，明帝召其询问治水策略，“景陈其利害，应对敏给，帝善之”，又因王景曾修浚仪渠有功，于是

---

① （汉）班固：《汉书》卷 29《沟洫志第九》，中华书局 2012 年版，第 1337 页。

② （南朝宋）范晔：《后汉书》卷 76《循吏列传第六十六》，岳麓书社 2008 年版，第 892 页。

③ 《后汉书》卷 76《循吏列传第六十六》。

④ （宋）袁枢：《通鉴纪事本末》卷 4《河决之患》，中华书局 1964 年版，第 343—344 页。

赏赐其《山海经》《河渠书》《禹贡图》等地理、河工书籍并钱帛衣物。当年夏，发卒数十万人，命王景与将作谒者王吴协同修理汴渠堤防，“自荥阳东至千乘海口千余里。景乃商度地势，凿山阜，破砥绩，直截沟涧，防遏冲要，疏决壅积，十里立一水门，令更相洄注，无复溃漏之患”。① 工程历时一年完工，王景虽竭力节省开支，仍耗费金钱以百亿计，可见工程量之巨大。为保障堤防、保持河道安澜，明帝亲自沿河巡视，命沿河郡国设置河堤员吏，负责河防管理、守护工作。经过这次治理，“汴渠成，河、汴分流，复其旧迹”，② 黄河数百年间没有发生大的决口与改道。汴渠、黄河的治理对国家与区域社会产生了重大影响。首先，汴渠基本不再受黄河侵害，漕运量稳定，为保障京城供给、商货流通起到了重要作用。其次，河堤的加固与管理体系的完善、巡视制度的建立，减少了汴河的决口与泛滥，保障了沿岸区域社会的农田生产、百姓生活及经济顺利发展，使许多沿河城市、城镇兴起。最后，黄、汴治理与分离，对于区域社会自然生态环境也起到了改善的作用。黄、汴泛滥时，洪水不但破坏了土壤，导致土地盐碱化严重，而且损害了动植物资源的多样性，扰乱了诸多自然河道的流向，使生态环境处于失衡状态，治理后，这些问题得以改善。除治理汴河外，东汉还在都城洛阳附近开凿阳渠，运输漕粮与物资。洛阳处天下之中，周边有黄河、洛河、伊河、汝河等自然河流，有着丰富的水利资源，初各地漕粮通过黄、洛输往洛阳，但因部分河段多沙，船只难以航行，运输艰难。建武五年（29 年）河南尹王梁建议另开辟新运道，“穿渠引谷水注洛阳城下，东泻巩川，及渠成而水不流”。③ 因开渠失败王梁遭到弹劾，光武帝念其过往功绩而予以赦免。十数年后，洛阳漕粮供给问题依然未决，建武二十四年（48 年）大司空张纯开挖阳渠运河，“穿阳渠，引洛水为漕”。④ 阳渠位于洛水北岸，洛阳城

---

① （南朝宋）范晔：《后汉书》卷 76《循吏列传第六十六》，岳麓书社 2008 年版，第 892 页。

② （宋）袁枢：《通鉴纪事本末》卷 4《河决之患》，中华书局 1964 年版，第 344 页。

③ （南朝宋）范晔：《后汉书》卷 22《列传第十二》，中华书局 1965 年版，第 775 页。

④ （清）傅山：《傅山全集》，山西人民出版社 2016 年版，第 128 页。

南，水源丰沛，漕船畅行无阻，不但满足了京城漕粮需求，而且对城市供水、农田灌溉也有着重要作用。

二、秦汉漕仓与社会

秦汉两代漕仓数量众多，知名者有秦代的敖仓、咸阳仓、栎阳仓，两汉的甘泉仓、细柳仓、京师仓，这些漕仓多分布于黄河及其支流渭河沿岸，将全国各地的漕粮转运至京城或边防要地，用于国家各项需求。

秦非常重视积蓄，早在秦国时期就置有大量仓储，如“张仪与张若城成都、郫城、临邛城，造作下仓”,[①] 下仓即在地下开挖仓窖，通过技术措施使其干燥，用于存粮。这些粮仓的粮食很可能是通过岷江及其支流运输而来，主要用于军事需要与地方赈灾。另有长太平仓，立于秦始皇四年（前243年）七月，“丰则籴，歉则粜，以利民也”,[②] 主要用于平衡市场粮价，保障民生。在诸仓储中，敖仓为秦朝最大漕仓，面山背水，“敖仓在今郑州荥阳县西十有五里，石门之东，北临汴水，南带三皇山。秦始皇时置仓于敖山上，故名之曰敖仓也”,[③] 地理位置非常险要。据明代《永乐大典》载：“敖仓，郑州河阴县敖仓故地，距今县治西北一十二里，殷仲丁迁嚣即此地。《诗·车攻篇》搏兽于敖，《春秋》晋师救郑在敖鄗之间。至秦始筑仓于其上，故敖仓之名。”[④]《秦会要》也称：“嚣，或曰敖，秦置仓于其中，故亦曰敖仓城。”[⑤] 仓城的建设从秦代开始，说明此时仓储已成规模，形成了仓储群，有军队进行守护与防卫。敖仓为漕仓的特征非常明显。首先，仓储临黄河、汴河，山东、江淮之粮通过汴河、黄河运至仓中，或留贮，或转运至都城咸阳。其次，史料载“秦建敖仓于成皋，又立庾，故亦云敖庾”,[⑥]

---

① （清）孙楷：《秦会要》卷26《方域下》，上海古籍出版社2004年版，第581页。

② 《秦会要》卷26《方域下》，第581页。

③ 《秦会要》卷26《方域下》，第582页。

④ 马蓉等：《永乐大典方志辑佚》，中华书局2004年版，第2075页。

⑤ 《秦会要》卷26《方域下》，第581页。

⑥ 《秦会要》卷26《方域下》，第582页。

“秦于此筑太仓，亦曰敖庾”，[①] 庾古义为水漕仓，与水运关系密切。敖仓存粮数额巨大，郦食其曾称“夫敖仓，天下转输久矣，臣闻其下乃有藏粟甚多，楚人拔荥阳不坚守敖仓，乃引而东，令适卒分守成皋，此乃天所以资汉也”。[②] 方志载“古者赋其土物，而所运非漕储于列邦，而其漕弗运。自秦输渤海粟致河北之仓，汉运关中粟广敖仓之积，漕水运所由昉也”。[③]《周易全书》也称“左辅右弼，金玉满柜。常盈不亡，富如敖仓”。[④]“近敖仓者，不为之多饭；临江河者，不为之多饮，期满腹而已”，[⑤] 由此可知，秦汉敖仓有着丰富的存粮。咸阳仓为秦代太仓，属京城仓储，其漕粮与物资储备是否丰裕直接关系到都城的稳定。栎阳为战国初期秦献公、秦孝公两代君主的都城，政治、军事地位也很突出。两地均位于渭河平原，土地肥沃，粮食产量较高，同时临近渭河、郑国渠，交通便利、水利资源丰富，两地置仓不但利于粮食运输，而且可以稳定京畿区域社会，巩固工朝统治。咸阳、栎阳二仓存粮数量丰富，“入禾仓，万石一积。栎阳，二万石一积，咸阳十万石一积，其出入禾，增积如律令”，[⑥] 秦律对收支仓粮的官吏有着严格的规定，其内容包括仓储存粮数额、增减数量等。秦朝败亡时，仍有大量存粮，“宣曲任氏之先，为督道仓吏。秦之败也，豪杰皆争取金玉，而任氏独窖仓粟。楚汉相距荥阳也，民不得耕种，米石至万，而豪杰金玉尽归任氏，任氏以此起富”。[⑦] 任氏所获粮食很可能来自敖仓等仓储，在乱世之中，任氏因粮而发家致富，说明其具有预见性与经商之能。楚汉相争时，刘邦军曾驻霸上，“秦民大喜，争持牛羊酒食献享军士。沛公让不受，曰：‘仓粟多，不欲费民’，民又益喜，唯恐沛公不为秦王”，[⑧] 从对话中可知秦代仓粮

---

① （南朝宋）范晔：《后汉书》卷5《孝安帝纪第五》，中华书局1999年版，第148页。

② （明）李贽：《藏书》卷24《名臣传》，中华书局1974年版，第1283页。

③ （清）王肇赐：《同治新淦县志》卷3《食货志·漕运》，清同治十二年（1873）活字本。

④ 洛书：《周易全书》，团结出版社1998年版，第995页。

⑤ （汉）刘向：《淮南子》卷17《说林训》，岳麓书社2015年版，第175页。

⑥ 《秦会要》卷26《方域下》，第581页。

⑦ （清）刘光蕡：《刘光蕡集》，西北大学出版社2015年版，第513页。

⑧ （汉）班固：《汉书》卷1《高帝纪第一》，岳麓书社2008年版，第6页。

之巨。

汉代对于粮食的出纳与存储工作非常重视，不但在大司农下设置太仓令丞一职，而且在京师与各地粮仓置仓长，负责诸粮仓的具体管理工作。同时在地方县一级行政单位设仓啬夫，负责粮食的征收、保管与分配事宜。西汉除继续利用秦代敖仓并进行修缮外，还重新修建了大量漕仓。其中甘泉仓位于今陕西淳化西北甘泉山上，武帝时曾令民纳粟甘泉仓，可免部分徭役，因此存谷数量很多，仓储丰盈。甘泉仓管理制度健全，河东平阳人张敞因廉洁升甘泉仓长，对仓粮进行收支，后升太仆丞。据《汉书疏证》载："桑弘羊令民入粟甘泉仓，张敞以太守卒吏察廉为甘泉仓长。"① 细柳仓，位于今陕西咸阳市西南，临近渭河，所存漕粮主要为军事所用，为京师屏障。《元和郡县图志》载"细柳仓，在县（咸阳）西南二十里，汉旧仓地。周亚夫军次细柳，即此是也"。② 《三辅黄图校正》称"细柳仓、嘉仓，在长安西，渭水北。古徼西有细柳仓，城东有嘉仓"。③ 两仓之粮通过渭水运输而至。京师仓又名华仓，距黄河、渭河交汇处不远，同时离漕渠也较近。该仓始建于西汉武帝时，内部设施完善，不但有排水、存水与救火的水沟、水池与水井，而且有大量地面建筑，考古挖掘出铁剑、铁刀等兵器，陶罐、陶瓮等日用品，说明当时的仓储区有着大量的人群与生活设施。据《资治通鉴》载，"京师仓，在华阴灌北渭口也"，④ 通过渭河、漕渠运输漕粮至京师。《炳烛编》也载，"三辅郡皆有都尉如诸郡。左辅都尉治高陵，右辅都尉治郿，京辅都尉治华阴灌北"，⑤ 京辅都尉为二千石高官，之所以不驻华阴县城，而驻灌北，很可能是为了保障仓储的安全及便于附近渭河、漕渠的管理。关于京师仓存粮规模史料已无记载，但从汉末诸军对京师仓的争夺及考古资料证明该仓容量惊人。据《陕西考古重大发现（1949—1984）》一书载，"从勘

① （清）沈钦韩：《汉书疏证》卷 4，清光绪二十六年（1900）浙江官书局刻本。

② （唐）李吉甫：《元和郡县图志》卷 1《关内道一》，中华书局 1983 年版，第 13 页。

③ 陈直校注：《三辅黄图校正》，陕西人民出版社 1980 年版，第 135 页。

④ （宋）司马光：《资治通鉴》卷 39《汉纪三十一·淮阳王》，吉林人民出版社 1997 年版，第 877 页。

⑤ （清）李赓芸：《炳烛编》卷 4，中华书局 1985 年版，第 86 页。

查与发掘得知，京师仓建在渭河南岸第二阶地上，地势高亢，外有城墙护围。仓城依地势构筑，大致呈长方形，东西长1120米，南北宽七百余米，城墙厚近10米，夯筑相当坚固"，[①] 为土木结构混合的大型粮仓建筑，并采用了防水、通风、防潮等技术措施，另出土有"京师瓦当"建筑构件，该仓储可能一直使用到西汉末年或东汉初年。除以上诸漕仓外，西汉在京师还有太仓，由汉初丞相萧何所置，一直沿用至东汉时，"大城东有太仓，仓下运船常有千计"；[②] 有长安仓，汉元帝本始四年（前70年）因庄稼歉收，"遣使者赈贷贫乏，命乐府减乐人归就农业，丞相以下至都官令丞，上书入谷，输长安仓，助贷贫民。以车船载谷入关者，得毋用传"；[③] 其他如泾仓、河内仓都是汉代比较重要的仓储，这些粮仓的存粮可能并非全部由水路运输，但可能存储部分漕粮。

秦汉漕仓具有重要的政治、军事功能及一定的社会赈济作用。在政治与军事上，漕仓在战争中成为了各方势力争夺的焦点，往往成为决定战争胜负的物质基础。秦汉漕仓最大的功能就是供给京师，满足京城皇室、官僚及驻军的日常口食之需，无论是通过陆路以车马运输的粮食，还是以人工运河、自然河道转输的漕粮，其本质为国家税粮，满足国家各项政治开支。除此之外，在王朝末年或战乱时期，漕仓还具有重要的军事功能，往往成为各方势力争夺的焦点，围绕仓储与漕粮展开了一系列冲突。楚汉相争时，"汉军荥阳，筑甬道属之河，以取敖仓粟。汉之三年，项王数侵夺汉甬道，汉王食乏，恐，请和"，[④] 甬道为两边有墙的通道，通过甬道，刘邦军粮得以源源不断地输往前线，而甬道被项羽夺取后，因粮食匮乏，刘邦只能请和，可见粮食对于战争胜负具有决定性的意义。后刘邦将领郭蒙"以都尉坚守敖仓，为将军，破项羽，侯三千户"。[⑤] 另一将领周昌"尝击破秦兵入汉，出关以

① 陕西省考古学会编：《陕西考古重大发现（1949—1984）》，山西人民出版社1986年版，第104页。

② （北魏）郦道元：《水经注》卷16，浙江古籍出版社2013年版，第226页。

③ （汉）徐天麟：《西汉会要》卷55，商务印书馆1935年版，第550页。

④ （明）喻文伟：《万历宿迁县志》卷6《人物志》，明万历刻本。

⑤ （明）杜思：《嘉靖青州府志》卷12《圣贤》，明嘉靖刻本。

内史坚守敖仓，以御史大夫封侯”，[①] 当时有诸多汉军将领在敖仓与项羽军对峙。汉朝建立后，景帝时发生七国之乱，吴王刘濞将领桓将军称“吴多步兵，步兵利险；汉多车骑，利平地。愿大王所过城邑不下，直弃去，疾西据洛阳武库，食敖仓粟，阻山河之险，以令诸侯，虽无入关，天下固已定矣”。[②]“洛阳阻山河之固，扼西兵之冲，积武库之械，丰敖仓之粟。今不疾据而徐行留攻，而汉骑腾入梁、楚之郊以蹙之，败可立待也”，[③] 指出只有占据中原枢纽洛阳，以敖仓作为军粮基地，才能称霸天下，否则一旦失去粮草支撑与山河之险，很可能被汉军击败而陷入困境。王莽地皇三年（22 年）以东方兵起，遣杨浚守敖仓。光武帝建武二年（26 年）“遣盖延南击敖仓”，[④] 甚至东汉末年，曹操“济河降射犬之众，还军敖仓”，[⑤] 在军事上仍占有重要地位。京师仓也为诸军争夺之地，汉末王莽曾命人守京师仓，以抵御刘秀军及其他农民军的攻击，“邓晔开武关迎汉，丞相司直李松将二千余人至湖，与晔等共攻京师仓”。[⑥] 秦汉漕仓已具有了中国古代社会初期的赈济功能，尽管这一时期漕粮的社会赈灾与保障作用并不完善，尚没有建立起一整套系统的管理制度，但仍然对稳定区域社会秩序、民生维系起到了相当大的作用。汉安帝永初七年（113 年）九月，“调零陵、桂阳、豫章、会稽租米，赈给南阳、广陵、下邳、彭城、山阳、庐江、九江饥民，又调滨水县谷输敖仓”，[⑦] 其目的即为备荒之需。

秦汉漕运与漕仓具有鲜明的特点，主要表现在以下三个方面。首先，在国家大一统时期，无论是运河的开凿，还是漕仓的设置，更多的目的是满足

---

① （明）傅淑训：《万历平阳府志》卷 2《建置沿革》，明万历四十三年（1615）刻清顺治二年（1645）修补本。

② （明）俞琳：《经世奇谋》，崇文书局 2015 年版，第 162 页。

③ （宋）何去非：《何博士备论译注》，军事科学出版社 1989 年版，第 19 页。

④ （汉）刘向编著，石光瑛校：《新序校释》，中华书局 2001 年版，第 1286 页。

⑤ （清）顾祖禹：《读史方舆纪要》卷 46，中华书局 1957 年版，第 1924 页。

⑥ （汉）班固：《汉书》卷 99 下《王莽传》，中华书局 1999 年版，第 3072 页。

⑦ （南朝宋）范晔：《后汉书》卷 5《孝安帝第五》，岳麓书社 2008 年版，第 74 页。

国家政治的需求，大量的人力、物力、财力投入到漕运建设中，国家的宏观调控能力、人工动员能力、工程建设效率都较前代有了很大的进步。其次，漕运、漕仓的管理制度开始出现，有了专门的管理机构与人员，尽管这一时期漕仓的具体管理程序、运作制度尚未具体化、系统化，但仍为后世提供了丰富的经验。最后，秦汉漕运功能的多元化增强，与先秦漕运主要服务于军事不同，秦汉漕运、漕仓在满足政治供需、军事开支的同时，开始有了社会赈济的作用，虽然这一功能比较薄弱，没有形成完善的赈济体系，但已开始对区域社会的农业生产、民众生活产生重要影响。

第三节 三国魏晋南北朝时期的漕运、漕仓与社会关系

三国至南北朝是中国历史上又一分裂时期，与春秋战国漕运、漕仓类似，这一时期漕运的主要功能是服务于军事，由于争霸战争或求自保的需要，各割据政权都在一定程度上开挖运河，用于运兵、运粮、灌溉农田，不过这一时期的运河由于缺乏足够的财力支持，加上主要为短期使用，所以运河的维护、管理程度较低，很多运河开挖后很快淤塞，不能起到长期的作用。不过三国至南北朝运河特点与前期运河有所差异，那就是开挖的数量、分布的地域有了更大的发展，除军事及都城供给作用外，漕运、漕仓与区域社会之间的联系进一步密切，特别是仓储的赈济、平粜功能得到了完善，其管理制度也有所强化。

一、三国漕运与社会关系

东汉末年、三国时期开凿运河时间最早且数量最多的为曹操。曹操是东汉末年著名政治家，他有着统一北方的理想与抱负，为加快统一步伐，消灭其他割据势力，他先后开凿了一系列漕渠为军事战争服务。东汉建安七年（202 年）曹操为击败占据冀州的袁绍，决定开凿运河以扩大战略物资输送，

他至浚仪，“治睢阳渠，遣使以太牢祀桥玄，进军官渡”，① “曹操军谯，至浚仪，治睢阳渠，盖因睢水而作渠”，② 睢阳渠以自然河道睢水为渠，首受浪荡渠之水，东过睢阳县，东南注泗水。通过睢阳渠，曹操兵粮得以源源不断地输往军事要地官渡。两年后，曹操率大军进击河北，又令“遏淇水入白沟，以通粮道”。③ 白沟并非完全为人工开挖，而是利用了以前的旧河道，这样既减少了工程量，又可以加快行军速度，“魏武开白沟，因宿胥故渎而加其功也”。④ 宿胥故渎为黄河南迁前的故道，南起宿胥口（今河南滑县西南），东北至今河北威县境，东汉末年时已无水源，但只要稍加整理，引淇水入河，便可行舟。白沟疏浚及引水工程采取了一系列工程措施，由于淇水与白沟本不相属，曹操于淇水口门以大枋木而成堰，“洪枋巨堰，深渠高堤”，⑤ 提高淇水水位，分其东流入白沟，增加了白沟水源。白沟完工后，曹操军不但顺利占领了袁绍老巢邺城，而且这条运河在后世一直被使用，成为了黄河以北地区重要的交通要道，不但灌溉了两岸的农田土地，而且扩大了沿河地区的商贸交流与文化融合，便利了商贾与民众往来。建安九年（204年）袁绍残余势力逃奔幽州，曹操迅速进军攻占幽州，袁尚、袁熙投奔辽东太守公孙康，并寻求辽西乌桓庇护。为突袭乌桓，曹操决定沿海开辟运河，“乌丸承天下乱，破幽州，略汉民合十万户。辽西单于蹋顿尤强。公将征之，凿渠自滹沱入泒水，名平虏渠。又从泃河口凿入潞河，名泉州渠，以通海”。⑥ 其中“泃水又南入鲍邱水，又东合泉州渠口故渎，上承滹沱水于泉州县，故以泉州为名。北迳泉州县东，又北迳雍奴县东，西去雍奴故城一百二十里，自滹沱北入其下，历水泽一百八十里入鲍邱河，谓之泉州

① （晋）陈寿：《三国志》卷1《魏书一》，吉林大学出版社2005年版，第9页。

② （清）顾祖禹：《读史方舆纪要》卷19，商务印书馆1937年版，第870页。

③ （宋）司马光：《资治通鉴》卷64《汉纪五十六》，中州古籍出版社1994年版，第549页。

④ （北魏）郦道元：《水经注》卷9《济水九》，浙江古籍出版社2001年版，第153页。

⑤ （清）严可均：《全晋文》卷34《卢谌》，商务印书馆1999年版，第345页。

⑥ （清）于敏中：《日下旧闻考》卷112《京畿》，北京古籍出版社1985年版，第1851页。

口”。① 平虏渠、泉州渠在今河北、天津沿河一带，与海相接，同时沟通滹沱、泒水、白河、海河等自然河道，这两条运河不但为曹操平定辽东提供了便利，而且成为了后世永济渠、御河、卫河、南运河的重要组成部分，对于河北沿海地区的开发与区域交通、经济、文化的传播都有着重要意义。平虏渠、泉州渠开通后，曹军粮草还不能直接输往前线，又开凿新河，“魏太祖征蹋顿，与泃口俱导者，世谓新河。新河会濡水，东南至碣石山”。② 新河沿渤海自西往东延伸，沿途接纳诸河，穿越湖泊、沼泽，注入濡水（滦河）。曹操开凿的一系列运河，主要功能为军事服务，起着运兵、输粮的作用，对于其统一北方、控制中原，尽快结束分裂有着重要意义。

曹操在统一北方的战争取得基本胜利后，受封为魏王，为与汉献帝所在的许昌有所区别与分离，定都于邺城。邺城为今河北临漳县西、河南安阳市北附近区域，临漳水，为东汉北方地区重要的政治中心，交通便利，军事地位突出。曹操为控制北方，以邺城为中心不断扩充自身实力，采取了一系列措施发展邺城周边水运交通，加强农田灌溉与经济发展。建安十八年（213年）曹操为沟通北方河道体系，“凿渠，引漳水东入清、洹以通河漕，名曰利漕渠”。③ 该渠以漳水为源，与清水、洹水相合，另与白沟相通，在邺城周围形成了系统的水运网络，中原各地漕粮、商货、物资得以源源不断地输往邺城，为邺城的崛起及后世多次成为都城奠定了基础。曹魏的继承者曹丕沿袭了曹操做法，继续开凿运河与沟渠，以发展运输与促进农田灌溉。豫州南部与吴国接壤，处魏吴前线地带，刺史贾逵开凿运河，后世称贾侯渠，“贾逵之为豫州，南与吴接，修守战之具，堨汝水，造新陂，又通运渠二百余里，所谓贾侯渠者也”。④ 该运河又名淮阳渠，至北魏时已几乎消失，“川渠迳复，交错畛陌，无以辨认”。⑤ 方志也载“贾侯渠，晋豫州刺史贾逵建，

① 《日下旧闻考》卷112《京畿》，第1851页。

② （清）傅泽洪：《行水金鉴》卷86，商务印书馆1968年版，第1278页。

③ （清）沈钦韩：《后汉书疏证》卷15，上海古籍出版社2006年版，第303页。

④ 朱偰：《中国运河史料选辑》，中华书局1962年版，第11页。

⑤ （北魏）郦道元：《水经注》卷22，浙江古籍出版社2013年版，第299页。

通运渠三百余里，久废”。① 方志的记载有两处错误，贾逵应为魏人而非晋人，同时该渠多数史料记载为二百余里，而非三百余里。继魏国后，吴、蜀两国也相继立国，三国之间频繁发生冲突与战端。为增强战备，各国对于农业发展、运河开凿都非常重视，如黄初六年（225 年）魏文帝曹丕开挖讨虏渠，意图讨伐吴国，《三国会要》载，“黄初六年三月，帝行如召陵，通讨虏渠”。② 召陵为今河南省中南部的漯河市东部附近，古有汝水经过，讨虏渠以汝水为源，至颍水为止，通过该渠可将南阳地区丰富的粮食运输至江淮前线，为讨伐吴国积蓄军粮物资。正始二年（241 年）为防范吴国侵扰与增强边防力量，魏命尚书郎邓艾巡视江淮一线，“艾以田良水少，不足以尽地利，宜开河渠，可以引水浇溉，大积军粮，又通漕运之道”。③ 其称：“昔破黄巾，因为屯田，积谷于许都以制四方。今三隅已定，事在淮南，每大军征举，运兵过半，工费巨亿，以为大役。陈、蔡之间，上下田良，可省许昌左右诸稻田，并水东下。令淮北屯二万人，淮南三万人，十二分休，常有四万人，且田良水丰，常收三倍于西，计除众费，岁完五百万斛以为军资。六七年间，可积三千万斛于淮上，此则十万之众，五年之食也。以此乘吴，无往而不克矣。”④ 第二年三月，“穿广漕渠，引河入汴，溉东南诸陂，始大佃于淮北”。⑤ 广漕渠的开挖，不但灌溉了大量农田，促进了东南地区的开发，而且对于曹魏取得对吴国军事的优势有着重要意义，“每东南有事，大军兴众，泛舟而下，达于江淮，资食有储，而无水害，艾所建也”。⑥ 除以上诸渠外，魏还开淮阳、百尺二渠，沟通黄、淮，用以灌溉农田，而是否具备运输功能，史料无所记载，另《读史方舆纪要》认为：“贾侯渠，在城西。水经注，后汉贾逵为豫州刺史，所开运渠也。或谓之淮阳渠，又州南

---

① （清）邱天英：《康熙汝阳县志》卷 2《舆地志》，清康熙二十九年（1690）刊本。

② （清）钱仪吉：《三国会要》卷 38《舆地五》，上海古籍出版社 2006 年版，第 777 页。

③ （宋）王象之：《舆地纪胜》卷 88《枣阳军》，浙江古籍出版社 2012 年版，第 1165 页。

④ 《舆地纪胜》卷 88《枣阳军》，第 1165 页。

⑤ （唐）房玄龄：《晋书》卷 1《帝纪第一》，中华书局 2000 年版，第 9 页。

⑥ （明）黄道周：《广名将传》，书目文献出版社 1986 年版，第 95 页。

有广漕渠。”① 这里的城为陈州（今河南周口淮阳区），贾侯渠与淮阳渠是否为一渠，因水系与河道的变化，已难以进行考证。百尺渠又名百尺沟，“城北有故沙，名之为死沙，而今水流津通，漕运所由矣。沙水又东而南屈，迳陈城东，谓之百尺沟，又南分为二水，新沟水出焉”。② 沙水经陈县南流，分为两股，其中一股新沟水东南流入淮河支流颍水，即百尺渠。除此之外，楚王曹彪曾在饶阳、武邑开挖白马渠，用以沟通滹沱河与漳河；司马懿开凿鲁口渠以讨伐叛乱的辽东太守公孙渊；征蜀将军卫臻开成国渠灌溉附近土地；征北将军刘靖在蓟城（今北京附近）修戾陵堰、开车箱渠，浇灌蓟城周边稻田。

除魏国外，吴国定都建业（今南京），地处江南水乡，水利资源丰富，有着开凿运河的地理优势。各地漕粮经长江水道运输至京，船只在江面航行经常遭遇风浪，船粮损失严重。赤乌八年（245 年）吴政权遣校尉陈勋开凿运河以避长江之险，“将屯田及作士三万人，凿句容中道，自小其至云阳西城，通会市，作邸阁”，③ 所开水道经后来的常州府城外，经奔牛、吕城，至镇江府丹阳县城外，再至丹徒县城外入长江。其中云阳即后来的丹阳，运河开凿工程异常艰难，“岑昏凿丹徒至云阳，杜野、小辛间皆斩绝陵垄，功力艰辛，杜野属丹徒，小辛属曲阿。至今此道舟行，望两岸高如山……小其当作小辛，传写误也”。④ 开凿目的是“以通吴会船舰，号破冈渎，上下一十四埭。上七埭入延陵界，下七埭入江宁界，于是东郡船舰不复行京江矣，晋、宋、齐因之”。⑤ 破冈渎通过水工设施埭以蓄水，平衡运道水位，保障航运的稳定，不但便利了漕粮运输、船舰往来，对于吴国控制这一区域，强化对魏的作战能力起到了重要作用，而且对后世交通也意义重大，“自今吴

① （清）顾祖禹：《读史方舆纪要》卷 47《河南二》，商务印书馆 1937 年版，第 2002 页。

② （北魏）郦道元：《水经注》卷 22，浙江古籍出版社 2013 年版，第 300 页。

③ （清）王鸣盛：《十七史商榷》卷 42《小其》，上海古籍出版社 2014 年版，第 484 页。

④ 《十七史商榷》卷 42《小其》，第 484 页。

⑤ （宋）周应合：《景定建康实录》，南京出版社 2009 年版，第 394 页。

县舟行过无锡、武进、丹阳至丹徒水道，自孙氏始”。① 上述史料中的邸阁为古代粮仓，吴政权在破冈渎沿线修建了一系列漕仓，以存储转运而来的粮食，供给京城需求。吴国开凿的另外一条重要的运河为运渎，该运河开凿早于破冈渎，赤乌三年（241 年）左台侍御史郗俭自秦淮河北开凿运河至仓城，名运渎，“建康宫城，即吴苑城，城内有仓，名曰苑仓。故开此渎，通转运于仓所，时人亦呼为仓城。晋咸和中，修苑城为宫，惟仓不毁，故名太仓，在西华门内道北”,② “建康古城向北，秦淮既远，其漕运必资舟楫，而壕堑必须水灌注。故孙权时，引秦淮名运渎以入仓城，开潮沟以引江水，又开渎以引后湖，又凿东渠，名青溪，皆入城中”。③ 运河的开凿可将太湖流域的漕粮、物资通过秦淮河、运渎转运至建康城，存储于苑仓之中，用以满足皇室供需。关于运渎及其他运河的路线，明代史料也有记载：“留都自秦淮通行舟楫外，惟运渎与青溪、古城壕可容舴艋往来耳。然青溪自淮清桥入，至四象桥而阻。运渎自斗门桥入，西至铁窗棂，东亦至四象桥而阻。以其河身原狭，又民居侵占者多，易为堙塞耳。”④

三国时期，除蜀国外，魏、吴两国开凿了大量的运河，用以运输军用物资与漕粮，发展自身实力。这一时期的运河具有鲜明的特色，除了数量多、分布地域广、军事色彩浓厚外，还存在维护程度较低、管理制度不完善等缺陷。即便如此，三国时期开挖的运河仍具有重要的意义，无论是对于京城供给、军事征战、农业发展都产生了重要作用，而且部分河段成了隋唐大运河的源头，一系列堰、坝等水利工程的修建，也积累了丰富的水工经验，为后世大运河的开凿与工程建设提供了借鉴。

二、魏晋南北朝时期的漕运与漕仓

司马氏取代曹魏后，建立西晋王朝，定都洛阳。晋泰始十年（274 年）

① 《十七史商榷》卷 42《小其》，第 484 页。

② （清）鄂尔泰：《授时通考》卷 54《蓄聚》，中华书局 1956 年版，第 1232 页。

③ （民国）夏仁虎：《秦淮志》，南京出版社 2006 年版，第 2 页。

④ （明）顾起元：《客座赘语》卷 9《城内外诸水》，上海古籍出版社 2012 年版，第 188—189 页。

为运关中之粮以充实洛阳，同时避开三门之险，“凿陕南山，决河东注于洛”。[①] 这条沟通黄河与其支流洛河的运河没有名字，并且其是否真正使用也没有记载，不过据《通典》载，其结果是“虽有此诏，竟未成功”，[②] 工程最后以失败而告终，原因可能与庞大的工程量及险恶的地理环境有很大关系。不过《读史方舆纪要》则认为该运河为隋唐陕州利人渠的开端：“有南北二渠，北渠在州北，隋开皇六年，苏成引橐水西北入城，民赖其利。南渠在州东南，自硖石界流入，与北渠同时疏导……武帝泰始五年，凿陕南山，决河东注洛以通漕，此即利人等渠之创始矣。”[③] 该史料中隋代利人渠为疏导，说明此前应存在开挖遗迹，不过可能处于淤塞状态，所以重新疏通。晋灭吴后，镇南大将军杜预开扬夏水道，“开扬口，起夏水，达巴陵。内泻长江之险，外通零桂之漕。南土人歌之云：后世无叛由杜翁，孰识智名与勇功”。[④] 这条运河开凿距离长，沟通江河数量众多，强化了长江以南区域与中原及都城洛阳的政治、经济、文化交流，使南北之间的交通网络体系日趋完善，同时避开了长江水路之险，对于西晋政权进一步控制江南地区起到了相当大的作用，同时对于分流长江洪水，促进区域社会开发也具有重要意义。另一运河为会稽郡内史贺循所开，后世称西兴运河，运河东起会稽城西，至钱塘江南岸西陵（今杭州萧山区西兴镇），全长一百余里，用于灌溉、航运。据南宋《嘉泰会稽志》载“运河在府西一里，属山阴县，自会稽东流县界五十余里入萧山县。旧经云晋司徒贺循临郡凿此以溉田，新河在府城西北二里，唐元和十年观察使孟简所开”。[⑤] 该运河的开通使浙东地区有了通畅的水路交通，使浙东运河初步形成。西晋时，春秋吴国开凿的邗沟虽能继续使用，但漕船、商船多患湖难，因湖中风浪而倾覆者不计其数，针对这一状况，广陵度支陈敏“因穿樊梁湖北口，下注津湖，迳渡，渡十二

---

① （明）杨宏、谢纯：《漕运通志》卷 1《漕渠表》，方志出版社 2006 年版，第 18 页。

② （唐）杜佑：《通典》卷 10《食货志·漕运》，清武英殿刻本。

③ （清）顾祖禹：《读史方舆纪要》卷 48，中华书局 1987 年版，第 2086 页。

④ （清）廖元度：《楚风补校注》，湖北人民出版社 1998 年版，第 169 页。

⑤ （宋）沈作宾：《嘉泰会稽志》卷 10《水》，清文渊阁四库全书本。

里方达北口，直至夹邪……所改之道由樊梁湖注津湖至夹邪，不复由博芝、射阳矣，盖博芝、射阳在东，樊梁在西，既至樊梁，不得又绕于博芝也”。① 邗沟改造工程避开了射阳、博芝两大湖泊，使船只航行的稳定性增强。后晋哀帝时为彻底摆脱湖中之险，再次对邗沟进行改造，“兴宁中，复以津湖多风，又自湖之南口，沿东岸二十里，穿渠入北口，自后，行者不复由湖”。② 邗沟的两次改造工程，不但使船只航行距离缩短，减少了湖中风浪的威胁，使漕船、商船通过效率与数量提升，而且使人工开凿河道的长度增加，水工技术水平提高，为隋代整治山阳渎提供了借鉴。除以上运河外，东晋王朝还对杭嘉湖平原进行水利与运道开发，开挖了荻塘运河，“运河在县城东，自嘉兴府王江泾而北，凡三十三里，历县境之平望镇者，曰南塘河，亦曰土塘河。自湖州府南浔镇而东，凡五十三里，至平望，经莺脰湖与南塘河合者，曰西塘河，亦曰荻塘河，二河既合，曰官塘河”，③ 可见荻塘主要流经吴江县，一直使用至明清时期，是杭嘉湖地区重要的水上交通运输通道。荻塘运河并非一朝一夕而成，而是随着历史的变迁不断完善与系统化，其补水来源除沿岸诸水外，还有水柜莺脰湖，“以其形色似莺脰，故名。周十余里，全纳烂溪、荻塘诸水，潴而为湖”。④ “去县南四十里，枕平望湖，以其形似莺脰，故名。又二莺相斗，故名莺斗湖。湖分纳荻塘，全纳烂、车、黄、穆、急五溪之水，潴而为湖”。⑤ 该湖通过存蓄水源，为运河补水或蓄水，起着调节运河水量的作用，同时对于分泄洪峰、灌溉农田也具有重要作用。

在东晋偏安江南的同时，北方陷入了五胡十六国时期，这些主要由少数民族建立的政权，与东晋及其他割据势力之间相互争夺土地、财产，政权更迭频繁，是中国历史上的分裂时期。为了扩张土地，巩固统治，这一时期开挖了大量运河，用以军事运输与征战。东晋永和五年（349 年）前燕灭后赵

---

① （清）阮亨：《文选楼丛书》，广陵书社 2011 年版，第 2503 页。

② （清）刘文淇：《扬州水道记》，广陵书社 2011 年版，第 56 页。

③ （清）顾祖禹：《读史方舆纪要》卷 24，中华书局 1957 年版，第 1109 页。

④ （清）徐崧：《百城烟水》卷 4《吴江县》，清浙江巡抚采进本。

⑤ （清）姚承绪：《吴趋访古录》卷 6《吴江》，清道光十九年（1839）刻本。

石氏政权，占领了黄河流域的大片土地，而东晋力图恢复中原，于是多次北伐。永和十二年（356 年）前燕将领慕容兰率数万人屯兵汴城，经常入侵东晋，威胁到了东晋王朝的稳定。于是晋命徐州刺史荀羡予以征讨，因陆路旷日持久，兵粮运输艰难，于是“自洸水引汶通渠至于东阿，以征之，临阵斩兰”。① 这条运河后世称洸汶运河，沟通了济水、汶水诸水系，对于东晋顺利进军起到了重要作用。太和四年（369 年）东晋政权又命平北将军、徐兖刺史桓温再次北伐前燕，为便于进兵，在山东境内开挖运河，“进次金乡，时亢旱，水道不通，乃凿巨野三百余里以通舟运，自清水入河……战于林渚，温击破之，遂至枋头。先使袁真伐谯梁，开石门以通运，真讨谯梁皆平之，而不能开石门，军粮竭尽。温焚舟步退，自东燕出仓垣，经陈留，凿井而饮，行七百余里。垂以八千骑追之，战于襄邑，温军败绩，死者三万人”。② “《元和志》，桓公沟源出任城县西四十里萌山下。引《宋武北征记》，桓宣武以太和四年，率众平赵、魏时，遣冠军将军毛彪生凿此沟，因号桓公沟”。③《山东通志》也载“桓公沟在州西四十里萌山下，桓温遣冠军将军毛彪生凿此，故名”。④ 这次北伐的失败与运河、漕运有着密切的关系，初开山东鱼台境内桓公沟，军粮、士兵运输顺利，行军至枋头，占领谯梁诸地，后因石门难开，漕船不能顺利进入水道，导致功败垂成。除此之外，东晋谢玄还对泗水水道中的吕梁洪段进行整治，使通漕能力有所增强。东晋太尉刘裕为攻后秦，命部将重修汴口石门与整治汴渠，取得重大进展，汴渠大通，刘裕自长安从渭水入黄河，自汴渠入泗水，顺流而至彭城。北魏宣武帝时，命度支尚书、御史中尉崔亮“议修汴、蔡二渠以通边运，公私赖焉”，⑤ 另在河东解州开永丰渠，用以运输食盐。三国、魏晋、南北朝属于中国历史上的大分裂时期，没有出现大一统的王朝，所以无法开凿长距

---

① （清）顾炎武：《山东考古录》，中华书局 1985 年版，第 18 页。

② （唐）房玄龄：《晋书》卷 98《列传第六十八》，中华书局 1999 年版，第 1720 页。

③ （清）杨守敬：《水经注疏》卷 8《济水二》，通行本。

④ （清）孙葆田：《山东通志》卷 35《疆域志第三 · 古迹二》，台北华文书局股份有限公司 1969 年版，第 1409 页。

⑤ （唐）李延寿：《北史》卷 44《崔亮传》，中华书局 1974 年版，第 1630 页。

离、大规模的运河，加上因战乱影响，所以没有形成完善、系统的漕运制度，但是即便如此，诸多运河的开凿对于军粮运输与局部统一起到了重要作用，是隋代大运河的先声。

五胡十六国时期首次出现了水次仓这一称呼，早期的水次仓是指水边的粮食仓库，主要分布于自然河道沿岸，存储各地转运而来的粮食与物资。后赵是十六国时期羯族将领石勒建立的政权，其继任者石虎为巩固统治，增加国家积蓄，扩大军需供给，"以租入殷广，转输劳烦，令中仓岁入百万斛，余皆储之水次"。后又令"刑赎之家得以钱代财帛，无钱听以谷麦，皆随时价输水次仓"。[①] 后赵统治范围包括今河南、河北、山东、山西、陕西、江苏、湖北等区域的大片土地，初在襄国（今河北邢台）立都，后迁至邺城（今河南安阳至河北临漳一带），通过漳河、卫河运输漕粮至都城，同时以纳钱或输粮代罪的方式充裕国库，将粮食存储于政治中心或沿河冲要之地，以应付各种紧急需求。后赵水次仓的设置，对于后世漕仓建设具有重要的意义。首先，水次仓可以减少长途转运之劳苦，将各地漕粮通过水路短途运输至沿河仓储之中，平日用以防备灾荒、平抑粮价，紧急时可作为兵粮或补充国家太仓。其次，后赵时租税、赎罪粮成为了水次仓粮的重要来源，这与后世以赋税形式征收的漕粮以及中盐法、纳罪粮并没有根本的区别，是其后历代王朝漕仓存粮的最主要来源。最后，水次仓存粮有充裕国库，调剂余缺的作用，以市价收购市场余粮，存于水次仓储中，作为国家府库官粮与储备粮，可为灾荒赈济之用，如冀州八郡发生雨雹，庄稼受灾，百姓匮粮，"遣御史所在发水次仓麦以给秋粮，尤甚之处，差复一年"，[②] 通过发放赈粮、免除一年徭役的方式减轻百姓负担。不过水次仓赈灾并未在后赵得到广泛的普及，因石虎横征暴敛、残酷好杀，不能体恤民生，所以未建立完善的仓储与赈济制度，建武元年（335 年）因雨雪长期未降，第二年"谷值踊贵，金一斤直米二升，民流死者十有五六，百姓嗷然，人无生赖矣"。[③] 另一重视

① （唐）房玄龄：《晋书》卷 106《石季龙上》，中华书局 1999 年版，第 1846 页。
② （清）汤球：《十六国春秋辑补》卷 16《后赵》，商务印书馆 1936 年版，第 123 页。
③ 《十六国春秋辑补》卷 16《后赵》，第 124 页。

水次仓储建设的政权为后魏，后魏即北魏，为鲜卑族拓跋氏所立，疆域最广时北至蒙古高原，西至新疆东部，东北至辽西，南至淮河、秦岭一带。后魏自徐州、扬州内附之后，“仍世经略江淮，于是转运中州以实边镇，百姓疲于道路。有司请于水运之次，随便置仓，乃于小平、石门、白马津、漳涯、黑水、济州、陈郡、大梁，凡八所，各立邸阁，每军国有须，应机漕引，自此费役微省”。① 后魏将江淮及中州富庶之地漕粮转运至京师及边防重地，并通过在沿河置仓收贮漕粮的方式以减轻百姓负担，在一定程度上满足了国家的各项需求，保障了正常的农业生产。同一时期三门都将薛钦上言：“计京西水次，汾、华二州，弘农、河北、河东、平阳等郡，年常绵绢及赀麻，皆折公物，雇车牛送京。道险人弊，费公损私，略计华州一车，官酬绢八匹三丈九尺，别有私民雇价布六十匹，河东一车，官酬绢五匹二丈，别有私车雇价布五十匹……又其造船之处，皆须锯材人功，并削船茹，依功多少，即给当州郡门兵，不假更召。汾州有租调之处，去汾不过百里，华州去河不满六十，并令计程依旧酬价，车送船所。船之所运，唯达雷陂。其陆路从雷陂至仓库，调一车雇绢一匹，租一车布五匹，则于公私为便。”② 通过水陆联运的方式运输漕粮、物资至仓库，并减省民力与国库开支。在水次漕仓的管理上，这一时期也出现了相应的管理制度与管理人员，如高氏建立的北齐政权，定都邺城，设有司农寺，为北齐“九寺”之一，主官为司农卿、少卿“掌仓市、薪菜、园池、果实，统平准、太仓、钩盾、典农、导官、梁州水次仓、石济水次仓、藉田等署令丞”。③ 其中梁州水次仓位于今河南开封，有黄河、汴渠等河道，非常便于漕粮、物资的运输，北齐政权设置管仓令、丞，掌管通过水路转运而来的漕粮，负责日常的存贮与收支事务。石济水次仓位于今河南省延津县东北，为古棘津，临近黄河，水路便利，也有仓官管理仓粮。据《唐六典》载：“大司农属官有诸仓长、丞，后汉河南尹属官有荥阳敖仓长、丞，《魏书》有

① （宋）郑樵：《通志二十略》，中华书局 1995 年版，第 1418 页。
② （清）严可均：《全后魏文》，商务印书馆 1999 年版，第 510—511 页。
③ （北齐）颜之推：《颜氏家训集解》，上海古籍出版社 1980 年版，第 33 页。

邸阁仓，亦其事也。东晋有东仓、石头仓，宋、齐因之，梁司农统左、中、右三部仓丞，陈氏亦同，后魏阙文。北齐司农有梁州及石济之水次仓。隋初，漕关东之粟以实京邑，卫州黎阳仓、荥阳洛口仓、洛州河阳仓、陕州常平仓，潼关、渭南亦皆有仓，以转运之，各有监官”。[①] 隋代仓储每仓有仓监一人，正七品下，有仓丞二人，从八品上，其职责为“诸仓监各掌其仓窖储积之事，丞为之贰。凡粟出给者，每一屋、一窖尽，剩者附计，欠者随事科征；非理欠损者，坐其所由，令征陪之。凡出纳账，岁终上于寺焉”,[②] 有一整套严格的管理与追赔制度。隋代距北齐时间较近，在仓储的管理制度上应有所借鉴。

三国魏晋南北朝时期社会动荡，战乱不休，对百姓的生产、生活造成了巨大破坏，各割据政权为掠夺土地、人口，开挖运河运输兵粮，这些运河多数开挖距离较短，管理程度低，缺乏维护，很快淤塞与湮没，没有持续发挥作用，只有少数河道后来经过重新疏浚、整修成为了隋唐大运河的部分河段。但即便如此，这些运河对于当时的局部统一、农田灌溉、物资运输仍然发挥了重要作用。同时，南北朝时期出现了中国历史上最早的“水次仓”，并且其管理制度逐渐成熟，有了明确的职责分工与运作程序，这一时期漕仓存粮与秦汉类似，主要以谷物为主，仓储结构为地下窖藏，地面覆以建筑，这也是隋唐及其前漕仓的主要布局，地下仓窖经加工后可以长久地保持漕粮的干燥，而地面建筑可以遮蔽风雨。这种情况的出现，与隋唐之前漕仓主要分布于黄河沿岸的高阜之处有密切关系，北方地区降水较少，加上黄土不易吸水，同时谷物更易存储，所以地下结构的仓窖更加适合存储漕粮。

第四节 隋唐漕运、漕仓与社会关系

隋唐两朝是中国历史上的大一统时期，不但疆域广阔，而且在制度建

---

① （唐）李林甫：《唐六典》卷19《司农寺》，中华书局1992年版，第528页。

② 《唐六典》卷19《司农寺》，第528页。

设、国家管理、漕运完善方面都有了很多创新与发展。隋朝开挖了长达2500余公里的大运河，用以运输漕粮、征伐高丽，强化对江南富庶地区的控制及维持边防稳定。在部分自然河道与绵长的运河沿岸，隋代设置了大量的漕仓，存储了巨额漕粮，用以满足国家的各项需求，这些粮仓在隋末战争中成为了不同势力争夺的焦点，对于战争的胜负起到了重要作用，甚至存粮一直使用至唐代初期。唐朝继续沿用隋代运河与漕仓，并加以完善，使河道与仓储的管理更加科学与系统，为后世漕运制度的健全提供了丰富的经验。

一、隋唐漕运沿革及社会影响

隋唐是中国古代漕运发展的一个高峰，其具体体现在运河不但开凿里程长，管理制度严格，而且漕运系统逐渐完善，漕粮运输、漕仓管理都较前代有了很大的发展，漕运与国家、社会的联系更为密切与广泛，其社会制衡的功能逐渐强化。

隋唐两代定都长安，人多地狭，关中所出难以满足国家各项需求，所以开凿运河，发展漕运，成为了当时国家政权亟需解决的问题。隋文帝初年，社会安定，户口增加，各地物资征调入京，“诸州调物，每岁河南自潼关，河北自蒲坂，达于京师，相属于路，昼夜不绝者数月。帝既躬履俭约，六宫咸服浣濯之衣，乘舆供御有故敝者，随令补用，皆不改作。非享燕之事，所食不过一肉而已。有司尝进乾姜，以布袋贮之，帝用为伤费，大加谴责”。①即便文帝及宫廷人员如此勤俭，但因水道不通，陆路转输困难，对运送物资的百姓仍然造成了巨大的负担，严重耽误了正常的农业生产。开皇三年（583年）朝廷以京师仓廪空虚，所存不敷所用，为防备水旱灾害，“于是诏于蒲、陕、虢、熊、伊、洛、郑、怀、邵、卫、汴、许、汝等水次十三州，置募运米丁，又于卫州置黎阳仓，洛州置河阳仓，陕州置常平仓，华州置广通仓，转相灌注，漕关东及汾、晋之粟，以给京师”。② 这些水次州县多数

---

① （唐）魏征：《隋书》卷24《食货》，中华书局1973年版，第681—682页。

② 《隋书》卷24《食货》，第683页。

位于黄河及其支流附近，利用自然水道运粮，因此时尚未形成专业性的运输队伍，只能通过徭役或雇募的方式招揽运输人员，由官府监督，命各州民人运粮至沿河仓储，分段输送至京，漕粮主要来源于关中及山西等地。据《大学衍义补》所载："隋于蒲、陕等十三州，募运米丁，又于卫、陕等州置仓，转相灌注，漕粟以给京师。盖于凡经过之处，以丁夫递运。要害之处，置仓场收贮，次第运之，以至京师。运丁得以番休，而不久劳。漕船得以回转而不长运，而所漕之粟，亦得以随宜措注，而或发或留也。"① 这种运输方式是中国古代最早的转般法，"此转般立名之所自出也"，② 较以前的长途输送具有减省民力的作用，能够做到因地制宜、因时制宜。除因地设仓外，文帝还"遣仓部侍郎韦瓒，向蒲、陕以东，募人能于洛阳运米四十石，经砥柱之险，达于常平者，免其征戍。其后以渭水多沙，流有深浅，漕者苦之"。③ 运粮者经砥柱之险、渭河沙淤之苦，不但有船只倾覆之危，而且生命都得不到保障，给运粮队伍及沿河百姓造成了严重的恐慌。

开皇四年（584 年）六月为避渭河之险，决定开凿运河以便运粮，其诏曰："京邑所居，五方辐凑，重关四塞，水陆艰难。大河之流，波澜东注，百川海渎，万里交通。虽三门之下，或有危虑，但发自小平，陆运至陕，还从河水，入于渭川，兼及上流，控引汾、晋，舟车来去，为益殊广。而渭川水力，大小无常，流浅沙深，即成阻阂。计其途路，数百而已，动移气序，不能往复，泛舟之役，人亦劳止。朕君临区宇，兴利除害，公私之弊，情实愍之。故东发潼关，西引渭水，因藉人力，开凿漕渠，量事计功，易可成就。已令工匠，巡历渠道，观地理之宜，审终究之义，一得开凿，万代无毁。可使官及私家，方舟巨舫，晨昏漕运，沿溯不停，旬日之功，堪省万

① （明）丘濬：《大学衍义补》卷 33《制国用》，京华出版社 1999 年版，第 303 页。
② （清）魏源：《魏源全集》卷 47《漕运中》，岳麓书社 2004 年版，第 531 页。
③ 《隋书》卷 24《食货》，第 683 页。

亿。诚知时当炎暑，动致疲勤，然不有暂劳，安能永逸。宣告人庶，知朕意焉。"① 诏文首言京城地理环境及重要性，各地物资虽可以通过黄河及支流水道运输至京，但因环境险恶而异常艰难，而开凿人工运河虽暂时耗费民力、财力，却可以成就万代之功，方便漕粮、商货的运输。于是令宇文恺率领水工凿渠，引渭水自新都大兴城东至潼关，长三百余里，因该渠流经广通仓下，故名广通渠，运河开成后，立即发挥了重大作用，"转运通利，关内赖之。诸州水旱凶饥之处，亦便开仓赈给"。② 广通渠作为人工渠道，不但大大减轻了自然河道运输的凶险，而且方便了沿河漕粮的运输，对于及时运粮至京，或赈济京畿附近灾荒，都有着重要意义。

炀帝继位后，人口繁盛，府库充盈，为方便管理江淮富庶之区，命杨素为营作大监兴修东都洛阳，"每月役丁二百万人。徙洛阳郭内人及天下诸州富商大贾数万家以实之。新置兴洛及回洛仓……又自板渚引河，达于淮海，谓之御河。河畔筑御道，树以柳"。③ 这条运河即通济渠，开于隋炀帝大业元年（605 年），引谷、洛诸水入黄河，再至淮河，便利了中央政府对江淮地区的控制，同时对于江淮漕粮顺利入京也有着重要作用，"自是天下利于转输"。④ 大业四年（608 年）为快速增强北部边防供需能力，又发黄河以北诸郡县男女百万人开凿永济渠，"引沁水，南达于河，北通涿郡。自是以丁男不供，始以妇人从役"。⑤ 后数年又征集众军通过永济渠征伐高丽，大军、粮草云集涿郡（今北京附近），沿河郡县百姓负责运粮任务，负担沉重。通济、永济二渠的开凿，与其前的邗沟、江南运河形成了完整的隋唐运河体系，也初步建立起了沿河漕运仓储系统，"西京太仓，东京含嘉仓、洛口仓，华州永丰仓，陕州太原仓，储粟多者千万石，少者不减数百万石，天

---

① （清）严可均：《全隋文全唐文》卷 1《开凿广通渠诏》，商务印书馆 1999 年版，第 10 页。

② 《隋书》卷 24《食货》，第 684 页。

③ 《隋书》卷 24《食货》，第 686 页。

④ （唐）杜佑：《通典》卷 10《食货十·漕运》，岳麓书社 1995 年版，第 115 页。

⑤ 《隋书》卷 24《食货》，第 687 页。

下义仓又皆充满，京都并州库布帛各数千万……亦魏晋以降之未有”,[①] 达到了隋代最强盛的时期。不过，随着炀帝日益骄奢淫逸，大耗国帑，劳累百姓，最后隋朝二世而亡，“炀帝即位，户口益多，府库盈溢，乃除妇人及奴婢、部曲之课。其后将事辽、碣，增置军府，埽地为兵，租赋之人益减矣。又频出朔方，西征吐谷浑，三度讨高丽，飞刍挽粟，水陆艰弊。又东西巡幸，无时休息，六宫及禁卫、行从常十万人，皆仰给州县，天下怨叛，以至于亡”。[②] 其中耗费民力开挖大运河是其中重要的因素，正是由于短期内大规模工程的施行，民众疲于奔命、怨声载道，才导致农民起义遍布，隋朝也因此而迈向了灭亡的深渊。唐朝诗人皮日休在《汴河怀古》中曾言：“尽道隋亡为此河，至今千里赖通波。若无水殿龙舟事，共禹论功不较多。”[③] 在诗中皮日休肯定了隋炀帝开凿大运河的功绩，但将隋朝灭亡归于炀帝的南游则有失偏颇，隋朝灭亡是多重因素导致的结果，而并非仅仅是开凿运河。宋代官员汪梦斗的评价则较为客观：“转漕东南由汴力，此河今日力犹多。隋疲民力亡天下，却为他人浚两河。”[④] 认为隋朝疲于民力，才导致王朝灭亡。学者胡寅曾称“隋炀积米多至二千六百余万石，何凶旱水溢之足虞？然极奢于内，穷武于外，耕桑失业，民不聊生，所谓江河之水，不能实漏瓮也”,[⑤] 比较全面地论述了炀帝国灭身死的原因。

唐承隋制，立都长安，初期吸取隋亡教训，注意休养生息，减省民力，“唐都关中，岁漕东南之粟。高祖、太宗之时，用物有节而易赡，水陆漕运，不过二十万石”,[⑥] “唐都长安，江淮漕米至东都，输含嘉仓”。[⑦] 此时尚未进行大规模的运粮活动，漕河也多沿袭隋代，未进行疏浚与改造。不过

---

① 《通典》卷 7《食货七 · 丁中》，第 81 页。
② 《通典》卷 5《食货五》，第 54 页。
③ 中国社会科学院文学研究所编：《唐诗选》，北京出版社 1982 年版，第 330 页。
④ （宋）汪梦斗：《北游集》卷上《过御河有感》，清文渊阁四库全书本。
⑤ （明）丘浚：《大学衍义补》卷 33《制国用》，京华出版社 1999 年版，第 303 页。
⑥ 《大学衍义补》卷 33《制国用》，第 303 页。
⑦ （清）魏源：《魏源全集》卷 47《漕运中》，岳麓书社 2004 年版，第 531 页。

高宗后，国家需求增多，日用繁杂，“民亦罹其弊矣”。① 面对陆运艰难，砥柱之险的危途，高宗显庆年间曾凿三门山以陆运漕粮，命将作大匠杨务廉凿山为栈以挽漕舟，不过均以失败而告终，耗费财力、死伤挽夫不计其数。开元十八年（730 年）唐玄宗询宣州刺史裴耀卿漕事，其称曰：“江南户口多，而无征防之役。然送租、庸、调物，以岁二月至扬州入斗门，四月已后，始渡淮入汴，常苦水浅，六七月乃至河口，而河水方涨，须八九月水落始得上河入洛，而漕路多梗，船樯阻隘。江南之人，不习河事，转雇河师水手，重为劳费。其得行日少，阻滞日多。今汉、隋漕路，濒河仓廪，遗迹可寻。可于河口置武牢仓、巩县置洛口仓，使江南之舟不入黄河，黄河之舟不入洛口，而河阳、柏崖、太原、永丰、渭南诸仓，节级转运，水通则舟行，水浅则寓于仓以待，则舟无停留，而物不耗失，此甚利也。”② 此法为隋代漕运转般法的延续，较之陆运、直达有便利之处，可以做到“不滞远船，不忧欠耗，比于旷年长运，利便十倍”。③《元和郡县图志》也载“水通利则随近运转，不通利则且纳在仓，不滞远船，不生隐盗，每年剩得一二百万石，即数年之外，仓廪转加”，④ 不过这一建议并未得到玄宗重视，没有立即施行。

开元二十一年（733 年）裴耀卿升为京兆尹，玄宗再问漕事，于是“罢陕陆运，而置仓河口，使江南漕舟至河口者，输粟于仓而去，县官雇舟以分入河、洛，置仓三门东西，漕舟输其东仓，而陆运以输西仓，复以舟漕，以避三门之水险”，⑤ 这一次建言得到了玄宗采纳，于是“乃于河阴置河阴仓，河清置柏崖仓，三门东置集津仓，西置盐仓，凿山十八里以陆运，自江淮漕者，皆输河阴仓，自河阴西至太原仓，谓之北运，自太原仓浮渭以实关中”。⑥ 这种通过运河、自然河道相互联运的方式具有很大的便利性，在一

① （宋）欧阳修：《新唐书》卷 53《食货三》，中华书局 2000 年版，第 897 页。
② 《新唐书》卷 53《食货三》，第 897 页。
③ （明）杨宏、谢纯：《漕运通志》卷 9《漕议略》，方志出版社 2006 年版，第 220 页。
④ （唐）李吉甫：《元和郡县图志》卷 5《河南道一》，中华书局 1983 年版，第 137 页。
⑤ （宋）欧阳修：《新唐书》卷 53《食货三》，中华书局 2000 年版，第 898 页。
⑥ 《新唐书》卷 53《食货三》，第 898 页。

定程度上减轻了运粮负担，不过“民之输送所出水陆之直，增以‘函脚’、‘营窖’之名，民间传言用斗钱运斗米，其糜耗如此”，① 输粮压力依然很大。唐代诗人王建在《水运行》一诗中也言“西江运船立红帜，万棹千帆绕江水。去年六月无稻苗，已说水乡人饿死。县官部船日算程，暴风恶雨亦不停。在生有乐当有苦，三年作官一年行。坏舟畏鼠亦畏漏，恐向太仓折升斗。辛勤耕种非毒药，看著不入农夫口。用尽百金不为费，但得一金即为利”，② 充分反映了唐代漕运的艰难及对百姓的压力。关于这次漕运改革的详细内容，裴耀卿在《请缘河置仓纳运疏》中称：“今日天下输丁，约有四百万人，每丁支出钱百文充陕、洛运脚，五十文充营窖之用，贮纳司农及河南府陕州，以充其费，租米则各随远近，任自出脚送纳。东都至陕，河路艰险，既用陆脚……若能开通河漕，变陆为水，则所支有余，动盈万计，且江南租船，所在候水，始敢进发，吴人不便河漕，繇是所在停留，日月既淹，遂生隐盗。臣请于河口置一仓，纳江东租米，便令江南船回，其从河口即分入河洛，官自雇船载运者，至三门之东置一仓，既属水险，即于河岸傍山车运十数里，至三门之西又置一仓，每运至仓，即般下贮纳，水通即运，水细便止，渐至太原仓，泝河入渭，更无停留，所省巨万。臣尝任济、定、冀等三州刺史，询访故事，前汉都关内，年月稍久，及隋亦在京师，缘河皆有旧仓，所以国用常赡，若依此行用，利便实深。”③ 经裴耀卿的漕运改革后，唐代漕粮运输量大增，京师府库充裕，“益漕晋、绛、魏、濮、邢、贝、济、博之租输诸仓，转而入渭。凡三岁，漕七百万石”，④ 唐代漕运达到了鼎盛时期，裴耀卿也因功升任黄门侍郎、同中书门下平章事兼江淮都转运使。

裴耀卿罢相后，漕运量锐减，每年入京漕米百万石左右，后虽增至一百

---

① 《新唐书》卷53《食货三》，第898页。

② 尹占华：《王建诗集校注》卷1《水运行》，巴蜀书社2006年版，第37—38页。

③ 周绍良：《全唐文新编》卷297《裴耀卿》，吉林文史出版社2000年版，第3365—3366页。

④ 《新唐书》卷53《食货三》，第898页。

八十余万石，但“其后以太仓积粟有余，岁减漕数十万石”。[①] 后陕郡太守李齐物曾凿砥柱为门以通漕，但因水势激怒，舟船不能进水门，只能涨水时以人挽舟前行。韦坚代李齐物后，治理汉、隋运河，从关门至长安，以通山东租赋，运河与渭河平行，至永丰仓与渭合。当时全国各地物产汇聚至京城广运潭下，舟船辐辏、百货罗列，“是岁，漕山东粟四百万石，自裴耀卿言漕事，进用者常兼转运之职，而韦坚为最”。[②] 唐代宗时关中空虚，命刘晏为转运使，他对以往漕运弊端进行了一系列改革，“即盐利顾佣分吏督之，随江、汴、河、渭所宜。故时转运船由润州陆运至扬子，斗米费钱十九，晏命囊米而载以舟，减钱十五；由扬州距河阴，斗米费钱百二十，晏为歇艎支江船二千艘，每船受千斛，十船为纲，每纲三百人，篙工五十，自扬州遣将部送至河阴，上三门，号‘上门填阙船’，斗米减钱九十……未十年，人人习河险”。[③] 同时“以江、汴、河、渭水力不同，各随便宜，缘水置仓，转相授受。大率江南之运积扬州，汴河之运积河阴，河船之运积渭口，渭船之运积太仓，此唐一代转般之大略也”。[④] 经刘晏改革后，漕运弊端得以整顿，并形成了专业性的运粮队伍，使漕运量有所恢复，每年转运漕粟一百余万石而无沉溺。唐中后期藩镇割据，漕路不通，漕粮入京数额锐减，加上运河不浚，河防不修，漕弊日深，“岁漕经底柱，覆者几半，河中有山号‘米堆’，运舟入三门，雇平陆人为门匠，执标指麾，一舟百日乃能上，谚曰：‘古无门匠墓’，谓皆溺死也”，[⑤] 连天子也只能前往洛阳就食，关中漕运异常艰难。

隋唐漕运是中国古代漕运史上的重要组成部分，运河的长度、分布地域、社会影响都达到了历史的鼎盛，这一时期进行了大规模的漕运改革，无论是漕运管理制度、仓储体系，还是漕运对国家、社会的调控能力，都有了很大的进步与发展，中央王朝利用漕运整合社会结构、制衡社会不同力量、

---

① （元）马端临：《文献统考》卷 25《国用三》，商务印书馆 1936 年版，第 241 页。
② 《新唐书》卷 53《食货三》，第 899 页。
③ 《新唐书》卷 53《食货三》，第 899 页。
④ （清）魏源：《魏源全集》卷 47《漕运中》，岳麓书社 2004 年版，第 531 页。
⑤ （清）杜文澜：《古谚谣》卷 12《门匠谚》，中华书局 1958 年版，第 231 页。

控制基层社会的能力日益成熟，漕运在国家与社会中的地位日佳重要，为后世漕运系统的完善提供了丰富的经验。

二、隋唐时期的漕运仓储

隋唐宋漕运仓储的设置具有一定规律，“唐、宋置仓，各就所都道里远近、疏密不等”,① 基本沿自然河道或运河沿岸分布，同时与国家需求、军事布防、区域经济状况也有着密切关系。隋唐两代漕仓既有继承之处，同时在不同的历史时期也各有特点。隋代漕仓有文帝时设置的广通仓、黎阳仓、河阳仓，多分布于黄河、渭河等自然河道附近，炀帝时所置含嘉仓、洛口仓、回洛仓则分布于通济渠、永济渠等人工运河附近。唐代的河口仓、柏崖仓、太原仓、渭南仓既有位于人工运河沿岸的漕仓，也有位于黄河、渭河附近者。隋唐时期是中国窖仓式仓储发展的最高峰，其原理为，“窖，藏谷穴也……夫穴地为窖，小可数斛，大至数百斛，先投柴棘烧，令其土焦躁。然后周以糠稳，贮粟于内，五谷之中，惟粟耐陈，可历远年，有于窖上栽树，大至合抱……北地土厚，皆宜作此，江淮高峻土厚处，或宜仿之”。②“作窖良有法，贮谷期不腐。焦确拟陶炉，穮粇亲壤土。厚瘗防水潦，深藏胜仓庾。却嗟金玉家，无能备饥苦”。③ 这两段史料详细介绍了窖式仓储的制作方法，实为秦汉、隋唐漕仓制作经验的总结，而唐代以后，窖仓式漕仓逐渐减少，变为地面建筑，这种情况的出现除与土质有密切关系外，还与漕仓设置区域、漕粮运输与支取是否便利、漕运政策有着密切关系。

杨坚建立隋朝，为增加京城供给，多在渭河、黄河沿岸设置漕仓。广通仓位于华州（今陕西渭南华州区）附近的渭河附近，建于隋文帝开皇三年(583 年)，主要目的是存储关东及山西汾河平原转运而来的漕粮，转输京师。据《隆庆华州志》载：“广通仓址，隋文帝以长安仓廪尚虚，诏以西至

---

① 《魏源全集》卷 47《漕运中》，第 533 页。

② （清）鄂尔泰：《授时通考》卷 57《蓄聚》，中华书局 1956 年版，第 1285 页。

③ （元）王祯：《农书》卷 16《仓廪门》，商务印书馆 1937 年版，第 311 页。

蒲陕，东至卫汴，水次十三州募丁运米于华州，置广通仓以给长安。”①《乾隆华阴县志》也载：“华阴有永丰仓。元和志，永丰仓在县东北三十五里渭河口，隋置，义宁元年因仓置监。旧志。隋开皇三年置广通仓，大业初改曰永丰仓。”② 这段史料指出广通仓即永丰仓别名，仓储位于渭河南岸广通渠口，为当时各地漕粮转运京师的重要粮仓。作为隋代早期的漕仓，已无存世史料对广通仓的管理与运作进行记载，其存粮数额与仓储规模也无从考证，但作为转运各地漕粮入京的中转站与国家重要的储备粮基地，广通仓存粮数额应相当可观。黎阳仓位于今河南浚县大伾山北麓，“自隋至唐宋皆置仓于此，即仓城故址”③，可见该仓延用数百年，不过隋唐时期仓储为地下仓窖结构，而宋代应为在原仓址的基础上修建的地上砖木结构建筑，后仓储毁于黄河南徙。《中外地名大辞典》载：“黎阳仓，在河南省浚县西南三十里，隋置，漕河北之粟以输京师。《括地志》：黎阳城西南有故仓城，相传袁绍聚粟之所，亦即隋置仓处。”④ 黎阳仓位于黄河西岸，永济渠东侧，主要存贮河南、山东、山西、河北等地漕粮，除转运京师外，还用于北部边防要地的军用储备粮，如隋用兵辽东、高丽，就曾从黎阳仓转运大量军粮。黎阳仓存粮规模宏大，据北宋文学家张舜民在《画墁录》所载：“予尝登大伾，仓窖仍存，各容数十万，遍冒一山之上。李密坐据敖仓，便谓得计，亦井蛙耳”，⑤ 可见宋代时仍有大量仓储遗址存在。根据黎阳仓发掘报告所载，黎阳仓有仓城结构，仓城内有码头、城墙、仓窖、夯土台基等，中心区仓窖就达 84 座，存粮约 3000 万余斤。河阳仓位于洛州偃师，据《乾隆偃师县志》载：“河阳仓，隋书地理志，偃师有河阳仓，常平仓在治西北隅，漕仓二，俱在治东”。⑥《乾隆河南府志》亦载：“隋无孟津县，故偃师有河阳仓，今

---

① （明）李可久：《隆庆华州志》卷 2《地理志》，清光绪八年（1882）合刻华州本。

② （清）陆维垣：《乾隆华阴县志》卷 4《建置 · 仓》，民国十七年（1928）铅印本。

③ （民国）道清铁路管理局总务处文书课：《道清铁路旅行指南》，汉口光明印刷商店 1933 年版，第 5 页。

④ 段木干：《中外地名大辞典》，台北人文出版社 1981 年版，第 4827 页。

⑤ （宋）张舜民：《画墁录》，上海古籍出版社 2012 年版，第 59 页。

⑥ （清）汤毓倬：《乾隆偃师县志》卷 2《地理志》，清乾隆五十三年（1788）刊本。

偃师北不至河，其地入孟津”。[①] 唐高宗时曾在隋仓基础上“置河阳仓，隶司农寺”，[②] 该仓位于通济渠、洛水附近，北依邙山，在隋唐两代为洛阳物资重要的供给基地。

隋炀帝时，随着永济渠、通济渠的开凿及诸多军事行动的开展，沿河漕仓数量进一步增加。含嘉仓位于东都洛阳老城北侧，这一区域仓储分布密集，按照东西方向排列，仓窖距离为3—5米，仓窖形制为上粗下细的圆缸形，口径八米左右，深度六米左右，但最大者口径十八米左右，深度达十二米左右。根据考古资料证明“大体先从地面向下挖一个土窖，并对窖底进行防潮处理，然后铺筑木板或草，上面再加铺谷糠或席，窖壁用木板砌成，有的在木板与储粟之间，还夹有围席和谷糠，窖顶是木架结构的草顶”，[③] 具有较好的防雨、防潮作用，可以长久的存贮漕粟。为保障东都供给，隋唐两代对于含嘉仓的维护非常重视，不断扩建仓储数目，目前考古估计有仓窖四百余个，存粮少者数千石，多者达上万石，全盛时整个含嘉仓群存粮达五百余万石，其数额非常巨大。从含嘉仓出土的铭砖文字上可以了解当时仓储的漕粮来源地与管理制度。如铭砖一有文字为“含嘉仓，东门从南第二十三行，从西第五窖，合纳苏州通天二年[④]租，糙米白多一万三十五石，耗在内。右，圣历二年正月八日纳了，典刘长、正纲录事刘爽、仓吏王花、监事杨智、丞吕彻……知仓事张琮、左监门王宣、右监门贾立……押仓使孙亮，监仓御史陆庆”。[⑤] 该铭砖残留文字对仓储的管理制度与管理结构，漕粮来源地，存粮数量都有详细的说明，这样一方面可以使国家更为顺利的掌控仓储，对相关官员进行追责，另外仓储管理者也可以明确地知道每一仓存粮数额，了解仓储盈虚，更好的收支漕粮。含嘉仓存粮除通过通济渠输自江淮、江南地区外，其他铭砖记载还有来自于北方的邢州（今河北邢台附近）、冀

① （清）施诚：《乾隆河南府志》卷70《古迹志》，清同治六年（1867）刻本。
② （宋）王溥：《唐会要》卷88《仓及常平仓》，中华书局1985年版，第1612页。
③ 王恺：《王恺考古文集》，黑龙江科学技术出版社2015年版，第346页。
④ 通天为武则天称周帝后的第八个年号，又称万岁通天，通天二年为公元697年。
⑤ 《王恺考古文集》，第352页。

州（今河北衡水附近）、德州、濮州、沧州、魏州等地漕粮，这些漕粮多通过永济渠输往洛阳。除考古资料外，其他史料对于含嘉仓也多有描述："隋含嘉城，《方舆纪要》：在东都城北，隋含嘉仓城也。王世充与李密战，败于巩北，奔还东都，屯含嘉城。唐武德三年，世民伐世充，世充使其子元恕守含嘉城，开元中亦置含嘉仓于此。"① 唐代含嘉仓存粮达到鼎盛，户部侍郎杨慎矜、宰相杨国忠都曾担任过两京含嘉仓出纳使，可见唐朝统治者对该仓的重视。洛口仓位于洛阳附近巩县东南高原上，设置于大业二年（606年），该仓临永济渠、黄河、通济渠，为南北漕粮重要中转站，"筑仓城，周回二十余里，穿三千窖，窖容八千石以还，置监官并镇兵千人……置回洛仓于洛阳北七里，仓城周回十里，穿三百窖"。② 二仓均不位于洛阳城内，但存粮规模惊人，尤其是洛口仓，为隋代最大规模之漕仓，对于洛阳城供给具有重要意义，仓储既有官员负责管理日常开支，同时修建有坚固仓城，由大量军人负责镇守，保障漕粮的安全性。《巩县志》亦载"兴洛仓即洛口仓，隋置仓于巩者，以巩东南原上地高燥，可穿窖久藏，且下通河洛漕运也"。③ "洛口仓多积粟，去都百里有余"，④ 交通便利，水运发达，随时可以保障东都供给，是洛口、回洛二仓设置的原因。

唐代除继续沿用隋代部分漕仓外，还另建了大量其他仓储。河口仓，又名武牢仓、河阴仓，"唐开元二十年，用裴耀卿议，置一仓于汴水达河之口，是为河阴仓，在石门西，析汜水、荥泽二县地置河阴县，二十二年于河口仓置输场，江淮舟运，悉输河阴仓，更用河舟输运至东都、陕州仓"。⑤ 唐代改隋通济渠为汴水或汴渠之名，河口仓位于黄河、汴水附近，非常适合漕粮的转输。柏崖仓位于孟津县柏崖山下，背山临河，该仓设置的目的是因

---

① （清）裴希纯：《乾隆河南府志》卷16《古迹志二·都邑二》，清同治六年（1867）刻本。

② （宋）司马迁：《资治通鉴》卷180《隋纪四》，上海古籍出版社2017年版，第1981页。

③ 成文出版社编辑：《民国河南省巩县志》，台北成文出版社1968年版，第162页。

④ （清）胡林翼：《胡林翼集》，岳麓书社1999年版，第1127页。

⑤ （清）戴震：《戴震全集》卷19《水地记初稿》，黄山书社1995年版，第200页。

为三门峡漕运险恶，置仓方便陕、洛之间的漕粮、物资转运。据《读史方舆纪要》载唐高宗咸亨四年（673 年）置仓于柏崖城，“曰柏崖仓……容二十万石，开元十年废，二十二年复置。元和十年，淄青帅李师道遣盗焚柏崖仓”。① 柏崖仓的主要作用是存储通过黄河转运而来的漕粮，然后陆运至长安，保障京城供给。该仓从建立到焚毁，存在时间约 150 年，中间虽屡遭废置，但仍为黄、运联运的重要中转站，在历史上曾起到过非常重要的作用。太原仓最早建于隋开皇二年（582 年），位于今河南省三门峡市西南，初称常平仓，唐代时，因仓储北临焦水，西近黄河，地势高平，所以谓之太原，仓城周回六里。唐代时江淮漕粮先运输至太原仓，陆运一段距离后，再入渭河输关中，《大学衍义补》载，“自江淮漕者皆输河阴仓，自河阴西至太原仓谓之北运，自太原仓浮渭以实京师，益漕魏、濮等郡租，输诸仓转而入渭，凡三岁漕七百万石”。② 唐高宗总章二年（669 年）十一月，“发九州人夫，转发太原仓米粟入京”，③ 以实京储。开元初年，姜师度任陕州刺史，“州西太原仓控两京水陆二运，常自仓车载米至河际，然后登舟。师度遂凿地道，自上注之，便至水次，所省万计”，④ 通过地道，粮米可由上滑落至河畔，减少了运输之劳。后因漕渠不通，运输艰涩，河南尹李杰为陆运使，“从含嘉仓至太原仓，置八递场，相去每场四十里，每岁冬初起运八十万石，后至一百万石，每递用车八百乘，分为前后，交两月而毕。其后渐加，至天宝七年，运二百五十万石，每递用车千八百乘，自九月至正月毕”，⑤ 形成了规范的纲运制度。太原仓存粮丰富，“隋氏西京太仓，东京含嘉仓、洛口仓，华州永丰仓，陕州太原仓，储米粟多者千万石，少者不减数百万石，天下义仓又皆充满”。⑥ 早在隋代时，就以仓储丰盈而著称。唐天宝八

① （清）顾祖禹：《读史方舆纪要》卷 49《河南四》，商务印书馆 1937 年版，第 2107 页。

② 《大学衍义补》卷 33《制国用》，第 304 页。

③ （后晋）刘昫：《旧唐书》卷 5《本纪五 · 高宗下》，中华书局 2000 年版，第 64 页。

④ （明）孙能传：《益智编》，中国戏剧出版社 2000 年版，第 250 页。

⑤ （唐）杜佑：《通典》卷 10《食货十》，岳麓书社 1995 年版，第 118 页。

⑥ 《通典》卷 7《食货七》，第 81 页。

年（749 年）时，统计各仓存粮数额，其中北仓存粮六百六十一万六千八百四十石，太仓存粮七万一千二百七十石，含嘉仓存粮五百八十三万三千四百石，太原仓存粮二万八千一百四十石，永丰仓八万三千七百二十石，龙门仓二万三千二百五十石①，太原仓在诸仓存粮中属下游水平。唐德宗时，太原仓存粮增加，“唐自建中、贞元以来，每岁江湖淮浙运米百一十万斛，至河阴留四十万斛贮河阴仓，至陕州留三十万斛贮太原仓，余四十万斛贮东渭桥”，② 数额较天宝年间有了大幅提升。

隋唐仓储设有专门的管理机构与管理人员，仓储除满足京城供给外，还在灾荒、战时具有重要的赈济与军事补给作用。隋唐两代置常平署，“令一人，从七品下。丞二人，从八品下。监事五人，从九品下。常平署令掌平籴、仓储之事，丞为之贰，凡岁丰穰，谷贱，人有余，则籴之；岁饥馑，谷贵，人不足，则粜之，与正、义仓帐具其本利同申，凡出纳、禁令如左藏之职焉”。③ 漕仓作为国家仓储体系的重要组成部分，其管理结构也应类似。早在隋文帝时，沿河漕仓就已发挥重要的赈济作用，当时“关中大旱，文帝命农丞王亶发广通之粟三百余万石以拯之，一仓之储，其富如此”。④ 炀帝时河南、山东大水，百姓罹难，“饿殍遍野，炀帝诏开黎阳仓赈之，吏不时给，死者日数万人。徐世绩言于李密曰：天下大乱，本为饥馑。今更得黎阳仓，大事济矣。密遣世绩帅麾下五千人自原武济河，会元宝藏、郝孝德、李文相及洹水贼帅张升、清河贼帅赵君德共袭破黎阳仓，据之。开仓恣民就食，浃旬间，得胜兵二十余万”，⑤ 壮大了起义军力量。大业十三年（617 年）李密“自罗口袭兴洛仓，破之，开仓发粟以赈穷乏……密城洛口，周回四十里以居之”。⑥ 后李密又命隋降将裴仁基攻回洛仓，与隋军为争夺仓储展开了激烈战

① 《通典》卷 12《食货十二》，第 153 页。

② （明）于慎行：《谷山笔尘》卷 12《形势》，中华书局 1984 年版，第 133 页。

③ （唐）张九龄著，袁文兴等主编：《唐六典全译》，甘肃人民出版社 1997 年版，第 547 页。

④ （清）王国维：《观堂集林》卷 1《邸阁考》，河北教育出版社 2003 年版，第 630 页。

⑤ （宋）司马光：《资治通鉴》卷 184《隋纪八》，上海古籍出版社 2017 年版，第 2025—2026 页。

⑥ （唐）李延寿：《北史》卷 60《列传四十八》，第 2134 页。

斗。隋代部分漕仓一直沿用数百年，五代后晋时，黎阳仓依然在军事中发挥着重要作用。开运二年（945 年）契丹内犯，东京留守张从恩言："契丹倾国而来，吾兵不多，城中粮不支一旬，万一有奸人往告吾虚实，虏悉众围我，死无日矣。不若引军就黎阳仓，南倚大河以拒之，可以万全。"① 至宋代时，傅尧俞曾监黎阳仓"公日视事必亲，不以尝清显自待，虽家人不见其忧愠色"，② 可见仓储自隋至宋，使用了较长的时间，始终是重要的国家及军粮储备基地。唐高宗总章、咸亨年间，关中灾荒严重，京师乏粮，除命百姓前往丰收之处就食外，高宗本人也只能东巡洛阳，"今洛口仓廪，且复充实，更为转运，于是艰辛，理有便宜，所以行也"，③ 前往洛阳仓储丰裕之地寻求就食。开元十二年（724 年）蒲州、同州皆旱，"贫下少粮，宜令太原仓出十五万石米付蒲州，永丰仓出十五万石米付同州，减时价十钱，粜与百姓"，④ 通过增加市场粮食数量，抑制粮价上涨，达到稳定市场与惠民的目的。唐德宗贞元十三年（797 年）河南府发生旱灾，"借含嘉仓粟五万石，赈贷百姓"。⑤ 第二年旱灾不减，谷贵伤农，大量百姓流亡，又发含嘉仓粟七万石，平粜以赈灾民。

隋唐两代是中国大运河迅速发展的时期，不但长度最长、分布范围最广，而且漕运制度、漕仓制度都较为系统与完善，达到了中国历史的一个高峰。在当时国家统一、政局相对稳定的局面下，运河的开挖、仓储的建设充分体现了统一国家的宏观调控能力与社会控制力。正是在政令通达的条件下，大规模的工程才得以贯彻与施行，漕粮运输、漕仓运作实现了较为科学、有序的运转，保障了国家的各项供给与社会的稳定。在战乱时期，漕仓存粮成为了不同势力争夺的焦点，对于战争胜负起着重要作用，而灾荒时，漕粮对于赈济灾民、平抑粮价、稳定市场也意义重大，在一定程度上稳定了社会秩序，巩固了王朝的统治。

---

① （宋）司马光：《资治通鉴》卷 200《后晋纪五》，中华书局 1974 年版，第 3235 页。

② （宋）徐度：《却扫编》卷上，中华书局 1985 年版，第 69 页。

③ （宋）王钦若：《册府元龟》卷 110《帝王部·宴享二》，中华书局 1960 年版，第 1307 页。

④ 李希泌：《唐大诏令集补编》，上海古籍出版社 2003 年版，第 1272 页。

⑤ （宋）王钦若：《册府元龟》卷 106，明钞本。

第五节　五代与宋辽金元时期的漕运、漕仓与社会关系

五代至元末，历四百余年，经历了从分裂到统一的变化。数百年间，中国的运河再次从局部性运河向京杭大运河演变，无论是运河开凿技术、漕仓建设经验，都为明清漕运盛世的到来奠定了基础。同时，随着政治中心的东移与北移及江淮、江南地区逐渐成为全国的经济中心，运河线路更加趋向于南北方向，贯通了五大水系，使全国各地的漕粮源源不断地输往开封、北京等政治枢纽，而漕仓也实现了由地下窖藏结构向地面砖木结构的全面改变。与隋唐及前代相比，这一时期的漕仓分布地域位于江淮、河北、山东等地，水环境与土质条件不适合建筑地下穴式粮仓，加上国家趋向统一，并非所有的仓储都位于军事要地，所以砖木结构的漕仓不但更加适合漕粮的存放，而且在收支时也较为便利，另外此时仓储虽有围墙与军丁守护，但基本不见仓城结构，不过在管理层面上，这时出现了专职的管仓人员，这说明随着历史的演进，中国古代漕运、漕仓的管理与运作日佳科学化、系统化与制度化。

一、五代至元时的漕运演变

五代十国时期社会动荡，各割据政权之间为争夺土地、人口而混战不休，开凿运河的军事目的再一次凸显，储备漕粮、以备征战，成为了这一时期漕运的主要功能。五代时期，频繁的战乱对隋唐运河产生了巨大的破坏，很多河道或淤塞，或无水源可用，汴河曾为联系江淮之间的主要交通路线，但在朱温与杨行密的战争中，“帝（朱温）遣丁会急攻宿州，刺史张筠坚守其壁，会乃率众于州东筑堰，壅汴水以浸其城”，① 使汴河运道受到严重破坏。乾宁四年（897年）杨行密又攻朱温，命部将堵淮河以灌朱军，造成汴

① （宋）薛居正：《旧五代史》卷1《梁书一》，大众文艺出版社1999年版，第8页。

河漕路与江淮漕路的中断。割据政权之间通过决河灌城、以水为军的方式在五代时期反复出现，这种情况不但淹没了土地与城镇，使人口大量流离失所，而且破坏了漕运线路，对内河运输产生了很大的破坏。后周世宗时，大力发展经济，整顿军队，他通过改革漕运、整顿漕路，使后周国力不断强大。显德二年（955 年）春正月，因漕弊积深，“上以漕运自晋、汉以来不给斗耗，纲吏多以亏欠抵死，诏自今每斛给耗一斗”，① 减轻了管粮人员与运输者的赔付压力。同年因北方契丹不断侵扰后周边境，为阻铁骑，有人建言“深、冀之间有胡卢河，横亘数百里，可浚之以限其冲突”，② 于是命兵夫浚胡卢河，并于李晏口筑城，派兵丁驻守。进击南唐时，因“汴水自唐末溃决，自埇桥东南悉为污泽”，③ 难以作为运输通道，世宗又发民夫循故堤进行疏浚，至于泗上。同时“渡汴口之渠，导河水达于淮水，以通江、淮之漕，又自大梁城东导汴水入于蔡水，以通陈、颖之漕，又于都城之东浚汴水为五丈渠，东过曹、济、梁山泺，以通齐鲁之漕，此皆宋之漕运所由始也”。④ 显德六年（959 年）为北伐契丹，世宗命枢密使王朴至河阴检视黄河堤坝，同时立闸于汴口，发徐州、宿州、宋州、单州数万民众浚汴水，“自沧州治水道入辽境，栅于乾宁军南，补坏防，开游口三十六，遂通瀛、莫”。⑤ 水道畅通后，后周大军、物资得以顺利进击，“驾御龙舟，率舟师顺流而北，首尾数十里”。⑥ “世宗由沧州北顺水而行，先降益津关，次瓦桥关，次瀛州”，⑦ 收复了大片被辽侵占的土地。五代十国时期，后周是利用运河，发展漕运程度较高的政权，其既疏浚旧汴河，用于运输漕粮、物资至江淮前线，进击南唐等割据势力，同时还在河北开辟新运河，击败辽国，收

① （宋）司马光：《资治通鉴》卷 292《后周纪三》，上海古籍出版社 2017 年版，第 3322 页。

② 《资治通鉴》卷 292《后周纪三》，第 3322 页。

③ 《资治通鉴》卷 292《后周纪三》，第 3325 页。

④ 《谷山笔尘》卷 12《形势》，第 131 页。

⑤ （清）于敏中：《日下旧闻考》卷 119《京畿》，北京古籍出版社 1981 年版，第 1948 页。

⑥ （宋）薛居正：《旧五代史》卷 119《周书十》，中华书局 2003 年版，第 1580 页。

⑦ 《日下旧闻考》卷 119《京畿》，第 1948 页。

复瀛、莫等州，使后周疆域不断扩大，为北宋王朝的建立奠定了基础。

北宋都开封，周边水运环境便利，“今日之势，国依兵而立，兵以食为命，食以漕运为本。今仰食于官廪者，不惟三军，至于京城士庶以亿万计，大半待饱于军稍之余，故国家于漕事最急最重”，[①] 漕运在国家与社会中的地位异常重要。“宋都大梁，有四河以通漕运，曰汴河、曰黄河、曰惠民河、曰广济河，而汴河所漕为多。建隆以来，首浚三河，令自今诸州岁受税租及筦榷货利，上供物帛，悉官给舟车，输送京师，毋役民妨农”。[②] 其中汴河为隋通济渠的部分河段，也是北宋最重要的运输通道，“岁漕江淮湖浙米数百万，及至东南之产，百物众宝，不可胜计。又下西山之薪炭，以输京师之粟，以振河北之急，内外仰给焉。故于诸水，莫此为重，其浅深有度，置官以司之，都水监总察之”，[③] 设置了专门的管理机构对汴河进行管理与治理，以保障运输。宋代总领财政的最高机构为三司，即度支、户部、盐铁，从宏观上对漕运进行管辖，但不负责具体的漕运事务，而各路所置发运司、计度转运司则具体负责漕事。宋代的东南六路发运司、三门白波发运司、京东与京西南辇运司与中央的三司及地方转运使互为表里，密切配合，“国家建都河汴，仰给江淮，六路所供之租，各输于真、楚。度支所用之数，悉集于京师，以发运司总其纲条，以转运使斡其岁入。荆湖舟楫，回载海盐，淮汴诸舻，不涉江路……发运一司，其制始于淳化，而备于皇祐之后”，[④] 有着明确的职能分工与交流合作，这种以同类物资编组，漕粮、食盐成批运输的方式，称为纲运。纲运制度根据漕运地点及离京城距离的远近，由不同级别的官员担任催促、催纲、拨运、监装等职，官员之间既有统辖关系，同时又可以相互监督，起到了保障漕运正常运转、减少弊端的作用。

北宋黄河及各漕河运输量差异很大。宋太宗太平兴国六年（981 年）

---

① 曾枣庄、刘琳主编：《全宋文》，巴蜀书社 1991 年版，第 117 页。

② （清）傅泽洪：《行书金鉴》卷 94，商务印书馆 1936 年版，第 1386 页。

③ 《行书金鉴》卷 94，第 1386 页。

④ （清）宋继郊：《东京志略》，河南大学出版社 1999 年版，第 209 页。

时，汴河岁运江淮米三百万石，菽一百万石；黄河岁运粟五十万石，菽三十万石；惠民河岁运粟四十万石，菽二十万石；广济河岁运粟十二万石，合计五百五十万石，至大中祥符年间，增至七百万石。宋神宗熙宁五年（1072年）时，汴河岁额六百万石，广济河六十二万石，惠民河六十万石，“国家漕运，以河渠为主……广济河所运，只给太康、咸平、尉氏等县军粮而已，惟汴河专运粳米，兼以小麦，此乃太仓蓄积之实……大众之命，惟汴河是赖”。[①] 后数年屡次浚治汴河，加固堤防。关于汴河对北宋王朝的重要性，在当时及后世的一些史料中屡有提及。北宋人沈冓《漕舟》曰：“漕舟上太仓，一钟且千金。太仓无陈积，漕舟来无极。畿兵已十万，三垂戍更多。庙堂方济师，将奈东南何”，[②] 该诗不但叙说了漕粮运输成本的巨大，而且认为即便漕船无所停止，也难以满足国家各项军事开支。宋徽宗也有诗称“五谷丰穰广有秋，漕司联络奏年收。籍田得驾循常典，泼麦园中结绮楼”，[③] 反映了帝王对庄稼丰收，漕粮收贮有望的喜悦。梅尧臣《汴之水三章送淮南提刑李舍人》曰：“汴之水，入于泗，黄流清淮为一致。上牵下橹日夜来，千人同济兮万人利。利何谓？国之漕，商之货，实所寄”，[④] 该诗介绍了汴河的流经路线，运道引黄河为源，入于泗水，下至淮河，实为黄、泗、淮三河交流，汴河不但为国家储蓄之命脉，而且也是商货流通、文化交流的重要通道。靖康二年（1127年）金军攻占开封，北宋灭亡，宗室赵构在临安建立南宋王朝。南宋偏安一隅，主要利用浙东运河运输漕粮与物资，并通过浙东运河与东南亚、日本等国进行文化交流与商业往来。除此之外，南宋政府还修丹阳练湖，修筑斗门、船闸，用以灌溉与航运，练湖与江南运河相通，为运河水柜，用以蓄水与节水，保障运河的畅通。

与北宋、南宋并立的辽、金两朝为少数民族契丹、女真建立的政权，虽然辽、金没有开凿大规模的运河河道，但对漕粮运输依然非常重视。辽朝为

① （元）脱脱：《宋史》卷93《河渠三》，吉林人民出版社1995年版，第1483页。
② （宋）吕祖谦：《宋文鉴》，中华书局1992年版，第244页。
③ 毛晋：《二家宫词》，中华书局1985年版，第52页。
④ （宋）梅尧臣：《梅尧臣集编年校注》，上海古籍出版社2006年版，第279页。

增加南京城（今北京西南）供给，曾开萧太后运粮河，运粮线路东起今天津北塘，循潮白新河南段，向西北行，接今青龙湾河，过香河县至潞河，再沿潞河至张家湾镇，通过萧太后河至南京城下接护城河。金朝建立后，“都于燕，东去潞水五十里，故为闸以节高良河、白莲潭诸水，以通山东、河北之粟。凡诸路濒河之城，则置仓以贮傍郡之税，若恩州之临清、历亭，景州之将陵、东光，清州之兴济、会川，献州及深州之武强，是六州诸县皆置仓之地也。其通漕之水，旧黄河行滑州、大名、恩州、景州、沧州、会川之境，漳水东北为御河，则通苏门、获嘉、新乡、卫州、浚州、黎阳、卫县、彰德、磁州、洺州之馈，衡水则经深州会于滹沱，以来献州、清州之饷，皆合于信安海壖，泝流而至通州，由通州入闸，十余日而后至于京师”。① 通过在沿河置仓及转运的方式，将河北、山东等州县漕粮运输至京城。此外，霸州巨马河、雄州沙河、山东北清河，也是漕粮运输路线。金代虽然诸路漕粮汇集京师，但通州以上河道地势高峻，浅涩难行，漕粮运输困难，只能陆挽，耗费民力。金世宗时，“言者请开卢沟金口以通漕运，役众数年，竟无成功，事见卢沟河，其后亦以闸河或通或塞，而但以车挽矣”。② 与此同时，金朝对于漕粮运输时限、运输方式、船只修理也有着严格的规定，“其制，春运以冰消行，暑雨毕。秋运以八月行，冰凝毕。其纲将发也，乃合众，以所载之粟苴而封之，先以付所卸之地，视与所封样同则受，凡纲船以前期三日修治，日装一纲，装毕以三日启行。计道里分泝流、沿流为限，至所受之仓，以三日卸，又三日给收付。凡挽漕脚直，水运盐每石百里四十八文，米五十文一分二厘七毫，粟四十文一分三毫，钱则每贯一文七分二厘八毫……诸民户射赁官船漕运者，其脚直以十分为率，初年克二分，二年克一分八厘，三年克一分七厘，四年克一分五厘，五年以上客一分”，③ 建立起了非常严密的漕运制度。在漕河管理上，除在中央设置都水监外，金朝还不断完善地方河政体系，金章宗泰和六年（1206 年）尚书省以漕河所经之地州县

① （元）脱脱：《金史》卷 27《河渠》，中华书局 1975 年版，第 682 页。
② 《金史》卷 27《河渠》，第 682 页。
③ 《金史》卷 27《河渠》，第 682—683 页。

官事不关己，疏于河道管理、疏浚，导致运道浅涩，“于是遂定制，凡漕河所经之地，州府官衔内皆带‘提控漕河事’，县官则带‘管勾漕河事’，俾催检纲运，营护堤岸”,[①] 涉及沿河三府、十二州、三十三县之地。同年，“通济河创设巡河官一员，与天津河同为一司，通管漕河闸岸，止名天津河巡河官，隶都水监”。[②] 金宣宗贞祐三年（1215 年），“既迁于汴，以陈、颍二州濒水，欲借民船以漕，不便。遂依观州漕运司设提举官，募船户而籍之，命户部勾当官往来巡督”。[③] 迁都开封后，除利用旧渠运粮外，还水陆结合，增加都城供给。

元朝建立后，定都大都，京城人口众多，需求浩繁，“元都于燕，去江南极远，而百司庶府之繁，卫士编民之众，无不仰给于江南”,[④] 必须通过运河或海运将漕粮运往京师。至元二年（1265 年）都水少监郭守敬上疏开河策略，“金时，自燕京之西麻峪村，分引卢沟一支东流，穿西山而出，是谓金口。其水自金口以东，燕京以北，溉田若干顷，其利不可胜计。兵兴以来，典守者惧有所失，因以大石塞之。今若按视故迹，使水得通流，上可以致西山之利，下可以广京畿之漕”。[⑤] 重开金口河的主张得到了忽必烈的同意，“当于金口西预开减水口，西南还大河，令其深广，以防涨水突入之患”。[⑥] 开金口河不但可以循金朝故道，减少工程量与开支，而且对于大都城漕粮供给与宫廷建设也具有重要意义，大量西山木石得以源源不断地输往京城，奠定了元明清三代北京城的规模。金口河使用至大德二年（1298 年）由于卢沟河爆发洪水，并连续数年漫溢为患，为保护沿岸村镇与庐田，将金口河堵塞，自开到堵使用约三十年时间，后虽屡提重开之议，但均以失败而告终。至元十六年（1279 年）开坝河，以利通州至京漕运，并设船只、坝夫、车户负责漕粮的盘坝、运输工作，并不时派遣夫役疏浚河道，整理堤

---

① 《金史》卷 27《河渠》，第 684 页。

② 《金史》卷 27《河渠》，第 684 页。

③ 《金史》卷 27《河渠》，第 685 页。

④ （明）宋濂:《元史》卷 93《海运》，中华书局 2000 年版，第 1569 页。

⑤ 陈德芝:《元代奏议集录》，浙江古籍出版社 1998 年版，第 159 页。

⑥ 《元代奏议集录》，第 159 页。

防。一年后，为解决海道运粮远绕之险，纳莱州人姚演之议，决定开通贯通山东半岛的胶莱运河，以利海道运粮，该河南起黄海灵山海口，北抵渤海三山岛，自平度姚家村东分水岭南北分流，南流入胶州湾，北流入莱州湾。据《新元史》载："胶莱河，亦名胶东河，在胶州东北，分南北流，南流自胶州麻湾口入海，北流至掖县海仓口入海。至元十七年，姚演建议开新河，凿地三百余里，起胶西县陈村海口西北，至掖县海仓口，以达直沽。然海沙易壅，又水潦积淤，功讫不就。二十二年，以劳费不赀，罢之。"① 《明史》亦称："胶莱河，在山东平度州东南，胶州东北。源出高密县，分南北流。南流自胶州麻湾口入海，北流经平度州至掖县海仓口入海，议海运者所必讲也。元至元十七年，莱人姚演献议开新河，凿地三百余里，起胶西县东陈村海口，西北达胶河，出海仓口，谓之胶莱新河，寻以劳费难成而罢。"② 工程因所经地区环境险恶，施工难度较大，加之需耗费巨额资财，最终未能成功。但根据其他资料记载，胶莱河并非一无所用，而是使用了一段时间后而废弃，"初，江淮岁漕米百万石于京师，海运十万石，胶莱六十万石，济州三十万石"，③ 可见在某一时期内胶莱河的漕粮运输量非常大，超过了济州河与海运。相较于内陆运河，胶莱运河虽然运量大，但弊端也很明显，一方面河浅水少，没有足够的补充水源，加上河道扩展工程量大，所以难以持续使用。另外，河高于海面，漕船难以由海面顺利进入运河之中，必须候潮而行，而海口风大浪急，船只经常触碰礁石，损毁严重，同时大量泥沙涌入运河，疏浚工程艰难。更为严重的是，元廷中海运派与河海联运派之间存在着利益的冲突与矛盾，海运派不断掣肘胶莱运河的开凿，导致半途而废。正是由于种种困境，胶莱运河虽经开凿，运输量巨大，却不能长久使用，延至明中期因京杭运河淤塞及受黄河冲击严重，朝廷大臣虽屡提重开胶莱河之议，但终无所成。

几乎与开凿胶莱运河同时，忽必烈在山东西部地区也开始了内陆运河的

① 柯劭忞：《新元史》卷 52《河渠二》，吉林人民出版社 1995 年版，第 1363 页。

② （清）张廷玉：《明史》卷 87《河渠五》，中华书局 2000 年版，第 1428 页。

③ 杨家骆：《蒙兀儿史记》，世界书局 1962 年版，第 16 页。

尝试。至元十八年（1281 年）为增强江淮漕粮、物资北运，决定开山东鲁桥至安山的济州河，“十二月，遣奥鲁赤、刘都水及通算学者一人，给宣差印，往济州。定开河夫役，令大名、卫州新军助其工”。① 至元二十年（1283 年），“八月丁未，济州新开河成。十月癸卯，中书省臣言，阿八赤新开河，二处皆有仓，宜造小船分海运，从之”。② 为增加济州河水源，在兖州置金口坝以截泗水，在宁阳堽城里村汶河上建堽城坝截汶助运，使两河至济宁分水口南北分流，同时设漕运司管理济州河运输。济州河开挖后，发挥了巨大作用，至元二十二年（1285 年）运粮达三十万石，同年“增济州漕舟三千艘，役夫万二千人……水浅舟大，恒不能达。更以百石之舟，舟用四人，故夫数增多”。③ 济州河使用数年后，因大清河入海通道不畅，“海口沙淤，船出入不便”，④ 运输量受到严重影响。至元二十五年（1288 年）冬十月桑哥言：“安山至临清为渠二百六十五里，若开浚之，为工三百万，当用钞三万锭，米四万石，盐五万斤，其陆运夫万三千户复罢为民，其赋入及刍粟之估为钞二万八千锭，费略相当，然渠成亦万世之利。请以今冬备粮费，来春浚之”，⑤ 向元廷提议拓展原开济州河，延长至临清入卫河，得到了朝廷应允。《续通鉴纪事本末》也载至元二十六年（1289 年）春正月，“开安山渠，引汶水以通运道。先是寿张县尹韩仲辉、太史院令史边源，相继建言，请自东平路须城县安山之西南开河置闸，引汶水达舟于御河，以便公私漕贩”。⑥ 元廷于是派漕运副使马之贞与边源巡视地形，商度工用，开安山渠，引汶水以通运道，“起于须城安山之西南，止于临清之御河，其长二百五十余里，中建闸三十有一，度高低，分远迩，以节蓄泄”。⑦《元史纪事本

---

① 《新元史》卷 52《河渠二》，第 1363 页。

② （明）宋濂：《元史》卷 12《本纪第十二》，中华书局 2000 年版，第 173 页。

③ （清）傅泽洪：《行水金鉴》卷 102，台北商务印书馆股份有限公司 1968 年版，第 1505—1506 页。

④ 《新元史》卷 52《河渠二》，第 1363 页。

⑤ 陈德芝：《元代奏议集录》，浙江古籍出版社 1998 年版，第 266 页。

⑥ 《续通鉴纪事本末》卷 99《运漕》，第 2699 页。

⑦ （明）宋濂：《元史》卷 64《志第十六》，中华书局 2000 年版，第 1067 页。

末》称："开魏、博之渠，通江淮之运，古所未闻。"① 河成后，世祖赐名为会通河，因会通河与原开济州河相连，所以也统称会通河。元廷对于会通河漕运非常重视，不但派都水监官员一名往来巡视河道，修治闸坝、疏浚淤塞、增筑堤防，而且制定了详细的管理制度，如天历三年（1330年）诏谕中外："都水监言，世祖费国家财用，开辟会通河，以通漕运。往来使臣、下番百姓，及随从使臣、各枝斡脱权势之人，到闸不候水则，恃势捶挞看闸人等，频频启放。又漕运粮船，凡遇水浅，于河内筑土坝，积水以渐行舟，以故坏闸，乞禁治事。"② 于是命来往于会通河的诸王、驸马、使臣人等，"并运官粮船，如到闸，依旧定例启闭。若似前不候水则，恃势捶挞守闸人等，勒令启闸，及河内用土筑坝坏闸之人，治其罪。如守闸之人，恃有圣旨，合启闸时，故意迟延，阻滞使臣、客旅，欺要钱物，乃不畏常宪也。仍令监察御史、廉访司常加体察"，③ 通过对过闸细则的制定，约束滥启闸座、河内筑坝、不候水则等违法行为，保障粮船顺利通行。不过终元一代，因会通河岸狭水浅、水源不足，加之运河最高点选址不合理，导致船只负重难行，运输量较小，漕粮主要由海运承担。至元二十八年（1291年）郭守敬复为都水监后，提出了开凿京城附近运河的规划，在勘查京畿水利情形的基础上，于第二年春施工，《元史》载，"通惠河，其源出于白浮、瓮山诸泉水也……上自昌平县白浮村，引神山泉，西折南转，过双塔、榆河、一亩、玉泉诸水，至西门入都城，南汇为积水潭，东南出文明门，东至通州高丽庄入白河，总长一百六十四里一百四步"。④ 工程于至元三十年（1293年）秋完工，并于沿河置闸以控水源，河成赐名通惠河，至此大都漕运大为便利，遂罢陆挽粮，民得以休息。

元代为提高漕粮运输效率，建立起了完善、系统的管理制度。元始祖初期曾立军储所，不久改为漕运所，至元初年，改为漕运司，后又改都漕

① （明）陈邦瞻：《元史纪事本末》卷12《运漕》，明万历刻本。

② 《元史》卷64《志第十六》，第1071页。

③ 《元史》卷64《志第十六》，第1071页。

④ 《元史》卷64《志第十六》，第1054页。

运司，至元十九年（1282年）改为京畿都漕运使司。京畿都漕运使司下辖运使二员，同知二员，副使二员，判官二员，经历一员，知事一员，提控案牍兼照磨二员，掌漕运之事。职官制度的变化也反映了元代漕运方式的变迁，“元都于燕，资海运以给京师。然世祖平宋之初，江淮之运尚未专由海道，有中滦运道，有新开河运道，有胶莱运河。其司漕务者有江淮都漕运使、济州都漕运使、胶莱万户府。其后，海运通利，而江淮、济州漕运司及胶莱万户府皆罢，其京畿都漕运使则掌自通州运至京师，又分置都漕运司于河西务及临清，接领海运，自直沽运至通州，而河南、山东之漕不由于海运者，亦掌焉”。① 这一资料清晰地介绍了有元一代漕运从初期的海、陆、内河兼运到专事海运的过程。元代开会通河、通惠河，形成了后世的京杭大运河，但因会通河最高点选址错误，导致河道岸狭水浅，不能承载大型漕舟，而河海联运的胶莱运河也因耗资巨大而失败。相较内河运输，元代有着丰富的海运经验，不但组织机构健全，运输船只与人员充足，同时在掌握了季风与沿海滩涂的基础上，船只航行速度快，运输量大，能够保障每年数百万漕粮顺利运抵达京师，满足国家的各项开支。因此，元代漕运经历了一个演变的过程，在总结不同运输方式优势的基础上，最终选择了省时、省力的海运，这也是元朝政府综合比较的结果。不过，元代开会通河、通惠河，也具有重要的历史意义，它使中国的运河由隋唐大运河转向了京杭大运河，为元明清三朝运河的畅通与漕运的发展奠定了基础，使南北之间的政治、经济、文化交流速度加快，促进了沿线城市、乡镇的崛起与市场商业网络的形成，为东部运河经济圈的最终形成作出了重要贡献。

二、宋金元漕运仓储与社会关系

宋金元三朝为方便漕粮输往开封、大都等政治中心及沿线军事要地，在运河沿线设置了大量漕仓，这些漕运仓储经历了转般、直达等变化，同时也

---

① （清）永瑢：《历代职官表》卷60《漕运各官》，中华书局1985年版，第1682—1683页。

基本具备了转运、存储、赈灾、备军等方面的功能，无论在管理制度、运作方式上，都接近了完善与成熟的程度，为明清漕仓系统的建立提供了借鉴。

据《漕运通志》载，“在宋东京之制，受四方之运者谓之转搬仓[①]，曰永丰、曰通济、曰富国等，凡十仓，则受江淮所运，谓之里河；曰永济、曰永富者，受怀、孟等州所运，谓之西河；曰广济第一者，受颍、寿等州所运，谓之南河；曰广积、曰广储者，则受曹、濮所运，谓之北河。又置转搬仓于真、楚、泗三州，而江南之船至三仓所止，汴船转输京师，故大中祥符间，岁漕至七百万石，可谓极矣”，[②] 在全国各河路要地设置转运仓储，存储沿河而来漕粮，以转运东京。《魏源全集》也称：“宋都大梁，有四河以通漕，曰汴河，曰黄河，曰惠民河，曰广济河。其后黄河路断，只漕三河，江淮上供米，转运使以本路纲输真、楚、泗州转般仓，兼以载盐，运毕则舟还其郡，卒还其家。汴州诣转般仓运米输京师，岁折运者四，舟、卒得番休，而汴船不涉江，无覆溺之患……初天下转般仓，自岁运京师外，诸仓皆有余蓄，州郡告歉，则折收上价，谓之额斛。因如本额，以仓储代输京师。复于丰熟处所，以中价收籴，谷贱则官籴，饥歉则纳钱，民以为便。本钱岁增，兵食有余，此宋一代转般之大略也。”[③] 在真州、楚州、泗州等地设转般仓，可以方便江淮漕粮的输纳与转运，使不同区域的船只在合适的水域里航行，驾船人员熟悉水情与航情，对于提高运输效率与保障漕粮安全具有重要作用，另外漕仓对于沿河区域社会的灾荒赈济、粮价平衡、丰歉余缺调剂也意义重大。转般法使用至宋徽宗崇宁年间时出现了诸多问题与弊端，“蔡京为相，用胡师文为发运使，以籴本数百万充献，而转般之储积已罄，朱勔以舟船送花石纲，而转般之船亦坏。于是户部尚书曾广孝建议，以转般法敝，令六路岁供，直送京师，号为直达纲，而转般之仓遂废”。[④] “转般之法

① 转搬仓亦称转般仓，宋代在泗州、楚州、真州、扬州等沿河要地设置仓储，用以卸载东南六路漕粮，再换船转运至东京城。

② （明）杨宏、谢纯：《漕运通志》卷6《漕仓表》，方志出版社2006年版，第100页。

③ （清）魏源：《魏源全集》卷47《漕运中》，岳麓书社2004年版，第531页。

④ 《魏源全集》卷47《漕运中》，第532页。

始于唐裴耀卿，成于刘晏。国朝旧制，江湖运舟至仪真，入转般仓，复载盐以归，又以运舟自仪真漕河由汴达于都邑，六路八十四州漕京师，凡六百万石。自仁宗朝至崇宁初，发运司常有六百余万石米，百余万缗之蓄，真、泗二仓，常有数千石之蓄。自胡师文以籴本为羡余以献，而转般无一年之储。崇宁三年九月己亥，曾孝广立直达之法，虽湖南北，亦直至京师，因毁淮南转般仓。既行直达，而盐法随变，太仓积粟充溢，增置延丰仓于外，发运使以应奉充职。自钱盐之法行，课归榷务，诸路无所得，漕计日以不给，上下俱受其弊。转般与盐法相因，盐法既变，回舟无所得，舟人逃散，船必随坏”。[①] 可见行转般法时国家漕粮达到鼎盛，不但京城储积丰富，而且沿河真州、泗州转般仓也有相当的储积，而随着籴本充献与转般船只的损坏，直达法代替了转般法，由于水路形势的差异，长途运输耗费民力、沿途损失巨大，同时盐利尽归中央，运粮人夫、丁役无利可图，漕粮数额随之下降。宋徽宗大观三年（1109 年）十月，诏令复行转般法，以图重新振兴漕运，但因阻力重重，终未成功。宣和六年（1124 年）又议转般法，曾巩上言曰："宋兴，承周制，置集津之运，转关中之粟以给大梁。故用侯赟典其任，而三十年间，县官之用无不足。及收东南之地，兴国初，始漕江淮米四五百万石至汴，至道间杨允恭漕六百万石，自此岁增广焉。"[②] 曾巩虽有此议，但因转般法久废，最后也无果而终。

金代漕运沿袭宋代纲运，在沿河置仓以收贮漕粮。金定鼎中都（今北京附近），周边区域社会粮食产量不高，对于漕粮的需求异常迫切。金章宗承安五年（1200 年），"边河仓州县，可令折纳菽二十万石，漕以入京，验品级养马于俸内带支，仍漕麦十万石，各支本色。乃命都水监丞田栎相视运粮河道"。[③] 泰和元年（1201 年）尚书省以景州漕运司所管理六河仓，"岁税不下六万余石，其科州县近者不下二百里，官吏取贿延阻，人不胜苦，虽

① 《东京志略》，第 209 页。

② （宋）曾巩：《曾巩散文全集》，中国建设出版社 1996 年版，第 303 页。

③ 《金史》卷 27《河渠》，中华书局 1975 年版，第 684 页。

近官监之亦然”,[①] 命监察御史一人前往纠治。金宣宗贞祐二年（1214 年）为防范蒙古军的攻击，将都城由中都迁往开封，以避锋锐，史称“贞祐南迁”。随着政治中心的转移，漕运线路随之变化，“既迁于汴，以陈、颍二州濒水，欲借民船以漕，不便。遂依观州漕运司设提举官，募船户而籍之，命户部勾当官往来巡督”,[②] 后又开沁水以助漕。兴定年间，“时朝廷以邳、徐、宿、泗军储，京东县挽运者岁十余万石，民甚苦之”,[③] 于元光元年（1222 年）在归德府置通济仓，置都监一员进行管理，接纳东郡之粟，转运开封，并于安徽灵璧县潼郡镇设仓都监及监支纳，“以方开长直沟，将由万安湖舟运入汴至泗，以贮粟也”。[④] 金代的仓储管理有中央级别的衙署与官员，同时也有地方管理机构，并且随着漕运与仓储的变化而有所调整。金设都转运使司，正三品，掌赋税、钱谷、仓库、出纳、权衡、度量等，下设从四品同知、正五品副使、从六品都勾判官等，“金于诸路设转运使，而于京师设都转运使以总之。都转运使又主仓储之出纳及支度盐铁之政，实即唐盐铁转运使之职”。[⑤] 而漕运、河仓之事也设有专官，“漕运司提举一员，正五品，景州刺史兼领，掌河仓、漕运之事。同提举一员，正六品；勾当官，从八品，掌催督起运纲船”。[⑥] 后又置提举仓场司一职，有仓场司使一员，从五品，副使从六品，“掌出纳公平及毋致亏败”,[⑦] 下辖“监支纳官，八品，十六员。以年六十以下廉干人充，女真、汉人各一，广盈仓、丰盈仓、永丰仓、广储仓、富国仓、广衍仓、三登仓、常盈仓、西一场、西二场、西三场、东一场、东二场、南一场、北一场、北二场。通济仓与在京仓，置监支纳使、副各一员。丰备仓、丰赡仓、广济仓、潼关仓，兴定五年创置潼关仓

---

① 《金史》卷 27《河渠》，第 684 页。
② 《金史》卷 27《河渠》，第 685 页。
③ 《金史》卷 27《河渠》，第 685 页。
④ 《金史》卷 27《河渠》，第 686 页。
⑤ 《历代职官表》卷 60《漕运各官》，第 1679 页。
⑥ 《历代职官表》卷 60《漕运各官》，第 1679 页。
⑦ 《金史》卷 56《百官二》，第 1289 页。

监支纳一员，兼枢密院弹压，陈州仓四员，洧川仓二员”,[①] 其中部分仓储位于运河或自然河道沿岸，属漕运仓储。

元代疆域辽阔，对于漕粮与物资的转运非常重视，不但开凿了京杭大运河，沟通了南北交通，而且在京城与沿河区域设置了大量漕仓，“国之有仓廪、府库所以为民也。我朝仓库之制，北则有上都宣德诸处，自都而南则通州、河西务、御河及外郡常平诸仓，以至甘州有仓，盐茶有局，所以供亿京师、赈恤黎元者，其措置之方可谓至矣”。[②] 元代京师有二十二仓，万斯北仓置于中统二年（1261年）、万斯南仓置于至元二十四年（1287年）、千斯仓置于中统二年（1261年）、永平仓置于至元十六年（1279年）、永济仓置于至元四年（1267年），惟亿仓、既盈仓、大有仓、屡丰仓、积贮仓均建于皇庆元年（1312年），“以上十仓，各仓置监支纳一员，正七品；大使二员，从七品；副使二员，正八品”。[③] 另有丰穰仓、广济仓、广衍仓、大积仓、既积仓、盈衍仓、相因仓、顺济仓、通济仓、庆贮仓、丰实仓等十二仓，也有监支纳、大使、副使管理。据《大元仓库记》载，“在京诸仓，隶京畿漕运司。相因仓五十八间，可贮粮十四万五千石，檐柱高一丈二尺，檩长一丈四尺，八椽，中统二年建。每十间用物，赤栝檩五百四十，赤栝方二百二十五，椽一千七百三十四，板瓦三万四千七百六十条，砖六万八千一百三十九……石灰二万二千六百六十四斤，麻刀六百二斤，紫胶一十斤，煤子四十斤，石礎五十五，竹雀眼二十四片五寸，钉八千一百六十二，寸钉三百五十六，三寸。钉四千五百四十，七寸钉四百”,[④] 可见元代仓库建设有着严格的章程，其用料数量均有相应规定。其他仓储因存粮数目的差异，其间数差别较大，千斯仓八十二间，可贮粮二十万五千石；通济仓十七间，可贮粮四万二千五百石；万斯北仓七十三间，可贮粮一十八万二千五百石；永济仓七十三间，可贮粮二十万七千五百石；丰实仓二十间，可贮粮五万石；广

---

① 《金史》卷56《百官二》，第1289页。

② （元）佚名：《大元仓库记》，台北广文书局1972年版，第1页。

③ 《新元史》卷55《百官一》，第1382页。

④ 《大元仓库记》，第1—2页。

贮仓一十间，可贮粮二万五千石；永平仓八十间，可贮粮二十万石；丰闰仓一十间，可贮粮二万五千石；万斯南仓八十三间，可贮粮二十万七千五百石；既盈仓八十二间，可贮粮一十万五千石；既积仓五十八间，可贮粮十四万五千石；既衍仓五十六间，可贮粮一十四万石；大积仓五十八间，可贮粮一十四万五千石；广衍仓六十五间，可贮粮一十六万二千五百石；大有仓八十间，可贮粮二十万石；屡丰仓八十间，可贮粮二十万石；广贮仓六十间，可贮粮一十五万石；广济仓六十间，可贮粮一十五万石；丰穰仓六十间，可贮粮一十五万石。京城诸仓如全部存满漕粮，总计达数百万石，数额非常惊人。元代通惠河自京城内积水潭至通州，漕运便利，积水潭为漕运总码头，全国漕粮、物资通过水路可至京城内，所以京城诸仓为典型的漕运仓储。

至元二十四年（1287 年）立都漕运使司总司于河西务，置分司于临清，管仓七十五，其中河西务有仓十四，每仓各置监支纳一员，大使、副使一员或二员，“河西务诸仓，隶都漕运。大盈仓八十间，可贮粮二十万石；充溢仓十七间，可贮粮十七万五千石；崇墉仓十七间，可贮粮十七万五千石；广盈北仓十七间，可贮粮十七万五千石；广盈南仓十七间，可贮粮十七万五千石；永备北仓八十间，可贮粮二十万石；永备南仓八十间，可贮粮二十万石；丰备仓五十间，可贮粮十二万五千石；恒足仓五十间，可贮粮十二万五千石；既备仓五十间，可贮粮十二万五千石；足用仓五十间，可贮粮十二万五千石；大京仓六十间，可贮粮十六万二千五百石；丰积仓五十间，可贮粮十二万五千石；大稔仓七十间，可贮粮十七万五千石”。① 至元三十年（1293 年）因河西务、通州粮多不能容，平章政事不忽木建言将多余漕粮移至大都东城红门内新河空隙之地，并在此修建仓屋存粮，但未被允准。河西务诸漕仓除接纳运河所转南北漕粮外，还收贮海运而来漕粮，收贮漕粮数额巨大。通州有十三仓，主要接纳河西务转运而来河、海漕粮，输往京城，每仓各有监支纳、大使、副使管理，其中“乃积仓七十间，可贮粮一十七万

① 《大元仓库记》，第 3—4 页。

二千五百石；及姊仓七十间，可贮粮一十七万五千石；富衍仓六十间，可贮粮十五万石；庆丰仓七十间，可贮粮十七万五千石；延丰仓六十间，可贮粮十五万石；足食仓七十间，可贮粮十七万五千石；广储仓八十间，可贮粮二十万石；乐岁仓七十间，可贮粮十七万五千石；盈止仓八十间，可贮粮二十万石；富有仓一百间，可贮粮二十五万石”。[①] 通州诸仓早在元初就已开始建设，元太宗五年（1233 年）诏令，“沿河以南州府达鲁花赤等官，各于濒岸州城置立河仓，差官收纳每岁税石，旋依限次运赴通州仓，其立仓处差去人取”。[②] 后又令达鲁花赤管民官备木植，差夫役，并拨木匠、泥匠、铁匠修理仓储，并差守仓夫役三人，半年交替，如有仓粮失盗，令其赔补。河西务、通州诸漕仓除作为京城储备粮库外，还对于京畿周边灾荒赈济意义重大，如至元二十九年（1292 年）二月，“发通州、河西务粟，赈东安、固安、蓟州、宝坻县饥民”，[③] 保障了京畿附近社会秩序的稳定。

除在京城、通州、河西务设置仓储外，元朝在运河沿线重要的节点城市也设置了大量河仓，这些仓储统称为御河仓，“至元三年十一月十日，省臣禀御河旁近每岁露积，粮多损，臣等议今岁于沿河筑仓贮米，上从之”。[④] 后随着存粮数额的增加，沿河漕仓的数量也不断上升，形成了运河沿岸仓储群。河仓共有十七处，其中馆陶仓、旧县仓、陵州仓、傅家池仓四仓各置监支纳一员，从七品；大使一员，从八品，副使一员。秦家渡仓、尖家西仓、尖家东仓、长芦仓、武强仓、甲马营仓、上口仓、唐宋仓、唐村仓、安陵仓、四柳树仓、淇门仓、伏恩仓，以上十三仓各置监支纳一员，从八品；大使一员，从九品，副使一员。另有直沽广通仓，秩正七品，大使一员。这些河仓多位于卫河沿岸，水运交通便利，非常适合漕粮的转运与存储，并且每仓设有专官负责漕粮的收支运作，有着系统的管理制度。河仓存粮主要转运

---

① 《大元仓库记》，第 3 页。

② 《大元仓库记》，第 13 页。

③ （清）于敏中：《日下旧闻考》卷 112《京畿》，北京古籍出版社 1981 年版，第 1854 页。

④ （明）解缙：《永乐大典》，大众文艺出版社 2009 年版，第 2179 页。

自山东、河南等地，“荥阳等纲凡三十：曰济源、曰陵州、曰献州、曰白马、曰滏阳、曰完州、曰河内、曰南宫、曰沂莒、曰霸州、曰东明、曰获嘉、曰盐山、曰武强、曰胶水、曰东昌、曰武安、曰汝宁、曰修武、曰安阳、曰开封、仪封、曰蒲台、曰邹平、曰中牟、曰胶西、曰卫辉、曰浚州、曰曹、濮州，每纲皆设押纲官二员，计六十员，秩正八品。每编船三十只为一纲，船九百余只，运粮三百余万石，船户八千余户，纲官以常选正八品为之”，① 其运粮方法为沿袭宋代纲运，与明清支运、兑运、长运之法有着明显的区别。元代河仓的建设与修缮也有着相应的程序，至元十四年（1277年）四月定，“河仓损坏，于各路以官帑修补其二十余所，今秋虽已修毕，如无人守护，则近仓之民偷取砖木，纵放头匹，踏践仓场，损坏墙壁，宜令各处州县官提调，勒斗脚常川看守，任满相监交割赴漕运司。给由，工部议各处何仓损坏，仓官随即移文本处官司，一同相视会计，工物于年销钱粮内支用，监督修完，如二年内损坏，监修官备工物修偿；坏在二年之外，官自修葺。仓官任满，所代官完备收付，于解由内开写”。② 通过修补机构、禁民破坏、严格看守、追偿核算、任满考核等制度的确立，以保障仓储的正常运作，减少仓粮的意外损耗。

宋金元三代运河实现了由局部运河到京杭大运河的历史变迁，这种情况的出现除与疆域面积的扩大与统一帝国的出现有密切关系外，还与中央集权的日益强化及漕运制度的不断健全密不可分。中央政府调配人力、物力、财力的能力不断增强，从而为大运河的开挖奠定了基础与准备了条件。而与京杭大运河的出现相伴随的是漕运仓储的数量、管理程度、运作方式也日益系统与完善，漕仓逐渐由以前的自然河道、人工河道均有分布的局面向运河沿线集中，漕粮转运、存储、支放都有专业人员进行管理，起着供给皇室、军事驻防、灾荒赈济、粮价平衡等方面的功能与作用。尤其是元代京杭大运河沿线分布有大量漕仓，如京城诸仓、通州诸仓、河西务诸仓、沿线河仓等，

① 《元史》卷 85《志第三十五》，第 1418—1419 页。
② 《大元仓库记》，第 14 页。

这些仓储存粮数额从数万石到数十万石不等，既有通过海运转输而来的江淮、江南漕粮，也有以运河为主要输送线路的山东、河南漕粮。可以这样说，漕运就是中国古代政权的命脉，而漕粮、漕仓就是输送补给的血液，漕运系统中的任何一环一旦缺失或出现问题，整个王朝的运转就会受到威胁，基层社会就会陷入动荡，中央政权对社会的控制力就会削弱。漕运在中国古代既维系了政权，更调控了社会秩序，对国家与社会的影响力是无与伦比的。

第二章　明清漕运仓储的管理与运作

本章主要对明清两朝京通仓、沿河大型水次仓的管理与运作进行研究与探讨，而基层社会漕仓一般由州县管理，没有专门的管理机构与固定管仓人员，相关建置、沿革记载非常简略，难以形成清晰的发展脉络，故不予以介绍。京通二仓为国家漕运的终点，是维系京城稳定与统治基础的物质保障，明清两朝中央政府对于京通仓储的管理、运作不遗余力，不但建立了体制健全，内容丰富，人员众多的管理机构，而且辅以监察、考核、奖惩等制度，力图减少仓场弊端，保持粮储收支的高效运转。在京通仓场数百年的发展演变过程中，制度既非一劳永逸，也并非按部就班，而是随着现实局势的变化而调整，呈现出逐渐完善与系统化的发展趋势。而沿河大型水次仓在明清两代的管理存在着较大的差异，但总体呈现管理级别降低、存粮减少、作用削弱的变化状态。从支运到兑运、长运，实质是京通仓储逐渐强化，国家重视程度日益提高，体制不断健全，而沿河水次仓地位下降的过程。

第一节　明清京通仓储的管理与运作

明清两朝是中国漕运制度的鼎盛时期，也是仓储管理、运作体制最为健全的阶段。为保障京通粮储的稳定，维系国家的各项开支，明清王朝不但设置了大量的仓储官员以负责漕粮收放、运输等事务，而且制定了大量的仓储律法、条规以约束与惩治贪腐人员。虽然明清两代京通仓场的管理、运作有所继承与延续，但因政治背景、统治策略的差异，两朝又有着自身的特点与不同，其中明代中前期由户部官员、宦官共同管理仓场，期间充斥着斗争，嘉靖后监仓宦官裁撤，户部官员成为京通仓场的主导，由上到下的管理者均与户部有着密切的关系。入清后，随着满汉双轨制的建立，仓场官员多由满汉二人担任，起着相互制衡的作用，也体现了清廷的统治策略，而且仓场官员并非完全由户部掌控，不同衙署、部门的官员均可通过考核或任命等方式前往任职，比明代更加灵活与具有创新性。但无论明代，还是清代，仓场管理、运作机制都是一个不断变化、完善的过程，期间因弊端的不断出现，相应的制度都是处于一个补充、强化的运行轨迹中，而后期仓弊的进一步严峻与吏治腐败、战乱频仍、漕运衰落有着密切的关系，体现了政局变化对漕运系统、仓储系统的重大影响。

一、明清京通仓场管理制度

明清两代是中国古代漕运制度的鼎盛时期，其中京通仓储作为王朝统治的根基备受重视，其制度之严密、运转之规范、管理之严格都体现了明清漕运制度的复杂性与系统性。明清京通仓场制度既有继承，同时又有自身的特色，在明代主要体现为制度的逐渐完善，仓储官员由无定员、无常制形成了固定的选拔体系、管理章程、奖惩措施，不同部门之间的联系与交流日佳密切，构建起了环环相扣又分工明确的仓储制度，而清代仓场管理为双轨制，仓场不同部门分别有满汉官员二名，彼此之间既相互合作，又相互监督与制衡，体现了清王朝的统治特色，这种制度既有优势，也有弊端，在某些方面导致官员之间相互掣肘，处理仓务效率不高，扰乱了仓场秩序的稳定。而京通仓场胥吏、劳役人员更是数量众多，他们或选拔、或佥派、或雇募，承担着仓场的主要劳动事务，是京通仓场不可或缺的组成部分，也是联络仓场与地方社会的重要中介。

（一）明代京通仓场管理制度

明代京通仓场由户部管辖，设有专官进行管理。京通仓场的最高管理者为总督仓场，一般由户部尚书或侍郎担任，级别为正二品或正三品，始设于宣德五年（1430 年），首任总督为户部尚书李昶，正统三年（1438 年）令户部侍郎一员总督京通仓粮及提督象马牛羊等房草豆，后又兼管沿河水次仓与西苑农事。总督仓场下辖银库监督主事、京粮厅郎中、通粮厅郎中、各仓监督主事、大通桥监督、各水次仓监督主事等，督促他们各司其职，而仓储巡视则有御史，修理有户部、工部官员负责，正是不同部门、不同级别官员的共同合作，才维持着京通仓储的正常运转。据《通粮厅志》载，“仓场之有总督，有分司，旧矣。顾总督之职昔领于宦寺，而今领于大臣；分司之职昔间委于观政进士，而今专委于主事，则沿革异矣”，① 仓场官员经历了由户部官、宦官共掌仓储大权到户部专管的变化。

总督仓场又称仓场总督、仓场侍郎，是京通仓储的掌控者与级别最高的官员，其对仓场起着宏观调控的功能与作用。对总督仓场的任命，明代帝王非常重视，往往通过颁布谕令的方式加以勉励，如明宣宗御制户部箴：“今特命尔总督在京及通州各仓并在京象马牛羊等房仓场，直抵临清、徐州、淮安等处，巡视一应仓场，稽查出纳，禁革奸弊，如遇仓厫损坏，即督该管官员量拨军夫修理，收支之际禁约仓官人等，不许生事刁蹬，尅害军民，如违，听尔拿问，轻则量情发落，重则送法司究治，应奏请者参奏施行。如有官员势要之人干预搅扰，亦须指实奏闻。”② 同时谕令还指出了京通仓场及总督职责的重要性，“盖国家以粮储为重，尔职专提督，凡事务在区画得宜，仍须夙夜用心，关防严密，出纳分明，革除奸弊，不许丝毫隐瞒透漏”，③ 体现了帝王对总督的期待与要求。《皇明留台奏议》也载，“总督之系于储，巨且重矣，内之表率部属以督收支，外之弹压有司以督完欠，下至仓官、攒斗、卫官、军士、解官、粮长、胥吏、歇保，靡不赖总督之权以成振肃之治，非得人而久之无益也”，④ 对整个京通仓场的运转起着表率与弹压的作用。总督户部公署在旧太仓内，“公座于斯，恭奉敕语，上扁‘廉平

① （明）周之翰：《通粮厅志》卷 3《秩官志》，明刻本。
② （明）刘斯洁：《太仓考》卷 1《圣训》，明万历刻本。
③ 《太仓考》卷 1《圣训》。
④ （明）朱吾弼：《皇明留台奏议》卷 13《财储类》，明万历三十三年（1605）刻本。

公恕’，左右廊为房者三，右贮历年卷册，名碑竖堂之左方”。[①] 另总督西馆、总督东馆在南新仓附近，也为总督视事之所，《日下旧闻考》载，“总督仓场公署在城东裱褙胡同，设于正统三年。粮储抵通，分贮京通二处，户部侍郎或尚书总理之，其公署在旧太仓内”。[②] 总督为治事方便，常驻京仓，导致通州仓储难以兼顾，万历十年（1582 年）户部尚书张学颜题准：“总督常住京仓，事规整肃，通仓虽旧设总督衙门，年久未至其地，故通州仓场积弊颇多，令总督尚书遵照敕谕不时往来彼中，将仓场各项事情逐一查理，应径行者径行，应奏请者奏请”，[③] 命总督对京通二处仓储均要严加管理，不得懈怠。

京粮厅郎中为户部仓场正五品官员，其衙署在旧太仓内，总督部堂东，建于嘉靖十一年（1532 年）。京粮厅这一机构最早设于成化十一年（1475 年），“令京通二仓各委户部员外郎一员定厫坐拨粮米，务令挨次，不许徇情虚占厫座，旧兼管银库。嘉靖十一年增职金员外郎，专管库务，以督储为东厅，职金为西厅”，[④] 可见初期京粮厅主官为员外郎，而非郎中。隆庆六年（1572 年）经户部尚书王国光题请，改员外郎为郎中，并铸给关防，“监坐收放粮斛，禁革奸弊，三年满日呈部，咨另选交代”。[⑤] 京粮厅主官级别的提高及关防的铸造，对于明确政令，严革仓弊起到了重要作用，强化了京仓管理效率。据户部主事曹履吉《重修京粮厅碑》载，“国家岁漕东南四百万粟以实京边，特于户部左右曹外别领以总督，号曰后部，而以仓部郎隶之。仓部旧属称东官厅，嗣以总督截漕岁五之一就边军，便置通粮厅，而东官厅改称京粮厅，总京仓五十有二，分六司属监督焉。厅寝室南向，堂东向，额曰‘咸裕’，东北筑台，内有藏书室”，[⑥] 对京粮厅名称由来，建筑

① 《太仓考》卷 2《公署》。

② （清）于敏中：《日下旧闻考》卷 63《官署》，北京古籍出版社 1981 年版，第 1030 页。

③ 《太仓考》卷 1 之 2《职官》。

④ 《太仓考》卷 1 之 4《职官》。

⑤ 《太仓考》卷 1 之 4《职官》。

⑥ 《日下旧闻考》卷 63《官署》，第 1030 页。

布局、功能作用进行了介绍。京粮厅在明代一直发挥着重要作用，入清后，顺治十二年（1655 年）复设这一机构，不过三年后并入大通桥监督，在清代存在时间较短。

通粮厅郎中即通州坐粮厅郎中，正五品，驻通州。成化十一年（1475 年）户部委员外郎专管通仓，“坐拨粮斛，禁革奸弊”。[①] 嘉靖九年（1530 年）御史李循义题请，将坐粮员外郎兼理轻赍，与巡仓御史公同验给，“尚书梁材覆准，嘉靖十年为始，每年二月题请敕一道付通仓坐粮员外郎，会同巡仓御史督理运粮，兼管通惠河事务，其各总轻赍银两照例验给官军雇脚完粮。其通惠河成，扣省闸运脚价解送太仓银库交收，以备修河等项支用”。[②] 嘉靖三十八年（1559 年）十一月巡仓御史高应芳题准“户部比照边郎事例，注选郎中一员领敕驻通州，会同巡仓御史督理闸河粮运，验散轻赍，禁革奸弊，粮完将扣省脚价解送太仓银库，除修理通惠河量动外，余接济边费，其支剩羡余一分解淮，二分给军，每年终造册，奏缴青册[③]送部查考，三年回部考核复职”。[④] 从该年始，郎中代替员外郎为通粮厅主官，其职责逐渐明确与固定。隆庆六年（1572 年）户部尚书王国光题准于户部员外郎、主事内俸浅者升授通粮厅郎中，处理通州粮务，三年更代。除坐粮厅郎中外，还有协助进士三四员，每年漕粮汇集时，至户部量差办事，协助郎中收粮，粮完回部，后该制废除。另有挖运分司，旧时运粮边镇时，户部暂差主事二员监督运输，运毕回部。万历二年（1574 年）合并通州、三河二镇运务，统设户部主事一员驻通州，兼管造船、浚河事务。另有张家湾户部主事，万历九年（1581 年）总督仓场侍郎刘思问题准委户部主事一员专驻张家湾，“严督粮船前进，如有交通盗卖，搀和奸弊，轻则量情发落，重则呈部参究”，[⑤] 与通粮厅郎中协同合

① 《通粮厅志》卷 3《秩官志・部使》。

② 《通粮厅志》卷 3《秩官志・部使》。

③ 青册即清册，详细登记有关项目的册子。

④ 《通粮厅志》卷 3《秩官志・部使》。

⑤ 《通粮厅志》卷 3《秩官志・部使》。

作，处理粮弊，督催漕粮入仓。

京通二仓户部监仓主事为正六品，负责京通仓储粮食收放事宜，其中旧太仓一员、南新仓与济阳仓一员、海运仓与新太仓一员、北新仓与大军仓一员、西新仓与太平仓及大兴左仓一员、禄米仓一员，各仓地址为旧太仓在东城，南新仓在旧太仓前，济阳仓在北城，禄米仓在东城，海运仓在旧太仓北门相对，新太仓在海运仓西，北新仓在东城，大军仓在东城，西新仓在西城，太平仓在中城，各仓建于永乐至嘉靖年间。其建置沿革为，宣德十年（1435 年）令户部郎中、主事分管京仓粮草，三年一代，后改为户部郎中或主事六员管理京仓，一年更代。正统十四年（1449 年）令内外各仓场监督收放粮草，郎中、主事一年一代，任职期满后，回户部时将任职期间收放粮草数目开载清楚缴部，并与接任者交割，如有亏损、欺弊，命予以参奏。景泰三年（1452 年），“令各仓监督收放官员严督官攒、库斗人等修葺仓场，开通沟渠，其有旷职坐视淹没粮草者，拿问追赔”，①对仓监督的职责进行了规范，并对违规者进行惩治。通州仓储有大运中仓户部监督主事一员、大运西仓一员、大运南仓一员，“先年户部差主事四员，后裁东仓一员，同京仓注选三员”。② 通州原有四仓，其基址为南仓在新城南门里以西，中仓在旧城南门内以西，东仓在旧城南门里以东，西仓在旧城西门外新城之中，四仓建于永乐至天顺年间。后东仓先裁撤，南仓也于万历二十二年（1594 年）裁撤，仅剩西仓与中仓，据《通粮厅志》载：“按先年监督仓政，户部差主事四人或七人或九人分理，而后定每仓一员，为四员。后裁东仓一员，并于中仓，曰中东仓。万历十二年注选三员，三年一代，二十二年又裁南仓一员，并于中仓，曰中南仓，而公署仍居南厅。”③

① 《太仓考》卷 1 之 4《职官》。

② 《太仓考》卷 1 之 6《职官》。

③ 《通粮厅志》卷 3《秩官志 · 部使》。

大通桥监督，一般由户部主事任主官，公署位于北京东便门外大通桥①附近，始建于嘉靖三十四年（1555 年），天启三年（1624 年）方铸造大通桥监督关防给户部主事陈大对，作为印信与凭证，处理相关事务。明代大通桥监督主要负责漕粮入仓事宜，“运船到湾（张家湾）止行通仓员外郎、大通桥主事，责限起剥进仓，以杜骚扰”，② 协助通仓员外郎运粮至京通仓储。据《通惠河志》载，“大通桥督储馆一座，头门三间，耳房十间，大厅五间，东西厢房六间，高云厅三间，厨房二间”。③ 大通桥附近有验粮号房一百间，建于嘉靖年间，用于验看、收贮漕粮与口袋等，有车户六十六名，雇大小车辆运粮进仓，小脚二十六名管船只与扛粮，经纪二十四名负责收贮漕粮，这些人员全部由大通桥监督负责管理与节制。

京通二仓另有巡仓御史，负责仓储巡视。巡仓御史又名巡视仓场御史，简称仓差，负责查验京通仓场钱粮，禁革仓场诸弊。早在洪武年间即派监察御史巡视各地仓场，但未成定制。宣德八年（1433 年）三月户部奏请设巡仓官员，“巡察京卫仓，时行在户部奏，比者京卫监支军粮官及仓官、斗级等多徇私情，或稽误月日，或高下斛面，或假公用为名减剋，为弊多端，使军妇、余丁待支日久，十不得其五六，食用不足，故多失所。请令御史往来巡察，庶粮不虚縻而军蒙实惠”，④ 至此巡仓御史成为正式官职。第二年因仓场积弊严重，遣御史三名，分别巡视京仓、通仓、甲子等库并提督象牛羊等房钱粮，一年一代。景泰二年（1451 年），“通仓专差御史一员，京仓巡城御史带管，一事分属二人实为掣肘难行，屡该科道官建言，为权豪所阻无果，恭遇圣明，改属一官，加以提督字面，深切允情，允合治体，疲军自是

① 大通桥位于北京东便门外通惠河上，始建于明正统三年（1438）五月，正德、隆庆年间重修，清康熙重修，该桥最早为闸，又称大通闸，后改为桥，明清两朝户部大通桥监督驻于此。清代河道总督陈鹏年曾有《人日大通桥偶行》一诗，其曰：“人日东门外，春桥潞水边。太平喧纸鼓，安稳坐水船。岁漕余红腐，官厫近接连。不闻劳海运，历险到幽燕。”（《陈鹏年集》，岳麓书社 2013 年版，第 551 页）

② 《明世宗实录》卷 455，嘉靖三十七年正月庚申条，上海书店出版社 2018 年版。

③ （明）吴仲：《通惠河志》卷上《公署建置》，明嘉靖刻隆庆增修本。

④ 《明宣宗实录》卷 100，宣德八年三月甲戌条。

少苏，而中官自是不便矣"。[①] 御史事权统一，对于防范监仓中官徇私枉法，减轻军民负担具有一定意义。巡仓御史在明代起到了查核仓储钱粮、催征逋欠、清理河道、修理仓厫、惩贪治弊的作用，对于京通仓储的稳定起到了重要作用。

明代京通仓修造由户部与工部共同负责，设有专门管理人员。明代工部营缮清吏司设有主事负责京仓修造，三年一代，"每年小修属户部，大修属本部，凡本部办料钱粮则四司协派，其雇募夫匠则户部有军夫所纳米折银，听本差移司转行支给"，[②] 所用修仓物料或从通州抽分竹木局、甲字库、丁字库获取，或从市场购买。早在正统初年，明廷就派工部侍郎一员修筑通州仓，此时修仓官员级别较高，但多为临时差遣，并非定制。后工部专设修仓主事一员，常驻通州，三年更替，后改员外郎一员以堂上官提督[③]，后又改为内臣、户部管仓堂上官共同修理仓储，嘉靖年间裁撤修仓内臣后，令工部堂上官与通州修仓员外郎或主事，督促各卫所官修理仓储。嘉靖四十三年（1564 年）令京仓修仓员外郎或主事就近公署居住，督促工程进行，同时裁撤通州仓修仓主事，由通惠河郎中兼理。两年后，又诏令每年委官修理仓厫，命户部主事会同工部共同协商修理仓储，相互稽查与监督，后又命修仓时，"巡仓御史与修仓郎中、主事并该管京通粮厅互相稽查，务使旧料得归实用，钱粮亦多节省，如有冒破窃取片瓦寸木者，听该管官究治"，[④] 以严督工程，防范弊端。

京通仓储事务繁杂，除掌仓官员外，还有大量的胥吏与劳役人员，负责处理日常仓储事务，如大使、副使、攒典、收粮经纪、仓经历、军斗、歇家、小脚、扛夫、船户、车户等。其中京仓有经历五员，通仓一员，于宣德年间罢军职管粮后而设，管仓粮收放、巡守，年终总督考核。另通州有石坝

---

① 《通惠河志》卷上《部院职制》。

② （明）何士晋:《工部厂库须知》卷 4《修仓厂》，明万历刻本。

③ 明代官职分为九品，正一品到从九品，共十八级。其中正三品分正三品堂上与正三品堂下。正一品至正三品堂上，称堂上官。正三品堂下到正七品，称堂下官或参上官，正七品以下称参下官。

④ 《太仓考》卷 2 之 7《修仓》。

经纪三百三十名负责收粮，石坝外河船户二十名，土坝车户五十名，土坝外河船户十五名，均有相应考核制度。仓场各官还有相应人役，如总督衙门二十二名、京通粮厅各六名、大通桥四名、京通仓监督各四名，这些人员主要从甲斗中拨用，而车户、船户、扛夫等人由仓场衙门佥派或雇募。

明代京通仓场管理制度严密，不同管理人员既有分工，又有合作，共同维持着京通仓储稳定运行。明代京通仓场主要由户部管理，设置了由上到下，层级清晰，结构严谨的制度体系，负责仓粮入库、收放、晾晒等事务，而工部负责仓储修造，监察御史则有纠察仓纪，处置违法之责。当然京通仓场管理制度的建立并非一蹴而就，而是经历了漫长的历史过程，在仓储运作过程中，随着不同环节弊端的暴露，修补措施也随之产生，呈现出管仓官员固定化、考核严谨化、奖惩程序化等特征，使仓场制度日佳完善。

（二）清代京通仓场管理制度

清代京通仓及水次仓名义上由户部下辖的云南清吏司管理，“郎中满洲二人，汉人一人；员外郎满洲三人，汉人一人；主事满洲、汉人各一人，掌稽云南布政使司民赋，收支奏册，兼核山东、河南、江南、江西、浙江、湖广等省岁运漕粮，京通仓储及江宁水次六仓收支考核”。① 因云南清吏司事务繁杂，难以有效对各省漕运、京通诸漕仓全面管理，所以京通仓及水次仓的实际管理者为仓场侍郎、坐粮厅郎中、仓监督及水次仓所属省份的督粮道或府州官员等，由仓场系统、漕运系统、地方官员共同管辖，巡视与稽察者则有巡仓御史、都统、副都统、副将等人，修仓者有户部与工部官员，而每仓又有仓书、攒典、花户、诸夫役负责日常粮食的出纳、晾晒、运输等事务。

京通仓由仓场系统中的户部官员管辖，其中总督仓场侍郎为仓场中的最高管理者，仓场侍郎又名仓场总督，往往由户部尚书或侍郎衔兼署，辖坐粮厅、大通桥监督、京通各仓监督等官。该职最初设置于清初，当时附部理

① （清）席裕福：《皇朝政典类纂》卷 241《职官四》，台北文海出版社 1982 年版，第 4856 页。

事，并未分置，顺治十五年（1658 年）于北京崇文门外建设仓场衙门，出巡通州，驻扎公署在通州新城南门外，设总督仓场侍郎满汉各一人，品级为正二品、从二品或正三品，康熙七年（1669 年）裁汉仓场侍郎，只留满洲仓场侍郎一人，第二年又定总督仓场侍郎满汉各一人，“总稽岁漕之入以均廪禄，以储军饷，各省漕船、京通仓廪悉隶焉”。① “掌京仓、通仓之政令，凡京仓十有三，通仓二，各定其仓储之额而分以厫，厫实以万石，凡仓必慎其守，藏耗各定以额”。② “一切漕仓事务专责料理，其漕运总督、各该督抚、沿河文武衙门凡有关系漕运应报文册，俱照报部式样分报仓场。应举劾者照例举劾，各项应行事宜，仓场衙门径行造册报部查核”。③ 除此之外，各省粮道并沿河地方文武官员凡有漕运之责者皆归仓场侍郎管辖，另每年春天巡查五闸河道与点验石土二坝经纪车户、督催坐粮厅置办布袋以备新粮到坝起运、漕船抵通与回空诸事也归仓场管理，可见仓场侍郎责任重大，是整个京通仓场的掌控者与责任人。

坐粮厅驻通州新城内，④ 满汉各一人，“以给事中、御史、各部郎中、员外郎抡选简充，二年而代，掌北河浚浅，修筑堤岸、闸坝，催趱漕艘抵坝回空，督令经纪、车户转运输仓，兼司通济库银出纳及抽收通州税课之事，所属有通济库大使一人，通流、庆丰闸官各一人。顺治元年通州坐粮厅止差户部汉人司官一人，康熙二年添差户部满洲司官一人，二十六年定制依各关差例，以各部院官员通行差遣，又初制有坐粮厅笔帖式一人，寻裁”。⑤ 初坐粮厅主官任职期限为一年，差满后进行更替，之所以任职时间短，是为了防止其长期任职会与胥吏勾通，产生贪腐与舞弊行为，但这种策略也导致了负面影响，官员刚上任熟悉仓场程序，一年即期满离任，导致很多任职官员

① 《皇朝政典类纂》卷 241《职官四》，第 4860 页。

② 《皇朝政典类纂》卷 141《仓库一 · 仓庾》，第 1755 页。

③ 故宫博物院编：《钦定户部漕运全书》卷 51《仓场职掌》，海南出版社 2000 年版，第 231 页。

④ 顺治十二年（1655 年）曾置京粮厅，十五年（1658 年）并入大通桥监督（《清史稿》卷 114《志八十九》）。

⑤ 《皇朝政典类纂》卷 241《职官四》，第 4860 页。

不求有功，但求无过，碌碌无为，难以整顿弊端，后改为二年一代。任满后，“仓场督臣将其任内经管收放各项钱粮数目造册具题，送部查核”，① 视其任内有无亏缺短少，或升迁，或赔补。坐粮厅下辖石坝州判一员、土坝州同一员、通济库大使一员、张家湾漕运通判一员、通流闸闸官一员、庆丰闸闸官一员，督促属员忠于职守，各司其职。另坐粮厅有催粮官十员，负责催促漕粮入仓，“八行运役及仓役名缺，责令通州知州佥送诚实良民应役，如有保送旗人及一人充两三役者，事发将知州降一级留任，其霸充及保结之人如旗人，枷号一月，鞭一百；系民人，责四十板，徒三年”，② 所选运役、仓役也由坐粮厅管理。

大通桥监督满汉各一人，“以各仓监督抡选调充，凡石坝运到漕白二粮，抽验斛面，督催车户分运京仓，及随粮松板收支之事皆属焉。初差户部汉人司官一人，康熙二年改设满洲、汉人监督各一人，寻省。四十七年以通州、大通桥会清河，相隔甚远，事难兼办，仍设满洲、汉人监督各一人管理”。③ 大通桥监督一年差满更替，其人员遴选也有着相应的程序与考核制度，“拣派大通桥监督，除外升人员仍停其升转外，其在京升转人员应照满洲出差官员例，准其照常升转，仍令一年差满更换。乾隆元年奏准大通桥监督差满，由仓场衙门在于各仓现任监督内拣选，带领引见，定以一年更换”。④ 相较于各仓监督，大通桥监督事务更为繁杂，对官员能力的要求也更为严格，所以需从熟悉仓务，具有相当经验的监督中进行挑选，以便相关漕粮验看、车户督催工作顺利进行。大通桥监督一年差满后，仓场督臣将其任内经管事由造册送部考核。大通桥监督所辖军粮车户二十八名，水脚十三名，雍正十年（1732 年）增加车户四名，共车户三十二名，旧设白粮车户十三名，水脚二名予以裁革，其应运白粮归并军粮车户、水脚扛运。

仓监督为京通各仓的直接管理者，负责处理仓储的日常事务，每仓有满

① 《钦定户部漕运全书》卷 51《京通各差》，第 233 页。

② （清）杨锡绂：《漕运则例纂》卷 19《京通粮储》，清乾隆刻本。

③ 《皇朝政典类纂》卷 241《职官四》，第 4860 页。

④ 《钦定户部漕运全书》卷 51《京通各差》，第 234 页。

汉监督各一人①，“在京仓十有三：曰禄米仓、曰南新仓、曰旧太仓、曰富新仓、曰兴平仓、曰海运仓、曰北新仓、曰太平仓，以上八仓均国初建；曰本裕仓，康熙四十五年建；曰万安仓，雍正七年建；曰储济仓、曰裕丰仓，俱雍正六年建，凡八旗三营兵食，官军牧马豆贮焉。通州仓二，曰西仓，曰中仓，均国初因明制，旧有南仓，乾隆十八年省，凡王公、百官俸廪米贮焉，其十五仓监督以内阁中书、部院、监寺属官抡选、引见，注其名于册籍，有缺员则户部掣签以授，三年而代，掌漕、白二粮交纳上仓及收贮支放等事。初制差户部满洲、汉人司官管理诸仓，或一人，或二人，增损不一，康熙五十年始定每仓置满洲、汉人监督二人，五十七年令九卿各举其属以待简用。雍正元年选部曹之候补者充其任，二年置副监督，以预监督选者，于应代先一年为之，称职则如期更替，不及者罢免，四年复以满洲各部笔帖式及汉人之候补道府同知、知州者抡选充补，勤职者擢用之，寻改定如今制，又各仓原设笔帖式一人，后俱省”。② 因各仓监督贤愚关系天庾正供，所以清廷对仓监督的遴选、考核非常严格与谨慎，有着一整套的程序与制度。咸丰元年（1851 年）十一月谕内阁、吏部等衙门：“各仓监督有整顿仓务之责，果能厘剔弊端，著有成效，自应优予升途，以示鼓励。嗣后各监督期满保奏到部，即照此次部议酌予升途，该监督等既膺甄叙，自当知恩感奋，益加勤勉。而各该衙门之堂官尤应慎选其人，不可开奔竞之风，除贪婪枉法，将原保堂官从重惩处外，至所议原保之上司于未经发觉之先，协同访闻参办，仍照免议等语，亦应候旨定夺，不可为例。”③ 除通过制度措施以鼓励或惩戒外，推荐者对此也负有连带责任，负有失察之罪。

为保障仓储稳定，漕粮安全，京通仓储设有巡视制度与稽察制度，其中稽查者为都统、副都统、道员、副将，日常巡视者为巡仓御史，防范与惩治

---

① 京通仓储基本每仓为满汉监督各一名，但稍有差异，“京师丰益仓监督满二人，余十二仓满、汉各一人，掌仓粮出纳之事，稽查官每仓钦命御史一人，专司仓房完损，粮米侵盗之事，率于岁终更代”。（《皇朝政典类纂》卷 141《仓库一・仓庾》，第 1755 页）

② 《皇朝政典类纂》卷 241《职官四》，第 4860—4861 页。

③ 《皇朝政典类纂》卷 241《职官四》，第 4861 页。

各种违反仓纪的行为。具体为“稽察仓储，京仓以都统、副都统，通仓以通永道、通州副将专司其事，若仓有渗漏，米有盗窃者移仓场治之。满汉御史则每仓岁差一人，通稽一岁内收漕发米，厘剔弊端，以重天庾储备，盖即唐监仓，明巡仓之职，而立法周详视前代益昭严慎矣”。[①] 其中御史在京通仓场巡视与稽核中占有重要地位，是仓储监察制度的主要人员，“京通各仓并内仓一切出入存贮仓粮，钦派御史稽查，一年更代。期满时将所查之仓并无少收多放，搀越厫座之处，奏明交部存案，奏报不实一并议处”,[②] 可见巡仓御史的升迁、罢黜与监仓期间是否有仓粮亏损有着密切关系，是其考核的标准。另外在每季发放米石时，“稽察仓储，京仓请派御史各一人，通仓御史一人，每季发米，部差监放司员二人，领米旗分各差押旗参领一人，分司稽查”。[③] 巡仓御史除查仓外，还有京城理讼事务，其工作也受其他官员监督与牵制，“御史奉派查仓，除在城理讼日期外，余日前往稽查，如有疏略，巡漕科道纠参，凡御史稽察所及，行知仓场侍郎，仓场侍郎不及时妥办者，指实具奏。倘失察滋弊，致亏仓粮，责与仓场侍郎、监督分任赔补”。[④]“各仓厫座贮米，无论多寡，通仓由仓场侍郎封识，御史加封，京仓由御史封识，凡封固之厫，夏冬二季查验，重加新封”,[⑤] 可见巡仓御史责任重大。而都统、副都统虽也有稽仓之责，不过多在本旗支领米石时，“各旗支领米石，本旗都统、副都统遇有紧要公事，不能轮班到仓，令各本旗派贤能参领前往稽察，倘该员等有违例滋弊，都统、御史即行参究，如失于觉察，查出一并参处”。[⑥] 都统、副都统稽察仓储之权除只限于本旗领米之时外，可不到仓储而委人代替，可知其稽察权力受到很大的限制。

清代京通仓储修造有专人负责，通常需要户部与工部合作进行，“凡修建仓厫，照一应修建例，三年以内如有坍塌、渗漏、木料损坏者，著落原监

① 《皇朝政典类纂》卷 241《职官四》，第 4861 页。
② 《皇朝政典类纂》卷 242《仓库二 · 仓庾》，第 1777 页。
③ 《皇朝政典类纂》卷 242《仓库二 · 仓庾》，第 1777 页。
④ 《皇朝政典类纂》卷 242《仓库二 · 仓庾》，第 1777 页。
⑤ 《皇朝政典类纂》卷 242《仓库二 · 仓庾》，第 1777 页。
⑥ 《皇朝政典类纂》卷 242《仓库二 · 仓庾》，第 1777 页。

督之官赔修”。[①] 同时都统、御史也有监修之责，“各仓厫座定例派出都统及御史等查看修理。雍正十二年奏准，凡一应工程完竣备造，清册送工部查核题销，并照依送部，黄册抄录一本，钤用本旗印信，交仓监督存贮备查”。[②] 与明代京通仓厫户部小修，工部大修有所差异，清代工部初期虽有承修之责，实际修造者却为都统、御史、仓监督，工部主要起核发银两、物料、查验的功能，后因其他人员对于修仓事务不甚熟悉，工程质量与进度受到影响，方由工部主持。京仓修造前，需要做好相关的申请、准备工作，查仓都统首先将应修厫座申报，工部派员查估后造册交与都统，然后奏明委人兴修，工程完成后汇报工部，最后再派人检查工程质量，无问题后进行题销。通仓与京仓有所差异，“通仓例由仓场造册具题工部，题覆兴修，仓场支领钱粮，自行委员兴修，工竣造册具题，工部委员查验核销。嗣因修理通仓由通永道报部，交地方官承修，料估驳查稽迟时日，乾隆十八年奏准令查仓御史会同仓场具题，工部核覆兴修”。[③] 通仓初由户部仓场申请工部后自行修理，工竣查核报销，后由地方官修理，因程序复杂，耽误工程进度，改为御史与仓场申请，工部核实后兴修。乾隆十八年（1753 年）又定各仓如有应修工程，命工部、仓场、该旗各派司员一名会商修理事宜，但旗员“承修仓工多有未谙，嗣后各仓修理厫座旗员停其承修，其工料银在四百两以上，工部会同内务府承修，在四百两以内者，工部拣员专修”，[④] 对于保障仓厫质量起到了一定作用。

除管仓、巡仓、修仓官员外，还有大量的基层管理人员与劳役者，其中“禄米仓看仓旗员四人，兵四十名，经制吏二名，攒典二名，皂吏五名，花户二十九名，小甲二名；南新仓看仓旗员四人，兵四十名，经制吏二名，攒典二名，皂吏四名，花户二十九名，小甲二名”。[⑤] 其他旧太仓、海运仓、

① 《钦定户部漕运全书》卷 54《修建仓厫》，第 268 页。
② 《钦定户部漕运全书》卷 54《修建仓厫》，第 269 页。
③ 《钦定户部漕运全书》卷 54《修建仓厫》，第 269 页。
④ 《钦定户部漕运全书》卷 54《修建仓厫》，第 269 页。
⑤ 《皇朝政典类纂》卷 242《仓库二 · 仓庾》，第 1775 页。

北新仓、富新仓、太平仓、万安仓、本裕仓、裕丰仓、储济仓、丰益仓、通州西仓、通州中仓看仓旗员、经制书吏、攒典、皂吏、花户、小甲、铺军人数各有差异。不同人员其职能各不相同，分别承担相应事务，如看仓旗员为看守京通各仓的八旗武官，率领官兵看守仓储，维持仓储秩序，防范偷盗米石等事；经制书吏为额设的办理仓储事务及处理文案的工作人员；攒典为仓储、钞关、钱库掌管钱粮账目的吏员，为清代书吏、承差、典吏、攒典四种外吏之一，仓储中主要负责仓谷出纳、支放诸事；皂吏为京通仓场里的差役人员，供仓场官员日常使唤、差遣所用；花户在仓场中人数最多，主要从京畿附近诸县百姓中雇募或佥派，负责仓粮的晾晒、日常收支等杂项工作；小甲为日常看护仓储的人员；铺军为巡守仓储者。除以上人员外，仓储中还有扛夫、修仓夫、车户、船户等人员，为仓储劳役人员，负责仓粮扛运、修理、运输等工作。

清代京通仓储的管理有着严格的制度与复杂的体系，其相关章程既有沿袭明代之处，同时也有自身的特色，突出体现为满汉双轨制，仓场满汉官员相互制约与监督，共同维护仓场秩序的稳定。在仓场稽查制度上，既有明代的御史巡仓制度，同时也有八旗官员的参与，不同人员之间既相互独立，同时又有合作与交流，充分体现了清代仓储更加注重制度建设与官员设置等方面的特点。

二、明清京通仓场的运作机制

明清京通仓场有着一整套运作机制与程序，无论是仓储规格、锁钥掌控、仓储启闭、仓粮收支、仓储守卫、仓储维护，都通过相应的章程与约束机制予以保障，仓储内部不同官员、劳役人员之间既各司其职，同时又存在密切合作，共同维系着仓储的稳定。当然，仓场运作机制并非一成不变，而是随着现实情况的变化而调整，在制度建设层面上也不断予以完善与补充，形成了体制健全、内容复杂、管理严密的系统。而其中任何一个环节出现失误，整个仓场的运作就会有所偏差，导致弊端的出现与管理的失控。

（一）明代京通仓场的运作机制

在仓储建设规格上，明代有着相应的程序与修造原则。明代京通仓厫并非完全一致，据《太仓考》载："旧太仓、新太仓、海运、南新等仓，样厫每座五间，面阔一丈三尺，进身四丈五尺；禄米仓样厫一座五间，面阔一丈三尺，进身五丈"。[①] 工部每年大修京仓三十六座，遇闰加三座，通仓每年修理十五座，不加闰。《通粮厅志》也载："凡修仓年例，每年通仓旧该修一百一十余间，正德十五年题准量减三分之一，后定每年通仓该修十五座，大约每座五间为率，管理修仓主事每年预于十一月移文户部管粮司官备查，应修厫座开送修仓主事，督率官匠亲诣各仓逐一估计，合用物料数目于正月内具呈本部题派，工完呈部，十二月内提督侍郎具题"，[②] 修仓数目、物料评估、完工题销都有着相应的步骤与考核机制。而仓储的日常小修，初期由户部管粮官调集官军、工匠、人夫修理仓厫，巡仓御史监督，后责成仓储内歇家、小脚、抗夫、车夫等人修理，或用木板铺垫厫座、或开挖囤基与疏水沟渠，将修建工匠与人员姓名刻匾悬挂仓前，如修建不符式样或质量不合格，责令赔修与惩治。关于修仓所用物料来源，明万历时《工部厂库须知》进行了详细记载，物料有库存与召买两种方式，库存由通州抽分竹木局通过征收税收的方式获取，有黄松木、长柴、松椽，甲字库取用泥兜布十二匹，丁字库取用白麻三百六十斤。市场召买者有柁木四百六十五根、松椽七千一百一十二根、黑城砖、散木、白灰、青灰、铁钉等。修仓每厫用土坯一万五千个，金柱柁木十二根，双步梁柁木十二根，三架梁柁木六根，厫门柱散木十四根，单步梁散木十四根，气楼过梁散木二根，气楼松椽三十四根，黑城砖一万六千六百个，白灰三万斤，土坯一万五千个，其他物料、工匠各有数目。

京通仓每年收粮有固定数额，其中正兑粮三百三十万石，改兑粮七十万石，合计四百万石，除去改折粮及蓟州、昌平、密云、天津等处军粮外，京

---

① 《太仓考》卷2之7《修仓》。

② 《通粮厅志》卷2《仓庾志·修仓》。

通仓实收粮三百三十六万八千一百八十二石，内京仓二百二十四万五千四百五十五石一斗三升四合，通仓一百一十二万二千七百二十六石八斗六升六合。每年漕船抵通后，京通各仓，“凡仓粮收支，宣德五年令在京各卫仓每厫置牌一面，开所收粮数并部运官吏、旗军、粮长、纳户及收粮官攒、斗级姓名于上，挂厫门以便点闸。又令各处军民运粮到京，赴户部告判，该司径送本部，委官处定厫收受，转行该卫用印信下帖，发该仓收纳”，① 何厫收粮，何人收粮都必须开载清楚，以便明确责任，确定权利与义务。正统三年（1438 年）令各卫仓粮放支尽绝，盘出之糠秕米尘给与屯田军肥田。景泰五年（1454 年）令“京仓纳粮，部运官递串，纳户领筹，其扬米、挚斛、行概、抬斛、折席等项止许正设军斗，如纳户自愿雇人者，听”，② 其目的是让纳户有更多的选择权，减少仓储人员的腐败行为。两年后，又令京通二仓各处该纳糙、粳米未完者，准许以陈米补纳，该仓官随时放支，不许存留，以防霉烂变质。仓粮收纳时使用官方所制斛斗，“钦降铁斛一张，现贮通粮厅，一面铸‘成化十五年奏准铸成，永为法则’，计十三字，一面铸‘监铸官直隶大河卫指挥仲纲，直隶淮安府同知夏祈，铸匠袁宗、范斌等’，计二十八字”。③ 各仓收放漕粮俱以颁布官斛为准，照样铸造，不得私自造斛或改变样式。所造斛斗分发仓场各处使用，其中石坝经纪三百三十名，每名领正兑斛二张，共六百六十张；石坝外河船户二十名，每名领正兑斛二张，共四十张；土坝车户五十名，每名领改兑斛二张，共一百张；土坝外河船户一十五名，每名领改兑斛二张，共三十张，正兑斛漕粮入京仓，改兑斛漕粮入通仓。正德六年（1511 年）令“查京通二仓现在木斛，取先年铸降铁斛较勘，合勺不差，原有印烙者存留，无印烙者补印，分送各仓用使，每年二月内较勘一次，官攒、斗级人等如有仍旧通同增减收放斛面者，从重究治”。④ 通过每年较勘及刻印烙记等方式保持粮斛的规范性，防范官斗人等徇私舞

---

① （明）申时行：《明会典》卷 21《仓庾一》，商务印书馆 1936 年版，第 548 页。

② 《明会典》卷 21《仓庾一》，第 548 页。

③ 《通粮厅志》卷 2《仓庾志・斗斛》。

④ 《明会典》卷 21《仓庾一》，第 548 页。

弊，任意增减与克扣斛面。正德十六年（1521 年）议准“京仓收受粮斛照旧止令原委主事督收，不许提督太监违例攘收，纳贿作弊”,① 可见即便官方对斛斗进行了种种限制，仍然会出现弊端，而收粮制度也始终处于不断完善之中。

全国各地漕粮因途中久历江河，难免有潮湿者，所以在入京通仓储之前，需要进行晾晒，以免霉变腐败。据《皇明经济文录》载：“凡粮米进京通二仓，必晒二日，扬一日方收，岂有不晒扬于交兑之日而晒扬于交纳之日乎”,② 指出漕粮交兑前就应晾晒，而不是入仓前，但漕粮来自全国各地，漕船旷日持久航行于水道之上，难免有潮湿的可能，所以入仓前晾晒也是必备的一道程序。后又根据收粮数量确定晾晒时间，“漕粮五千石以上晒二天，扬一天；五千石以下晒二天即与扬收”。③ 后巡按直隶监察御史李栻认为漕船抵通时间不一，晾晒时间也应不同，“五月以里运到漕粮，五千石以上者晒一天、扬一天，五千石以下者晒一天即与扬收。七月十五日以上到者，照依旧例晒扬，尖则不许淋漓，平则止许刮铁，庶立法公平而粮无亏耗，迟早有办而默寓劝惩，此收受之当议者”,④ 指出应根据实际情况进行扬晒，而非千篇一律与不加区分。同时针对收粮时“京通二仓收受斛米一尖一平，尖斛淋尖，平斛概行，后将淋尖、斛外余米俱要入官”的现状。⑤ 成化年间在参将袁佑奏请下，每石不分平尖，明加一斗，全部刮铁收受，户部经谨慎商讨，确定每石加耗五升，以防过度苛累军丁。

明代京通仓放粮、支粮要遵循相应的章程，按照固定月份与日期进行相关工作。依照定例，“每月支放各衙门官吏俸粮并各卫所军匠粮米，坐派仓厫应将各仓存贮厫粮自旧至今挨年坐放，一年完尽，放及次年，此旧例也”,⑥ 按照相应的次序放粮，以防新旧混搭导致霉变与弊端。京通二仓放

---

① 《明会典》卷 21《仓庾一》，第 549 页。

② （明）万表：《皇明经济文录》卷 7《户部下》，明嘉靖刻本。

③ （明）张萱：《西园闻见录》卷 37《户部六 · 漕运前》，民国哈佛燕京学社印本。

④ 《西园闻见录》卷 37《户部六 · 漕运前》。

⑤ 《国朝典汇》卷 97《户部十一 · 漕运》，明天启刻本。

⑥ （明）毕自严：《度支奏议》之云南司卷 1《题议申饬各仓挨陈支放》。

粮时间有所差异，京仓大放粮时间为三月、五月、六月、八月、九月、十一月，通仓大放粮时间为正月、二月、七月、十二月，每月放粮具体时间对应相应卫所、官员、吏役及陵寝守卫军士。军卫支粮时，“诸司职掌如遇按月支粮，百户所将所管军人造册申缴，合干上司转达本部，磨算相同，明立文案，编给半印勘合，字号仍定夺，合于本卫仓某年分某字厫某粮米内支给，将文册缴回原行衙门，转下该仓，眼同该卫委官及本仓官攒照数放支，如有事故，扣除还官，支毕将实支扣除数目申达本部，知数仍于原编字号底簿内注写实支扣除数目以凭稽考，其支过粮数另于内府粮册内明白注销”,[①] 有着整套的程序。宣德四年（1429 年）定在京各卫仓军士月粮每卫选委指挥一员提督关支仓粮，如委官通同作弊者，许监察御史纠举，后又定旗军月粮文书到仓一月半，如旗军仍不前往关支，将住支扣除。弘治十七年（1504 年）令“各营卫所官吏，照例于前月二十日以后各将册送部，待坐厫口照例于本月初五日内支放尽绝，故违者查究参问”。[②] 万历七年（1579 年）总督仓场汪宗伊题请：“永乐二十一年每岁漕粮以两运京仓，一运通仓，往因通惠河未疏，通仓粮多于京仓，故嘉靖四年议放五年粮，京仓六个月，通仓六个月。自疏通之后，京仓积倍于通仓，反以四月、十月改折色，是京仓收二分而仅放四月，通仓收一分乃放六月，今京仓隆庆五年分粮已及九年，渐多浥烂。且以京通仓粳米计之，万历六年岁报京仓一千二百五万九百八十石，该年放一百三万四千三百九十六石，虽放十一年而有余，通仓三百一十五万九千五十六石，该年放八十七万二千三百三十八石，虽支放四年而不足。”[③] 于是建议将通仓应放六月、十一月本色粮全部改为京仓，四月、十月粮仍给折色，京仓放粮六个月，通仓放米四个月，可以达到保障通仓存粮充足而京仓不至于粮多而霉变的问题，同时也方便了在京官军可以就近支粮。崇祯二年（1629 年）为进一步严格支粮程序，户部尚书毕自严题请后议定“将现在积贮查明厫口，分别年分久近，次第开会京粮厅，务足半年

① 《太仓考》卷 5 之 10《岁支》。
② 《太仓考》卷 5 之 10《岁支》。
③ 《太仓考》卷 5 之 10《岁支》。

支放，照旧造会计册三本，一送督部、一送臣部、一发下粮厅，挨此坐放，其册内粮数放尽呈明，照例割造。如造册紊序，责在京粮厅，坐放紊次，责在下粮厅，开会参差，责在各仓监督厅。其中小放月份与外卫班粮及秋操三拨行粮难以预定，约计每仓多开一二万，稍有赢余以备搭配，如此即有欲迟欲速，谁得以情面徇之，庶职守互相责成，而挨陈之法可永行矣"，① 以明确责任，保障支粮制度正常运转。

京通仓粮关系天庾正供，其仓储守卫工作备受重视，在有明一代多有变化。宣德三年（1428 年）因京通仓场漕粮多被无赖勾通官攒盗窃，命"内外各卫所仓就一处各筑垣墙，每仓各置一门，榜曰某卫仓，屋三间为一廒，廒复置一门，榜曰某卫某字号廒，若收支之际，验是纳户及应关粮之人，许入，余人不许。其斗斛准洪武中制度，官为较勘，印烙木筹于上，刊年月及提调官吏姓名，上青下红，亦用印烙，凡斗斛筹非官印烙者，不用，私造者问罪。京仓每季以监察御史、户部属官、锦衣卫千百户各一员往来巡察，各仓门以致仕武官二员率老幼军丁十人守把，仓垣墙外置令铺，以军丁三人提铃巡警，其致仕官半年而更，外仓令都司、布政司、按察司设法关防，巡按御史常加点视，凡内外仓军民偷盗，官吏、斗级通同者，被人首告得实，正犯处斩，仍追所盗粮，全家徙戍边卫，给其家产一半赏首告者"，② 希望通过严密的守卫制度、告发制度、奖惩制度减少仓粮的损耗，又添设经历一员监督仓粮收支，其内外卫所仓俱令卫所首领官与仓官专管，罢军职管粮。景泰三年（1452 年）京仓进行改革，"革各仓场致仕武官守把门禁，止令办事官一员管理"，③ 废除了致仕武官守门之例。嘉靖八年（1529 年）议准"裁革通仓把门各卫致仕千百户等官，门军送回原卫当差，查选该仓守支官攒、军斗老成精壮之人分班把守，按季更换"，④ 改由仓储内部人员进行守护。二十五年（1546）又定"羽林前等五十一卫仓，每年该卫原佥军斗六名，

① 《度支奏议》之云南司卷 1《题议申饬各仓挨陈支放厘革拣廒疏》。
② 《明宣宗实录》卷 40，宣德三年三月癸卯条。
③ 《大明会典》卷 21《户部八 · 仓庾一》。
④ 《大明会典》卷 21《户部八 · 仓庾一》。

共二千四百八十名，除现军收粮外，其收支年分只选精壮军斗四名，同顶厫小甲一名在仓看守钱粮，余二名退回原卫当差，俱停支月粮，候挨陈坐放之时行取回仓，眼同支放，不许投充影射占役，违者查究”。① 通州仓有歇家三百三十名，掌管包囤粮米进厫，修理仓墙，有小脚一千一百名，专管扛粮倒囤，“铺军二百八名，系通州等六卫正军内拨送各仓，墙外守铺，昼夜巡逻”。② 而仓内守护人员则为各仓官攒与军斗，初三月更换，后改一月更换。

明代京通仓储的运作机制始终处于不断完善中，经历了由军卫管粮到户部专职管粮、从宦官督仓到裁革的过程，而仓粮的收支有着一整套程序，收粮用具、晾晒日期、支粮月份、仓厫分派都有相应的规定，同时针对出现的弊端与漏洞，中央政府不断加以弥补与整顿，从而使京通仓场的运作处于一种相对稳定的状态，并延续了数百年之久。只是到了明朝末年，随着战乱频兴，仓粮大量消耗，而各种舞弊现象层出不穷，仓场秩序也受到了干扰，逐渐陷入衰落之中。

（二）清代京通仓场运作机制

清代京通仓储关系王朝积蓄，其启闭有着严格的管理制度，仓钥掌控权的变化往往与仓储在不同时期的变化有密切的关系，仓钥的掌控既是权力的体现，也承担着相应的责任。各仓厫座钥匙日常由仓场侍郎掌管，“至四五六七八月间暂给监督管收，遇大雨时行，通仓呈请仓场侍郎、御史，京仓呈请御史，到仓即行开验，应修补者随时修补，倘该监督不及时呈请查验，致渗漏、浥烂，将该监督参究”。③ 仓钥的交接有着严格的程序，仓储如遇意外情况，需要呈请相关人员，在监督官员的验看下开仓，以便确保不会出现舞弊与偷窃米石等事。乾隆十八年（1753 年），为应对仓储紧急情况的出现，“是年定各仓厫匙钥封闭之令，向例各厫匙钥交仓场侍郎收执，其残厫用都统、御史封条，恐阴雨查验不便，兹改交满汉监督以专责成”。④ 而仓

---

① 《大明会典》卷 21《户部八·仓庾一》。

② 刘宗永校：《嘉靖通州志略》，中国书店出版社 2007 年版，第 51 页。

③ 《皇朝政典类纂》卷 242《仓库二·仓庾》，第 1777 页。

④ （清）官修：《清通典》卷 11《食货》，清文渊阁四库全书本。

场锁钥保管不严，即便未产生恶果也会受到惩治，道光五年（1825 年）正月，“禄米仓满监督克什布轮值班期既不在仓住宿，又不自带钥匙，实属怠顽，克什布著撤退，交部严加议处。汉监督台精阿本非班期，惟将钥匙交付家人，亦有不合，台精阿著撤回原衙门行走，并交部议处，以为玩视仓储者戒”,① 可见清廷对于仓储锁钥的掌控非常重视，必须由专人负责，不能有丝毫闪失。道光十九年（1839 年）七月，又谕内阁“向来各仓关防有归满洲监督掌管者，有满汉监督轮流经管者，未免两歧，嗣后著存贮值宿公所，令满汉监督于更替时，面将印钥、仓钥一并交与接班值宿之员经管，以归画一，至钤用关防，寻常文稿即令值班监督钤用，如遇紧要事件，仍令满汉监督赴仓公同商定，始准钤用，以杜专擅而免诿卸”,② 以使满汉监督相互制衡，防范专权与徇私舞弊。清朝末年，京通仓储几乎耗费殆尽，但锁钥掌管仍为仓场要务。光绪十一年（1885 年）五月，给事中洪良品奏仓务积疲，请予以整顿，德宗谕内阁：“整顿仓务各条所陈，各仓锁钥仍责成监督收掌，及存仓土米未便发粜，验收米色严饬稽查各节，均著依议行。”③ 同年仓场总督兴廉、游百川奏称，“各仓钥匙或存仓场侍郎，或存查仓御史收管，查收放米石迟早无定，臣等自春历夏经秋，远驻通州，各仓分隶都城内外，与查仓御史住址远近不同，随时请钥不但往返稽迟，且恐诸多牵制，实有未便”。④ 于是将仓钥交与轮班值宿监督收管，以便随时处理仓储事务，仓监督在收放米石时要亲自封锁，不能假手花户人等，如有违背，仓场侍郎予以监察，参处惩治。

收粮工具关系仓储秩序的公平与公正，所以盛量斛斗也由国家监造，制有样斛作为标准，分发各仓使用。早在顺治五年（1648 年）时，清政府就颁布粮斛样式，“户部校准斛式，照式造成，发坐粮厅收粮。又定工部铸造

---

① （清）福趾：《户部漕运全书》卷 52《京通粮储》，清光绪刻本。
② 《清宣宗实录》卷 325，道光十九年七月丙午条，中华书局 2008 年版。
③ 《清德宗实录》卷 208，光绪十一年五月庚申条。
④ （清）朱寿朋：《光绪朝东华续录》光绪七十年，清宣统元年（1909）铅印本。

铁斛二张，一存户部，一发仓场侍郎，再造木斛十二张，颁发各省”。[①] 户部所存者为祖斛，作为制造粮斛的模本，依此成做，不得私自造斛或随意更改斛式。顺治十二年（1655 年）又题准“校制铁斛存户部一张，发仓场、总漕各一张，颁发直省各一张，布政司照式转发粮道，各仓官校制收粮，永远遵行”。[②] 将收粮样斛推行于仓场、各省漕粮征兑中，作为收支漕粮的标准用具。康熙四十三年（1704 年）户部题准铸造铁斛，“颁发仓场总督及有漕各省，部存祖斛一张、祖斗一个、祖升一个”，[③] 从而使漕粮收支器具得以标准化与统一化。雍正八年（1730 年）漕运总督题请后，每省粮道添铸铁斛一张，以作为本省收兑漕粮样斛所用。乾隆三年（1738 年）七月，仓场侍郎塞尔赫奏称，“臣伏查每年放米之时，通州各仓将木斛呈验，臣即将部颁铁斛与木斛校准，发仓开放，惟京仓照原颁木斛开放，俱用木檵平米在案。今议颁发各仓铁斛一张，照样置造木斛，令领米旗员与该仓监督校准开放，臣等已咨工部铸造铁斛，待领到颁发各仓”，[④] 以使京通二仓斛制按同样标准使用。乾隆七年（1742 年）又以旧铸铁斛口大边阔，收兑漕粮时易滋弊端，于是改铸小口铁斛，与祖斛校准后颁发仓场总督、漕运总督及各有漕省份粮道。为防范收粮胥吏寻机舞弊，清廷规定了斛斗规制与使用方法，“收受漕米例用斗斛，若令各仓自行修整，不行查验，恐不肖官役大小其制，多入少出，其弊滋多，应交仓场侍郎将各仓斗斛与部颁斗斛一一校准，于口面处所包钉铁叶烙盖火印，查有参差者立即销毁，并饬各仓嗣后修造斗斛俱令呈报仓场侍郎验准烙印，倘不行呈验，擅自私用者，或经仓场查出，或别经发觉，将监督题参议处，仓役严拿究治”。[⑤] 但各仓收支漕粮多用木斛，因使用年月既久，加上潮湿导致不准，又命各仓铸造铁斛一张作为样斛，收放米石时木斛校对样斛，不得舞弊。嘉庆十二年（1807 年）抽查漕

---

① （清）官修：《大清会典则例》卷 38《户部·权量》，清文渊阁四库全书本。

② （清）官修：《律吕正义》卷 113，商务印书馆 1936 年版，第 7579 页。

③ 《户部漕运全书》卷 55《建造斛只》。

④ 塞尔赫：《奏报将户部颁发铁斛交京通各仓开放折》，《宫中朱批奏折》，档号：1108—013，乾隆三年七月二十日，中国第一历史档案馆藏。

⑤ 《户部漕运全书》卷 55《建造斛只》。

粮所用斛只年久导致木质不坚，奏交工部重新制造，并将旧斛销毁。光绪二十七年（1901 年）漕运改新章，仓储斛制也随之发生改变，据《大清新法令》载，“查户部则例，坐粮厅收兑粮米俱用红斛，进京仓红斛每石较仓斛大二斗五升，进通仓红斛每石较仓斛大一斗七升，是按正兑加耗二五，改兑加耗一七核算。自光绪二十七年整顿仓务，奏改新章，江浙二省岁运漕白粮一百万石，正改各耗米均在内，一律按平斛收放，不用红斛。平斛即仓斛，考较现在各处斛制亦无有善于仓斛者，自当仍旧，其尺寸制度亦一依会典不用升斗方圆之式，至以五斗为一斛，两斛为一石”。① 可见清代斛制的变化是与漕运制度、仓场制度改革密不可分的。

清代京通仓储收粮程序严整，其章程较明代更为健全与完善。清代各省漕船抵通州坝后，坐粮厅验明米色，由经纪、车户等运往各仓存贮，定例每廒一万一千六百石，其后数额屡有增减，乾隆三年（1738 年）定每廒存粮一万石，十四年（1749 年）又奏准每廒每年存粮一万一千石为准。为防新旧米石混合导致霉变，顺治十三年（1656 年）户部覆准“各仓进廒漕米俱系按年给放，其有新米须各贮一廒，不许入在旧米廒内，将收过米数并验收监督及经管仓攒姓名于每年月日收贮开写明白，贴在廒门，仍注明循环簿上报部，至陈米浥蛀，经管、接管各官并节年专管仓场一并交吏部分别议处，其经承攒役，仓场严行处治”。② 通过各司其职，有责惩处的措施保障漕粮按时入仓，并设置相应的规章制度加以约束。同年又定京通仓收受粮米时“以红单到日为始，中间晒扬收受，定限十日报完，如遇限不完即系留难掯勒，仓役提究，监督听参”，③ 以红单到日作为收粮开始日期，既要保持效率，在规定时间内收粮完毕，同时也要以晒扬保障质量，对需索人员进行惩治。康熙四十五年（1706 年）户部议准“漕船抵坝应令仓场严饬坐粮厅责令经纪、车户、仓役人等作速收受，即发红单，如有违例刁勒需索等弊，即

① 上海商务印书馆编译所编纂：《大清新法令》，商务印书馆 2011 年版，第 301 页。

② （清）杨锡绂：《漕运则例纂》卷 20《京通粮储》，清乾隆刻本。

③ 《漕运则例纂》卷 20《京通粮储》。

行严加治罪，倘坐粮厅不行查出，仓场侍郎即行题参”,① 其目的是加速漕粮入仓，防范因迁延日久而导致弊端产生。雍正二年（1724年）户部覆准“仓场旧例设有循环簿，开列管收除在数目，嗣后应行令各仓将重复厫名即行改正，各厫米色实数登入循环簿，以备查考，如有仍前不符情弊，查出将该监督指名严参”。② 雍正六年（1728年）因旧例粮船抵达通州后，仓场衙门分派粮米时，随时贮放各仓，导致米色不均，于是定将各色米石均匀搭配，先存京城七仓与通州三仓，轮流掣签派放，如遇天雨泥泞之时，水运至太平、万安二仓存贮，《户部漕运全书》亦载，“每年新漕进仓时，应令仓场酌量旧存各色米石多寡均匀派贮，并将某仓存贮某年分各色米石若干详造清册，先期咨部存案，以便分别新陈搭放”,③ 防止仓粮新旧混杂，导致支放仓粮时发生矛盾与冲突。乾隆十六年（1751年）为防侵盗粮米与潮湿霉变，“新漕进仓，若厫门全不上板，直至深秋始行封闭，恐生弊端，应令收一厫即封一厫，如恐米质蒸变，应于厫门上檐空出厫板四五尺，宣通蒸汽，以下所上厫板即行加封，以防弊端，统俟深秋风高物燥之时即全行上板封闭严密，至收贮封闭日期，仍令各仓呈报稽察之都统、御史察核”。④ 乾隆十八年（1753年）议准“漕粮抵通有潮湿米石，责令自行晒扬，按数准买别帮食米赔补，如补不足数，即照起欠例，将弁丁参处，米石下年搭解完交”。⑤ 后数年为防漕粮入仓时弊端复生，“嗣后抵坝晒扬进仓，抽验应二例并行，仍令仓场严饬各仓监督于新漕进仓之际，悉心查察，毋致花户人等暗中滋弊，其实在抽验折耗米石出具确切印结，据实报部查核，仓场侍郎亦不时亲加确访，如有以少报多，希图掩覆侵亏情弊，立即指名参劾，照例追赔治罪”。⑥ 道光二十九年（1849年）定“通州中、西二仓开报成色米石，应按照各仓开报章程，将存储年份分晰声明，不及二年者概不准揭除气头厫

① 《漕运则例纂》卷20《京通粮储》。
② 《漕运则例纂》卷20《京通粮储》。
③ 《户部漕运全书》卷63《京通粮储》。
④ 《大清会典则例》卷39《户部·仓庾》。
⑤ 《漕运则例纂》卷20《京通粮储》。
⑥ 《漕运则例纂》卷20《京通粮储》。

底，如年限已届，由仓场委勘确实估计，不得以少报多，以高作低，其应放廒座不得压陈出新，倘违例浮开，任意揭除，即将该仓监督严参惩办”。[①]甚至直到清代后期，仓粮收放制度仍处于不断完善中，咸丰八年（1858年）定京通仓储收受白粮时，仓监督派笔帖式二员与仓场委员于开仓进米时在门首亲自查验，不得假胥吏之手，如有勒索，从严惩办，可见仓场收放米石弊端始终存在，而清廷也没有根本解决途径，只能不时修补，通过严刑峻法对违法行为进行惩治。

清代仓粮支放也是制度森严，有着严格的章程与体制保障。支放米石时需提前做好相关准备，“各仓应放俸米，该监督先将应领各员造册送查仓御史，事竣即将所收领票于三五日内照册注销，俟核对清楚，将领票呈送仓场衙门以备查核”。[②] 登记好领粮人员后，须派定仓储，“廒座次序以所贮之米新陈为定，每月应放三色米石，应令仓场预为核明，派定挨陈廒座字号，饬令该监督将应放米数分晰年份，详注廒名，造具清册，于上月二十五日以前送部，仍令该监督将每月放过米数若干，出具并无花户人等搀和情弊，切实印结，送部查核”。[③] 京通仓粮的最大消耗者为官军俸粮，“支放官军俸饷米石旧例春季自二月起，秋季自八月起，限三个月放完”。[④] 康熙四十三年（1704年）题准八旗俸饷米石秋季改为十月放粮，两个月放完，春季也限两个月放完，第二年又题准将每岁应放兵米分作三分，自春季二月起至秋季十月止共八个月米石作二分，俱于二月份支领，自秋季十月起至次年春季二月止共四个月米石作一分，于十月份支领，以便使八旗兵丁有所节蓄，维持生计。雍正元年（1723年）又对官员及八旗俸米支取时间重新调整，“官员两季俸米于二月、八月初一日放起，兵丁三季甲米于三月、七月、十一月初一日放起，均限两个月放完”。[⑤] 乾隆初年又定兵丁甲米分为四季发放，于二

① 《户部漕运全书》卷56《京通粮储》。

② 《皇朝政典类纂》卷143《仓库三・仓庾》，第1809页。

③ 《皇朝政典类纂》卷143《仓库三・仓庾》，第1807页。

④ 《漕运则例纂》卷20《支放粮米》。

⑤ 《漕运则例纂》卷20《支放粮米》。

月、五月、八月、十一月放给，使兵丁每季均有粮米食用，放米之时如遇降雨季节，道路泥泞不便领取，可宽限一个月。如遇闰月，“闰月甲米由部核计，在京禄米等十一仓内贮米最陈之仓分别城内、城外仓口，酌定三仓，一面行知该旗，一面札仓开放”。① 而放粮时为保障公平，有专人监督，“每次放米户部差每翼章京一员、每旗笔帖式一员并旗下章京一员到仓同原差委仓官、笔帖式一同监放，若通同搀和糠土并湿烂米石，仓场侍郎将经管官员、笔帖式交与吏部从重议处，并将户部所差之章京、笔帖式一并题参议处，作弊人役交与刑部从重治罪”。② 同时为防领米时混放仓储，定“各仓廒座开放米石之时，每一佐领须挨顺次序支放领收，一佐领放完再放一佐领，如有将车辆拥挤仓门，擅自偷窃并点火吃烟者，该监督即行拿送刑部治罪”。③ 放米时不能有闲杂人等在仓买卖物件，以防徇私舞弊，盗窃与买卖仓粮，倘若有串通书攒、仓役人等包揽粮米者，仓监督拿送刑部从重治罪。米石支放完毕后，“该监督每月放米全完，即将零廒、空廒字号申报，并将存贮米石若干造册报部，仍将零廒内所存米样包封送部，以便与下次接放时所送米样较对核办”，④ 通过报备、核验等方式确保仓粮质量与防范管仓人员从中取利。另京城驻军与官员并非直接领取俸粮，而是以米票作为凭证领粮，“八旗、满洲、蒙古、汉军并内务府官员应领俸米，该旗都统出给本旗总领，交押旗参领等先赴该仓换票，该仓于该旗总领到时，即按照各佐领官员数目，每员各换给米票一张，仍交该参领等领回发交各该佐领，散给应领俸米官员，令其遵照定限，自行赴仓关支，不得擅交铺户领卖，步军统领衙门及顺天府严密稽察，以杜米局并票之弊”。⑤ 而领出漕粮后，“责成各该旗之都统或副都统会同查旗御史届期赴仓，公同验明米色、米数，即将领出之米掣签”，⑥ 按照掣签次序分发齐集仓门前之领粮兵丁，以免壅塞停滞。

---

① 《皇朝政典类纂》卷 143《仓库三・仓庾》，第 1807 页。
② 《漕运则例纂》卷 20《支放粮米》。
③ 《漕运则例纂》卷 20《支放粮米》。
④ 《皇朝政典类纂》卷 143《仓库三・仓庾》，第 1807 页。
⑤ 《皇朝政典类纂》卷 143《仓库三・仓庾》，第 1808—1809 页。
⑥ 《皇朝政典类纂》卷 143《仓库三・仓庾》，第 1810 页。

清代京通仓储的守卫工作由八旗披甲看守，另有杂役负责协助。京通各仓由于厫数差异及存粮数目的不同，披甲人数也有所差异，如禄米仓有看仓正蓝旗章京四员，披甲七十名；南新仓看仓镶白旗章京四员，披甲四十名；旧太仓看仓正白旗章京六员，披甲四十名；海运仓看仓镶黄旗章京二员，披甲四十名；北新仓看仓正黄旗章京二员，披甲四十名；富新仓看仓镶红旗章京四员，披甲四十名；兴平仓看仓正红旗章京四员，披甲四十名；太平仓看仓镶蓝旗章京六员，披甲八十二名；万安仓看仓正红旗章京四员，披甲三十九名；本裕仓看仓八旗章京四员，披甲六十名，内镶黄、正黄、正白、正红四旗每旗八名，镶白、镶红、镶蓝、正蓝四旗每旗七名；储济仓看仓镶白旗章京四员，披甲八十名；丰益仓有小甲二名，铺兵二名，从内务府闲散人役中挑选当差；通州西仓有看仓章京二员，披甲一百名，内镶黄、镶蓝二旗每旗各二十名，镶白、正红二旗每旗各三十名；通州中仓看仓章京二员，披甲七十名，内正黄、正白二旗每旗各三十名，镶黄、镶蓝二旗每旗各五名。京通仓储因合并、存粮变化等原因，看仓旗军并非固定不变，而是不断予以调整，以适应仓储现实的需要，如“通州西、中、南三仓原派八旗兵丁看守，嗣因南仓议裁，其看仓兵丁原设镶红、正蓝二旗各三十名，镶黄、镶蓝二旗各五名，若按旗撤回，未免不均。乾隆二十二年议准于八旗内均匀裁撤”。①因通州大运南仓裁撤，为防人浮于事，空耗财政，看仓旗丁也予以撤回。看仓八旗披甲如有违纪行为，清廷也制定了相关的惩罚措施，“看仓披甲遇有逃走、懒惰等项事故，系由该仓章京报明仓场衙门，移咨兵部，转行该旗另派。乾隆四十一年本裕仓看仓披甲拜哈私赴其父都伊纳泰宁镇总兵任所，章京阿尔泰具报迟延，交部议处，仓场侍郎未能先事查出，亦一并交部查议”。② 雍正前本有铺军负责仓储巡逻、看护，雍正二年（1724 年）定“各仓人役地方官取具连环保结承充，每人给以烙印腰牌一面，一应出入责令该监督逐名查验，倘有不实力奉行以致偷带粮米者，事发将该监督一并参处。

① 《户部漕运全书》卷 51《京通粮储》。

② 《户部漕运全书》卷 52《京通粮储》。

其墙上偷盗之弊，责令看仓章京督率坐堆兵丁不时巡逻，如有疏虞，即将该章京交部议处，其巡捕铺军悉行裁去，添看仓兵丁一百二十名”，[①] 铺军由兵丁替换，体现了清廷对仓储更为慎重的态度。

总之，与明代相比，清代京通仓储的运作机制更为健全与完善，无论是仓粮收纳、支放，还是称量器具，仓储看护，都有着一整套的管理制度与运作程序，同时为保障粮储稳定，防范盗窃与损耗仓粮行为的发生，制定了一系列惩治措施，对违法行为进行处理。不过尽管制度森严，但仓储食利阶层仍然利用其中的漏洞寻求私利，导致仓储大案在清中后期频繁发生，清廷只能通过制度的不断修补与律法的不断完善来弥补缺陷，力图维持仓场秩序的稳定与国家各项供给，不过随着官场的整体腐化与漕运制度的败坏，仓场运作机制弊病百出，与清代漕运一起趋向衰落。

第二节　明清大型水次仓的管理与运作

明清两代在京杭大运河沿线设置了一系列大型水次漕仓，以作为存贮漕粮，运军与水手休憩场所，因其位于运河沿线，濒临水道，所以名水次仓，其中明代有天津、德州、临清、徐州、淮安五仓，清代则有德州、临清、徐州、淮安、江宁、凤阳六处，七座仓储[②]。与京通仓及位于基层社会府、州、县、镇的水次兑军仓不同，大型水次仓既不是国家漕粮的终点，也不是漕粮征兑的起点，而是处于中间位置，其功能由最初的存储、转运向广泛化的趋势发展，涉及弥补京通仓缺额、社会赈济、军事补给、公共工程用粮、运军与当地俸粮等诸方面。在管理制度上，明代大型水次仓国家性更强，管理级别更高，存粮数量超过清代，这种情况的出现除与明代运法的变化密切相关外，还受到了明代军事形势的影响，是多种因素综合作用的结果。而清

① 《漕运则例纂》卷 20《京通粮储》。

② 凤阳有永泰、广储二仓。

代初期大型水次仓管理继承明代体制，级别较高，后随着仓粮存储数额的减少，加上漕粮的大规模改折，沿线大型水次仓逐渐衰落，不但多由道、府官员管理或代管，甚至仓厫也多有损坏，其功能与作用日趋削弱，甚至在清末沦为了地方性仓储，或完全消失。

一、明清水次仓沿革与制度变迁

明代天津、德州、临清、徐州、淮安水次仓多建于明朝初年，当时随着会通河的浚通与陆运、海运的罢黜，内河运量大增，沿河置仓以便存储成为了漕运的迫切需求，“迨会通河成，始设仓于徐州、淮安、德州，而临清因洪武之旧，并天津仓凡五，谓之水次仓，以资转运”。① “时淮、徐、临清、德州各有仓，江西、湖广、浙江民运粮至淮安仓，分遣官军就近挽运，自淮至徐以浙、直军，自徐至德以京卫军，自德至通以山东、河南军，以次递运，岁凡四次，可三百万余石，名曰支运”，② 并于永乐十三年（1415 年）差户部主事二员监督徐州仓、淮安仓漕粮收放事务。宣德四年（1429 年）因支运法久废，民运艰难，平江伯陈瑄、户部尚书黄福建言恢复支运，“乃令江西、湖广、浙江民运百五十万石于淮安仓，苏、松、宁、池、庐、安、广德民运粮二百七十四万石于徐州仓，应天、常、镇、淮、扬、凤、滁、和、徐民运粮二百二十万石于临清仓，令官军接运入京通二仓，民粮既就近入仓，力大减省，乃量地近远，粮多寡，抽民船十一或十三、五之一以给官军。惟山东、河南、北直隶则径赴京仓，不用支运。寻令南阳、怀庆、汝宁粮运临清仓，开封、彰德、卫辉粮运德州仓，其后山东、河南皆运德州仓”，③ 此时临清、徐州、淮安诸仓受总督仓场管辖与巡视，各仓存粮数额巨大。

宣德六年（1431 年）平江伯陈瑄建言行兑运法，支运额减少，时运粮四百万石，京仓存十分之四，通仓存十分之六，临清、徐州、淮安三仓各遣

---

① （清）张廷玉：《明史》卷 79《漕运・仓库》，中华书局 2000 年版，第 1283 页。
② 《明史》卷 79《漕运・仓库》，第 1277—1278 页。
③ 《明史》卷 79《漕运・仓库》，第 1278 页。

御史监收。正统初年，每年运粮四百五十万石，兑运者为二百八十余万石，淮安、徐州、临清、德州四仓支运约一百七十万石左右。正统五年（1440年）为更好地管理沿河诸仓，进一步强化制度建设，“添设郎中、主事五员分投提督德州等仓并象马等仓场收放”。① 正统十四年（1449年）定“内外各仓场监督收放粮草郎中、主事等官一年一代，回日备开数目缴部，仍将经行卷簿相沿交割，若有亏折欺蔽，续差官员径自具奏”，② 进一步完善了考核程序。天顺七年（1463年）因诸仓人浮于事，耗费国家资财，奏准“直隶淮安府常盈仓，徐州广运仓各存留大使一员，副使二员，攒典二名，斗级一百名，修仓夫匠二百名。山东东昌府临清仓存留大使一员，副使一员，攒典一名，斗级二十名。临清广积仓存留大使一员，副使二员，攒典二名，斗级三十名，二仓共存留修仓夫匠二百名”。③ 成化年间定漕额为四百万石，其后以此为定数，其中北粮七十五万五千六百石，南粮三百二十四万四千四百石，内兑运三百三十万石，由支运改兑者七十万石，沿河诸仓存粮大减，临清、德州只贮预备米十九万余石，以山东、河南改兑米充之。成化七年（1471年）行改兑，即长运法，数年后淮、徐、临、德诸仓支运粮七十万石全部改于水次交兑，不过在临近仓储之地，漕粮仍可听民自运，时山东改兑粮九万石听民自运临清、德州二仓。成化二十三年（1487年）因宦官监仓弊端百出，“令京通二仓并淮安、徐州、临清水次各仓场内官原设者存留，添设者取回”。④ 正德时，临清、德州二仓每年入米十九万石，十年积至一百九十余万石，存粮较为可观。嘉靖初因山东、河南屡发灾荒，加上二仓存粮多腐朽，漕粮大量改折，仓储渐渐消耗殆尽。

隆庆六年（1572年）在户部尚书王国光的题请下，“准给监督徐州、淮安、临清、德州、天津仓关防，凡遇一应文移俱用关防钤盖，差满交代”，⑤

① 《太仓考》卷1之7《职官》。
② 《大明会典》卷21《户部八・仓庾一》。
③ 《大明会典》卷21《户部八・仓庾一》。
④ 《大明会典》卷21《户部八・仓庾一》。
⑤ 《太仓考》卷1之7《职官》。

作为监督官员之印信凭证，以强化收放仓粮之权威性。万历年间户部题准“各差主事一员管仓差、攒粮船，三年满代，每年四季各有循环呈部查考”。[①]《大明会典》亦载：“九年题准临、德、天津等仓委官三年一次，盘验明白，即将官攒照例起送，免其守支”，[②] 对管仓户部主事的职责、任职期限、考核进行了详细规定，正式形成了户部主事管天津、德州、临清、徐州、淮安诸漕仓的制度体系。神宗时，因长运法久行，水次仓功能削弱，漕运总督舒应龙建言：“国家两都并建，淮、徐、临、德实南北咽喉，自兑运久行，临、德尚有岁积，而淮、徐二仓无粒米，请自今山东、河南全熟时，尽征本色上仓，计临、德已足五十余万，则令纳于二仓，亦积五十万石而止”，[③] 这一建议虽得到批准，但并未真正贯彻执行，加上漕粮改折日多，仓储渐匮，天启、崇祯年间沿河诸仓几无粮可存。

入清后，沿河水次诸仓受明末清初战乱的影响损毁严重，很多已坍塌无存，“考明初支运至法，旧有淮、徐、临、德四仓，自改兑行而四仓遂废”。[④] 为储备漕粮，应对国家各项需求，清廷决定对沿河仓储进行了重新修复，形成了七座水次仓的规模，分别为山东境内的德州仓、临清仓，江苏境内的徐州仓、淮安仓、江宁仓，安徽境内的凤阳仓，除凤阳仓为两处外，其他均为一处，其中德州、临清、徐州、淮安四仓位于京杭大运河沿线区域社会，与运河有着直接的关系，而江宁、凤阳仓虽不直接位于运河沿岸，但也属于运河辐射区域，与国家漕运也有着千丝万缕的联系。清代设置诸水次仓的目的除“为给发运军月粮，并驻防过往官兵饷之需”[⑤] 外，更主要的是清初社会秩序并不安定，存有大量的反叛势力与危险因素，所以在运河沿线主要商业、军事城市设仓可以利用运河便利的交通条件，迅速将兵员、粮草运到国家所需地方，这对于稳固国家政权具有重要意义，而凤阳、江宁虽不

---

① 《太仓考》卷1之7《职官》。

② 《大明会典》卷21《户部八·仓庾一》。

③ 《明史》卷79《漕运·仓库》，第1281页。

④ （清）魏源：《魏源全集》卷47《漕运中》，岳麓书社2004年版，第547页。

⑤ （民国）赵尔巽：《清史稿》卷121《食货二·仓库》，吉林人民出版社1998年版，第2433页。

位于运河沿岸，但也是明清重要的城市，江宁为明代南都，凤阳为朱明王朝发源地，清廷在两地驻有重兵，有防范与警惕反叛力量的目的，设仓收贮南粮以备不虞的企图昭然若揭。顺治至康熙初年，水次诸仓由中央派遣官员前往管理，“徐、淮、临、德、凤阳、江宁各仓监督一年，差满回部考核”，①对各仓监督按照完粮比例进行考核，通过相应的奖惩措施以增加粮食积蓄。康熙十年（1671 年）后对水次仓管理制度进行改革，“徐、淮、临、德、凤阳、江宁等仓向系部差监督，兼管一年，任满径行报部考核。康熙十年以后陆续归并粮道管理，其仓项钱粮奏销及各州县完欠考成统令各该管督抚题报”。② 其后各仓或由各省粮道管理，或由府州代管，或由户部官兼辖，甚至在某些阶段会出现了一仓由不同官员管辖的情况，体现了这一时期仓储管理秩序的混乱。

康熙二年（1663 年）定诸仓考成法，各仓粮银经征督催官员与随漕项下钱粮各作十分考成，“现年钱粮未完不及一分者免议，未完一分者罚俸三个月，未完二分者罚俸六个月，未完三分者罚俸一年，未完四分者降一级调用，未完五分者降二级调用，未完六分者降三级调用，未完七分以上者革职”。③ 康熙二十九年（1690 年）将河南省应纳临清、德州仓钱粮归河南盐驿道管理，其考成由河南巡抚于年终具题。德州仓奏销考成旧例于次年四月具题，康熙三十一年（1692 年）定于次年五月内依限奏报，通过延长时限的方式使管仓官员有足够的时间处理仓务，做好交接工作。康熙三十五年（1696 年）因运军行月粮之需，对题销制度进行改革，“徐、淮、临、德、凤阳、江宁等仓，编征行月银米麦石，原需供给运军廪粮之需。江宁、德州二仓统入漕项奏销，其临清仓月粮，淮、徐、凤三仓行月钱粮，总漕照例于隔年三月另案题销”，④ 因各仓供给卫所差异，加上支出行月钱粮数额悬殊较大，所以奏销时间并不一致。雍正十一年（1733 年）将诸仓钱粮奏销旧

① 《户部漕运全书》卷 76《奏销考成》。
② 《户部漕运全书》卷 78《奏销考成》。
③ 《户部漕运全书》卷 76《奏销考成》。
④ 《户部漕运全书》卷 76《奏销考成》。

例统一由该管督抚于次年五月内具题，改为“安徽巡抚所属钱粮奏销题准展限一月，江宁、淮安、凤阳三仓俱于次年六月内题报，徐州一仓江督仍照原限奏效”，[①] 根据各省实际情况进行奏销，打破了以往旧例。雍正后随着沿河诸仓管理制度的废弛，加之仓粮数额日减，奏销考成之法变化不大。

明清两代大型水次仓的沿革、管理、运作机制有着鲜明的特色，经历了由户部专管到宦官势力渗透，再到户部管辖，最后改为地方管理的过程，这种情况的出现是多重因素综合影响的结果。从漕运现状看，大型水次仓存粮数额与功能作用呈现衰减趋势，对国家与社会的意义、价值不断降低。从政治策略看，由明代的重视到清代不断降低其管理级别，这种现象既与中央政府对沿河仓储的观点与态度有关，同时也受到了漕运制度整体变迁的影响，随着漕粮改折的普遍化，水次仓多改为存银，存粮数额大减，而银两相对轻便，可以随时上缴道库与国家财政，从而导致仓储的维护、修缮得不到足够重视，废毁严重。因此，大型水次仓的历史演变实质是明清王朝政治局势整体变迁所导致的后果，而其中漕运、军事、经济等因素只是政治环境中的组成部分，它们共同影响了仓储的沿革兴衰。

二、明代大型水次仓的管理与运作

明代大型水次仓的管理并非一成不变，中间经历了户部、宦官势力相互博弈的过程，最终方确定由户部官员专管。另外天津、德州、临清、徐州、淮安诸仓的设置、管理、存粮数目存在着时间、空间上的差异，在不同的发展阶段并非完全一致，有着自身的特征与独特性，与国家漕运政策、地理环境、城市位置有着密切的关系。在运作上，与京通仓相比，大型水次仓留存史料较少，记载较为简略，甚至难以清晰地将其发展脉络予以描述，只能通过一些琐碎的史料记载，将其历史演变情况进行大体介绍。

（一）水次仓管理制度

明代诸仓的设置时间有所差异，但多建于明永乐年间运河疏通后，当时

---

① 《户部漕运全书》卷 78《奏销考成》。

随着运河航运效率的提高，海运、陆运漕粮的比例大为减少，在运河沿线置仓存粮，同时使运军能够得以休憩成为了必要。后随着都城由南京迁往北京，京城人口需求、边防补给扩大，天津、德州、临清、徐州、淮安等城市的政治、军事、商业、文化地位不断提升，漕运对区域社会民生、经济、生态环境都产生了重要影响。诸仓的管理也由最初的无定制到完善管理制度的形成，构建起了仓储官员、军卫管理者、劳役人员相互结合的运作模式。

天津地处河海交汇之地，水运交通便利，是江南漕粮转运京师的重要港口，其地经历了由荒野之地到村、寨、镇、卫、州、府的发展演变，而仓储是强化这一演变的重要因素。天津最早兴起之地为潞河、卫河交汇处的直沽，随着海运与河运商货及外来人口的聚集，元代时形成一处城镇，称海津镇，并设广通仓、百万仓等仓存储漕粮。永乐二年（1404 年）运河虽尚未竣通，但因天津位置至关重要，设三卫所军驻守，并收海运粮转输北平等地，后又于天津置露囤 1400 所，接收自淮河转至卫河而来的漕粮，“工部尚书黄筑城盖仓，调天津卫”。① 永乐四年（1406 年）平江伯陈瑄运粮百万石至天津，置仓直沽尹儿湾，称百万仓，由天津右卫军守御看护。会通河浚通后，天津仓成为五大水次仓之一，漕粮源源不断输至天津。宣德初近七百万石漕粮汇聚天津，转运通州、北京，因仓储存粮能力不足，另增建天津卫大运仓六廒、天津左卫大盈仓九廒、天津右卫广备仓七廒，称天津水次仓②，“永乐十三年罢海运，从里河运粮，令天津卫官建造仓廒贮粮，宣德间增置三仓，俱在天津道衙门西，命户部主事或员外郎一员监督，每年收山东、河

---

① 《太仓考》卷 2 之 6《仓场》。

② 《明会典》卷 21《户部八》则载天津、天津左、天津右三卫仓建于永乐二年（1404 年），万历时存十八廒，每仓六廒。另据《重修天津府志》卷 31《仓储》载，“大运仓，廒三十间，今废。大盈仓在府治东，廒九座，四十五间，久废。广备仓在府治西，廒七座，三十五间，久废”。《新校天津卫志》卷 1《沿革》则记载的更为详细，“天津卫大运仓六廒，计三十间，官厅三间，门楼一座；天津左卫大盈仓九廒，计四十间，官厅三间，土地祠一所，门楼一座；天津右卫广备仓七廒，计三十五间，官厅三间，关王庙一所，门楼一座，以上闯寇焚毁无存”，不但介绍了各仓廒数，官厅、神祠名称，而且指出三仓毁于明末的李自成起义。

南改兑漕粮粟六万石”。[①] 天津仓初期并不由户部管辖，而是由卫所军管理，后罢军职管粮，由各卫首领官与仓官共管。后因屡遭火灾及盗窃之弊，仓粮损失严重，宣德十年（1435 年）在天津卫城北置户部管仓分司，亦称户部分司监督，位于天津卫三仓后，设专官管理，掌水次仓储漕粮收支。据嘉靖时人朱鸿渐的《户部分司题名记》载，“天津之为卫有三，卫各有仓，岁储蓄所漕运之粟各若干万斛以给官军士。宣德、正统间户部建分司于其地，每三年差官监督收放，盖防奸伪之滋也。自后岁一更官，至于今盖百年矣”，[②] 对天津仓户部分司设置的时间、目的、官员任职期限的变化进行了详细记载。隆庆六年（1572 年）明廷铸天津仓关防，颁给户部督仓主事作为凭证使用，户部官三年更替，仓粮盘验无误后交接。明末随着漕粮改折、运河淤塞，天津仓存粮锐减，后因李自成起义，天津仓因兵乱焚毁无存。入清后天津仓虽不再列为国家大型水次仓储，但仍具备存储漕粮的功能，不过其所在位置与名称均发生了变化。此时的天津仓称北仓，在天津县治北，有大使负责收放仓粮，“廒四十八座，二百四十间，雍正二年建。每岁截留漕粮以备赈济，乾隆十五年部议，嗣后天津北仓截留漕米存储在仓，三年以后者准其开报气头一百五十石，廒底四十石，仍按成出粜，报部查核。不及万石以上者，概不准开报”，[③] 可见清代前期天津北仓仍然存有大量漕粮，有着赈济灾荒，稳定地方社会的作用，如乾隆十年（1745 年）因直隶地方少雨，恐将来需要米粮，截留漕粮二三十万石于天津仓备用，乾隆十八年（1753 年）又截留南漕二十万石分贮天津等水次仓储留用。

德州为水陆码头，有“九达天衢”之称，是运河沿线重要的交通、漕运、商业城市，早在金天会七年（1129 年）就曾在此设将陵仓，元朝至元三年（1337 年）改将陵仓为陵州仓，仓储在卫河西岸，明洪武三十一年（1398 年）裁改河道，开挖护城河，将仓储移至卫河东岸。德州为军事防御

① （清）沈家本：《光绪重修天津府志》卷 11《职官二》，清光绪二十五年（1899）刻本。

② 王守恂：《民国天津县新志》卷 24 之 1《碑刻一》，民国二十七年（1938）刻本。

③ 《光绪重修天津府志》卷 31《仓储》。

性城市的特征非常明显，洪武初就置有卫所，该地“川陆经途，转输津口，州在南北间，实必争之所也”。① 靖难之役期间，明军与燕军在德州展开了反复争夺，都督韩观曾筑十二连城于德州卫城北，以护德州仓储。永乐二年（1404 年）为供军需，增加仓储积蓄，行开中法，鼓励民众纳米于德州仓，后又将山东漕粮输德州仓，然后由卫河转运至通州仓、北京仓存储。永乐九年（1411 年）运河浚通后，德州仓存粮大增，成为运河沿线大型水次官仓，该仓又名广积仓，“明永乐九年会通河告成，十三年于陵州仓故址建广积仓，即德州水次仓，以备淮、徐、临、德起运南粮赴通，运军递换暂驻于此”。② 同时另建有名常丰仓的预备仓，用于存贮德州本地各项支用粮，广积、常丰二仓都位于北厂③。据户部主事丁致祥《户部监督分司题名记》载，“国家罢海运而入漕河，我太宗文皇帝十有二年从平江伯陈瑄议，仿古转搬之法，酌所在之便宜置水次仓四，储民之输，而漕卒转运之岁七十万石，所在或不登数，外通融以足京师之常供，户部岁请于上，委主事一员监督之，德州则其一也”，④ 对仓储设置原因、目的、作用进行了介绍。邢侗《德州户部司庾使者题名记碑》亦载，“国家定鼎燕都，则德水实雄，系咽喉地。盖倾东南郡国漕纲，艆舳、艒宿所必涉历境。而厥初建议截贮漕，实屹然京坻，以示近甸重，而示天下备，是名水次仓。大农外府之重兹，实当海内，甲粮匪细故，迨常丰仓并建，所由出纳，在卫所官军、城守与番戍之役几中分，而主者持权执概以酌金粟”。⑤ 水次仓由户部派遣的主事管理，建有衙署，初称监兑分司，后称管粮分司，常丰仓户部统辖，实由德州地方官员管理。正统十四年（1449 年）因“土木之变”，为保障仓粮安全，将水次仓移至德州南门内，预备仓也移至城内，预备仓一分为二，移在西门内者名常丰仓，移至城隍庙南者为预备仓。其中水次仓分为东西两部分，有东

① （清）顾祖禹：《读史方舆纪要》卷 31《山东二》，清稿本。

② 李树德：《民国德县志》卷 4《仓库》，民国二十四年（1935）铅印本。

③ 德州北厂位于今德城区西北部运河东岸。

④ （明）何洪：《嘉靖德州志》卷 3《人物志》，明嘉靖刻本。

⑤ （明）邢侗：《德州户部司庾使者题名记碑》，德州市苏禄文化博物馆藏。

仓厫二十九座，共二百六十三间，西仓厫二十二座，一百一十七间，万历初年进行增建。崇祯元年（1628 年）常丰仓发生火灾，归并德州水次仓，又名常德二仓，入清后“发满洲兵米及运军月粮于此，即督粮道所管仓也。其预备仓于顺治年间贮部米、部麦，雍正十年裁归州仓，遂废为池沼矣”①。

明代临清为著名商埠与码头，为山东咽喉之地，是屏卫京师的重要门户，其地“河据会通，水引漳、卫，大堤绕其前，高阜枕其后，乃南北之襟喉，舟车之都会”②，“临清为南北往来交会，咽喉之地，在东昌郡之北，为其属邑。财赋虽出乎四方，而转输以供国用者必休于此而后达，商贾虽周于百货而懋迁以应时需者，必藏于此而后通，其为要且切也”，③ 水陆交通非常便利。临清号称“先有临清仓，后有临清城”，城市布局与运河线路、漕运仓储密不可分。早在洪武三年（1370 年）为北伐蒙元残余势力及保障中都凤阳供给，就建临清、临濠二仓以供转运。洪武六年（1373 年）徐达驻师临清，立临清仓以贮军饷，并转运北部边防，后明军多次于临清或训练军队，或修筑城防，而军粮供给多取给于临清仓。永乐初年，运河未浚，海、陆、内河兼用，临清仓收山东、河南粟转运北平，会通河贯通后，临清仓存粮数额大增，支运法时存粮数百万石，其仓储管理备受明政府重视。临清水次仓实为三仓，其名分别为临清仓、广积仓、常盈仓④，位于城内高平之处，三仓设置时间各不相同，最早者为广积仓，为靖难之役后所建仓储，位于临清城内，有厫七十二座，仓房七百二十间，永乐四年（1406 年）从广积仓中分厫十座，计一百间，名临清仓，常盈仓为后建。《民国临清县

① 《民国德县志》卷 4《仓库》。

② （清）顾炎武：《肇域志》，上海古籍出版社 2011 年版，第 882 页。

③ （清）张度：《乾隆临清直隶州志》卷 2《城池》，清乾隆五十年（1785）刻本。

④ 据临清州人阎闳《修理三仓记》载，“靖难后六军常驻顺天，既乃以应天为南京，以顺天为京师。纲运给军国，程远物多，转搬顿置，率五七百里，严储峙之区，以户部官属莅之，临清介两都间，水陆所辏集，有三仓，曰临清仓，曰广积仓，俗称大仓，寄留备缓急之虞，补缺毂京通之数，时给续挽牵之食，乃山东、河南并大名州县两税所入，岁以二十余万石为常，厫每十间为一连，总如千连，编次有字号……曰常盈仓者，俗称小仓，在大仓东北隅，内垣相隔，外垣相周，厅事与门皆东向，厫二连，南北相对，北厫圮久矣，神祠在东仓官厅”。（《乾隆临清直隶州志》卷 3《仓庾》）

志》亦载，“砖城内仓厫有三，一曰广积仓，俗称大仓，在广积门内，一曰常盈厫，俗称小仓，厫二连，计百间，久圮。一曰临清厫，八十一连，连十间，均附于大仓西北隅，贮谷二十万石有奇，明嘉靖间重修，规模益闳”。① 临清仓户部督储主事设置于永乐初年，“岁出主事一人督理仓务，仓二曰广积、曰临清，岁额河南开封、山东济南诸府米，又麦折米约十一万石奇，以备漕米四百万石之不足，二仓本折旧贮常百万。又仓一曰常盈，岁额济南诸府麦米五万石奇，为临清卫、任城卫俸，旗军、孤老粮，旧属州，景泰间军横不可制，因改隶焉，三仓大使三人，副使三人”，② 指出户部最初所管为广积、临清二仓，而常盈本为州仓，放支军粮，因受军丁挟制，改由户部官管理，形成三仓规模。嘉靖间户部督储分司主事方瑜重修三仓，“前为正门，门之东为栅门，中为堂，堂之后厫十二连，连各十间，后为神祠”。③ 仓储编有字号，以备查询，有前后厅、厢房、露台、重门，“别丌门西出，又转而南向，以便推负往来，各有守门军，仓使、副分厅，各即所管所居附仓，内垣南，外垣北，总出一门西向，内垣外，外垣内巡警之军铺列焉”。④ 为方便车船运米至仓，运粮水道上建有广积桥，“新城四门原有四桥，此西门之一，久成平陆，明末总镇刘泽清凿湟引灌汶水，复为建桥，广积仓进米车轨辐辏，桥圮者再”。⑤ 三仓周围除衙署、桥梁外，还分布有大量庙宇，如三皇庙在仓部署东南，东岳庙在广积仓南，“三月二十八日，州人建，大会二日，乡城士女杂踏来观”。⑥ 其他还有关帝庙、轩辕庙、娘娘庙等，可见仓储所在地附近也是城市的政治中心与文化中心。临清三仓在明代发挥了重要作用，其存粮也经历了由盛而衰的过程，在明末清初的战乱中毁坏严重。

徐州自古为争战之地，明代京杭运河促进了徐州城市的发展，而仓储在其中是重要的推动因素。徐州水次仓有仓二，名广运仓、永福仓，其中广运

---

① 徐子尚：《民国临清县志》卷 2《建置志・仓庾》，民国二十三年（1934）铅印本。
② （清）于睿明：《康熙临清州志》卷 1《建置沿革》，清康熙十三年（1674）刻本。
③ 《乾隆临清直隶州志》卷 3《仓庾》。
④ 《乾隆临清直隶州志》卷 3《仓庾》。
⑤ 《乾隆临清直隶州志》卷 2《桥梁》。
⑥ 《康熙临清州志》卷 2《庙祀》。

仓在城南三里东，临河，为元代武定州旧址，永乐十三年（1415 年）建仓，宣德五年（1430 年）增建一百厫，《漕运通志》载，“广运仓，宣德五年增，在城南一里，厫一百座，共一千间，今存五十一座，共五百一十间”。[①] 永福仓在州南，为秦末项羽故宫所在地，洪武年间建，景泰四年（1453 年）增建仓厫，《嘉靖徐州志》记，“洪武元年设，知州文景宗建，景泰四年知州宋诚筑基，增建厫座，成化十年知州陈廷琏修，大使一人、副使一人同司之”。[②] 徐州仓并非开始就由户部管理，据梁材《革淮徐二仓内臣疏》称：“淮安府并徐州永乐十三年设立常盈、广运二仓，收受浙江等布政司、直隶苏松等府民运粮米近百万石，常盈仓于淮安府设经历一员，仓大使一员，副使二员。广运仓于徐州设判官一员，仓大使一员，副使四员，专一管理。景泰年间粮已减半而奸弊日滋，于天顺间户部差主事各一员监督收放，禁革奸弊，复差内臣一员奉敕管理。”[③] 徐州仓有管仓户部分司署，管仓主事“内府领精微批莅任行事，凡岁一代易，初专督广运仓粮储，后兼理永福仓事及攒运与有任焉”，[④] 可见主事领取户部批文后，一年任期内，除管理仓储事务外，还兼有催促漕船、攒运漕粮之责。关于广运仓的详细情况，明代户部主事宝应人冀绮的《徐州广运仓记》进行了记载，碑文内容为：“徐州广运仓，在州治南二里许，百步洪环其左，云龙山耸其右，军屯亘乎前，市肆横于后，而仓岿然中立，雄壮闳靓，允为储蓄地。永乐初，文皇帝北上，明大臣营度，比部寻拓充广，为水次仓，盖转输法也。维时冬，官民计工造厫仓座。宣德中增之，通一百连，计一千间，其广三百九步，袤过广一百一十步，仓外余地载诸□可征，第是厅事促小，神庙隘陋，四门、门房总二十八间，墙下有堑，直宿有铺，共三十六间。九里沟瓦窑口座，地约二十亩，房二十间，仓门西地十亩，灰窑二座，烧造处也。仓门北，地二段，官舍三，燕居所也。甫设判官一、大使二、副使四、攒典十二、斗级一百八十、仓夫

① 《漕运通志》卷 6《漕仓表》，第 103 页。

② （明）梅守德：《嘉靖徐州志》卷 6《人事志一》，明嘉靖间刊本。

③ （明）陈子龙：《明经世文编》卷 104《革徐淮二仓内臣疏》，明崇祯平露堂刻本。

④ 《嘉靖徐州志》卷 7《人事志二》。

一千九十，所贮粮一百万石，皆江浙、直隶东南一带民运，口节支漕运，官军司其事者，出纳多弊，户部请于上，俟增部官一员，期年更代，未几复设内臣二员恒总之。迨景泰间，粮运直达于京，而所储减三之二，官夫悉如其减。"① 该碑所记内容为明成化十三年（1477 年）左右，为漕运支、兑兼用时期，该时期徐州仓存粮百万石，数额巨大，同时碑文对仓储设置背景、时间、规制、周边环境、管理制度、存粮数额都进行了介绍，是研究明前期漕运史、城市史的重要资料。万历年间，随着长运法久行及漕粮改折，加之军需开支浩大，徐州仓几乎无粮可存，甚至连仓廒也仅存数座，崇祯时只存漕折银一万两左右，已无法与盛时相比。

淮安为明代漕运重地，不但为南粮转运枢纽，而且为总理漕运都御史、漕运总兵、工部清江船厂所在地，其地既重且要。明代席书《漕船志》在介绍建清江船厂时曾称："缘永乐初，江南粮饷民运于淮，官民运船俱于淮安常盈仓转输，此厂所由建也。况长淮分天下之中，北达河、泗，南通大江，西接汝、蔡，东近沧溟，乃江淮之要津，漕渠之吻喉。"② 正是因为淮安诸水汇流，交通便利，且为江南漕粮交兑之处，所以受到了明政府相当的重视，在此设置大量衙署管理仓储、河工、钞关、盐务。淮安常盈仓位于清江浦运河南岸，永乐十三年（1415 年）平江伯陈瑄于管家庄高阜之处建仓八十一廒，以贮漕粮③，《大明会典》亦载，"凡管粮专官，永乐十三年设淮安常盈仓，令户部主事一员提督收放"，④ 负责仓粮的日常出纳。关于常盈仓的具体规制，大量史料均有记载，"常盈仓在清江浦，永乐间平江伯陈瑄创建，官厅三间，仓房六间，经历厅三间，天字等廒百余间，周遭墙围，岁久倾圮，仅存前门三间"。⑤ 《常盈仓周垣记》也载，"清口，天下要冲，我祖宗设备甚悉，而仓储为首……仓俯临大淮，廒凡八十有一，联基广凡二

① （明）冀绮：《徐州广运仓记》，明成化十三年（1477）九月立，徐州市博物馆藏。

② （明）席书：《漕船志》卷 1《建置》，明嘉靖刻本。

③ 《万历淮安府志》卷 3《建置志》载，"永乐初年平江伯陈瑄因旧渠（故沙河）开通置闸蓄泄，更名清江浦，复于浦旁置仓积粮以备转，允为公私便，今常盈仓是所建也"。

④ 《大明会典》卷 21《户部八 · 仓庾一》。

⑤ （明）郭大纶：《万历淮安府志》卷 3《建置志》，明万历刻本。

百七十八步有奇，袤凡四百九十八步有奇，周凡一千五百五十四步有奇。厥自永乐壬辰陈恭襄创建，迄今毁去几三之二，周垣则屹如城墉，色且积铁然，盖水次诸仓所未有者”，① 可知仓储规模宏大。常盈仓户部分司设置的具体时间为永乐十四年（1416 年），第一任管仓者为福建南平人户部郎中叶宣，分司常盈仓，驻清江浦，管仓者级别较高，为正五品，高于其后的户部主事，体现了明初对仓储的重视。分司衙门位于清江浦，离淮安府城三十里，为规模宏大的建筑群，有衙署、官厅、厢房、亭园等建筑，监仓者或三年一代，或一岁一更，任满由户部与吏部考核，粮储无误后进行交接，有着整套的运作机制。淮安仓一直沿用至明末，入清后继续使用，是淮扬地区重要的大型漕仓。

明代运河水次仓的管理往往与仓储存粮、漕政变化发生着密切联系，国家建仓设官的目的是为了国家供需与地方社会稳定，以此巩固王朝的统治。同时，仓储的规模、存粮数额也并非固定不变，而是呈现出任职官员级别降低、粮数减少的趋势，这是由支运改兑运、长运及其他因素所导致的，同时随着仓储制度的废弛，加上户部管仓官与监仓中官的长期斗争，严重损耗了仓储的管理机制，破坏了其正常的运行轨迹，使仓储不断衰落，至明末几乎完全湮没无闻。

（二）水次仓运作机制

明代大型水次仓的运作机制并未有详细的史料进行记载，其运作程序、制度变革无法与京通仓储的翔实相提并论，只能通过某些涉及的相关内容予以串联，以进行大体的了解。洪武六年（1373 年）置临清仓，为防守仓储，以军丁三千人守之。宣德六年（1431 年）令南京、徐州、淮安、临清各仓收粮“实收通关，户部刊印，仍置号簿，编写内外字号，用半印空填年月，每年量印几千道并外号簿，发监收官执掌，眼同该仓官攒查明，填写实收米数，给付纳户原籍官司告缴，比对查考”。② 水次仓收粮涉及户部、纳户、

① 《漕运通志》卷 10《漕文略》，第 292—293 页。

② 《明会典》卷 21《仓庾一》，第 548 页。

监收官、仓官、纳粮地官府，都需要相应的证明以保障漕粮按时入仓，程序复杂，通过制定严格章程，对于明确责任，减少腐败起到了一定的作用。宣德十年（1435年）九月，经攒运粮储总兵官及各处巡抚与廷臣议商，“临清、徐州、淮安仓粮，各差御史一员监收”，① 负责督收漕粮，保障收粮过程的公平，惩治违法行为。正统元年（1436年）命太监李德与通政使李暹巡视京通仓场并临清、徐州、淮安等处仓粮，革除弊端、严防隐漏、约束下人，禁止收粮官胥虐害纳户。正统四年（1439年）为充实沿河水次仓储，将山东纳米罪囚有力者死罪纳银二十两，流罪十三两，徒三年十一两，二年半十两，二年九两，一年半八两，一年六两，杖一百五两等，不愿纳银者“仍按原先纳米例，赴济宁、临清、德州仓纳，军民官吏受职该罢职役降调者解京，无力者俱照前例发落”，② 以此增加仓粮积蓄。正统十年（1445年）命拆德州、临清、河西务仓三分之，并扩建通州及在京仓储，原因在于当时沿河水次仓皆空闲而京通仓储皆不足。正统十三年（1448年）因临清、德州二仓收贮小麦过多，户部恐其腐烂，允许附近民众借食，来年秋成后再抵还粟米，既可防止仓麦霉烂，又可解决民众生计。正统十四年（1449年）令内外各仓场监督收放粮草郎中、主事等官一年一代，“回日备开数目缴部，仍将经行卷簿相接交割，若有亏折期蔽，续差官员径自具奏”，③ 以明确管粮官员职责，将其任期内任职相关情况交户部查核，接任官员仍有弹劾前任失职罪权责。景泰三年（1452年）革各仓场致仕官守把门禁，令办事官一员管理，并令“各仓斗级、库子讨写年甲，乡贯地址，编造文册，候巡视官员点闸”，④ 增强对仓储人员的约束能力，同时仓场监督官员还要督促官攒、斗级、库子人等修葺仓场，开通沟渠，如有旷职导致粮草淹没者，将管仓者拿问追赔。

天津、德州、临清、徐州、淮安五仓户部主事旧系一年一代，万历八年

---

① 《明英宗实录》卷9，宣德十年九月壬辰条。

② 《明英宗实录》卷51，正统四年二月甲戌条。

③ 《万历会计录》卷36《仓场》。

④ 《万历会计录》卷36《仓场》。

（1580年）全部改为三年一代，其因在于管仓者甫一到任，尚未熟悉环境与运作程序即离任，难以有效管理仓粮，三年一任可以提高仓储管理效率，保持运作秩序的稳定。万历九年（1581年）经户部尚书张学颜题请，“各管仓委官三年一次盘验明白，即将官攒照例起送，其一应经手钱粮交与现役官攒接管，免其守支”。[①] 从而减轻了各仓官攒任满后，守候日久，长期等待考核的弊端。万历年间各仓收粮数额也差异较大，除天津仓无载外，德州仓收山东粮七万五千石，河南粮六万石；临清广积仓收山东粮二万六百石，河南粮五万石；徐州广运仓收浙江粮三万石，扬州府三万七千石，凤阳府三万三百石，徐州一万八千石，镇江府一万二千石，淮安府六万九千石；淮安常盈仓收江西粮十七万石，应天府二万八千石，苏州府四万二千石，松江府二万九千五百五十石，广德州八千石，钱江府一万石，淮安府一万一百五十石。各仓总数为德州仓十三万五千石，临清仓七万六百石，徐州仓十九万六千三百石，淮安仓二十九万七千七百石，以淮安仓存粮最多，徐州仓次之，德州仓再次之，临清仓最少。

明代大型水次仓的运作机制并未形成规范、合理、系统的运作程序，尽管有明一代水次仓多数时间由户部派遣官员管理，但随着仓储存粮数目的减少，加上明中后期军事消耗、灾荒赈济开支浩大，各仓管理名存实亡，相关运作章程已难以有效施行，加上仓储自身的倾圮、漕粮的改折，前期形成的制度日渐废弛，即便户部管仓官依然存设，但其管理职责、保障与执行力度、仓场日常运作机制已难以与前期相比。

三、清代大型水次仓的管理与运作

清代大型水次仓的管理整体呈现级别不断降低、存粮日益减少、仓政逐渐废弛的局面，呈现出由国家级仓储向地方性仓储转化的状态。虽然其仍具有社会保障、供给运军、地方驻军开支的作用，但对京通仓储的补给功能已几乎消失。同时管仓官员反复变化，甚至数年间发生多次更替，从

① 《万历会计录》卷36《仓场》。

而导致仓储管理稳定性较差，加上仓粮大量改折，运作程序混乱，难以形成长期、有效的保障体制。因此清代水次仓的地位较明代为低，仓厫的修缮与维护也得不到足够的重视，使用时只能临时修复，在漕运系统中难以发挥足够的作用。特别是清中后期，随着黄河北徙、运河淤塞，漕粮或改折，或海运，京通二仓尚且日渐匮乏，沿河水次仓更是无粮可存，不断趋于衰落。

（一）水次仓管理制度

受明末清初战乱的影响，运河区域社会秩序遭到严重破坏，人口或流离或死亡，沿河水次仓也损毁严重，难以使用。而漕运作为国家的统治策略，是保障王朝统治的根基，所以重建沿河仓储，使漕运恢复正常运转，为军需提供支持，成为了迫在眉睫之事。顺治十一年（1654 年）漕运总督蔡世英鉴于沿河仓储毁坏殆尽的现实，建议于淮安、济宁、德州恢复仓厫，以存漕粮备军需，当时德州仓尚有存者，可以予以修补、增建，淮安可建厫一百四十座，济宁、德州各建厫一百八十座，每仓派户部主事一员管理，与当地道员相互合作，催攒漕船，协济运粮事务。这一建议上奏清廷后，因当时战乱未平，国家财力有限，并未得到彻底实施。后随着社会秩序的稳定，德州、临清、徐州、淮安四仓逐渐恢复，又增江宁、凤阳二仓，形成了清代水次仓制度。

临清、德州二仓位于山东运河沿线，北接京津，南连徐淮，在诸仓中处于中间位置，二仓距离较近，在清代仓储管理中有着很大的关联度与共同特征。顺治元年（1644 年）清廷就派遣户部司员两名管理临清仓、德州仓，并制定考核制度，督促监督增加仓粮积蓄。临清仓户部分司衙署位于临清旧城西北角，其中广积、临清二仓有厫八十一连，每连十间，常盈仓二连百间，另有督储馆位于临清城外。在裁撤户部监督前，顺治时有十七人，康熙初一人任职临清仓监督，另临清仓大使顺治间四人，康熙间一人，广积仓大使顺治间四人，康熙间八人，雍正间一人，乾隆间三人。康熙四年（1665 年）停临清、德州二仓户部差，其中临清仓由登州府通判兼管，德州仓由莱州府通判管辖，驻原德州户部仓监督衙署，康熙十八年（1679 年）莱州通判又移于济东道署，山东督粮道自济南移驻于旧户部署，兼理德州仓务，康熙三十六年（1697 年）莱州通判移回莱州，济南通判驻莱州通判故署。康熙八年（1669 年）经户科给事中苏拜建议，将临清仓、临清钞关并为一差，由户部司员一员管理，但其后多有反复。康熙五十三年（1714 年）再次将临清仓归并临清钞关，停户部督仓差，仓务交山东巡抚专管，“其仓项钱粮照监督例扣算，一年任满奏销，至各官完欠考成，该抚仍于年终题报”①，至此临清仓务失去了专设监督的地位，由钞关监督兼管，而钞关监督任满由山东巡抚报告考成情况。乾隆十三年（1748 年）九月经山东巡抚阿里衮题请，“铸给山东督粮道兼管德州仓事务关防”，② 德州仓正式由山东督粮道管理。乾隆二十四年（1759 年）十二月，户部议覆山东巡抚阿尔泰疏称：“山东粮道库大使兼管德州仓，向令经管漕项及德、常二仓银，近准部议将临清仓钱粮归粮道经管，亦应库大使支放，所有德州仓米事务，该大使似难兼顾。查常丰仓大使既管该仓本色米，请将德仓归并常丰仓大使兼管，至常丰仓大使向属德州管辖，今所管俱系道库事务，请改归粮道管辖，其仓库两大使钤记，另请改铸，并粮道关防内改铸山东督粮道兼管德、常、临清仓事务关防。在巡抚衙本向因兼管关仓，是以关仓关防内有兼管临清仓字样，今临仓归于道管，亦应改铸监督临清钞关户部分司关防。”③《乾隆德州志》亦载，“明宣德五年，淮徐临德四处仓厫修成，卫军轮班递运南粮，淮安卫军运至徐州水次仓，徐州卫军运至临清水次仓，临清卫军运至德州水次仓，德州卫军运至通州仓存贮。我朝定为各省南漕自运抵通。乾隆二十四年将临清仓归并督粮道仓管理，故又有临德二仓之名”，④ 至此临清仓、德州仓全归山东督粮道管辖，因粮道驻德州，所以又称德临二仓⑤，督粮道衙

---

① 《户部漕运全书》卷 78《奏销考成》。

② 《清高宗实录》卷 324，乾隆十三年九月壬子朔。

③ 《清高宗实录》卷 602，乾隆二十四年十二月壬午条。

④ （清）王道亨：《乾隆德州志》卷 5《建置》，清乾隆五十三年（1788）刻本。

⑤ 乾隆中期，临清已无三仓规模，据《乾隆临清直隶州志》卷 3《仓庾》载“旧三仓，一曰广积仓，俗称大仓，在广积门内西北隅；一曰临清厫，八十一连，连十间；一曰常盈厫，俗称小仓，在大仓东北隅，厫二连百间，后圮。今惟临清厫存贮常平谷一十四万八千一十四石九斗九升六合四勺”，可见乾隆时临清三仓中常盈仓已废毁无存，仅存临清仓储谷十余万石。

署位于德州城内东南隅，原明户部管粮分司署旧地。乾隆三十九年（1774年）山东寿张人王伦发动起义，攻陷寿张、阳谷、堂邑等县，占领临清土城，与清军展开了激烈战斗，临清仓遭到严重破坏，其后太平天国北伐军、捻军起义、教匪作乱使鲁西运河区域陷入混乱之中，临清仓储、衙署、商铺付之一炬，城市受到巨大冲击。至清末，虽然临清、德州二仓尚残留一定仓廒，但已几乎无粮可存。宣统元年（1909年）山东巡抚孙宝琛奏山东省该年经征临清仓钱粮状况，清廷回复称："原奏内称山东省各州县经征宣统元年分临清仓钱粮，现当查办奏销之际，据兼管漕仓事务布政使朱其煊查明未上一分以上各员职名及实征已未完银数开单详请具奏",① 命不及一分者归入奏销案内，一分以上各员勒限催征完解，不得拖延，可见此时临清仓主要以存漕折银为主，几乎不再有存粮的功能。后临清仓"民国初年警备队移驻其中，十七、八两年拆毁无余，隙地八十亩划归省立十一中学"。② 而德州仓在光绪末年裁撤督粮道管仓大使后，也迅速衰落下去，很快废毁不堪。

清代徐州、淮安二仓位于江苏省境内，顺治初年遣户部差官管理二仓，负责处理广运仓、常盈仓事务。康熙三年（1664年）裁并淮安仓并钞关户部差员，常盈仓户部分司、清江工部船厂分司、淮安户部钞关全部归并淮扬道管理，徐州广运仓由淮徐道管理。康熙四年（1665年）将徐州广运仓额征宿州、泗州本色小麦改解淮安仓，给发长淮、凤阳、宿州、邳州四卫运军行粮所用。其后，徐州、淮安二仓存粮数额日益减少，而征税功能不断强化，成为了类似钞关的税收机构。康熙八年（1669年）户部整理各地钞关税收，根据征收数额派定官员，"查崇文门税差已经设官收税，其通州坐粮厅、京城左右二翼仓、宝泉局、大通桥、通州西仓、中南仓、张家口、杀虎口，此九差原系臣部官员差遣，应仍旧例外，浒墅关、芜湖关、北新关、九江关、淮安关、太平桥、扬州关、赣关、天津关、西新关、淮安仓、临清关、凤阳仓税额俱多，应择各部院贤能满汉官员差遣，其挖运厅、居庸关、

① 《度支部奏核覆山东省元年分临清仓奏销折》，《顺天时报》1911年第2979号，第5页。

② 《民国临清县志》卷2《建置志·仓庾》。

徐州仓税额俱少，应交与地方官征收”，① 可见此时徐州仓、淮安仓兼有存粮、征税的双重功能，不过二者税额差异较大，管理人员也各不相同。第二年，因淮安关、淮安仓都有征收商税的作用，功能重合，管理混杂，准淮安关兼管淮安仓及工部清江船厂。乾隆年间，徐州仓收银二万两左右，麦豆合计一万石左右，淮安仓收银一万三千两左右，米麦二万七千石左右，至嘉庆时二仓只征收漕折银，不再存粮。其后，随着海运久行与战乱频仍，仓储破坏严重，道光年间曾重修淮安常盈仓，并改名丰济仓，仓储地位进一步降低，彻底成为了地方性仓储，咸丰年间的捻军之乱将丰济仓烧毁，旧常盈仓彻底消失于历史的烟云之中。而徐州仓清末主要以存银为主，光绪三十三年（1907 年）据两江总督端方所奏铜山各县续完徐州仓正耗粮银事称：“铜山、萧山、砀山三县续完光绪三十二年分徐州仓正耗银两，并经征督催各职名开单恭折具陈，仰祈圣鉴事。窃查光绪三十二年分，徐州仓奏销案内未完一分以上职名及未完银数分数，业经奴才遵章开单具奏”，② 三县解征徐州仓正耗银两共计一千四百三十八两余，存入道库。至民国年间徐州仓基址成为了庄稼地与菜地，百姓俗称“大仓地”，仓廒早已无存。

江宁为南京别称，明时为南都，设有与北京平行的衙署，清代虽然其政治地位下降，但仍然是重要的水陆交通枢纽，英国传教士马礼逊曾言：“燕京漕运以江宁为咽喉，今但盘踞江面，阻绝南北，即可要挟，所求当无不如志”，③ 为英法侵略军献计献策，从其言论中可以看出南京地理位置的重要性。凤阳也为通衢之所，不但是朱明王朝之中都，而且“凤阳为南北咽喉，设有疏虞，河南、山东全局震动”，④ 是江淮地区重要的战略枢纽，在此设仓也具有很大的政治、军事意义。江宁水次仓为一仓，而凤阳有永泰与广储二仓。明代即有江宁仓，设有大使管理，凤阳仓历史更久，洪武初年原立有

---

① （清）官修：《清文献通考》卷 26《征榷考》，清文渊阁四库全书本。

② 端方：《两江总督端方奏铜山各县续完徐州仓正耗银两折》，《政治官报》1907 年第 42 期，第 51 页。

③ （清）梁廷枏：《夷氛闻记》，中华书局 1959 年版，第 117 页。

④ （清）王先谦：《咸丰朝东华续录》之咸丰二十二年，清光绪刻本。

百万仓，明成化七年（1471 年）重置仓储，设有正六品的户部分司主事一人管理仓储事务，仓储凡五，名广储仓、中都仓等，有管仓大使、副使各一人，收粮三十三万八千一百石，“凤阳广储各仓官军粮饷所取给，先是府通判主敛散，至成化七年更立南京户部主事一人监督岁收府属凤、临、定、灵四县夏秋粮一万五千五百五十五石，庐、扬、淮安、苏、松、常、镇、安庆、太、宁等府，滁州夏秋粮二十四万一千八百五十一石有奇”。[①] 另河南布政司所属部分州县及卫所夏秋粮也交凤阳仓收。清初江宁、凤阳二仓由朝廷派出监督管理，顺治八年（1651 年）将凤阳钞关征银之权归并凤阳仓监督，时征收税银二万两左右，粮权归省粮道。顺治九年（1652 年）将江宁仓差归并于西新关，由户部榷税分司官员代管。康熙元年（1662 年）再次派遣部员管凤阳仓，不过三年后又裁，由凤阳府通判管理粮银事务。康熙五年（1666 年）停江宁仓部差，由本府同知管。康熙七年（1668 年）凤阳仓再归本府知府管理，康熙八年（1669 年）再复户部差。康熙十三年（1674 年）冬十月，江南总督阿席熙疏言，户部议覆“凤阳仓额收本折钱粮归并凤阳府知府管理，正阳关税归并通判管理，临淮关税发大使征收，停差部员”，[②] 于是凤阳仓再由地方知府管理。雍正、乾隆年间江宁、凤阳二仓由地方管理，省粮道监督，凤阳仓征银近八万两，米一万一千余石，江宁仓征米近三万石。道光后，江宁、凤阳二仓几乎不见于记载，凤阳仓沦为府仓，而江宁在鸦片战争、太平天国起义中破坏严重，仓储损毁殆尽。

清代水次仓的管理经历了较大的变化，初期由中央派遣官员管辖，后很快转由地方管理，仓储也逐渐由国家级粮仓变为了地方性仓储，同时因存粮数额的不断减少，其与漕运系统之间的关系日益疏远，而税收的功能却不断强化，这种情况的出现与当时漕运的整体变化有着密切关系，正是由于漕粮的大规模改折及重视京通仓储而忽视水次仓建设的国家策略，使水次仓地位日趋衰落，而清末的诸多变局更是使其难以重新振兴，只能随历史的烟云而去。

---

① （清）谢永泰：《光绪凤阳县志》卷 6 中《寿陵官表二》，清光绪十三年（1887）刊本。

② 《清圣祖实录》卷 50，康熙十三年十月壬寅条。

（二）水次仓运作机制

与明代类似，清代水次仓运作机制也没有明显的发展脉络与清晰的制度运行轨迹，同时因管理机构、管理人员的频繁变化，加上仓储积蓄的锐减，水次仓运作制度建设未得到清廷重视，尽管就仓储管理人员的考核、任职、奖惩有着相应的要求，不过并没有建立起类似于京通仓储那样详细、系统、完善的体系，而是呈现出一种分散、琐碎的状态与运行现状。

康熙三年（1664 年）为保障仓粮充裕，对于州县官员不能按时督征本地漕粮入仓者进行惩治，题准“徐州、淮安等仓钱粮初参经征州县官，欠不及一分者停升催征，欠一分者罚俸六月，二分者罚俸一年，三分者降俸一级，四分者降俸二级，五分者降职一级，六分者降职二级，七分者降职三级，八分者降职四级，皆令戴罪催征，停其升转，完日开复，欠九分、十分者，皆革职”，① 对地方官催征仓粮进行了规定，被参后州县官限一年内全完所欠钱粮，“如原欠不及一分，一年内不全完者罚俸一年，欠一分、二分一年内不全完者，降三级调用。欠三分、四分一年内不全完者，降四级调用。欠五分、六分一年内不全完者，降五级调用。欠七分、八分一年内不全完者，革职”。② 通过相应的惩罚措施以勉励地方官员完成考成，增加积蓄。康熙十年（1671）因淮、徐、临清、德州、凤阳、江宁等仓旧系部差监督，差满报部考核，现诸仓陆续改为各省粮道管理，“其仓项、钱粮奏销及各州县完欠考成统令各该管督抚题报”。③ 粮道为有漕各省总督、巡抚属官，掌管征兑漕粮，督押运船等事务，由粮道管理诸水次仓储，其考成由其上级督抚负责，形成一种监督与约束制度。河南部分漕粮运往临清、德州仓存储，该事务向由河南粮道管理，康熙二十二年（1683 年）河南全省漕粮改折，粮道裁撤，康熙二十九年（1690 年）复置粮道官，以开归盐驿道管理漕粮运临、德二仓事务。而江宁、徐州、凤阳、淮安四仓则由江安粮道一员兼管，同时粮道还要“总理通省粮储，统辖有司军卫，遴委领运随帮各官，

① 《大清会典则例》卷 19《吏部・催征》。

② 《大清会典则例》卷 19《吏部・催征》。

③ 《户部漕运全书》卷 78《奏销考成》。

责令各府清军官会同运弁佥选殷实旗丁成造新船，修葺旧艘，预给工料，严督丁匠及时修造完工备运，督催州县开征漕、白二粮，并随漕轻赍、席木、廪工、耗赠、经费等项钱粮，按期征收解给”,① 同时还要革除弊端，约束属员军丁等，事务繁杂。康熙二十四年（1685 年）题准临清仓征收米麦州县距离遥远，解送至仓困难，命予以折征银两解仓，以减轻运粮州县负担。康熙三十二年（1693 年）覆准“嗣后淮安、徐州、凤阳等三仓征收米麦豆各州县离仓路远，往返盘驳，官民受累，应照漕折定例折征，竟解粮道支给”。② 三仓漕粮也折银征收，以缓官民两困的局面。康熙三十五年（1696 年）题准“临、德、江宁、淮、徐、凤阳等仓编征行月银及麦，原为供支运军廪粮之需，江宁、德州二仓统入漕项奏销。其临清仓月粮，淮、徐、凤三仓行月钱粮总漕照例于隔年三月别案题销”③。

雍正十年（1732 年）因临清、德州二处仓廒残破，命予以修复，并截留漕米二十万石存贮，同时将北上漕船所携带席片留在山东，用于铺垫临清、德州仓廒，题准“德州原设常丰、德州二仓，临清州原设临清、广积、常盈三仓，年久坍废，应于临清、德州各增建新廒六座，责成粮道督率临德二州加紧盖藏，年终盘验，出具实贮印结送部，并令常丰、临清二仓大使巡察看守”。④ 雍正十一年（1733 年）题准“江宁、淮安、徐州、凤阳四仓钱粮奏销考成，旧例该管督抚于次年五月具题，今展限一月，江宁、淮安、凤阳三仓均于次年六月内题报，徐州一仓江督仍照原限奏销”,⑤ 各仓有所区别，根据仓储实际情况进行考成。嘉庆十九年（1814 年）截漕存德州、临清二仓，命山东巡抚抓紧修补仓廒，“即将起卸盘运各事宜先期妥为筹备，务期收贮合宜，并派员严密看管，如有受潮霉变及偷窃损失等弊将该管官严参惩处”,⑥ 将仓粮收贮情况交与山东巡抚负责，严督属下看守漕粮，防范

① 《户部漕运全书》卷 22《督运职掌》。
② 《大清会典则例》卷 43《户部 · 漕运三》。
③ 《大清会典则例》卷 43《户部 · 漕运三》。
④ 《大清会典则例》卷 43《户部 · 漕运三》。
⑤ 《大清会典则例》卷 43《户部 · 漕运三》。
⑥ 《户部漕运全书》卷 71《截拨事例》。

弊端出现。嘉庆后关于水次诸仓的记载逐渐减少，说明此时仓储受重视程度已不如清初，运作规范也难以完善与更新，甚至连基本的考成章程都不能贯彻与执行，这种情况的出现与传统漕运的衰落是一致的。

清代水次仓储的运作机制整体呈现前期较强，中后期逐渐减弱的趋势，相关的制度建设主要集中于顺治、康熙、雍正三朝，嘉庆后相关记载较少，而且运作规范以考核、考成、奏销为主，仓储的日常收支情况较为简化，仓储内部的结构关系、空间环境、粮数变化都没有清晰的演变脉络与规律，体现了水次仓储在国家政治结构中地位不断降低，作用日趋衰弱的现实。

第三章　明清漕运仓储的功能、作用与区域社会关系

明清漕运仓储的设置具有强烈的政治性与国家性，即存粮以保障专制王朝各项供需为主，目的是维护统治，稳定社会，使中央集权能够延续与强化。在明清王朝五百余年的统治中，历史的进程虽然跌宕起伏，漕运的演变也波谲云诡，但作为专制统治的物质基础与基本国策，漕运制度一直延续至王朝灭亡，始终都受到了统治者的重视，这说明漕运具有必然性、强制性与稳定的规律性，其对国家、社会的意义举足轻重，不可或缺。作为漕运系统中的重要环节，漕仓分为京通仓、大型水次仓与基层社会漕仓，除基层社会漕仓①作为有漕省份漕粮缴纳最初的存储地，一般不能另作他用外，京通仓、大型水次仓对国家的政治、军事、社会保障有着重要意义。与明清王朝的常平仓、预备仓、社仓、义仓、学仓相比，京通仓、大型水次仓的国家管控性更强，政治意味更浓厚，往往体现了统治者的意志，是国家对储备粮的专项调剂，并非普遍性行为。在明清社会中，漕粮除供给皇室、官吏、军卫外，一般不轻易挪作他用，但在漕粮积蓄充裕，国家财富丰盈的情况下，为笼络人心、强化皇权、提高威信，也会通过截留漕粮、调拨仓存以赈济灾荒、平衡粮价、兴修工程，达到稳定社会的目的。

明清京通仓、大型水次仓的功能与作用主要体现在这样几个方面。首先，政治上的存储、转运及供给皇室、官员、运军行月粮是仓储的重要功能

---

① 在明清两朝的多数时间中，有漕省份百姓将漕粮交兑至地方州县水次仓后，很快即被运军输往京通仓中，其仅有暂时存贮功能，与社会发生的联系都在交兑过程中，因此明清史料中基本没有基层社会漕仓直接与政治、军事、赈灾发生联系的记载。

之一。明清两朝京通仓、大型水次仓受国家需求、漕运政策、河道状况的影响，其存粮数额在不同时期存在着较大的差异，在王朝兴盛时，漕粮转运通畅，百姓富足，京通仓存粮达数千万石，而战乱频兴、政局动荡时则朝不保夕，仓储空虚。同时皇室、官员、运军俸粮发放的数额也是随现实而调整，有着调剂余缺、稳固国家粮库的作用。其次，仓储军事上的保障功能是巩固统治的物质基础。无论是京城驻军、地方军卫，亦或是战时对粮饷的消耗，京通仓及大型水次仓对于军事供给意义重大，无粮则军心不稳，统治根基也会受到冲击，难以有效控制基层社会，因此军事开支对京通仓粮的消耗最大，也是国家必备的粮食储备。最后，漕仓存粮还具有社会保障、灾荒赈济、粮价平衡的功能。在明清社会由于科学技术的落后及自然灾害的频发，经常导致人口死亡、经济破坏、农田荒芜，为应对灾荒，尽管有常平仓、预备仓、义仓、社仓等仓储予以赈济，但在遇到大的灾荒时往往缓不济急、难以满足现实需求，因此动用京通仓、水次仓存粮应对灾荒，成为了紧急时期国家宏观调控的重要手段，甚至通过截留漕粮存于沿河水次仓，利用便利的水运条件迅速将漕粮投放于受灾区域社会，达到稳定民心、平衡粮价、减少流亡的目的。此外，利用漕仓存粮平粜及建立施粥棚，或作为公共工程用粮也是经常发生的行为，体现了国家强化基础设施建设、化解社会危机的举措。

总之，明清漕仓对于专制王朝有着巨大的价值与意义，深刻影响着国家的政治、军事、经济、文化。尽管其功能、作用的发挥并非始终一致，在不同时期的社会影响力也差异很大，这种情况的出现受多重因素的影响，往往与王朝不同阶段的现实状况发生着密切的联系，是社会局势变化的具体反映，也是国家应对各种问题或危机时的手段。

第一节　漕仓政治上的供给作用

政治上的供给作用是中国古代漕运产生的直接动力，正是由于政治中心巨大的人口压力与粮食压力，所以对于漕运的需求非常迫切，而某些王朝政治中心与经济中心的分离，又进一步增强了这种紧迫感。明清京通仓、大型水次仓存粮的数额往往与国家的各类需求有着密切联系，在数百年间并非固定不变，同时其存储、转运及满足皇室、官员、运丁人员的数目也是不断变化的，这体现了国家供需能力的强弱及当时漕运运作的流畅性，彰显了政局变迁及国家政令的通达程度。

一、明清京通仓储存粮额数

明清两朝北京作为国家政治中心与首善之区，有着大量的消费群体与人口，而京城作为并不直接生产粮食与多数消费物品的区域，对于外来物资的需求是非常现实与迫切的。但明清两朝，北方区域并非国家的经济中心，粮食的产量除自给外，在国家赋税中占的比例较小，因此通过京杭大运河将南方漕粮运往北京，满足各类人群的需求，是保障京城稳定的重要物质基础。但因需求的差异性及国家漕运在不同时期的变化，京通仓存粮数额并非始终一致，而是存在较大的起伏与波动，盛时达数千万石，而匮乏时则仅存粮数十万石，差距较大，这种变化体现了当时的漕运状况、政局现实及国家与社会的互动关系。

明前期为京通仓粮额不断增长的时期，中央政府通过各种手段增加积蓄，强化社会控制的物质基础。永乐初年虽尚未迁都北京，就已通过运粮赎罪例，令罪犯纳粮于北京官仓，并运往开平、怀来等卫以备军需。宣德年间又多次通过中盐法增加京仓积蓄，宣德四年（1429 年）因漕运尚未形成稳定制度，京通二仓收粮在六百余万石左右，九年（1434 年）运粮五百万石，以三分为率，通州仓收二分，京仓收一分，大约通州仓存粮三百三十余万石，京仓存粮一百六十六万余石，通州仓存粮远高于京仓。这种情况是因当时通惠河淤塞不通，漕船难以直抵京城，多于通州卸载，同时通州仓还担负着边防卫所供粮任务，所以必须有充足的积蓄。正统元年（1436 年）开始增加京城储备，“运粮四百万石，京仓收十之四，通州十之六”。① 大约京仓

① 《明英宗实录》卷 9，宣德十年九月壬辰条。

粮一百六十万石，通仓粮二百四十万石，同年修京仓、通州仓，以扩大仓储的存贮能力。正统二年（1437 年）该运粮四百五十万石，“内兑运二百八十万一千七百三十五万石，淮安仓支运五十五万二百六十五石，徐州仓支运三十四万八千石，临清仓支运三十万石，德州仓支运五十万石，通州收六分，京仓收四分，南京仓收二万石”，[①] 通州仓存粮依然多于京仓，其后基本维持这一比例。不过这一局面延续至正统十四年（1449 年）发生了明显改变，因当年发生“土木之变”，明英宗被俘，蒙古瓦剌围攻京师，为防备通州仓粮被劫及增强京师军需供给，京仓存粮食逐渐增加。天顺元年（1457 年）命都督刘深、雷通、王端督官军十一万人于通州仓运米二百万石运往京城交纳，将通州仓多年积米输京。成化三年（1467 年）兑支粮四百万石，其中兑运者按照十分算，京仓收六分，通仓收四分，支运者全部于通州仓收纳。其后随着四百万石漕额的确定，京通仓收粮逐渐固定，程序不断完善，其中兑运者三百三十万石，改兑者七十万石，“京通仓额数共兑改正粮三百三十六万八千一百八十二石。京仓兑运正粮二百二十四万五千四百五十五石一斗三升四合，通仓兑改正粮一百一十二万二千七百二十六石八斗六升六合。改兑全纳正粮六十四万石，兑运拨补正粮四十八万二千七百二十六石八斗六升六合”。[②] 兑运中的三百三十万石来源为浙江六十万石、山东二十八万石、河南二十七万石、湖广二十五万石、江西四十万石、应天府十万石、苏州府六十五万五千石、松江府二十万三千石、常州府十七万五千石、镇江府八万石、太平府一万七千石、宁国府三万石、池州府二万五千石、安庆府六万石、凤阳府三万石、淮安府二万五千石、扬州府六万石、庐州府一万石、徐州三万石。改兑米七十万石中浙江三万石、山东九万五千六百石、河南十一万石、江西十七万石、应天府二万八千石、苏州府四万二千石、松江府二万九千九百五十石、镇江府二万二千石、扬州府三万七千石、凤阳府三万三百石、淮安府七万九千一百五十石、徐州一万八千石、广德州八千石[③]。至成

① 《明英宗实录》卷 22，正统元年九月甲午条。
② 《太仓考》卷 3《岁入》。
③ 《通粮厅志》卷 4《漕额》。

化十六年（1480 年）京通仓积蓄日加丰实，当年京通仓所存米麦达二千一百九十四万四千六百九十余石，豆二十万二百一十余石，数额非常惊人。两年后，京通仓实存粮二千二百五万二千一百四十余石，豆十八万五千七百九十余石，数量进一步增长。成化二十一年（1485 年），“是岁京通各仓场，现粮一千九百二十二万四千七十余石，豆一十九万九千四百四十余石”。[①] 二十二年（1486 年）京通仓粮额为二千万五千五百五十余石，豆二十万六千六百三十余石。成化年间为明代京通仓场存粮最多的时期，其原因在于国家承平日久，人口增加，社会秩序稳定，加上运道畅通，漕运制度逐渐完善，统治者重视积蓄，所以其数额达到了明代的鼎盛。

成化后，京通仓存粮呈现衰减趋势，其中既有军事开支的扩大，也与灾荒频率的提升、运道淤塞、漕运废弛等因素密切相关。弘治十五年（1502 年）十月户部称天下灾歉，“漕运米四百万石，除天津、蓟州岁收三十万石，京通二仓岁收三百七十万石，每岁该放支三百三十八万石……此是官用已不足矣”，[②] 可知京通仓粮已有日绌之势。正德三年（1508 年）夏四月，户部尚书顾佐等覆奏“漕运粮岁四百万石，京通二仓止收三百六十五万石余，各卫官军岁支三百六十一万二千余石，所余无几，又所在因灾征银，致亏国赋，请继今全运原拟之数”。[③] 军卫开支庞大与漕粮折银，致使京通仓粮难以满足国家各项需求，因此顾佐请求全运本色额数，这一建议得到了明廷批准。不过正德年间冗员日多，灾伤日重，加上刘六、刘七起义的爆发，军需用粮孔亟，“京通二仓仅二年之积”。[④] 正德十五年（1520 年）八月，户科给事中曹怀奏称：“京通二仓实在米仅六百余万，不足给二年之用，又今起运，地方水旱变逆，困于供亿，到才二十余万，若不早为之处，一旦粮尽，何以取给”，[⑤] 提议革除冗职人员及多余班匠、厨役，减少俸粮开支，

---

① 《明宪宗实录》卷 273，成化二十一年十二月丁未条。

② 《明孝宗实》卷 192，弘治十五年十月辛酉条。

③ 《明武宗实录》卷 37，正德三年夏四月庚寅条。

④ （明）夏良胜：《东洲初稿》卷 11《议储蓄》，清文渊阁四库全书补配清文津阁四库全书本。

⑤ 《明武宗实录》卷 189，正德十五年八月丙辰朔。

节约国库存粮。嘉靖四年（1525年）京通二仓银米无三年之积，加之截留漕粮赈济江南灾荒，仓储已极其匮乏，“二仓所积立可待尽，京师根本重地，而仓廪空虚一至于此，是可不为之寒心哉”。① 嘉靖二十五年（1546年）通仓米粟空匮，原本于通州支取的京卫官军月粮改于京仓支放，“京通仓，弘治前十年之积，嘉靖十年前尚有六年之积，二十年后不够四年之数”，② 可见嘉靖中期后京通仓储粮额不断减少，国计日艰。嘉靖二十八年（1549年）八月世宗上谕礼部：“成化以前各边宁谧，百费省约，一岁出入沛然有余。今则不然，京通仓粮岁入三百七十万石，嘉靖十年以前每岁军匠支米二百八十万石，廪中常有八九年之积。十年以后岁支加至五百三十七万石，只今所储仅余四年”，③ 军卫、匠役开支的增加，使京通仓粮消耗速度加快，所入不敷所出，国家储备粮数额锐减。第二年户部会计去年岁用时称：“京通仓粮岁运三百七十万石，先年常有八年之蓄，本年官军、工匠月粮岁支二百八十余万，京通蓄积仅余五年，盖因连年戍边，募军诸费不次增添，而内外请乞纷纭，罔知节缩，故财计绌乏”，④ 建言节约国家财粮开支。至嘉靖四十一年（1562年）京通仓粮已不足二年之食，沿河徐州、临清、德州三仓本色粮也已匮乏之极，只能命有漕省份不能轻易以灾伤而折银，须纳本色以增积蓄。总体来看，嘉靖年间京通仓粮变化以中期为界，“嘉靖二十年以前在仓粮米尚有七八年之蓄，今止二年余耳，不无可忧。盖皆缘嘉靖二十年以前因边饷缺乏，议行改折，后又累次挖运边镇，及河阻岁灾、倭警毁船，各因而议折，以致月渐耗少，若不自今议行积贮，则七年之病而三年之艾终不可得矣”。⑤

嘉靖后，明廷采取了一系列措施增加京通仓储积蓄，在某些阶段有了较快增长，但随着政局动荡、军支暴涨、运道淤塞，明末仓储陷入衰败。隆庆

① 《明世宗实录》卷53，嘉靖四年七月庚辰条。

② （清）施端教：《明赋考》卷上《会计答问》，清康熙啸阁刻本。

③ 《明世宗实录》卷351，嘉靖二十八年八月己亥条。

④ 《明世宗实录》卷356，嘉靖二十九年正月甲午条。

⑤ （明）贾三近：《皇明两朝疏抄》卷15《财计类》，明万历刻本。

元年（1567 年）九月户部尚书马森清查库存称："今京通二仓之粟七百万余石，以各卫官军月粮计之，谨支二年之用。岁漕四百万石内除拨蓟镇挖运班军行粮并免湖广显陵二卫起兑，实入二仓者三百四十九万二千六百余石"，① 对仓储不足而国用日繁的状况表达了忧虑。同年十月，为丰富存粮，巡仓御史蒋机奏："漕粮四百万石，除改折、边饷，其入京通二仓者三百三十余万，而京仓谨二百万，根本之地出多入少，非所以权轻重备缓急也。自今请无拘三七、四六之例，凡兑运者悉入京仓，改兑者入通仓。"② 同时命巡漕御史、监兑主事督催各省所欠钱粮，以增国用。万历年间经张居正改革后，京通仓储积蓄快速增加，达到了成化后的又一个高峰。万历四年（1576 年）京通仓积蓄丰实，足用七八年，万历六年（1578 年）仅京仓存粮就达一千二百五万九百八十石，足用十一年之久，通仓粮三百一十五万九千五十六石，足支四年，京通二仓存粮合计一千五百万余石。万历十一年（1583 年）十二月户部尚书王遴等言："国家岁运漕粮四百万石，今京通二仓实在粮共一千八百一十八万五千四百石有奇，每年军匠在官人等实支本色米二百二十万石，银少粮多"，③ 此时京通仓存粮可支近九年，已较正德、嘉靖、隆庆年间有了快速增长。不过随着张居正的罢职及部分新法的废除，加之万历中期宁夏之役、朝鲜之役、播州之役，导致国家财库大为消耗，京通仓积蓄锐减。万历二十七年（1599 年）时京仓存粮仅五百六十八万余石，通仓存粮二百六十五万余石，合计仅八百万余石，不及盛时二分之一，不够三年之用。万历三十一年（1603 年）原额四百万漕粮中，永折三十四万四千三百石，河工留用粮八千一百九十六石，京通仓实进粮三百六十四万七千四百石。其后岁支日超所入，京通仓粮入不敷出，存粮仅四百余万石，不足两年支用。天启元年（1621 年）十二月京通二仓兑改粮总计仅二百四十七万四千七百二十三石余，二年（1622 年）入京仓粮一百一十三万石，三年（1623 年）入京仓粮一百九十六万石。天启七年（1628 年）十月总督仓场

① 《明穆宗实录》卷 12，隆庆元年九月丁卯条。

② 《明穆宗实录》卷 13，隆庆元年十月丙戌条。

③ 《明神宗实录》卷 144，万历十一年十二月甲子条。

苏茂相奏："京军岁放三百余万石，今京通二仓米止百二十六万九千五百七十三石，目前犹以旧积支，吾后将以何继"，[①] 请求裁减冗员，减少开支。崇祯年间，战乱频兴，漕路中断，每年京通仓岁入漕粮在一百万石左右，不敷军用，只能通过加派赋税的方式予以维持。

总之，有明一代京通仓粮额呈现了马鞍形的起伏，其高峰在成化、万历初年，而低谷在天启、崇祯年间，之所以出现这种变化与波动，受多重因素的影响。明初为漕运制度的初创时期，各项章程尚不健全，京通仓每年入粮在四百万至七百万石之间，成化年间确定四百万石漕额后，仓储积蓄不断增长，盛时达两千余万石。弘治、正德、嘉靖年间随着灾荒、兵乱的剧烈化，京通仓粮日加衰减，但尚有四五年之用。万历初年，张居正新法推行后，加之重视节蓄，京通仓粮积至近二千万石，达到了明代历史上的又一盛期，不过随着军事开支的增加，社会秩序的动荡，京通仓粮逐渐入不敷出，最终走向了衰落。

清代京通仓为"天庾正供"，其粮储数额也经历了较大变化。总体看来，清初康雍乾三朝为仓储存粮相对丰裕的时期，至雍正朝达到鼎盛，乾隆中期后呈快速衰减趋势，咸丰、同治、光绪三朝因运河中断，漕制废弛，漕粮多由海运，加上铁路兴修、商品粮市场兴起，京通仓存粮基本维持在一二百万石左右，其他所需粮多通过漕折银从市场购买，传统漕运的作用已日趋下降。

清初至乾隆中前期为京通仓粮相对充裕阶段。顺治初年，天下未靖，运道不通，漕粮不能按时抵京，京通仓不但存粮较少，而且部分仓储废毁不堪，国家积蓄计日而食。经休养生息，康熙年间"仓贮七百八十万石"，[②] 至雍正时国家府库充裕。雍正四年（1726 年）十二月，仓场侍郎托时疏言："各省改兑米石例进通仓，今通州大运西、中南两仓存贮稄粟米石，足支数

① 《明熹宗实录》卷 79，天启七年十月己丑条。

② 《军机处上谕档》，盒号 727，册号 4，第 1 条，乾隆五十七年十二月十一日，中国第一历史档案馆藏。

十年，厫座不敷，新粮多系露囤”,① 可见此时通州仓积蓄丰厚，有着大量存粮。雍正九年（1731 年）时，“京通各仓共存历年漕白米一千三百五十余万石，计每年进京通仓正耗米四百余万石”,② 京通仓积米数达到了清代鼎盛。乾隆初年多次截漕赈灾，入京漕粮数量减少，乾隆四年（1739 年）仓场大臣称：“查每年漕粮由仓场分派，各仓收贮，其运到之数多寡不等，如漕粮全行起运，则京仓约收三百余万石，如截留、捐折则收二百余万石，今京仓现贮米六百九十余万石，除放甲米外尚存四百四十余万石。”③ 如通州仓按存米一百万石算，那么京通二仓合计约八百万石左右，已远不如雍正时期存粮数额。乾隆九年（1744 年）高宗谕称：“今内外臣工动以截漕为请，朕念民依，亦屡次允从，处于一时之急济，其实京仓所贮虽云可备五年，可备十年，也仅为官俸、兵粮所必需，著统为京师人口计，即一二年恐亦不足供支，况欲更分此以赈贷直省”,④ 就截漕赈灾对京通仓粮的消耗已经有所忧虑。不过统治者虽意识到这一现实问题，但仍不断截漕，至乾隆二十三年（1758 年）时已截漕超过一千三百二十余万石，远超康熙年间的二百十四万石、雍正年间的二百九十余万石。

乾隆后期由于不断截漕赈灾及军事开支的耗大，京通仓粮已大不如前。乾隆四十年（1775 年）六月，仓场侍郎富察善奏称：“京通仓米除本年额支外，尚敷二年支放，嗣后请停各省截漕，如遇偏灾赈粜，即动常平仓谷，或照例银米兼赈”,⑤ 可见此时京通仓储已渐不充裕。乾隆五十七年（1792 年）十二月京通各仓实存各色米五百六十三万石，每年放俸甲二米二百八十万石，只有两年之用。道光十二年（1832 年）八月，江西道御史那玛善奏：“京仓谨存米五百余万石，连今岁漕粮统计，放至明年年底，所余无

---

① 《清世宗实录》卷 51，雍正四年十二月辛酉条。

② 《漕运则例纂》卷 20《京通粮储 · 发粜仓粮》。

③ 《军机处上谕档》，盒号 557，册号 1，第 3 条，乾隆四年六月十五日，中国第一历史档案馆藏。

④ 《军机处上谕档》，盒号 558，册号 1，乾隆九年三月二十三日，中国第一历史档案馆藏。

⑤ 《清高宗实录》卷 985，乾隆四十年六月乙巳条。

多，皆由各省截漕，而江苏为尤甚”，[①] 可见此时因截漕过多而导致京储不足。同年，据户部统计，京通十五仓“实贮白粮、粳、稜、粟、麦、豆共计四百七十二万二千六百九十九石零，其六月以后入仓新米及未经起卸漕粮俱未列入清单合并”。[②] 其中除通州西仓与中仓存粮七万石左右外，余皆全部在京仓存储。道光中期后，运道日梗，河路不通，虽行海运而不能长久，道光二十三年（1842 年）五月大学士管理户部事潘世恩奏称：“伏思京城内外十一仓，现存实贮通计尚有二百数十万石，均属天庾正供，颗粒俱宜慎重。近年南粮运数递减，储备攸关，不可不亟思核实，设法清厘，现查京仓实贮，每仓有十余万石至二三十万石不等”，[③] 要求户部制定章程，核实仓粮实际数目，重视国储。咸丰初年每年尚有入京漕粮二百余万石，黄河铜瓦厢决口后，运河中断，漕路不通，漕粮入京数锐减，止一百万石左右。同治五年（1866 年）十月掌贵州道监察御史夏同善奏：“京师岁漕三百余万石，从前源源而来，尚未见粒米狼藉，近因运河不通，权办海运，每岁运京者仅四五十万石，较之往年不过五六分之一，以致官俸、兵米折减过半，不独兵困官困而粮价昂贵，小民谋食维艰，亦无不俱困，京城内外盗贼滋多，虽尽法惩治，迄不能制。”[④] 京师粮匮导致区域社会治安秩序败坏，不同群体均面临乏食的危机，增加了政府治理的难度。其后，漕粮基本行海运，每年运粮数在一百万石左右，京通仓实存粮一百五十万石上下，基本每年所入仅供所支。光绪四年（1898 年）清查粮数，京仓存米二百二十七万石，因此时漕粮大半折银，军丁俸粮也以银为主，所以可支两三年之用。加上此时商人运粮活动频繁，大量粮食通过海运输至京师市场，此时京通仓粮虽不足，但实际京城供给尚能维持。

---

① 《清宣宗实录》卷 218，道光十二年八月乙未条。

② 《呈京通等十五仓实贮粮石数目分析清单》，《单》，档号：03-3370-047，道光十二年，中国第一历史档案馆藏。

③ 潘世恩：《奏为遵旨议复仓场侍郎奏请京仓米石以放代盘等事》，《军机处录副奏折》，档号：03-3376-030，道光二十三年五月初三日，中国第一历史档案馆藏。

④ 夏同善：《奏为京仓匮乏亟宜筹款采买事》，《军机处录副奏折》，档号：03-4952-112，同治五年十月十七日，中国第一历史档案馆藏。

清代京通仓粮数的演变轨迹与明代既有类似之处，同时又有所差异。相同之处是初期均重视粮食积蓄，漕粮多以本色入京，雍正时仓储积粮达到了清代历史的高峰，乾隆中后期随着截漕赈灾数额不断扩大，京通仓粮逐渐匮乏，嘉庆、道光年间仅存粮在四五百万石左右。咸丰后随着军兴频繁、运河中断、漕粮改折，京通仓粮逐渐减少，难以完全满足国家各项需求，官俸、兵米也多以折银为主。同治、光绪时随着商品粮市场的兴起及轮船、火车等新式工具的出现，京城粮食市场逐渐活跃，统治者既可以漕折银在京城市场买粮，又可通过海路从上海、广东等处采购粮米，在一定程度上缓解了京城粮食危机，此时即便京通仓粮数额并不充裕，京城也并未因粮发生大的社会动荡。

二、明清水次仓的存贮、转运作用

明代漕法经历了支运、兑运、长运的变化，所以水次仓作用也有所改变，经历了由存贮、转运兼具到以存贮为主的改变，而清代漕运一直行长运法，水次仓基本以存贮为主，转运功能虽有，但已弱化。总体来看，明清水次仓的存贮、转运作用呈现衰减的趋势，由明代中前期的仓储规模大、存粮数额多到清代粮数锐减，甚至仓储坍塌废坏的变化，这种变化也体现了明清数百年间传统漕运逐渐趋向衰落的现实与规律。

明清水次仓存贮、转运功能的发挥与漕运制度的变革有着密切关系。永乐、宣德年间建仓天津、德州、临清、徐州、淮安，以备漕粮存贮、转运。宣德年间复支运法，淮安仓存民运粮二百五十万石、徐州仓存粮二百七十四万石、临清仓存粮二百二十万石，不过诸仓均为暂贮，由各地卫所官军接运至通州、北京仓。宣德五年（1430 年）五月，因河南诸府粮运京城路途遥远，运价昂贵，“河南惟南阳、怀庆、汝阳路远，粮宜于临清仓纳。开封、彰德、卫辉稍近，宜于德州仓纳”。① 不久又命山东、河南漕粮全运德州仓交纳。正统初年运粮四百五十万石，沿河水次仓存一百七十万石左右。景泰

① 《明宣宗实录》卷 66，宣德五年五月癸亥条。

四年（1453年）冬十月，“命户部移文各处巡抚、侍郎等官及浙江、江西二布政司、直隶苏松等府，于折银粮内量改三十万石运赴徐州仓，七十万石赴淮安仓，听候下年官军兑运”。① 天顺七年（1463年）冬十月，总督漕运左副都御史王竑言：“去年积贮天津仓粮米二十八万余石，恐岁久浥烂，请令各处运粮官军明年粮船至天津仓走带，前赴通州仓交纳”，② 可见水次仓存粮具有填补京通仓缺额的作用。成化年间行长运法后，沿河各仓存粮减少，临清、德州二仓存预备米十九万石，以山东、河南两省改兑米充之，遇灾伤年份补京通仓额之不足，原在淮安、徐州、临清、德州四仓支运的七十万石漕米全部改于州县水次交兑。嘉靖初年，淮、徐、临、德所存之米久不支用，多有霉烂，于是漕粮改折，仓储渐耗，至万历年间，临清、德州二仓尚有一定积蓄，而淮安、徐州二仓无粒米，后虽有大臣建言各仓积粮至五十万石，但在折银日多的情况下，并未得到彻底施行。其后，临清广积仓收山东预备米五万四百石，河南米六万石，而德州仓收山东预备米六万石，河南米二万石。天启、崇祯年间仓储渐匮、漕政日弛，沿河水次仓存粮大减，不过仍有零星存储任务，崇祯初年德州仓有余米二万九百石，临清仓余米三万石，崇祯五年（1632年）山东漕粮三十余万石由淮安等十六卫所官军领运，“除天津仓上纳六万石，督押已抵该仓。蓟州仓上纳二万七百石，系济宁卫前帮领运，督催业已转津，径抵海口赴仓外，其京、通、常、密粮二十二万四千九百石系淮安等卫所运，抵通坝交卸剥运”。③ 此时各仓存粮多作为军事用途，而且边防重镇所用漕粮数额较大。清代漕运一直行长运法，水次仓存粮数额不多。清初德州仓收河南粮二万三千三百五十七石余，其中开封府属六千四百八石余，归德府属三千一百余石，彰德府属二千三百余石，卫辉府属三千五百石余，怀庆府属一千九百四十余石，河南府属八百九十石余，陈州属六百一十三石余，其他禹州、郑州、襄城县均有定额。乾隆三年（1738年）夏四月，德州、临清二仓有存谷三十九万余石，但新旧不一，命

① 《明英宗实录》卷234，景泰四年冬十月己亥条。

② 《明英宗实录》卷358，天顺七年冬十月庚寅条。

③ 《度支奏议》之云南司卷14《题报山东河南漕粮抵通疏》。

山东巡抚法敏择洁净好谷十万石运往直隶赈灾。乾隆后，随着赈灾用粮不断增多，沿河仓储存粮渐耗，除临清、德州二仓尚有一定积蓄外，徐州、凤阳、江宁诸仓或被税收机构合并，或沦为地方性仓储，基本不再具有存储漕粮的功能。

明清水次仓还具有寄收冻阻、迟滞漕粮及截留赈灾漕粮的功能。寄收及截漕的仓储主要以运河北部区域的天津仓、德州仓、临清仓为主，原因有二，一方面是这些仓储更靠近京畿区域，而明清两代北方社会经济、农业发展程度不如南方，应对灾荒的能力较弱，所以发生灾荒时，将漕粮存放于这些临河仓储中，可以利用便利的运河交通将仓粮运至受灾区域。另一方面，每年漕船入京虽有一定时间限制，但因自然因素与其他意外情况，漕船有时行至天津、山东段时，河道已冻阻难以航行，只能将漕粮寄存于沿河仓储中。天顺六年（1462 年）冬十月，因运河水浅，加之水旱灾伤，漕粮四十余万石寄存德州仓、天津仓。弘治七年（1494 年）山东张秋河决，临清仓寄存漕粮八十九万石，天津仓寄收四十万石。正德六年（1511 年）九月，户部奏称九月粮运未至通州者尚有一百六十余万石，于是命户部左侍郎邵宝兼都察院左佥都御史督催运船，“乘河未冻，催督前运贮通州、天津仓，后运贮临清、德州仓，以免流贼焚劫，故有是命”。[①] 该年因刘六、刘七起义，横行于直隶、山东运河区域，阻截漕粮，焚烧运船，为防漕粮被抢，所以存于沿河诸仓。正德十四年（1519 年）二月，因运船冻阻天津，命于天津仓交纳粮米六万石。清代沿河水次仓存贮截留赈灾漕粮的频率增加，一方面水次仓位于水陆交通便利之地，有着方便运输漕粮，赈济沿河受灾区域的条件，但同时仓储自身存粮的减少又限制着赈灾功能的发挥，因此利用闲置的仓储存贮截留漕粮，起到了充分利用仓储的意义。乾隆九年（1744 年）二月，因上年山东济南、东昌、武定三府所属州县受灾，虽加以赈济，但今春丰歉难定，为提前做好准备，“今东省闸内现有运京漕粮四万余石，著就近截留以济借粜，不敷之州县再将北上漕船内截留漕米二十万石分贮沿河临

---

① 《明武宗实录》卷 79，正德六年九月丁巳条。

清、德州二仓，倘遇需用之时，即动拨接济”。[①] 乾隆十年（1745 年）六月，高宗上谕称直隶地区降雨较少，恐将来发生饥情时需用米赈济，命直隶总督高斌“将尾帮漕粮酌留二三十万石于天津仓存贮备用，或于沿河州县仓厫可以分贮以备拨用，亦听其酌量办理”，[②] 作为备赈粮使用。道光十八年（1838 年）六月，因南漕浅阻，漕船不能按时抵通，“在临清、德州等处仓厫截卸三四十万石之处，著该漕督会同山东巡抚察看情形，妥筹办理”，[③] 作为暂存迟滞漕粮处所。道光三十年（1850 年）本年重运漕船北上迟误，江西、湖南等帮道路遥远，恐不能按时抵达通州，“恐有偷漏使水等弊，且虞河水冻结不能抵坝，即相机卸囤德仓……著漕运总督、山东巡抚赶紧催攒，总期以速补迟，一律到坝，倘因限期迫促，在后各帮不能全数抵坝，应否卸囤德州仓以便回空南下，该漕督等务当速筹商，斟酌妥办”，[④] 命漕船加速前行，如河道冻阻，可暂存德州仓，来年运送入通仓。咸丰二年（1852 年），山东济宁等州遭遇黄河水患，灾民不能复业，命拨江西、湖北漕米赈济，由漕船带往山东备赈，山东巡抚议修临清、德州仓储存粮，“俟赈米运到时再行广为散放，至本年漕船挽运较艰，恐值秋深水落之时卫河浅阻，剥运耽延，该署抚议修临清、德州仓厫以备中途截卸，著照所请，准其撙节估计核实办理”。[⑤] 此时因临清、德州二仓长期得不到修缮，损坏严重，只能临时修补以备存粮。

明清水次仓存贮、转运作用发挥的强弱与漕运制度的变迁密不可分，当国家重视运河沿线仓储积蓄时，往往将大量漕粮存于水次仓之中，用于京通仓粮的填充、沿河灾荒的赈济、运军行月粮的发放，而运法改变与漕粮大规

---

① 《清高宗实录》卷 211，乾隆九年二月壬申条。

② 《军机处上谕档》，盒号 558，册号 2，第 1 条，乾隆十年六月十六日，中国第一历史档案馆藏。

③ 《清宣宗实录》卷 311，道光十八年六月丙子条。

④ 《军机处上谕档》，盒号 1160，册号 1，第 2 条，道光三十年九月二十八日，中国第一历史档案馆藏。

⑤ 《军机处上谕档》，盒号 1169，册号 1，第 4 条，咸丰二年四月二十九日，中国第一历史档案馆藏。

模改折，导致水次仓存粮锐减，其功能也受到了削弱，甚至某些方面的作用慢慢消失，功能逐渐单一化，而国家与地方社会对水次仓依赖程度的降低，又进一步使其管理、运作机制懈怠与僵化，其存贮、转运作用逐渐边缘化。

三、京通仓、水次仓粮的政治供给

明清京通仓与水次仓的重要功能之一为政治供给作用。在明清皇权制社会，统治阶层尤其是京城皇室、贵族、官员具有权力的主导与优先地位，全国的政令由京城颁布、各地官员由皇帝任免、高官显贵聚集于都城，因此京城皇室、官员的供给尤为重要，京通仓储存粮中很大比例为宫廷、贵族、京官消费，他们的俸禄因级别高低、文武差异而有所区别，但基本包括钱、粮、绢帛等类型，会根据国家财政的现实情况进行调剂与发放。明清两代，京通仓储对于京城消费人口的供支，是保障王朝统治与控制基层社会的重要基础，而沿河水次仓则对地方官员、运军及衙署胥役的俸禄与口食起着支撑作用，两种类型仓储对京城区域社会及运河沿线区域社会施加着重要影响。

（一）明代京通仓的政治供给作用

明代皇室、宗藩、勋爵人数经历了由少到多的变化，随着食俸群体数量的增加，其俸粮的比例与种类也经历了较大的变化。明代皇室与贵族分为王、公、侯、驸马、伯等成员，其俸禄来源与比例有所差异。明初封朱姓藩王，定亲王米五万石，后因数额太大，改为万石，后又改米钞兼支，同时辅以绢帛。后形成了固定的俸禄制度，其中秦王、晋王、周王、楚王、鲁王、蜀王、代王、肃王等三十六王俸粮自二万石至一千石不等，差距较大，与宗室的远近亲疏有着密切联系，如数额最多的周王，第一代周王朱橚为朱元璋嫡子，母亲为马皇后，所以俸粮二万石，后虽削减为九千石，但数额仍复不少，而肃王、靖江王俸粮一千石，且本折兼支，在诸王中数额最低，与皇室的关系也最为疏远，如第一代靖江王朱守谦为朱元璋侄孙，第一代肃王朱楧为朱元璋庶出十四子，地位也不是很高。不过明代诸王多分封于外地，其供需由封地供给，京通仓粮基本不与其发生关系，即便有也多为赏赐性质。而与京通仓关系密切的则为在京勋爵，即明代的开国元勋及其后裔，如魏国公、英国公、成国公、定国公、黔国公等世袭公爵，其禄米自二千五百石至五千石不等，折色在一千石至三千石之间，实支本色米二千石至一千石不等，折色多为银或绢，此举有利于节省京通仓储米石，以备他用。侯爵如恭顺侯、定西侯、抚宁侯、镇远侯、永康侯、武安侯、怀宁侯等二十侯爵，俸米自一千五百石至五百石不等，也是本折兼支，最多者恭顺侯“米一千五百石，本色七百石，内随府米二百石，折色八百石”。① 最少者丰城侯，禄米五百石，其中本色二百石，折色三百石。宁安大长公主作为皇帝的女儿，禄米一千石，其中本色七百石，折色三百石，而驸马都尉为皇帝诸女之夫，“禄米一千石，本色七百石，小麦三百石”。② 伯爵有三十五位，俸米自一千二百三十石至八百石不等，本折各有比例。在京公、侯、伯诸勋爵的俸禄也并非一成不变，在明代也经历了数次变革。洪武初年时，“凡公、侯、驸马、伯禄米皆给官田，令量其原给官粮、私租之数，依主佃分数收取”，③ 通过收取租粮的方式作为俸粮。洪武二十五年（1392 年）改为论功定俸粮数，原赐官田收回。永乐元年（1402 年）户部尚书郁新奏请“公、侯、驸马、伯、仪宾禄米请如文武官例，米钞兼支”。④ 这样由最初发放俸粮改为粮钞各占一定比例。第二年进一步确立俸禄制度，“五千石至三千五百者，支米二千石；二千五百石者支米一千五百石；二千石者支米一千石；一千五百石至一千一百石者，支米八百石；一千石者，支米七百石；九百石者，支米六百石；八百石者，支米五百石；四百石者，支米二百五十石。其余折钞二百石以下者全支米”。⑤ 根据爵位高低，按比例折钞，使既够其所用，又能节省国储。永乐二十二年（1424 年），令勋爵禄米、折钞全部于南京支取。洪熙元年（1425 年），令公、侯、驸马、伯折钞，禄米米麦兼支。宣德六年（1431 年），为增加国家积蓄，减少粮的比例，“令以承运库生绢⑥准

① 《太仓考》卷 4《岁支》。

② 《太仓考》卷 4《岁支》。

③ 《太仓考》卷 4《岁支》。

④ （明）雷礼：《皇明大政纪》卷 6《永乐元年》，明万历刻本。

⑤ 《太仓考》卷 4《岁支》。

⑥ 生绢是指未漂洗过，没有精炼脱胶的绢匹。

给公、侯、伯禄米一半，每匹折米二石”。[①] 正统三年（1438 年）米麦兼支，景泰元年（1450 年）恢复旧制，仍米钞兼支。成化十九年（1483 年），奏准“公、侯、伯禄米本色、折色之数，子孙承袭时俱照旧”，[②] 第二年又令勋爵禄米每石折银七钱，以后恢复旧例。弘治十年（1497 年）令两京勋爵本色禄米自后每石折银七钱。嘉靖十七年（1538 年），令“公、侯、驸马、伯禄米于户部关支，现任南京并各处镇守照旧南京支给”。[③] 至此勋爵禄米逐渐由南京仓储转移到京通仓储支给，一直延续至明末。

明代京城官员数量众多，其中文官比例很大，也是维系王朝统治的主要力量，其俸禄往往与其品级挂钩，基本也是粮钞兼支模式。永乐十九年（1421 年）定文官俸禄比例，“一品至五品三分米，七分钞；六品至九品四分米，六分钞；其本色米每月在京止支五斗，余在南京仓支，不愿者俱准在京折钞”。[④] 该年刚刚迁都北京，粮储尚不充盈，官员俸粮多在南京仓支。三年后，又令一品至九品官员添加本色米五斗，共计本色米一石。宣德六年（1431 年）又以绢折米，“于京库生绢折支本色米两月，每绢一匹准米二石，余俱于南京关支”。[⑤] 正统四年（1439 年），为增加官员俸禄中粮的比例，“于折钞内再改添本色米每月一石，于京仓关支，其余本色米仍赴南京关支”。[⑥] 弘治年间为减轻官员长途跋涉前往南京支粮之艰辛，命原南京仓所支本色改每石折银七钱，于北京太仓库支取。至万历年间，本色、折色制度逐渐固定化，“今本色俸有三，本色米每月一石，正统四年例；折绢米两个月，宣德六年例；折银米十个月，弘治十年例。折色俸有二，有本色钞，有绢布折钞不等，正统九年始分上下半年之例，上半年支本色钞锭，下半年以胡椒、苏木折钞关支。成化七年以后胡椒不敷，议将甲子库绢布折支”，[⑦]

① 《万历会计录》卷 34《文武官俸禄》。
② 《太仓考》卷 4《岁支》。
③ 《大明会典》卷 38《户部二十五・廪禄一》。
④ 《太仓考》卷 4 之 2《岁支》。
⑤ 《万历会计录》卷 34《文武官俸禄》。
⑥ 《太仓考》卷 4 之 2《岁支》。
⑦ 《万历会计录》卷 34《文武官俸禄》。

可见明廷为尽量减少京仓所支本色，会使用其他各种折色以代替俸粮。确定本折制度后，正一品官员“岁该俸一千四十石，内本色俸三百三十一石二斗，折色俸七百一十二石八斗。本色俸内除支米一十二石外，折银俸二百六十六石，折绢俸五十三石二斗，共该银二百四两八钱二分。折色俸内折布俸三百五十六石四斗，该银一十两六钱九分二厘，折钞俸二百五十六石四斗，该本色钞七千一百二十八贯”,① 可见俸禄组成部分非常复杂，往往是银、米、钞、布、绢多种类型混合。其他自从一品直至未入流及胥吏各有相应比例，如“未入流岁该俸三十六石；各衙门吏典、监生月粮，府部等衙门吏典俱月支一石”,② 以至国子监官吏、钦天监文生、五城兵马司及营缮所典吏等各支一定俸粮。

明代驻京武官包括五军都督府及诸京卫武官，明代施行“重文轻武”制度，但在俸禄上与文官保持一致，并未有太大区别。如左右都督属正一品，每月俸粮八十七石，岁共一千四十石，“内本色米一十二石，折银米二百六十六石，该银六十六两五钱；折绢米五十三石二斗，该银一十八两六钱二分；折布米三百五十六石四斗，该银一十两六钱九分二厘，岁共折银九十五两八钱一分。折钞米三百五十六石四斗，该钱七千一百二十八贯”,③ 可见武官在比例上与文官稍有区别。其他自都督同知至署试百户各有一定数额俸禄，最低者署试百户“每月俸粮三石，岁共三十六石。内本色米一十二石，折银一十石，该银二两五钱；折绢米二石，该银七钱；折布米六石，该银一钱六分，共折银三两三钱八分，折钞米六石，该钞一百二十贯”。④ 除此之外，还有一些特殊的武官，如蒙古各部投靠明廷后被授予官职，称达官，为体现皇恩浩荡，彰显帝王的优待策略，达官指挥使每年俸粮四百二十石，“内本色米一百二十六石，折钞米一百四十七石，该钞二千九百四十

① 《太仓考》卷4之2《岁支》。
② 《太仓考》卷4之2《岁支》。
③ 《太仓考》卷4之2《岁支》。
④ 《太仓考》卷4之2《岁支》。

贯，折布米一百四十七石，折银四两四钱一分”。① 其他指挥同知、佥事、正千户、副千户、实授百户、试百户等达官，“自指挥使以上俱照品级支给本色米并折布钞，无折银折绢事例，但实授百户以上折布钞月加米一石五斗，试百户折布钞月加米一石”。② 明代武官俸禄制度相对文官来说较为简单，部分官员不存在折绢、折钞之例，这样在发放时也能提高效率，减少时间的消耗与管理者的负担。

明代水次仓的政治供给作用主要为当地卫所军丁、官员及运军提供俸粮与食粮。天津水次仓岁支“天津，武清四卫、沧州所官吏、恩士、旗军共九千三百九十九员名，并儒学香烛价米，共岁支粮八万八千七百三十八石八斗，又每五年两闰，每年分加粮二千九百五十七石九斗六升，共支粮九万一千六百九十六石七斗六升”，③ 是当地驻军、官吏俸粮的重要来源之一。德州仓支放德州卫官吏、旗军三千三十七名，共支陈米一千二百六石余，德州左卫官吏、旗军三千六百二十五名，共支米七千六百一十一石余，两卫共计支米八千八百余石，另天津等九卫运军行粮也从德州仓支取，共计三千二百三十七石余。临清广积仓岁支临清卫官军月粮米共二千九百一十八石二升七合一勺，平山等卫行粮一万四千九百五十九石五斗五升九合五勺八抄，为临清卫、平山卫驻军、运军提供行月粮，根据运粮数目与距离，其发放数额有所差异。临清仓岁支“临清卫官军行粮四千五百三十三石四斗四升四勺，共支行月粮二万二千四百一十一石二升七合八抄”。④ 另一仓常盈仓既服务于军卫，又为当地官员提供俸粮，“临清州官吏并属仓、驿、局、闸等官共五十一员名，共俸粮九百五十七石六斗。临清卫官吏、春秋班运粮等项军余共计五千二百二十八员名，共俸粮五万一千三百一十四石四斗”。⑤ 徐州有广运、永福二仓，其中广运仓支给邳州、徐州、徐州左、归德四卫所运官、

① 《太仓考》卷4之2《岁支》。
② 《太仓考》卷4之2《岁支》。
③ 《太仓考》卷8《水次仓》。
④ 《太仓考》卷8之3《水次仓》。
⑤ 《太仓考》卷8之3《水次仓》。

运军行粮一万三千六百七十三石余。永福仓岁额粮十一万六千五百四十二石余，岁支“两卫属官吏，并两洪（徐州洪、吕梁洪）稍水夫共俸粮六万五千七百四十二石四斗，每石折银三钱，共银一万九千七百二十二两七钱二分。徐州、徐州左二卫军粮共六万九百五十二石八斗，每石折银三钱，共银一万八千二百八十五两八钱四分”。[①] 淮安常盈仓支给凤阳等八卫所并直隶庐州、六安、滁州、泗州、寿州、仪真、扬州、高邮、淮安、大河、武平、宿州、颍川等二十一卫所部分官军食粮，后“原江南一十七卫所官军，计一万九千一百余员名，每名粮三石，约该粮五万七千三百余石，折银二万二千九百余两，除摘派常镇外，不敷仍于常盈仓支，听漕司坐拨，惟江北遮洋二帮每年俱该仓支粮”，[②] 可见常盈仓涉及卫所、运军数量众多，是支持漕运正常运转的重要物质保障。

明代京通仓、水次仓政治供给制度的建立是基于中央王朝统治的需求，无论是皇室宗藩、勋爵显贵，还是文武官员、运军行月粮、地方官俸与驻军食粮，都属于国家政治制度、漕运制度的重要组成部分，而仓储存粮的发放往往会按照等级、爵位、官品有所区别，这也体现了官僚结构与俸禄之间的对应关系，当然俸禄的内容也经历了完全由本色到本、折兼支的过程，这是由王朝重视积蓄，不断增强国家统治基础的策略所决定的，而俸禄制度也在一定程度上激励了官员、军士效忠于皇帝，维护专制统治。

（二）清代京通仓与水次仓的供给作用

清朝建立后，皇室宗藩主要集中于京城，不再分封于外地，所以其食禄基本由京通仓供给。与明代有所差异，清代俸禄最初仅支银，后银粮兼支，按照相应比例发放。清代皇室宗藩俸禄数额经历了一定变化，顺治元年（1644 年）定“王公俸银有差，岁给亲王银一万两，郡王五千两，贝勒二千五百两，贝子一千二百五十两，公六百二十五两”，[③] 此时因京通仓储匮乏，不见发粮之举。顺治三年（1646 年）更定公爵俸银六百二十两。顺治七年

---

① 《太仓考》卷 8 之 7《水次仓》。

② 《太仓考》卷 8 之 8《水次仓》。

③ （清）张廷玉等：《清文献通考》卷 42《国用考》，清文渊阁四库全书本。

（1650 年）定王公俸米并郡王以下各俸银，“亲王俸银如旧，例米六千石；郡王四千两，米二千石；贝子一千两，米八百石；公五百两，米六百石，将军八十两”。[①] 第二年又再次进行更定，九年（1652 年）再定亲王世子岁给俸银六千两，郡王长子岁给俸银三千两，可见清初皇室俸禄制度尚不规范，经常根据实际情况予以调整。顺治十年（1653 年）确定宗室王公俸禄之制，“宗室岁支俸银禄米，亲王银一万两，米六千石，世子银六千两，米三千石；郡王银五千两，米二千五百石，长子银三千两，米一千五百石；贝勒银二千五百两，米一千二百五十石，贝子银一千三百两，米六百五十石”，[②] 实行银米兼支制度，根据爵位高低与等级进行发放，其他镇国将军、辅国将军、奉国将军各分三级，每年银自四百两至一百六十两不等，米二百石至八十石不等。世爵则分公、侯、伯、子、男五等，除镇国公、辅国公为超品外，其他五爵分为四级。如镇国公每年银七百两，米三百五十石，辅国公每年银五百两，米二百五十石。一等镇国将军银四百一十两，米二百零五石，二等镇国将军、三等镇国将军依次减少，辅国将军、俸国将军、奉恩将军类似。公爵中八旗一等公地位最高，银每年七百两，米三百五十石，二等公、三等公、闲散公递减，侯、伯、子、男类似。另轻车都尉分四级，骑都尉、云骑尉、恩骑尉不分等级，银每年自二百三十五两至四十五两不等，米自一百五石至二十二石余不等。其中“亲王以下，奉恩将军以上俱系宗室封爵，不入品秩，内其俸银、俸米现据户部则例编载”，[③] 与文武官员的品级制有所差异，有一整套完整的皇室内部俸制。而部分女性宗室成员俸禄也有定制，固伦公主岁给银四百两，和硕公主三百两，郡主二百五十两，县主二百二十两，郡君一百九十两，县君一百六十两，乡君一百三十两，女性皇室成员配偶因妻而定，也享受相应俸粮，其中固伦公主额驸二百八十两，和硕公主额驸二百五十五两，郡主额驸二百三十两，县主额驸一百八十两，郡君额驸一百五十五两，县君额驸一百三十两，乡君额驸一百零五两，以上每银一

① 《清文献通考》卷 42《国用考》。

② （清）官修：《清通典》卷 40《职官》，清文渊阁四库全书本。

③ 《清通典》卷 40《职官》。

两给米一斛。清代王公贵族俸粮来源均从京通仓中支取，往往会根据支粮距离长短、各仓存粮数量差异而比例有所调整。乾隆七年（1742 年）因通州仓白米过多，恐有霉烂，将王公官员俸米内应支稜米全部以白米抵换，陈米抵换完毕后停止。乾隆二十四年（1759 年）九月十九日上谕："旧例王公等甲米原在京仓支放，后因通仓粮石陈积，部议改赴通仓关支，第念往返运费必多，虚糜其中，或将粮石就通粜卖，于八旗口食转无裨益，所有今年五旗王公等甲米及八旗佐领坐甲米石，俱著在京仓支放，嗣后每年通仓贮米酌量敷用"，[①] 将王公于通仓支取之米改于京仓，有体恤长途支粮之意。乾隆五十二年（1787 年）又议准"西、中二仓所贮白米日多，奏明将王公、官员应领粟米自本年春节为始，按石照数以白米抵给，俟白米疏通仍放本色"[②]，通过放粮的形式对仓储存粮种类进行调剂。嘉庆十二年（1807 年）通州大运西、中二仓存贮白米、粟米系支放王公大臣俸米，共四十六万余石，命除留数万石供给看仓官兵食用外，其余全部运往京城十一仓均匀存贮，此时王公贵族领取米石逐渐由通州仓转移至京仓，并一直延续至清末。

清代官员制度实行满汉双轨制，相互制约与平衡，京城百官也是如此，其中文武百官，各有正、从之分。清代"在京文武官员俸银，满洲、汉人俱一例按品颁发禄米，即照俸定数，每俸银一两支米一斛"。[③] 按俸银数额配相应比例米数，品级越高，银米愈多，品级越低，银米愈少。其中正一品，从一品岁给俸银一百八十两，俸米九十石，包括光禄大夫、荣禄大夫、建威将军、振威将军；正从二品岁给俸银一百五十两，俸米七十七石五斗，包括资政大夫、奉政大夫、武显将军、武功将军，然后按品级递减，只有正八品、从八品银粮数额相等，正九品"岁给俸银三十三两一钱一分四厘，俸米一十六石五斗五升七合"。[④] 从九品岁给俸银三十一两五钱，俸米一十五石七斗五升，未入流者米银数与从九品等。清代俸禄数额较明代大减，甚

① （清）彭元瑞：《孚惠全书》卷 55《平粜减价》，民国罗振玉石印本。

② 《户部漕运全书》卷 62《京通粮储 · 支放粮米》。

③ 《清文献通考》卷 90《职官考》。

④ 《清文献通考》卷 90《职官考》。

至相差数十倍之多，所以单靠微薄的俸粮，官员们难以维持庞大的家庭或家族开支，所以才有了后来的养廉银之名，甚至养廉银数额远超俸银额数。清初，满汉官员俸米约三十万石，在通州中、西二仓支领，乾隆五十九年（1794年）为减轻官员前往通州支粮负担，将俸米移至京仓，分贮于京城内禄米等七仓，城外太平等四仓，挨次轮流支放，但此项粮石只支给品级在三四品以下者，高级别官员依然前往通州仓支俸粮，即“文职四品以下，武职三品以下，世职子、男以下，改京仓支放”，[①] 但嘉庆元年（1796年）旋恢复通仓支米旧例。嘉庆四年（1799年）又再次因官员前往通州领粮，道路辽远，领米者多在通州卖粮易银，导致京城米价昂贵，于是仍照乾隆五十九年例办理。嘉庆五年（1800年）仓场侍郎达庆奏称：“满汉官员俸米添贮城内七仓，设遇阴雨连绵，车辆、口袋均有壅滞、停压之虞，请将俸米专贮城外太平等四仓关支”，[②] 建议将俸米全部移至城外仓储支领，以防阻碍城内交通，但被军机大臣驳回，仍于城内、城外诸仓分别支粮。嘉庆六年（1801年）因修筑通惠河漫口工程尚未完竣，运京米石较少，经仓场侍郎奏准：“本年秋季官员应领俸米暂移通仓开放，其应放米色仍按文职四品以下，武职三品以下，世职子男以下均以粳、稄二色支给至明岁春季俸米，现有亲王、郡王捐存米内白粮较多，将明春京仓应放官员俸米暂照旧定章程以六色支给，仍在通仓关领一次”，[③] 可见此时于京仓支米已成常例，只有意外情况方于通仓偶支，如同治十二年（1873年）京仓乏粮，通仓富余，“将应放满汉四五品文职，三四品武职，四品以上世职俸米暂移通仓，以白粳米支给，先尽最陈年份厫座开放，经部议覆，暂放两季，俟两季后仍归京仓支领”。[④] 光绪时多数官员基本于京仓支粮，遇有特殊情况，经户部、仓场衙门题准后，可以京通二仓相互调剂，不过随着漕粮大规模改折，这一时期官员折银比例加大，可从市场购买食粮，较以前更为便利。

① 《户部漕运全书》卷63《京通粮储・支放粮米》。
② 《户部漕运全书》卷63《京通粮储・支放粮米》。
③ 《户部漕运全书》卷63《京通粮储・支放粮米》。
④ 《户部漕运全书》卷64《京通粮储・支放粮米》。

清代沿河水次仓主要供给运粮旗军行、月二粮，维持其生活，保障漕运制度的稳定运转。康熙三十五年（1696 年）题准“临、德、江宁、淮、徐、凤阳等仓编征行月银及米麦，原为供给运军廪粮之需，江宁、德州二仓统入漕项奏销，其临清仓月粮，淮、徐、凤三仓行月钱粮，总漕照例于隔年三月别案题销”,① 对运军支粮水次仓题销时间进行了规定。诸仓供给运粮旗军卫所区域有所不同，其中直隶省通永道属通州所帮运河南漕粮，“轮运千总二员，运船二十只，屯丁二百名，每官丁行粮二石四斗，每丁月粮九石六斗，俱本折各半，折色每石折银八钱，官丁共应支行粮四百八十二石四斗，屯丁共应支月粮一千九百二十石”。② 行粮本折在河南粮道库支取，月粮本色在通州大运中仓支取，折色银两在坐粮厅支取。天津道属天津帮行月粮也在河南粮道库与通州仓支取，因距离较近，便于支领缘故。山东省德州卫正帮行粮本折在德州支给，月粮本折在德州仓支给；济宁卫前帮行月粮本色在兑漕各州县支给，折色在山东粮道库支给，济宁卫左帮行粮本色在兑漕州县支给，折色在山东粮道库支给，月粮本折在德州仓支给；临清卫山东前帮行粮本色在兑漕各州县支给，折色在山东粮道库支给，月粮本折在临清仓支给，临清卫河南前帮与后帮，行月二粮本折一半在河南粮道库支取，一半在临清仓支给。凤阳卫三帮本色行月在江安粮道漕项下及苏松粮道属淮安、扬州、寿州、镇江等处仓储支给，折色行月在江安粮道凤阳仓、淮安仓项下支给。淮安卫四帮运粮官军行月本折在江安粮道漕项及徐州仓、淮安仓支取。徐州卫江北帮行月本折在徐州仓项下派支，徐州卫河南前后帮行粮本折在河南粮道库支给，月粮本折在徐州仓项下支给。泗州卫泗州前帮行月本折在江安粮道漕项及淮安仓支取，后帮与前帮同。大河卫前帮行月本折在江安粮道漕项及淮安仓支取。

清代京通仓是维持皇室供需，官员俸禄的重要保障，清代俸禄制度既借鉴明代，施行本折兼支策略，同时又有自身特色，那就是俸禄数额较低，多通过养廉银予以弥补。清代皇室、勋爵、官员支粮制度较为灵活，往往会根

① 《大清会典则例》卷 43《户部・漕运三》。

② 《户部漕运全书》卷 28《官丁廪粮・卫帮额支》。

据京通二仓的丰绌进行调整，以达到优先保障京仓需求的目的，而沿河诸仓在清初对运军行月粮的支给起着重要作用，是维持漕运制度运转、满足运军生活的物质保障，而中后期随着水次仓制度的废弛，其支付运军的功能也大为削弱，难以发挥相应的作用。

第二节 京通仓、水次仓的军事补给作用

明清京通仓、水次仓的军事作用主要体现在为京城驻军、边防驻军、战时供需提供用粮，其中明代京通仓储最大的开支为边镇与京城卫所用粮，战争上偶有接济，而清代北部边防威胁相对较小，主要以京城驻军开支为主。军丁是明清四百万石漕粮最大的消费群体，其原因在于军卫、旗军是明清王朝最主要的武装力量，起着巩卫京师、屏障边防、平定叛乱、抵御外侵的作用，所以足够的粮食供需直接关系到军心稳定、社会控制与政权统治。明清在不同历史时期京通仓储军事用粮的数额有着较大差异，其中京城驻军供需相对稳定，而边防用粮、战争用粮则由现实局势而定，但总体来看明代军事用粮的比例是超过清代的，这与明代受到较多的军事威胁有着密切关系。

一、明代京通仓、水次仓的军事开支

明代京通仓储最主要的消费者为军卫，包括边镇供需、京城驻军食粮两部分，而水次仓偶尔为军事应急提供用粮，属偶然而非常态。明代虽施行“重文轻武”统治策略，对统军将领予以牵制与防备，但对于军事开支用粮却丝毫不敢懈怠，明初北部边防有蒙元残余势力，中后期后金崛起，时刻受到外部威胁，因此除置辽东、蓟州、宣府、大同、太原、延绥、宁夏、固原、甘肃等九边重镇外，还在天津、密云等京畿地区设置重兵，以备外患，而大量军丁对粮食的消耗非常巨大，除屯田、购买能满足部分外，还有部分军粮需要从通州仓、京仓进行挖运，派军护送至军镇。而京城驻军则是屏卫王朝政治中心、巩固统治的核心力量，其粮食开支基本从京通仓中支取，支

取数额、日期都有着严格规定，有相应的制度予以保障，沿河水次仓军事用粮需求较少，但在战争孔亟、军粮匮乏时，也能起到应急作用。

明代边防军镇、京畿附近驻军消耗了大量京通仓粮，这在明中前期尤为严重。早在洪武六年（1373 年）六月就诏令在北平府密云等县设仓储粮以供给北征军士。宣德三年（1428 年）五月，“命行在后军都督府都督佥事沈清总兵民运粮往宣府。初命阳武侯薛禄等率兵护运宣府仓粮二万石以给开平军禄，至宣府而粮不足，事闻，乃命清率京卫军士及顺天等府民丁共二万余人，运京仓粮赴宣府，以足开平之运”，① 可见此时军卫之间仓储存在相互调剂的现状，但一旦军卫仓储不足，则需从京仓拨运，运粮者除军丁外，部分京畿州县民众也参与运粮，对于百姓来说是一项沉重的负担。第二年又命北京军民运京仓粮赴宣府，命阳武侯薛禄充总兵官、武进伯朱冕为参将，率领军丁护送。同年又令山东、河南、直隶八府民众及军丁运通州仓粮五万石赴宣府，可见此时边镇对于粮食的需求非常迫切。宣德六年（1431 年）置龙门卫，属万全都司管辖，宣德七年（1432 年）冬十月，户部员外郎罗通奏称：“龙门千户所并独石、赤城、云州、雕鹗四堡及龙门卫俱系极边新立城池，比因缺食，武进伯朱冕等帅军五万运京仓粮一十五万未足，而运粮者口粮已支七万”，② 为保障新立卫所及军堡供给，运粮者口粮就达七万石，充分体现了明政府是不计成本的，也反映了此时边防危机的严重性。正统元年（1436 年）命丰城侯李贤督运口外粮，“先是监察御史施庆奏永宁、隆庆、怀来诸卫军粮俱于宣府关支，路远不便。监察御史吴诚亦奏居庸关守关军粮俱在北京、通州等仓支给，往复艰难，事下行在户部覆奏，请拨军夫于京仓关粮十万石，运赴各卫收贮支用”。③ 明初以宣府作为边镇储粮据点，将京通仓粮运往该处，然后再分发其他边卫，但边卫之间距离遥远，所以才改由京通仓储直运需粮卫所，减少期间的路途反复与口粮消耗。正统四年（1439 年）又运通州仓粮二百万石分贮宣府、大同等边镇，京城官军运粮自

① 《明宣宗实录》卷 43，宣德三年五月甲寅条。
② 《明宣宗实录》卷 96，宣德七年冬十月辛卯条。
③ 《明英宗实录》卷 15，正统元年三月己丑条。

通州抵怀来卫，宣府官军自怀来卫抵万全都司，大同官军自万全抵大同，通过接力运输，将通州仓粮运赴各边镇，以供军需。土木之变后，边防吃紧，各地驻军调往边镇，需粮更多，命军民人等于京仓支粮至宣府各城，通过赏赐鼓励军民运粮，提高其积极性，其后京通仓运粮边卫之举始终未断，多次运粮至龙门、赤城、大同、宣府、蓟镇等地，如成化二十年（1484 年）发通州仓粟三十万九千六百石运至大同上纳，运粮者每石给脚价银三钱。弘治十年（1497 年）挖运通仓黑豆一万石至密云镇，弘治十三年（1500 年）八月命北直隶府州县有力之家挖运京通仓场粮草于大同、宣府等处，以给军丁食粮。正德九年（1514 年）经户部议准“挖运通仓米十万石至永平给散，本镇挖运至此始，自后凡言挖运者，俱出漕粮额数之外”。[①] 嘉靖三十年（1551 年）因山海关等处修筑边墙、墩堡，于是挖运通仓米七万石，太仓银二十六万两助之。嘉靖三十二年（1553 年）十二月，“命挖运京通仓米十五万石于宣、大二镇，十二万石于昌平镇，给明年军饷，以岁荒召买不及，从督抚官奏请也”。[②] 嘉靖四十年（1561 年）又挖运京仓米二万石至密云，二万石至昌平，通仓米四万石至蓟州，此时边镇军粮多招揽商人从市场购买，而京通仓米多为应急调用。隆庆元年（1567 年）三月蓟辽总督刘焘称密云、昌平挖运粮质量较差，后官军直运漕粮至边仓，粮质有所改善，后因古北口等处辽远，运粮不及，官军告困，刘焘建议漕粮仍旧运至边仓上纳，经讨论后，“查得漕运粮储例于京通二仓上纳以给六军，自开漕迄今二百年来未之有改，或遇边镇缺粮，户部自有挖运旧规，未有漕卒直达边镇之事。嘉靖三十三年偶因密云、昌平一镇调集兵多，暂拨漕粮径赴龙庆、石匣等仓上纳，彼时边方告急，仓促应变”，[③] 未允刘焘之请，漕粮仍纳通仓，另厫存储，次年正月挖运至边仓。万历、天启、崇祯时多由海道运粮至辽东，京通仓挖运比例较前减少，也体现了这一时期军事危机主要集中于辽东等地。有明一代，边防要地对京通仓粮的消费是非常巨大的，其总数可达上千万石，这说

---

① 《万历会计录》卷 18《本镇饷额》。

② 《明世宗实录》卷 405，嘉靖三十二年十二月甲戌条。

③ （明）陈子龙：《明经世文编》卷 300《张元洲先生台省疏》，明崇祯平露堂刻本。

明了明代边防危机始终没有解决，面对军镇乏粮的状况，明政府没有更好的方法予以改变，只能通过这种成本巨大的方式进行接济，以维持边防稳定。

明代京军是保障京城稳定的重要武装力量，起着守卫宫殿、防护城池、屏障京畿区域社会的作用。京军总数约二十万人左右，遇有危机时，其人数还会增加。明代在京军人每月需粮三十万石左右，一年总计三百万石上下，遇有闰月，会有所增加，占一年四百万石漕额的四分之三强。具体消费人群及数额为在京各卫所、营操、巡捕、守卫、上直等项旗军、勇士并锦衣卫旗校、力士、军人、镇抚司匠役、各陵卫军每月支米一石，锦衣卫将军月支米一石五斗，各卫所守门、撞门军余，修仓军斗等月支米八斗，其他守陵军丁、杂役军伴、侍卫、营操、舍人、看库军丁各有相应俸粮，"以上月粮内，锦衣卫将军、旗校、士军、各卫达官勇士，俱常食京粳，镇抚司匠役、各卫所官军二月食通粟，八月食京粟，其余月份常操食京粳，歇操食通粳"。[①] 其中京仓大放粮日期为三月、五月、六月、八月、九月、十一月，通仓大放粮日期为正月、二月、七月、十二月，每军、每卫另规定相应支粮时间，如初二日锦衣卫、初三日大宁中卫与前卫等，各卫依次前往京通仓储领粮。明代京军于京通仓领粮制度并非固定不变，而是会根据实际情况进行调整。正统元年（1436 年）十一月，命在京官军俸粮于通州仓支取，"时行在户部奏粮储输京城者十之四，输通州者十之六，以便漕挽。然京仓有余而粮不足，通州粮有余而仓不足，请令在京军于通州转运赴京，上以转运重劳军士，令就于通州支给"。[②] 正统七年（1442 年）八月，命回回头目撒必等俸粮俱于京仓支给，"初户部奏准在京官军俸粮于京仓、通州各给半岁，时撒必等差往云南，故有是命"，[③] 可见此时京军俸粮分别在京仓、通仓各支半年，均匀领取。成化十三年（1477 年）十二月更定京军月支京通二仓粮例，"旧例每岁官军俸粮间月于二处支给，至是太监汪直以春夏雨水泥泞，而官军又多差役，往通州支不便，宜更定其例，户部遂议自三月至八月支于

---

① 《太仓考》卷 5 之 2《月粮》。

② 《明英宗实录》卷 24，正统元年十一月己酉条。

③ 《明英宗实录》卷 95，正统七年八月戊戌条。

京仓，余于通州”，[①] 依照气候情况进行调整，减轻支粮官军路途艰辛。成化二十年（1457 年）户部题准“在京各卫军士月粮五、六、七月，八月、十一、十二月京仓关支，正、二月、三、四、九、十月通仓关支”，[②] 二仓各支半年，以资均匀。弘治十七年（1504 年）户部覆准将锦衣卫旗校月粮除该京仓照旧支放外，“其原坐通州月份内四月、九月两个月今后不必坐派，其正、二、三、十月共四个月，仍坐与通仓支给，候通仓粮数短少，京仓粮数有余仍照旧例行”，[③] 调剂二仓余缺。嘉靖二十五年（1546 年）正月，因通仓粟米匮乏，令京卫官军月粮发给京仓粳米。嘉靖三十六年（1557 年）户部尚书方钝题请“准各年放粮，二、三、四、五、十月通仓，六、七、八、十一月京仓，九、十二月折银，后银库银两不敷，俱改通仓，续改正月京仓，俱系题准，分别粳、粟挨陈支放，已为成规。以后三大营官军除二、三、四、十二月照旧通仓，其九月系通仓，如有警急，京仓关支，下年正月京仓改通仓关支，如无边报，不得引以为例”。[④] 嘉靖四十三年（1564 年）三月，更定三大营官军按月支粮例，“该操之月改支通仓，从都御史李燧奏也”，[⑤] 神机营、五军营、三千营为京军之最精锐部队，其俸粮供给一直为明政府所重视。万历三十八年（1610 年）三月，仓场总督上言旧例官军支放月粮京仓六个月，通仓四个月，四月、十月给折色，但近年因灾荒改折，京仓匮乏，“即将本年闰三月份京通官军月粮尽数派通仓，庶都城储蓄积余，根本缓急有备矣”。[⑥] 总体看来，明代京通仓粮对京军的供给作用初期较为固定，后随着现实情况的变化有所调整，支粮方式趋于灵活，其变化的根本目是保障京通仓粮的相对均衡，使京仓积蓄更为充裕，以便应对意外支出与京城供给。

明代水次仓对军事的直接保障作用较少，多为应急时的仓粮调拨，而且这种情况多出现于明中后期。嘉靖朝福建晋江人林性之任户部贵州司员外

---

① 《明宪宗实录》卷 173，成化十三年十二月庚子条。

② 《太仓考》卷 5 之 10《岁支》。

③ 《太仓考》卷 5 之 10《岁支》。

④ 《太仓考》卷 5 之 10《岁支》。

⑤ 《明世宗实录》卷 532，嘉靖四十三年三月乙巳条。

⑥ 《明神宗实录》卷 468，万历三十八年三月乙未条。

郎，督天津仓，“在天津时值仓粟空又寒冻，饷道阻，军无所食，即奏请发旁近德州仓粟给天津军三月食，或谓于法不得相借，不为止，已而朝廷竟从君议。当是时微，君一军几汹汹，君本细谨畏事，为户部慎出纳，守尺寸，法不敢失，至其越法有所移用，如天津时事”。[①] 明代水次仓之间基本不存在粮食调剂情况，更不存在相借之事，林性之借德州仓粮济天津军，实为不得已之举措。万历二十年（1592 年）年日本丰臣秀吉入侵朝鲜，明朝援助朝鲜，开始了长达七年的万历朝鲜之役，明朝先后派宋应昌、李如松等将领率近十万人入朝，因朝鲜地多被日军占领，难以提供军粮保障，明政府多次海运漕粮至朝鲜，后军粮匮乏，议借德州仓粮援军，但反对者甚多，时监督德州仓户部主事马维驷，“宽严得宜，朝鲜事急，议借德庾未定，维驷投袂而起，即发数十万石，师以宿饱，人称其果敢云”，[②] 为援朝战争的胜利奠定了物质基础。天启、崇祯年间辽东战事孔亟，多从天津仓海运漕粮至前线，以给辽东军，此时天津仓是辽东边防的后备储蓄库。

明代无论是京军，还是边军，亦或是临时性的军事供需，京通仓、水次仓为其提供了重要的物质保障。有明一代边防危机始终没有消除，京军与边镇粮食供需是明廷异常关注的问题，尽管政府采取屯田、商购等措施筹措粮草，但挖运京通仓粮这一举措基本贯穿于明朝整个统治时期，这种情况体现了大规模的军事驻扎除部分自足外，国家供需往往是保障边防稳定、区域社会秩序平衡的重要支撑，即便挖运存在着长途运输、成本高昂、军民负担沉重等弊端，但相对于王朝的统治，这些都是微不足道的。因此，作为京通仓粮消耗的主体，明代军事开支始终受到重视，其原因即无军则无国，军心乱则统治不保，这也是明代立国的基础与保障。

二、清代京城驻军对京通仓粮的消费

满清入主中原后，在其 276 年的统治中，虽发生过边疆危机与外敌入

---

① （明）唐顺之：《唐顺之集》，浙江古籍出版社 2014 年版，第 636 页。

② （清）成瓘：《道光济南府志》卷 35《宦迹三·明宦迹》，清道光二十年（1840 年）刻本。

侵，但相较于明朝，北方的军事威胁相对较小一些，因此京通仓粮对边防的供需作用不大，主要为京城驻军服务。北京作为王朝的政治中心，统治者更为信任八旗士兵，具体包括满洲、蒙古、汉军八旗，即追随满清入关的军事力量，总人数大约十万人左右，具体则分为丰台十二营，京城亲军营、前锋营、护军营、步军营、火器营、健锐营、神机营等，这些军人俸粮均需由京通仓供给，是仓粮消费最主要的群体。

清代京城八旗因各旗兵丁人数与驻防区域的不同，其领米数额、领米时限、领米月份各有差异，合计每季领米总数约六十万石，年总额在二百四十万石左右。其中镶黄旗满洲每季领米三万三千余石，限 15 日领完，于正月、四月、七月、十月支领；镶黄旗蒙古每季领米一万余石，限 7 日领完，于正月、四月、七月、十月支领；镶黄旗汉军每季领米一万五千余石，限 8 日领完，于正月、四月、七月、十月支领；正黄旗满洲每季领米三万五千余石，限 17 日领完，于正月、四月、七月、十月支领；正黄旗蒙古每季领米九千余石，限 5 日领完，于正月、四月、七月、十月支领；正黄旗汉军每季领米一万四千余石，限 8 日领完，于正月、四月、七月、十月支领；镶黄旗包衣每季领米三万六千余石，限 15 日领完，于正月、四月、七月、十月支领。其他正黄旗包衣、正白旗满洲、正白旗蒙古、正白旗汉军、正白旗包衣、镶白旗满洲、镶白旗蒙古、镶白旗汉军、镶白旗包衣、正红旗满洲、正红旗蒙古、正红旗汉军、正红旗包衣、镶红旗满洲、镶红旗蒙古、镶红旗汉军、镶红旗包衣、正蓝旗满洲、正蓝旗蒙古、正蓝旗汉军、正蓝旗包衣每季领米 8000 至 30000 余石之间，领米月份或正月、四月、七月、十月，或二月、五月、八月、十一月，或三月、六月、九月、十二月，如遇领米数额较多的旗分，则延长支米时间，以便能够按时领完粮米，分发至各旗兵丁。

清代在京军丁支粮制度的形成并非一蹴而就，而是逐渐完善的过程，会根据实际情况变化予以调整。八旗军丁支米除正常月份外，遇有闰月，“甲米由部核计，在京禄米等十一仓内贮米最陈之仓分别城内、城外仓口，酌定三仓，一面行知该旗，一面札仓开放”，① 按照由陈到新步骤开放仓口，以

① 《皇朝政典类纂》卷 143《仓库三》，第 1807 页。

防霉变。旧例支放官兵俸饷米石，春季自二月起，秋季自八月起，限三个月放完，康熙四十三年（1704年）题准“将每岁应放兵米匀作三分，自春季二月起至秋季十月共八个月米石作二分，俱于二月分支领。自秋季十月起来，至次年春季二月，共四个月米石作一分，于十一月分支领”。[①] 雍正元年（1723年）奏准俸米兵饷旧例春秋二季关支，限三月发完，现将兵米分作三季，俸米分作两季，限两月发完。乾隆二年（1737年）进行调整，“兵米分为四季，于二、五、八、十一等月支给，或遇有闰之年，或值米价昂贵后季米不能接济前季，或南米抵通需厫盛贮，随时奏准酌定，先期开支”，[②] 遇有特殊情况，八旗甲米可提前开放，以备兵丁自需或腾仓贮粮。乾隆八年（1743年）新增裕丰、储济二仓，“将护军校、骁骑校米仍随八旗支领，其镶黄、正黄、正白等三旗米别为三分，同八旗甲米分十一仓阄发，仍将所限各仓及支发米数开列厫名、年分，五日一报”，[③] 通过抓阄方式分别仓口，派与不同旗分，以彰公平。乾隆十二年（1747年）定“各仓支放俸甲米石，以每季首月初一日作为开仓定限，如官兵降革在每月初一日以前者，概行追缴，如在初一日以后者，即行免追”，[④] 对开仓日期、支粮时限进行了严格规定。乾隆十七年（1752年）谕令：“向来八旗兵米皆按四季支发，但发完之后因去下届发米之期尚远，铺户得以乘机囤积，米价日渐昂贵，若将兵米陆续支发，俾源源接续，殊有裨益，但就一季之中再为分次支发，未免纷繁，其应如何酌分旗分，按月轮发，著妥议具奏。”[⑤] 经商讨后议定，“兵米既按月轮发，应分别旗分将镶黄、正黄二旗分于四孟月，正白、正红、镶白三旗分于四仲月，镶红、正蓝、镶蓝三旗分为四季月，各旗依酌定月分赴领，则办理不致纷繁，米粮时得接济，于兵民均有裨益”，[⑥] 从而使兵丁俸粮能够得以延续，对于抑制米价上涨也具有一定作用。乾隆四十年（1775

---

① 《漕运则例纂》卷20《支放粮米》。
② 《皇朝政典类纂》卷143《仓库三》，第1813页。
③ 《皇朝政典类纂》卷143《仓库三》，第1814页。
④ 《漕运则例纂》卷20《支放粮米》。
⑤ 《皇朝政典类纂》卷143《仓库三》，第1815页。
⑥ 《皇朝政典类纂》卷143《仓库三》，第1815页。

年）谕："八旗兵丁甲米闰月例不支放，第念京师五方聚集，食指浩繁，兵丁所得甲米自给之余，或将剩米出粜，尚可润及数千万户，现在正逢闰月，未免拮据，著加恩赏给闰月甲米，即于本月十五日开放，其十一、十二两月放米之期并著移于每月十五，明岁新正以后仍循其旧则，市价可藉以益平，于兵民生计有裨，嗣后凡遇闰月，俱照此例。"① 京通仓放粮所涉及群体绝非仅食俸粮者，而是与京城粮食市场、商铺、普通百姓生活有着密切关系，因此调控仓储放粮，有助于维持京城社会秩序的稳定。嘉庆六年（1801 年）奏准："每月三旗甲米于城内禄米等七仓内轮札二仓开放，二旗于城外太平等四仓内轮札，一仓开放一旗"，② 通过轮放方式维持支米秩序，防止产生混乱。道光以后，基本沿袭前代支米制度，变革较少。

清代京通仓对军事的供给作用主要体现在京城八旗驻军食粮消费方面，因八旗兵丁多系北方人，所以其俸粮除大米外，麦、粟、豆类也占有很大比例。作为拱卫京师的主力，八旗兵丁既是京通仓消费的主要人员，每年支领数百万石仓粮，消耗了每年漕额的绝大部分，但同时清政府对仓储的调控并非仅仅有军事方面的意图，同时也有着打击囤积居奇，平衡市场粮价，维持区域社会稳定的目的。八旗兵丁所领俸粮并非完全为自身食用，经常卖于京城米铺或商人，这对于丰富粮食市场的种类与数量，适当维持米价的稳定具有重要意义，而开仓时间、放粮日期、支粮数目完全由政府操控，能够根据实际情况进行调整与应变，具有多方面的影响。

第三节 京通仓、水次仓的社会保障与赈济功能

明清漕运仓储中除基层社会漕仓不具备社会赈济与保障功能外，京通仓与大型水次仓因多数时间中存粮丰富，在灾荒赈济中具有重要意义，与地方社会的常平仓、预备仓、社仓、义仓、学仓共同构成了国家完备的仓储赈济

① 《皇朝政典类纂》卷 143《仓库三》，第 1817 页。
② 《皇朝政典类纂》卷 143《仓库三》，第 1818 页。

体系。与其他仓储不同，京通仓、大型水次仓拨粮赈灾或用作其他方面使用，一般需要最高统治者的批准，具有国家官库与财库的性质，粮食的动支程序更为严格，赈灾级别更高。京通仓、大型水次仓赈灾粮数往往与灾荒的严重程度及当时国家的积蓄有密切关系，同时也是统治者个人意志的体现，数量从数百石到数十万石不等，差别较大，其社会保障与赈灾的类型包括无偿发放仓粮、建立施粥棚、平粜、以低于市场粮价平衡供给等，对于稳定当时的社会秩序、保障民生、巩固统治起到了重要作用，体现了漕运仓储与区域社会之间的双向互动关系。

一、明清京通仓储的社会保障与赈济功能

古代社会自然灾害与各种意外状况频发，对社会稳定产生了严重冲击，而仓储设置的重要目的之一即应对灾荒，未雨绸缪，“仓之为言藏也。京仓，天子之内仓也；通仓，天子之外仓也；淮、徐、临、德置外，所以备凶旱，防不虞也”,① 可见漕仓也有着与其他仓储一样的社会保障功能。不过作为明清时期的国家官仓与储备库，京通仓存粮原则上是不能随意动用的，因为其数目的减少或不足直接影响到皇室、官俸、军需供给，所以明清王朝大规模的京通仓赈灾往往发生于运道畅通、国库充盈、社会稳定、吏治相对清明的时代，而且其数额越大、赈灾范围越广，愈能体现国家调配物资的能力及对基层社会的掌控，是当时国家综合实力的一种外在表现。

明代京通仓粮的社会保障与赈灾功能经历了由谨慎到逐渐开放的过程，这期间充满了统治者、官员与基层社会民众之间的利益权衡与博弈。早在洪武年间定都南京时，就已利用京仓存粮赈济百姓，洪武十九年（1386 年）春正月因应天府江浦县水灾，“诏出京仓米六千余石赈其民”,② 以缓和灾情对民间社会的冲击，保障受灾百姓基本生活。洪武二十四年（1391 年）春正月，苏州府崇明县百姓赵以礼称本县居海中，四望皆洪涛巨浪，百姓所作

① （明）何乔远：《名山藏》卷 50《漕运记》，明万历刊本。

② 《明太祖实录》卷 177，洪武十九年春正月辛酉条。

堤防常被飓风毁坏，庄稼收成无望，太祖览后恻然曰："生民荡析而复艰食，甚可悯也。即命户部运京仓粮三万石至崇明赈之，仍命苏州府修其圩岸。"① 洪武时利用京仓赈灾仅有以上两次，可见当时动用仓粮异常谨慎，而且需经最高统治者批准方能使用，这一时期都城位于南京，京杭大运河北段尚未贯通，仓粮赈灾多通过长江及其附属水道、海运、江南运河运输，京杭运河在国家交通中的地位尚不重要。

至成化年间，随着运河的畅通与京通仓储积蓄的丰厚，利用存粮平粜或赈灾的行为越来越多。成化六年（1470 年）九月，京城米价腾贵，民众艰食，宪宗为体恤民生，维持京城稳定，"发京通二仓米五十万石平价粜之，每粳米一石收银六钱，粟米一石五钱，命侍郎陈俊同太监韦焕、尚书薛远总其事，仍差科道官分理之，其文武官吏俸粮可预给三月以平米价"，② 可见京通仓放米数额巨大，管理者级别较高，统治者非常重视，而粜米对象也分情况区别对待，有银者用银，贫苦者可折铜钱，所得收入送太仓官库以裕国家财政，对不法势豪及米铺私自收买以囤积居奇者依法惩治，形成了一整套粜放粮米、平抑粮价程序。而放米之后，起到了一定效果，"人心喜悦，米价顿减"。③ 不过由于程序复杂，耗费时间过多也导致了大量弊端，"奉行之人过于拘执，既不许官豪之家籴买，又不许市贩之徒转卖，止许小民以升斗赴仓告籴，再三审辩，展转迟延，街坊米铺因而收闭，暗邀重价，以致人愈缺食"。④ 于是又修订程序，命无论官民、商贩都可以收买仓米，没有数额限制，但不许囤积于家或商铺，需立即转卖，价格最高为每石银七钱，既可以较京通仓价稍高，使贩卖之人有所赢利，同时又不高于市价，使仓粮尽快流通。至当年十二月已发太仓粮近百万石平抑粮价，但仍未彻底解决京城贫民生计问题，加上因灾而致使四方灾民聚集京师，进一步增加了京城粮食压力，经户部官员奏请后，又发京通仓粮十万石，"令发粜官员督同五城兵马

① 《明太祖实录》卷 207，洪武二十四年春正月甲寅条。
② 《明宪宗实录》卷 83，成化六年九月己亥条。
③ 《明宪宗实录》卷 84，成化六年冬十月戊申条。
④ 《明宪宗实录》卷 84，成化六年冬十月戊申条。

及大兴、宛平、通州正佐官从公取勘，各该地方不系食粮贫艰下户及一应无力买粮者，每月给米二斗，庶贫富皆有所济”，① 同时将流民送回原籍赈济，减轻京城负担，乞丐收入养济院按口给粮，维持其基本生存。成化年间多次动用京通仓粮赈济灾荒、平抑粮价，这时的措施多为平价或减价放粮，无偿发放的次数较少，目的是增加国库银两收入，尽量减少仓储亏损。

成化后，京通仓放粮赈灾措施日趋丰富化，通过各种手段以保障灾民生活，维持社会秩序稳定，其中尤以京城及周边区域为最。弘治二年（1489年）十月因顺天府所属州县水灾，“命支京通二仓粟米各二万石、蓟州仓一万石，并发户部原折粮银五万两，与本府预备仓粮相兼支放，以济军民”。② 后又令户部再发京仓米七万石、通仓米三万石自弘治三年（1490年）二月至四月减价平粜，以抑京师米价，稳定市场。正德十六年（1521年）七月因京师久雨，市场米价昂贵，“谕户部发京仓及通州仓粮五十万石平价出粜，有富豪积贮于家，乘时藉利者，治其罪”，③ 并命户部抓紧制定条例，提督诸臣施行，以惠民生。嘉靖十一年（1532年）三月旱荒，“诏军卫并顺天府所属官军月粮预支一月，仍发京通二仓米十一万石，粳米石银六钱，粟米石银四钱，委官监粜，以平谷价”。④ 同时命五城御史于平粜处监放，如有奸徒乘机抢夺，拿送法司治罪。嘉靖二十二年（1543年）宣府、大同边镇发生饥荒，为稳定军心、民心，命户部发京通二仓米二十五万石运往宣大等地，以赈灾荒，平抑粮价。第二年，宣大又发旱灾，“命支京通二仓粟米十万石运怀来城，给本镇官军”，⑤ 可见明代京通仓赈灾除以京师为重外，边防军卫灾荒也是其赈济的重点区域，其目的是巩固边防，增强驻军的物质保障。嘉靖三十三年（1554年）四月，发京通二仓米赈顺天府属饥民，如有流民前来就赈，相关部门设粥棚煮米免费发放。嘉靖三十九年（1560年）

① 《明宪宗实录》卷86，成化六年十二月癸酉条。
② 《明孝宗实录》卷32，弘治二年十月丁巳条。
③ 《明武宗实录》卷4，正德十六年七月壬辰条。
④ 《明世宗实录》卷136，嘉靖十一年三月戊辰条。
⑤ 《明世宗实录》卷282，嘉靖二十三年正月乙丑条。

二月因京畿水灾，“发通仓粳粟二万五千石赈顺天、永平二府饥民”。[①] 嘉靖年间灾荒频发，国家动用漕粮、京通仓粮赈灾的次数较多，数额较大，在满足灾民需求，稳定社会秩序的基础上，过多的拨粮赈灾也导致京通仓储逐渐匮乏。

嘉靖后利用京通仓粮赈灾的次数减少，主要集中于万历朝，而隆庆、天启、崇祯三朝少有记载，也反映了粮储衰退的现实。万历二十七年（1599年）十一月，发通州仓粮三千石赈三河县及神武等卫饥民。万历三十五年（1607年）十月，畿南六郡灾荒，“发德、通二仓米各五万石平粜，苏民困”。[②] 万历四十三年（1615年）七月畿辅旱灾，饥民群聚抢夺，扰乱治安，“先发通仓米七万石分赈被灾处所，务使人沾实惠，如有奸民乘机劫掠，行各该有司官严拿治罪以靖地方，毋得姑息养乱”[③]，可见灾荒往往是导致社会动荡的诱因，而京通仓粮赈济对于消除或减轻这一不确定因素具有重要作用，是明廷维系社会稳定的重要手段。天启、崇祯两朝漕路中断，入京漕粮得不到稳定保障，军需匮乏，京通仓粮赈灾的功能也基本消失，无法起到社会保障的作用。

清代京通仓粮的社会保障与赈济功能更为健全，各项制度措施非常完善。应对灾荒时，会根据灾情的轻重程度、灾民人数、赈灾区域制定相应的措施，采取减价平粜、免费放赈、慈善机构放粮、建立施粥棚等方式以平抑粮价、救济流民等，维持社会秩序的稳定与民众的基本生活。与明代类似，京通仓储作为国家储备粮库原本不能轻易动用，“至于通仓上关天庾，原不许轻易拨助，惟需用孔亟之时而临邑仓粮又在不敷，始将通米临期酌量拨用，皆系现行至成法”[④]，但在实际运作过程中，在仓粮丰实、国库充裕条件下，统治者还是频繁动用仓粮赈灾，这体现了制度建设与现实需求之间的

---

① 《明世宗实录》卷481，嘉靖三十九年二月己未条。

② 《明神宗实录》卷439，万历三十五年十月丁丑条。

③ 《明神宗实录》卷534，万历四十三年七月己酉条。

④ 《军机处上谕档》，盒号552，册号3，第2条，乾隆四年七月二十日，中国第一历史档案馆藏。

矛盾。清代京通仓赈济的区域主要以京城与畿辅之地为主，不过在灾荒严重时，也会辐射至运河沿线区域，通过便利的水运交通放赈仓粮，尽可能地使更多的人群得到赈济，以体现统治者的恩惠及对民生的体恤，增强王朝统治的向心力与凝聚力。

首先，通过京通仓平价或减价放粮，以平抑市场粮价，保持粮食市场稳定，防止粮价暴涨，是清代社会保障的重要形式。康熙六十年（1721 年）夏四月，因京畿米价较贵，康熙帝命户部侍郎张伯行，“于京通仓内量发米石，减价粜卖。内务府庄头所交谷石现在州县收贮，亦著派满汉贤能司官减价粜卖，正值谷价腾贵之时，恐有偷盗仓内米石者，著提督等不时缉拿”,[①] 通过多种方式结合以防止粮价过快增长，稳定京畿市场。雍正四年（1726 年）五月，京城米价腾贵，谕都察院“恐有奸人囤积射利，因天气连阴借此扰乱，著都察院转饬五城，晓谕各行户不得过高价值，勒索小民，倘有囤积遏籴，不遵劝谕者，该城御史密行察访，从重治罪。将京仓好米发五万石，分给五城，每城领米一万石，照例立厂，委员平粜，俟市价平减即行停止”,[②] 如仓米未用完，予以存贮，粮若不足，再行请旨拨米。乾隆二年（1736 年）夏四月，因雨泽愆期，发生旱情，京师米价上涨，“将通仓米石运京平粜，以便小民，若有不肖之徒串通胥役假冒贫民，贱买贵卖，或兴贩窝囤就中取利，致使闾阎不能均沾实惠……尔步军统领衙门严行稽察，并传谕五城该管各员实力巡缉，如有奸民滑吏违禁趋利，即拿交刑部治罪”。[③] 通州与京城距离较近，以通仓米平粜京城粮价，不但耗费人力成本较小，而且速度较快，同时还可以防止通仓粮多而致霉变，促进粮食的新陈代谢，而打击囤积居奇行为，有利于仓粮真正用到实处，保障民生。而放粜米石也会有所选择，多放陈存新，防止旧粮存贮年份过多而霉变，通过放粜的方式使旧粮流通，如乾隆六年（1741 年）六月，巡视东城给事中吴元安称：“向来京通各仓气头、廒底成色米石分发五城十厂减价粜卖，各以正副指挥司其

① 《清圣祖实录》卷 292，康熙六十年夏四月丙辰条。

② 《清世宗实录》卷 44，雍正四年五月庚申条。

③ 《清高宗实录》卷 40，乾隆二年夏四月癸亥条。

事，并将米数移会五城御史等酌量某厂堆积多寡，分别应行赴领与否，以杜霉浥之累而清亏空之源。”① 将仓存旧粮分发五城粜卖，以专门人员予以监督防范弊端，是清代经常使用的抑制粮价的方式，有利于京城不同区域市场的稳定与平衡，使不同范围民众均能受到实惠。除京城米厂粜卖仓粮外，为照顾八旗兵丁、旗人生活，清代还设有八旗米局，分别为满、蒙、汉八旗各置米局，计有二十四处，通州也设左右翼米局。雍正、乾隆初年八旗米局对保障旗民生活，平抑米价起到了一定的作用，如雍正九年（1731 年）以京师米价昂贵，“八旗二十四局内每局发三色二万石，五城十厂发米四十万石，通州二局发米十二万石，共米一百万石，老米每石价银一两，作制钱一千文，稜米每石价银八钱，作制钱八百文，仓米每石价银六钱，作制钱六百文，平粜于旗民，而京城米价遂不昂贵，旗民得无艰食之虞，法至善也”。② 平粜用粮至百万石之多，一方面体现了国家此时积蓄的丰厚，另一方面也体现了优先照顾旗人的统治策略。乾隆八年（1743 年）十二月，河间等府遇灾，灾民赴京觅食，除恩赈外，还令“著户部将京仓米石酌量给发各旗局及五城米厂照依时价核减平粜，卖与零星肩贩之人，俾得沿途粜卖，使僻巷穷檐皆沾实惠”，③ 可见米局此时不仅赈济旗民，对于其他灾民也具有救济作用，不过随着制度废弛，弊端丛生，乾隆十七年（1752 年）停八旗米局。乾隆二十四年（1759 年）六月，内阁奉上谕“令将京通各仓成色米石拨交方观承运至良乡等处平粜，以赡民食，但此项成色米每石核计不过四五成，而挽运脚价反致虚费，朕念切民依，不若竟给好米一万石运粜，在贫民尤沾实惠而地方官亦便于接办，其成色米仍就近交与京城米厂照例减粜”，④ 体现了统治者体恤民生，关切民困的恩惠心理。嘉庆二十三年（1818 年）三月，拨京仓麦一万石给大兴、宛平二县平粜，以稳粮价，后又发粟米六千石

① 《清高宗实录》卷 144，乾隆六年六月壬寅条。

② 朱震：《奏请照雍正九年成例将通仓米石平粜给旗民事》，《宫中朱批奏折》，档号：04-01-1103-036，乾隆二年四月初十日，中国第一历史档案馆藏。

③ 《清高宗实录》卷 206，乾隆八年十二月壬子条。

④ 《谕内阁京通各仓米石运至良乡等处虚费脚价著再给通仓万石好米运粜》，《乾隆朝上谕档》，档号：0582（1）-113，乾隆二十四年六月初四日，中国第一历史档案馆藏。

交顺天府，于烟郊、夏店、三河、南石槽、怀柔一带分厂减价平粜。道光三年（1823 年）秋七月，京师雨水过多，集市粮价增长，“于五城分设厂座，发给仓贮米五万石平价粜卖，小民就近赴籴，自可糊口”，[①] 并于卢沟桥、黄村、东坝、清河等处设立饭厂煮赈。道光后，京通仓粮存储不足，除皇室、军需、官禄外所余无多，平粜次数减少。光绪十年（1884 年）二月，顺天府各属州县因去年水灾范围较广，所发赈粮不足，德宗命予以接济，“现在赈粜正殷，需米孔亟，著再赏给京仓米三万石以资接济”，[②] 目的是尽快稳定京畿地区社会秩序，防止灾民流亡与扰乱治安。五月因京师久未降雨，粮价昂贵，又设平粜粮局三处，拨京仓米五万石作为平粜及备赈使用。光绪十一年（1885 年）十二月，太仆寺卿延茂奏称京通各仓存粟米三十余万石，放支不多，日久恐霉烂，建言放粜易银，“内外城分设六局，每局先拨粟米二千石，逐日粜粟，逐日易银，即以所易之银另款存贮，分赴津、沪采买米石”，[③] 通过粜旧买新的方式使仓粮流通与更新。至清末宣统年间，京通仓粮虽已匮乏，但仍有平粜之举，宣统三年（1911 年）八月，“赏拨京仓米三万石设局平粜，以济民食”。[④] 第二年清王朝灭亡，随着时代的变革与外来赈灾方式的传入，京城赈灾有了新的局面。

其次，灾荒严重，灾民无钱买粮时，京通仓往往通过放赈、散赈、加赈等方式，将粮食按灾情、口数免费发放，以减少灾民死亡与流亡人数，维持社会稳定。康熙五十五年（1716 年），直隶顺天、永平二府米价腾贵，民众乏食，谕令“今京仓、通仓之米甚多，将仓内所贮之陈米发二十万石，差堂司官运至各处地方，不论旗、民，确查赈济，穷民始得均占实惠，且直隶北四府地方有水路可通，即由旱路运去亦不甚远”，[⑤] 将米粮发放给贫苦民众，以确保其有基本的食物来源。雍正三年（1725 年）冬十月，谕都察院

① 《清宣宗实录》卷 55，道光三年秋七月乙酉条。

② 《清德宗实录》卷 178，光绪十年二月戊午条。

③ 延茂：《奏请设局平粜京通各仓存储粟米等事》，《军机处录副奏片》，档号：03-6674-072，光绪十一年十二月初九日，中国第一历史档案馆藏。

④ 《清宣统政纪》卷 61，宣统三年八月己未条。

⑤ 《清圣祖实录》卷 268，康熙五十五年闰三月壬午条。

"五城煮赈旧例自十月初一日起，至次年三月二十日止，每城每日发米二石，柴薪银一两。今岁直隶各州县截留漕米二十三万石，仍复运送通仓米十万石，令散赈、平粜，但恐来京就食之民尚多，每城日给米二石，或不敷用，著每日各增米二石，柴薪银亦倍之",[1] 通过多种手段赈济灾民。第二年二月，因去年近京地方雨水稍多，收成歉薄，穷民乏食，又发通仓米四五十万石遍行赈济，在五城设饭厂赈济来京失业灾民，逐日散赈。乾隆年间，放赈仓粮的数额与次数有了较快增长，这与该时期国家丰厚的积蓄是分不开的。乾隆二年（1737 年）十一月，拨通州仓稄米六万石充京城东北州县冬赈使用，以使冬季无粮贫民有粮可食。乾隆九年（1744 年）直隶天津、河间灾荒，陆续拨通仓米八十万石备赈。嘉庆六年（1801 年）六月，"发京仓稄米二千四百石，局钱千缗赈永定、右安门外灾民"。[2] 道光十二年（1832 年）十一月，拨京仓粟米一万一千八百石加赈顺天、武清、三河、良乡、房山、昌平、顺义、怀柔、平谷八州县灾民。

再次，通过京城慈善机构与救济性组织施粮赈民，也是清代京通仓普遍的赈济形式。与其他赈济方式有所区别，京通仓在清代几乎每年都给予善堂一定米数，形成了固定惯例，但数额一般不会太大，基本在几百石左右，会根据实际情况有所增减。乾隆八年（1743 年）十一月，顺天府尹蒋炳称京城外来流民过多，除陆续送回原籍外，还在五城十厂聚有三千余口，"查广宁门外普济堂每年冬月堂内收养贫病之人，堂外每日施粥穷民，藉以存活者甚众。本年直属歉收，堂外就食者比往年更多，所有恩赏钱粮及租息各项恐不敷用，请赏给京仓老米二百石，俾穷民日食有资",[3] 这一建议得到了高宗批准。作为民间慈善机构，普济堂的经费来源以出租田地、放贷利息为主，同时还有商民捐资、朝廷恩赐等，而京通仓粮对于增强这些慈善机构的赈济能力起到了重要作用。乾隆四十七年（1782 年）拨京仓米一百五十石发给德胜门外功德林以资接济。乾隆五十二年（1787 年）内阁奉上谕："京

① 《清世宗实录》卷 37，雍正三年冬十月戊子条。
② 《清仁宗实录》卷 84，嘉庆六年六月己巳条。
③ 《清高宗实录》卷 204，乾隆八年十一月戊子条。

城广宁门外普济堂冬间施舍贫民所有经费米石，恐不敷用，著加恩将京仓内小米赏给三百石，以资接济。"① 嘉庆六年（1801 年）九月，"向年京城广宁门外普济堂冬间煮粥施舍贫民，均赏给小米三百石，俾资接济，本年夏间雨水过多，贫民生计更形拮据，著加恩照年例赏给京仓小米三百石之外再加赏二百石以示格外轸恤至意"，② 根据贫民实际人数有所调整，增加部分粮食，以资口食。

最后，对于京畿附近灾荒，通过设立粥厂煮赈的方式以救济聚集性灾民。嘉庆六年（1801 年）秋七月，因直隶地区遭遇水灾，署直隶总督熊枚除奏请截留漕粮六十万石于郑家口、泊头、天津北仓等运河要地分贮赈济外，清廷还"拨京仓米二千四百石于长辛店、卢沟桥等处设厂煮赈"。③ 十一月内阁又奉上谕："向来五城十厂冬间煮赈散给贫民以资口食，本年夏间雨水过多，穷黎生计更形拮据，现闻各厂贫民就食者比往年人数较多，恐现给米石尚不敷用，著加添赏米三百五十石，于京仓内支领分给十厂，俾老弱穷民均资果腹。"④ 嘉庆二十二年（1817 年）九月，发京仓粟米三千石给直隶大兴、宛平二京县煮赈。道光十三年（1833 年）正月，因去年畿辅欠收，"命发京仓粟米三千石于大兴县属定福庄、采育、黄村，宛平县属卢沟桥、庞各庄、清河六处设厂煮赈"，⑤ 通过分散赈济的方式，尽量均衡灾民远近距离，使民众有所就食之处。嘉庆六年（1801 年）六月，永定门、右安门外各村庄灾民俱搭窝棚居住，"均可给米造饭，酌拟每口给米三合三勺，小口减半，统计共有二万二千余人，每日约需米八十余石"，⑥ 命赏京仓米二

---

① 《军机处上谕档》，盒号 704，册号 2，乾隆五十二年九月二十九日，中国第一历史档案馆藏。

② 《军机处上谕档》，盒号 798，册号 2，第 1 条，嘉庆六年九月十八日，中国第一历史档案馆藏。

③ 《清仁宗实录》卷 85，嘉庆六年秋七月乙亥朔。

④ 《军机处上谕档》，盒号 798，册号 2，第 1 条，嘉庆六年九月十八日，中国第一历史档案馆藏。

⑤ 《清宣宗实录》卷 230，道光十三年正月丙申条。

⑥ 《军机处上谕档》，盒号 797，册号 2，第 5 条，嘉庆六年六月二十四日，中国第一历史档案馆藏。

千四百石赈济，后因数量不够，又发京仓米二百四十石接济。光绪九年（1883 年）十月，内阁奉上谕“因顺天直隶各属灾区小民困苦，截留江北漕米六万余石，添拨京仓米四万石，奉天米一万余石，先后拨部库银共十万两，近京定福庄等处添设粥厂”,① 以赈灾民。

明清两朝京通仓的赈灾与社会保障功能对维持京畿区域社会稳定起到了巨大作用，有着积极意义，不但巩固了明清王朝的统治，赈济了大量灾民，提升了国家的公信力与向心力，而且逐渐形成了一整套完善的赈济程序与措施，使京通仓的赈灾功能不断丰富。不过仓储赈灾的能力往往与多重因素密切相关，与国家政局、财库充裕程度、仓粮存额、统治者策略有着很大的关系。数额较大、赈灾范围较广的时期集中于成化、嘉靖、康熙、雍正、乾隆等朝，而这些时间段也往往是京通仓储相对丰盈的时期，而王朝末期社会动荡，仓粮匮乏，社会保障与赈灾行为不再成为中央政府关注的重点，其作用也难以发挥。

二、明清水次仓的社会赈济功能

明清两代沿河大型水次仓在社会赈济中起着重要作用，与京通仓主要以赈济京城与畿辅之地不同，大型水次仓赈济的范围主要在运河沿线区域，通过原有存粮或截漕存仓的方式以强化仓储积蓄，防范自然灾害对区域社会的冲击。明清水次仓赈灾特点明显，明中前期水次仓存粮丰富，仓粮赈灾范围广，数额大，而中后期及清代数额减少，甚至不得不通过截漕方式以增加库存。同时仓储存粮丰细及赈灾次数的多寡会直接影响到灾民生计与地域社会稳定，是平衡统治秩序的重要物质保障。

明代前期水次仓存粮丰富，赈灾粮额较大且涉及范围广。正统五年（1440 年）因直隶诸府灾荒，“转德州仓米麦十万石赈真定、保定，仍劝贷耕种”。② 仓粮通过运河输往灾荒地区，省时便利，提高了赈济效率。景泰

---

① 《军机处上谕档》，盒号 1374，册号 1，第 2 条，光绪九年十月初三日，中国第一历史档案馆藏。

② （明）谈迁著，张宗祥点校：《国榷》卷 24，中华书局 1958 年版，第 1584 页。

三年（1452 年）南京地震与水灾，江淮大水，灾民流离失所，社会秩序混乱，发淮安、徐州仓粟赈济。第二年灾情未减，又命将南京官仓余粮船运十万石至徐州仓，赈济灾民。同年经右佥都御史王竑建言："凤阳府水灾，奏请于淮安常盈仓支粮十五万石，并支官银一千五百两，雇船运赴凤阳赈济。"① 作为朱明王朝的中都与发迹之地，明廷对于凤阳灾荒非常重视，力图通过粮银兼赈的方式安定地方社会，抚恤民生。成化年间国家财库充裕，不但京通仓积粮达二千余万石，沿河各仓也是多有储蓄，赈灾功能强大。成化二年（1466 年）淮安、凤阳诸府灾，发淮安常盈仓粮二十万石赈凤阳府及淮安府所属受灾州县。发徐州水次仓粮二十万石赈本州属县，灾民每口给粮一石，保障其日常生活。成化八年（1472 年）山东灾荒，灾民沦为强盗者众多，山东巡抚牟俸除发济南仓储粮十万石减价平粜外，又发临清仓粟十万石赈济灾民。成化九年（1473 年）山东再发水灾，庄稼颗粒无收，灾民流离失所，甚至导致了人饥相食的惨剧，户科左给事中邓山建言："今德州、临清、天津水次三仓去岁寄收兑运粮多，宜借拨三十万石，其青、登、莱三府去水次远者，宜借太仓银六万及泰山香钱以为籴本，相兼赈济。"② 一次就动用水次仓粮三十万石赈济山东灾荒，除了说明灾情严重外，也体现了此时水次仓赈灾功能的强大。

明中后期，随着漕粮改折与仓储匮乏，水次仓赈灾粮额减少，但赈灾次数增多。弘治六年（1493 年）山东旱情严重，都察院左都御史白昂请借漕粮赈济，朝廷以漕粮仅供京城之用，不能借拨，"请即德州、临清水次仓发米麦十余万石减价粜之，则米价自平而民艰亦渐可济矣"。③ 弘治十四年（1501 年）拨徐州、淮安二仓米各三万石，临清仓粮四万石，分别赈济附近受灾州县。正德七年（1512 年）发天津、德州、临清仓米赈畿辅、山东饥荒。嘉靖十八年（1539 年）河南饥荒，发德州仓米谷赈济。嘉靖三十二年（1553 年）河南遭寇灾，"令发预备仓粮及事例民兵等银给赈，仍从卫河赴

① 《明代宗实录》卷 229，景泰四年五月丁丑条。

② 《明宪宗实录》卷 113，成化九年二月庚申条。

③ 《明孝宗实录》卷 75，弘治六年五月乙酉条。

临清仓动支寄收漕运粮米三万石，装至卫辉府酌发被灾各州县收顿，候明春青黄不接散赈”。[①] 卫辉与临清有卫河相通，水路运输通畅，仓粮装运、卸载都非常便利。万历十四年（1586 年）发临清、德州二仓粟二十万石赈真定府与河南部分受灾区域。万历二十九年（1601 年）发天津仓粟赈保定、真定、广平、顺德四府灾，发临清仓粟十二万石赈顺天诸郡。万历三十七年（1609 年）山东大旱蝗，第二年灾荒更盛，“四季无收，民之饥饿者未饱，转徙者未归”，[②] 发临清仓米大加赈济。天启、崇祯年间漕粮不达，天下萧然，军事开支尚且不足，沿河诸仓粮多耗费殆尽，无粮可以赈灾。

清代地方灾荒主要由常平仓、社仓、义仓等仓储赈济，严重时通过截留漕粮赈济，沿河水次仓虽存粮较少，不过在清前期，尤其是康熙朝仍然起到了重要作用。康熙四年（1665 年）夏四月，山东六府旱灾，除照例蠲免外，还“支动临清仓米麦四万石，德州仓米麦二万石，并现存库银六万两及常平仓所存谷石赈济”，[③] 每府推贤能满官二员负责赈济事务，亲验赈粮发放，防范胥吏侵吞舞弊。康熙九年（1670 年）以凤阳仓米麦赈淮扬水灾，第二年又截留漕米并徐州、凤阳二仓粮赈济灾民，每名灾民给米五斗，六岁以上，十岁以下给米二斗五升。康熙十八年（1679 年）春正月，安徽巡抚徐国相上言凤阳旱灾，请求赈济，“并动凤阳仓康熙十六年存谷二万石就近分给”，[④] 得到了康熙帝允准。同年十二月，山东邹平等二十三州县饥荒，灾民众多，“所留漕米不敷赈济，尚少米三万二千四百九十九石有奇，行令该抚将德州、临清二仓米石照数动支，亲往赈济”。[⑤] 康熙二十五年（1686 年）发凤阳仓银米赈凤阳、徐州等处灾荒。康熙朝时水次仓管理级别相对较高，仓储所存本色较多，因此在灾荒时发挥作用较大。康熙朝后，水次仓地位逐渐下降，仓粮大半折银，本色锐减，赈灾次数与规模减少。乾隆三十

① 《大明会典》卷 17《户部四 · 灾伤》。
② （明）黄克缵：《数马集》卷 6《奏疏》，清刻本。
③ 《清圣祖实录》卷 15，康熙四年夏四月辛巳条。
④ 《清圣祖实录》卷 79，康熙十八年春正月己酉条。
⑤ 《清圣祖实录》卷 87，康熙十八年十二月庚辰条。

九年（1774 年）九月，因黄河老坝口漫工，山阳、清河二县民众受灾，除通商贩米船接济外，“酌拨江宁仓米、苏州局钱运淮济用”，① 以赈济灾民，稳定地方社会秩序。咸丰二年（1852 年）山东济宁发生水灾，临清、德州二仓不但无粮可赈，甚至仓储坍塌严重，只能临时修复仓储，截漕三十万石赈济。同治、光绪年间，沿河水次仓不但史料记载较少，而且其赈灾功能几乎完全消失，难以对区域社会灾荒施加影响。

相较于京通仓储完备的赈灾体系，明清水次仓赈灾制度并不健全。明正统前几乎没有水次仓赈灾记载，说明此时该项功能没有或较弱，正统后水次仓赈灾能力逐渐增强，成化时放粮数额达数十万石，其后随着水次仓存粮减少，赈灾粮数虽有所减少，但赈灾频率提高。清代康熙前水次仓尚为存粮场所，有余粮进行赈济，康熙后随着漕粮改折，仓储空虚，不得不截漕赈灾，水次仓赈灾作用削弱，甚至慢慢消失。不过总体看来，明清两代，水次仓对于运河沿线区域社会灾荒的赈济起到了重要的作用，有助于赈济民生、抑制粮价、稳定社会，其赈济措施虽并不丰富，也未有详细、完整的章程，但仍为明清社会保障体系不可或缺的组成部分，在明清历史上有着特定的价值与意义。

① 《清高宗实录》卷 966，乾隆三十九年九月辛酉条。

第四章　明清漕弊及京通仓、大型水次仓之弊

明清两朝是中国漕运制度发展的鼎盛时期，无论是管理运作，还是功能作用，都较前代有了很大的进步。同时，漕运对于明清政权的重要性也是不言而喻的，上关皇室供给、京畿稳定、官员俸禄、军队需求，下系灾荒赈济、工程用粮、粮价平衡，对于国家与社会起着重要的控制与制衡作用。漕运作为传统社会重要的政治、经济调控手段，至明清两朝已与国家、社会的方方面面发生着密切联系，成为了专制王朝国家体系的重要组成部分。关于漕运的重要性，帝王君主、名臣将相、文人墨客在诏令、著述中均有大量记载，充分凸显了漕运在古代社会中的地位与作用。洪武二十一年（1388 年）六月，上谕："向者山东青州诸郡岁祲，有司坐视民饥不即以闻，及朕遣使赈济，漕运稍迟，尚有饥死者，盖数蓄积以备不虞故也"，[①] 可见明初帝王即对漕粮赈济灾荒非常重视。至清代，漕运更成为国家命脉，"转漕亿万充天仓"。[②]"从来漕粮关系仓储，最为重要。每岁刻期输挽，概不停征。即蠲除节年额赋，亦不及漕项"。[③] 漕粮按期征兑时效性强，加之具有不蠲免的特征，充分体现了其在国家中的地位。正是因为明清社会漕运上系国脉，下关民生，"国家百费岁亿万不得不赖漕……漕为国家命脉所关，三月不至则

① 《明太祖实录》卷 191，洪武二十一年六月甲子条。
② 《清圣祖实录》卷 100，康熙二十一年春正月癸亥条。
③ 《清圣祖实录》卷 231，康熙四十六年冬十月乙酉条。

君相忧，六月不至则都人啼，一岁不至则国有不可言者"① 的重要性，为保障漕粮按时抵京，明清两朝制定了详细而复杂的章程与制度，力图通过一系列奖惩措施，使漕运系统中的不同组成部分正常运转。但即便如此，延续至王朝中后期，随着吏治与漕运制度的废弛，各种弊端层出不穷，国家虽屡有整顿，但旧弊未去而新弊已来，弊政愈演愈烈，一方面混乱了官场环境，另一方面又对基层社会造成了巨大危害，成为了专制王朝肌体上的毒瘤，直接导致了漕运的没落与帝国的衰亡。正如清末重臣李鸿章所言："承平无事时，河弊、漕弊陈陈相因，一漏卮一蠹薮也。"② 康有为亦指出："窃漕运之制，为中国大政，所以充太仓而供玉食，实京师而备不虞。自京城之东，远延通州，仓廒连百，高墙栉比，运夫相属，肩背比接。其自通州，至于江淮，通以运河，迢递数千里，闸官闸夫相望，高墙大舸相继，运船以数千计，船丁运夫以数万计，设卫所官数百以守之，各省置粮道、坐粮厅以司之，南置漕运总督，北置仓场总督两大臣以统之……米每石，运至京师者，费凡二十一两，而岁时颁发臣工、兵丁俸饷，积年久远，米率朽腐不可食……然寡食之者，亦以年年积运，藏之有余，太仓之粟，既多且久，遂至碎朽散败，不可食也。此其弊政，不自今日，上自汉之肖何，迄今二千年矣。在当时为积粟备患，转运之良方，在今日为万国腾笑奇谬之弊政，中国政治之失固多，而未有若漕运之甚者矣。"③ 正是由于传统漕运的运行需要付出巨大的代价，加之漕弊泛滥与近代交通工具的兴起，因此其衰落成为了历史的必然。

漕仓作为漕运系统中重要的一环，其兴衰亦与明清漕运的大环境密切相关，是一种一荣俱荣、一衰俱衰的关系。《太仓考》称："昔君天下者首建仓廪、府库于斯，建者备精粮、藏金帛以待禄给，庶职者也。"④ 为管理粮仓，明清政府设置了大量的机构、官员，以期各司其职，保障漕粮收支、出

① （明）傅维麟：《明书》卷69《河漕志》，中华书局1985年版，第1390页。
② （清）李鸿章：《李鸿章全集》，时代文艺出版社1998年版，第3556页。
③ 康有为：《康有为政论集》，中华书局1981年版，第354页。
④ 《太仓考》卷1《圣训》。

纳。仓储设官分职在明清两朝初期曾发挥过重要作用，一方面制度的严密性使仓储内部保持着一种相对平衡的状态，仓弊多处于萌芽或隐蔽的情形，尚未爆发大的仓储弊案。另一方面，监察制度与巡视制度在王朝初期具有较为旺盛的生命力，对于仓储各种弊端不断进行整顿，惩治违法官员，起到了一定的威慑作用，使漕运、仓储的管理者尚能保持循规蹈矩、安分守己的状态。不过这种情形在明清两朝的中后期发生了明显的变化，由于仓储弊案的频发，统治者对管理者的信任度不断降低，迫切需要忠于君主的人员牵制仓储官员，于是宦官监仓、满汉双监制开始强化，这种仓储制度的变革虽然从某些方面起到了平衡管仓官员权力，制约其违法行为的目的，但更大的隐患在潜移默化中萌生、爆发，导致了明中后期宦官对仓储的严重破坏及清代满汉双轨制的相互掣肘，导致仓储管理效率低下，权力斗争与博弈的局面增强。而官场吏治的整体腐化，不但导致了国家漕粮的大量损耗，而且促生了仓储内部从上至下的种种贪腐，上至仓场总督，下至花户、车户、歇家，他们均利用自己所掌控的权力从仓储中获取利益，使漕仓系统成为了腐败的渊薮。清同治年间曾谕令："仓务向有影射、把持之人，虽例禁甚严，而此去彼来，渐有牢不可破之势，此项人一日不除，仓弊即一日不清……仓储重地，岂容此辈作奸渔利、百弊丛生"，[①] 可见此时仓储已弊窦重重。《春明梦录》亦载，"京通十有七仓，京仓日积月累，米色红朽，名曰老米，六品以下官俸及兵粮皆取给焉。其米色好者则储于通州仓，以备宫中所用及五品以上官俸。京仓米既朽坏，京官领米不能挑剔，只付与米铺打折扣而已，而兵米则不然，每次发兵米时，八旗都统必派员先看仓，此仓米色不对，则换彼仓，若此仓个个不要，则仓监督必当查办。于是请托、行贿，百弊丛生，计无所出，只有亏之于米而已，亏之愈甚，竟至有放火自焚者，谓米之潮湿能生火也。仓弊愈甚，而讹诈仓官者愈多，仓监督形同傀儡，而从中了事者则皆仓书也。"[②] 仓案发生后，官员之间相互包庇，彼此请托，贿赂公行，最

---

① 《清穆宗实录》卷 89，同治二年十二月甲午条。

② （清）何刚德：《春明梦录·客座偶谈》卷下，上海古籍出版社 1983 年版，第 23—24 页。

后遭受损失的只能是国家粮库。面对诸多弊端，明清王朝力图通过制度约束与弊端惩处以减少仓粮损失，对一些仓储大案人员进行了严厉的处置，希望起到以儆效尤的作用，但未起到应有的效果，反而出现了一案未平、一案又起的现象，仓储大案频繁发生，国家难以及时有效应对，导致国家官粮日益耗损，仓储不断颓败。

第一节　明清两朝漕弊概况

明清两朝定都北京，政治中心北移，而漕粮依赖江淮、江南地区，因此漕运成为了沟通国家政治中心、经济中心的重要通道。正如《漕船志》所载，“国家既迁河朔，以控天下之大势，而江南之粟不可废也”，① 漕粮成为了维系整个专制王朝运作的物质基础。漕运在中国古代社会属于政治制度的范畴，同时又与经济、商业、民生、社会有着密切的关系。作为复杂的系统，其组成部分有漕粮、漕军、漕船、漕法、漕政、漕仓等诸方面，而每一方面又分若干部分，如漕粮就涵盖征收、交兑、运输等过程，因此一旦漕运中的一环出现异常或弊端，就会导致整个漕运系统的运转不畅。在王朝初期，由于统治者致力于革新吏治，力求王朝生命力的延续，加之注意吸收前朝灭亡教训，所以漕弊尚不明显，随着承平日久，吏治废弛，漕弊延续到了漕运系统的不同环节，使漕运的大量参与者都对其利益产生了觊觎，贪腐现象随之而生。总体来看，明清两朝的漕弊既有相似与延续之处，同时又有各自的特点，这种情况的出现与王朝建立者的施政思想有着密切联系，同时与漕运制度建设、吏治整顿、河道与漕运环境、国内外政局也有着很大的关系。从留存资料研究可知，清代漕弊远甚于明，主要表现在弊端全面化、大案频发化、损失巨大化与整体腐朽化。严重的漕弊不但侵蚀了漕运制度本身，使各项规章形同虚设，导致违法人员对国家律令置若罔闻，更严重的是

---

① （明）席书、朱家相：《漕船志》，方志出版社 2006 年版，第 27 页。

损害了正常的纳漕秩序，加重了有漕省份百姓的负担，加剧了官民之间的对立与冲突，使区域社会陷入了混乱，随之而生的是大量闹漕、抗粮、哄抢事件的发生，甚至很多演变成了武力冲突，加速了专制王朝的衰落与灭亡。

一、明代的漕弊与社会影响

明初都南京，“太祖高皇帝建都金陵，四方贡赋由大江至，洪武三十年海运七十万石于辽东，以供军饷”,① 可见除因辽东军事需求进行长途海运漕粮外，都城有长江水道，交通便利，加之南京与全国富庶之区相近，所以漕粮运输较为简便。可即便如此，因漕运涉及不同阶层与群体，加上其中存在诸多利益差别，明初仍然出现了很多弊端。洪武五年（1372 年）二月户部奏：“苏、湖等府渔人、商人舟居不应徭役者，凡一万三千九百九十户，宜令从漕运夫”,② 希望以不从事农业生产的渔人、商人从事漕粮运输。接到奏报后，太祖命有田者仍充徭役，无田者充运夫，这种政策虽一定程度上平衡了不同人群的负担，但却导致商人不能从事正常的商业活动，渔人不能维持生计，实际上有着严重的缺陷与不足。而更多的运粮者则为普通百姓，他们常年奔波于运输途中，不但沿途耗费需由自身负担，而且耽误了农产，甚至经常遭受官员、胥吏的压榨与勒索，如漕粮稍有损耗，即可能赔尽家产，沦为流民与无业者，“远郡百姓解运到部，彼岂素谙皇城、内府之严邃哉？骤抵各门，方且心惊目眩，而官吏又徒需索满意，才许出入。及进库中，弊复如前”。③ “民运以田里小民，供役远道，语言鄙俚，衣服村贱，而人人得而侮之”。④ 这些弊病在明代的漕粮、白粮运输中非常普遍，危害很大，“明朝州县漕粮，不比如今定制，有卫官、旗丁解运，都点盈实民户，解往通州。当此差者，往往至于破家荡产，民间不胜其苦，甚至卖男卖女，

① （明）王琼：《漕河图志》卷 1《漕河建置》，水利电力出版社 1990 年版，第 9 页。

② 王子英：《中国财政历史资料选编》，中国财政经济出版社 1988 年版，第 327 页。

③ （明）毛宪：《言库藏积弊疏》，陈子龙：《明经世文编》卷 190，中华书局 1962 年版，第 1967 页。

④ （明）陆树声：《民运困极疏》，陈子龙：《明经世文编》卷 291，第 3072 页。

连性命多保不住的。惟乡绅、上户方得例免，此是明朝第一不公道的弊政!”①

明成祖朱棣即位后，迁都北平，随着政治中心、军事中心与经济中心的分离，“国家奠鼎幽燕，京都百亿万口抱空腹以待饱于江淮灌输之粟，一日不得则饥，三日不得则不知其所为命。是东南者，天下之敖仓，而东南之灌输，西北所寄命焉”。② 随着大规模运粮行动的开展，白粮由民间运输，漕粮由官军、百姓联合运输，运法也经历了由支运向兑运、长运改变，逐渐形成了完善的漕运制度。但同时，漕粮交兑涉及省份多、漕船行驶时间长、水域环境复杂等因素也导致了各种弊端不断涌现，成为了损害漕运正常运转的重要因素。明中后期，漕弊有日益严重化的趋势，无论是州县征粮官员，还是仓储胥吏，亦或是兑运军丁，都将贪腐的魔掌伸向了漕粮。“照的府州县管粮官员，廉明公慎者固多，贪得无厌者不少，又有不职之流，惟知贪婪……每遇收粮之时，或假道府幕派粮数为由，而科索常例；或指上下衙门打点，而滥承使用；或勒造册之陋规，或索粮官之额例。管粮取之保歇、保歇取之粮户，上下交征，指一科十，小民安得不遭困苦。”③ 州县官员征漕不亲临仓储，所派幕僚、胥吏任意苛取，层层盘剥，常例、额例不断，而最终负担则为漕户、粮户承担。江南巡抚黄希宪曾言：“有县胥勒索陋规，如本户该兑米百石，竟不给全票，故分为四五票者。有积滑仓歇，通同粮房、县总巧立名色，诈骗银钱者。有管粮衙官，每扇每畾，需索书仪礼物，及下仓折饭钱者。以军害言之，有结党咆哮、藐玩法纪，不遵运官约束者。有串通奸户，私自折乾，致米不到船者。有淋尖踢斛，攘夺争耗，令官民不敢向迩者。有设局诈财，零星分兑致交兑守候无期者，诸如此类，不可枚举”，④ 可见在征漕、兑漕、交仓的过程中，涉及的相关人员均利用自身掌握的权力获取利益，他们将漕运视为利薮，舞弊手段繁多，严重破坏了基层社会的纳漕秩序。

---

① （清）王冶梅：《今古奇闻》，齐鲁书社1988年版，第285页。

② （明）王在晋：《通漕类编》之《序》，明万历刻本。

③ （明）张东阳：《禁收粮官需索常例》，引自《治安文献》卷1，清康熙刻本。

④ （明）黄希宪：《僨运粮储疏》，引自《治安文献》卷1。

万历、崇祯年间，漕弊已积重难返，回天乏术，据户部尚书毕自严《度支奏议》载，“惟漕粮关都会之蓄储，挽输系三军之命脉，事甚重且大矣。迩来法久废而奸宄丛生，人滋顽而弊窦莫诘，在在蚕食，处处漏卮，杳然如逝波而不可问”。① 其弊有官旗运输之弊、仓廒收纳之弊、水次折乾之弊、随船夹带之弊，诸多弊端共同侵蚀着漕运系统，使之不断沉沦与败坏。当时甚至连运河上的闸、坝管河胥吏、丁夫都苛索运军，获取利益，“额设闸夫皆系积年地棍，熟知水性，放闸打闸，俱能巧弄机关，操人祸福，勒取钱财，除商民船只每只索银若干，方肯包管拽放外，即如漕粮、白粮亦必预先讲定，每石索银八厘、一分不等”。② 其他如过洪、入仓皆有规例，运军备受其害，不得不取之于州县与百姓。再就是运军盗卖漕粮、漕船之弊，运军收入仅有行、月二粮与随船携带土宜，经常无法保障全家生活需要，于是盗卖漕粮、漕船成为了其获利的重要途径，“旧例漕船一万二千余只，原有定额，乃积弊相沿，多有狡猾运官将漕船盗卖，浸没旧数，今查上年过淮漕船止七千二百五十二只，又被逆酋焚毁九百七十八只，则缺额者已五千七百二十六只，较原额减半矣”。③ 运粮官军甚至有不应运役，雇民人代运，民人图利，漕粮多失，“泗州卫节年官旗自相猫鼠，旗甲安坐不来，止雇舵工驾运，及至抵关到通自知侵盗粮少，应有起欠辄不候起完，先自逃去，贻累运官，受比有欠至数千，甚至万石者”，④ 舵工逃逸，朝廷无法追赔，只能责偿于运官，运官倾家覆产而不能抵，严重打击了其运粮的积极性。崇祯六年（1633 年）有大臣上奏漕弊八款，其中就有旗丁盗卖漕粮之弊，“查得奸恶旗舵多有沿途盗卖正粮，另买糠秕搀和，然在沿途则有积年勾引包卖之神棍，潜驾小船伺隙偷运，及到坝上又有串同盗卖之经纪，多备口袋夹起于官粮之中，巨奸大蠹，莫此为甚”。⑤ 另有势豪掺和之弊，官军前往兑粮，“势

---

① （明）毕自严:《度支奏议》之《堂稿》卷 7《漕政废弛已极新运振刷宜豫疏》，明崇祯刻本。

② 《行水金鉴》卷 135，第 1952 页。

③ 《度支奏议》之《云南司》卷 5《覆应天巡抚漕运岁岁速行疏》。

④ 《度支奏议》之《云南司》卷 5《覆应天巡抚漕运岁岁速行疏》。

⑤ 《度支奏议》之《云南司》卷 17《覆总理剔漕弊饬法纪八款疏》。

豪抗霸，将米不行上仓，任贮私家，令童仆同官旗交充，恣意搀和，官旗稍有憎嫌，即行殴辱，有司偏庇，反加嗔詈”。[①] 除此之外，还有棍徒索债、领运之弊、船只修造之弊等，可见在漕运的整个过程与环节中，处处均有弊端，这其中既有相关利益群体之间的勾结，也有单独的私利侵吞，共同使整个漕运系统陷入了重重危机之中。崇祯时国子监司业陈仁锡曾指出：“科索漕事之官曰千、百户，指挥，曰把总、参将、总兵，曰督粮、漕储道，曰监兑、验粮、管仓部属，曰巡漕、巡仓御史，曰总漕、总仓部院，文武大小虽各不同，而衙役、吏胥之蠹皆润于漕，其领水脚也有费，其领修造也有费，其领绳缆、轻赍也有费，其坐派水次也有费，其过堂派帮也有费，其飘流洒派也有费，其截留通、德、辽粮也有费，其由闸过坝也有费，其派给剥船也有费，其坐厫、拨车、筛扬、淋尖也有费，千百、指挥之盐菜、馈送，把总之心红纸札，执事刑具，关津之免验，各上司差役之过帮皆有费，贫者卖粮以应，卖多粮欠；富者倾囊以应，囊尽粮亦欠，此漕困于科索者也。”[②] 明末漕运诸官已几乎全部陷入贪腐之中，其各项使费、花销全部来自苛征、浮收、勒索，正是因为整体腐化的局面，导致明末漕运混乱不堪，百姓群起反抗，农民起义不断，使明王朝陷入了衰亡之中。

二、清代漕弊与社会影响

清前期漕运弊端虽尚不严重，但已初露端倪，顺治、康熙、雍正三朝就已在漕运系统的各个环节中出现了诸多问题，当时漕粮交兑有截头之说，“近岁兑漕，日增月累，有加米色钱、免筛钱、开廒钱、伍长钱、什长钱、押花钱、顺风钱、献土地钱、纲司钱、话会钱、折东钱、插筹钱、倒箩钱、加箩钱。百斛百尖，人有折尖钱，名类颇多，不堪枚举。民间兑米一石，则有二三石之费”。[③] 延至清中后期，漕弊日益滋生、蔓延，涉漕官员、胥吏，甚至地方生员、缙绅、土棍均视漕运为利薮，时刻觊觎其中的利益，“漕为

① 《度支奏议》之《云南司》卷17《覆总理剔漕弊饬法纪八款疏》。

② （明）陈仁锡：《无梦园初集》之《车集三》，明崇祯六年（1633年）刻本。

③ （清）潘湛明：《通申会议官兑法则》，引自《治安文献》卷2。

天下之大政，又为官吏之利薮。贪吏之诛求良民，奸民之挟制贪吏，始而交征，继必交恶，关系政体者甚巨。说者皆谓漕弊已极，然清厘实无善策。或以为州县一年用度取给于漕，故不能不纵之浮收勒折。是无漕州县，其用度又将何出乎？或以为帮丁需索兑费，盈千累万，裁革此项，势必误运，州县亏空实由于此。是无漕及有漕而不起运之州县，其亏空又从何而来乎？凡此二说，皆贪黠州县造作言语，以愚弄上司，以遂其朘民肥橐之私"。① 正是由于官员征漕时的刻意压榨、勒索，为获取利益而不择手段，导致国家屡次整顿而毫无实效。除地方州县官员外，漕运管理者、运输旗丁、看闸闸官、仓储吏夫也利用手中掌控之权牟取利益，"承平日久，漕弊日滋。东南办漕之民，苦于运弁旗丁，肌髓已尽，控告无门，而运弁旗丁亦有所迫而然。如漕船到通，仓院、粮厅、户部云南司等处投文，每船需费十金，由保家包送，保家另索三金。又有走部，代之聚敛。至于过坝，则有委员旧规，伍长常例，上斛下荡等费，每船又须十余金。交仓，则有仓官常例，并收粮衙署官办书吏种种需索，又费数十金，此抵通之苦也。逮漕船过淮，又有积歇摊派、吏书陋规、投文过堂种种费用，总计每帮漕须费五六百金或千金不等，此过淮之苦也"，② 种种陋规不一而足，漕弊日深。

清代中后期，河漕之弊日益严重，上至河道总督，下至管河闸官，多数均尸位素餐、碌碌无为，河政官场贪腐现象呈普遍化、常态化。他们不但任人唯亲、贪污腐化、奢靡无度，而且蝇营狗苟、结党营私，将国家帑金视作个人享受的资本，完全视民生、社稷为无物，这种不作为或胡作为的态度导致黄河频决、运河日塞，漕运梗阻日甚一日。清代虽有靳辅、于成龙等治河名臣，但其余多为墨守成规之辈，当时河督分东河、南河、北河三地，"为河帅者，治河则不顾淮，治淮则不顾河，治运则不顾河、淮，庶几易为力乎"。③ "为治河系国家根本之图……盖所费者，朝廷数百万金钱；所运者，朝廷数百万漕储。南北之咽喉，军民之命脉，俱系焉……前此治河诸臣，涂

① （清）魏源：《魏源全集》卷46《剔漕弊》，岳麓书社2004年版，第484页。

② 赵尔巽：《清史稿》卷122《食货三》，吉林人民出版社1998年版，第2452页。

③ （清）曾国藩：《曾国藩日记类钞》，安徽人民出版社2013年版，第103页。

饰补苴，且塞且修。二十余年，今日估计，明日奏销，绸缪未雨，能有几人？洁己奉公，又有几人哉？”① 河督以株守河干为能事，不能对黄河、运河、淮河进行统筹治理，导致治河不但不能标本兼治，甚至浪费了国家大量河银，而水患也冲毁市镇、农田，使百姓流离失所，造成了巨大损失。特别是乾隆后，黄河屡决，运道淤塞，河工建设日甚一日，“黄河无事，岁修数百万，有事塞决千百万，无一岁不虞河患，无一岁不筹河费，此前代所无也”。② “外省工程无不浮冒，而河工为尤甚”。③ 大量的河工岁修、抢修、另案、别案拨款为河臣贪腐提供了温床与契机。据《河防纪略》载康熙时每年河工用银在百万两左右，道光朝陡涨，“道光元年以来两河之费例需五六百万，顾河无十年不决，开封、中牟旋决旋塞，费皆七八百万。最后三十年决丰北，费五百余万，甫合即溃，议者犹归咎于拨帑之不充云”。④ 大量的河帑并非全部用于工程修建，在当时“糜费罪小，节省罪大”⑤ 的畸形政治生态环境下，河臣贪腐明目张胆，视为理所当然，可见清代官场的黑暗。《清代述异》中载，“南河岁修经费每年五六百万金，然实用之工程者，不及十分之一，其余以供文武员弁之挥霍，大小衙门之应酬，过客游士之余润，凡饮食、衣服、车马、玩好之类，莫不斗奇竞巧，务极奢侈”。⑥《水窗春呓》亦载，“嘉、道年河患最盛，而水衡之钱亦最糜。东南北三河岁用七八百万，居度支十分之二……南河年需四五百万，东河二百数十万，北河数十万，其中浮冒冗滥不可胜计，各河员起居服食与广东之洋商、两淮之盐商等”。⑦ 在河工成为“国帑之大漏卮”⑧ 的局面下，河政官员自大到小均有利益分成，组建了庞大的贪腐关系网络，人人有份，官官参与，“南河岁修

① （清）魏象枢：《寒松堂全集》卷3《奏疏》，中华书局1996年版，第62—63页。
② （清）魏源：《魏源全集》，岳麓书社2011年版，第175页。
③ 《清高宗实录》卷236，乾隆十年三月己卯条。
④ （清）孙鼎臣：《河防纪略》卷4，清咸丰九年（1859年）刻本。
⑤ 中华书店出版社编辑部编：《魏源集》，中华书局1976年版，第367页。
⑥ （清）小横香室主人：《清代述异》，上海书店出版社1981年版，第100页。
⑦ （清）金安清：《水窗春呓》卷下《金穴》，中华书局1984年版，第34页。
⑧ 《魏源全集》，第303页。

银四百五十万，而决口、漫溢不与焉……一切公用，费帑金十之三二可以保安澜，十用四三足以书上考矣。其余三百万除各厅浮销之外，则供给院道，应酬戚友，馈送京官过客，降至丞簿、千把总、胥吏、兵丁，凡是职事于河工者，皆取给焉”。①“自来国家发河工银，河督去十之二，河道、河厅、师爷、书办、胥役以次亦各去十之二。银百两经层层剥蚀，仅有二十余两为买料给工费。加之罚轻赏重，决口时，河员俱革职，令效力赎罪，极之充发而止。及合龙后，又皆开复赦归。善夤缘者，甚反得保举进职。故选官得河员者，莫不贺曰：‘此发财升官之要途也！’”②“河工自河帅而下，以至大小文武各官，凡若而人；河标、兵丁，凡若而人……莫不藉河工以为衣食之计、事畜之资，甚至阴为子孙造孽遗金”。③甚至当河道安澜，无利可图时，河员与胥吏相互勾结，“必从水急处私穿一小洞，不出一月必决矣，决则彼辈私欢，谓从此侵吞有路矣”。④“国家岁糜巨帑以治河，然当时频年河决，皆官吏授意河工，掘成决口，以图报销保举耳。竭生民之膏血，以供贪官污吏之骄奢淫僭，天下安的不贫苦”。⑤“从前河工百弊从集，在工人役以岁修之费不足沾润也，往往以出险工为幸。盖既经报工，则勘估动逾百万，及至帑项已拨，真赏归工者不过数万耳，其余多竟饱私囊。故动工之处，商贾云集成市，河工员弁豪华竞尚”。⑥这种为敛取河费，刻意制造河决的罪恶举动，深刻反映了清代河政的污秽。针对河政之弊，统治者也并非熟视无睹，道光帝曾言：“南河近年拨帑不下千万，较军营支用尤迫。军务有平定之日，河工无宁晏之期……岁修、抢修有名无实，工员虚冒……日久视为故事，玩法营私，百弊从出。河工为民生、国计所关，朕固不惜多费帑金疏

① （清）小横香室主人：《清朝野史大观》卷12《咸同间河工》，中央编译出版社2009年版，第1236页。

② （清）欧阳昱：《见闻琐录》，岳麓书社1986年版，第168页。

③ 《申报》第5272号，清光绪十三年（1887年）十一月初五日，第二版。

④ 《见闻琐录》，第167页。

⑤ （清）薛福成：《庸盦随笔》，中共中央党校出版社1998年版，第261页。

⑥ 《申报》第267号，清同治癸酉（1872年）二月十六日，第一版。

治，惟国家经费有常，若以无数饷银尽归虚掷，天良安在?"① 尽管统治者有整顿决心，并惩治了大批违法河官以儆效尤，但在河政日坏、河弊日深的局面下，根本不可能彻底扭转大局，只能是治标不治本。

漕粮征兑关系民生，其弊危害更大。清初"各省漕粮向系军民交兑，军强民弱，每多勒索。自顺治九年以后，定为官收官兑，酌定赠贴银米，随漕征收，官为支给，民间交完粮米，即截给印串归农，军民两不相见，一切浮费概行革除，然每遇开征时，劣矜、蠹役包揽代完，飞派、浮收之弊又起矣"。② 针对明代征兑之弊，清初改为官收官兑，力图除弊，但因漕利巨大，新弊又生，不可能彻底改观。魏源曾言："河之患在国计，漕之患在民生。国家岁出数百万帑金以治河，官民岁出数百万帮费以办漕。河患即有时息，帮费终无时免。"③ 江西道监察御史王家相也称："近日地方之积弊莫甚于漕粮之浮收，逐岁递加，有增无减，民力惫矣，激而出于京控，州县之财竭矣，迫而至于侵亏，积重当返。"④ 相较于河工，漕粮与基层社会、纳漕百姓密切相关，影响到了社会的方方面面。漕粮除正额外，漕规是一项额外的负担，而且其数额往往由地方官员制定，成为了其敛财的手段。清代漕粮为官收官兑，百姓交粮至州县水次仓，由地方官员收贮于漕仓之中，然后兑于旗军、水手，输至通州仓、北京仓。在兑粮过程中，旗丁往往勒索州县，获取漕规与额外收成，用以支付沿途过闸、入仓方面的开支，"沿途糜费，各项陋规，所费更大"。⑤ 而州县为应对旗丁勒索，只能通过浮收、加征等方式予以补偿与获取额外收入，"旗丁兑运时，明知州县得有赢余，米色又复恶劣，是以多方剔挑，勒加帮费，每船至二百三四十两及二百七八十两不

---

① 《河防纪略》卷4。

② （清）赵慎畛：《榆巢杂识》，中华书局2001年版，第76页。

③ 《魏源全集》，第334页。

④ （清）王家相奏：《掌江西道监察御史王家相为请禁浮收革除漕弊事奏折》，嘉庆二十五年九月十七日，中国第一历史档案馆藏，《历史档案》2014年第1期。

⑤ 程国仁：《宫中朱批奏折》，档号：04-01-35-0208-041，中国第一历史档案馆藏。

等”。[1]“向来民户完粮，原不免有升合之浮，以备折耗。后则日渐加增，竟有每石加至七八斗者，民户因浮加日甚，米色即不肯挑选纯洁，又恐官吏挑驳。开征之初，躲避不纳，一俟兑运在迩，则蜂拥交仓。且有刁生劣监，广为包揽，官吏因有浮收，被其挟制，不能不通融收纳”，[2] 这里所透露的信息是帮费已普遍化与常态化。其次无论州县，还是旗丁都存在舞弊行为，勒加数额非常巨大，当时很多官员也认识到了帮费之弊，但没有具体的整顿措施，“州县津贴之需，虽非例所应有，而相沿日久，帮丁已视为常规，州县或因开兑不能如期，或以仓收未能足数，甚至米色虑其挑剔，情愿给予津资”。[3] 正是因为旗丁以拒不收兑为借口，地方官员怕承担误漕之罪，不得不贿赂旗军，积习相沿，成为惯例，而州县与旗军得浮收、帮费之利，形成了利益团体，自然不会轻易改变这种有利可图的局面。而帮费、浮收的最终承担者自然是普通纳户，“弱而善者完纳正米之外，有大样米、小样米、尖米各名色，有九折、八折、七折各扣头，又有书差之茶饭钱、串票钱各花项，约纳一石正粮，而所费加倍”。[4] 冯桂芬亦曾言：“向来开仓，多派丁壮守护大斛，此古之道也。今则斛不必甚大，公然唱筹计数，七折又八扣，而淋尖、踢斛、捉猪、样盘米、贴米等犹在其外。又有水脚费、花户费、验米费、灰印费、筛扇费、廒门费、差费，合计约米直一二斗，总须二石五六斗当一石。”[5] 纳漕勒索之费名目繁多，甚至杂费花销与使项数额远远超过了正项，这必然会导致纳漕百姓压力巨大，各种抗粮、闹漕行为发生也就不足为奇了。清代基层社会的漕弊是普遍存在的，并非个案，如高唐州有崔姓知州，“长于催科，莅高唐不三年，捐升知府。又为子弟捐官三四人，而囊橐尚从容。清平送本府漕规例三百两，高唐四百五十两，去年，本府刘君改为按漕一石取规库纹一钱，较旧加倍，语俱骇听”。[6] 高唐州、清平县俱属东

① 岳起：《宫中朱批奏折》，档号：04-01-35-0191-029，中国第一历史档案馆藏。
② 《清仁宗实录》卷 49，嘉庆四年七月丙子条。
③ 故宫博物院编：《史料旬刊》第 38 期，1931 年 6 月，第 391 页。
④ 董瀛山：《军机处录副奏折》，档号：03-3148-062，中国第一历史档案馆藏。
⑤ （清）冯桂芬：《显志堂稿》卷 5《与计抚部书》，清光绪二年（1876 年）刊本。
⑥ 谭其骧：《清人文集地理类汇编》，浙江人民出版社 1987 年版，第 649—650 页。

昌府，上自知府，下至知州、知县全部以漕规例银作为增收的手段，用以贿赂上官或者满足个人私欲，体现了当时政以贿成的现实。兖州府阳谷县也存在浮收、多征弊端，“现任陈君，人安静，唯任胥吏过甚，赴诉者常半年不得一面。前任蔡君年少勤政事，无留狱，判决速而平。唯收漕每升加三文，其时民皆乐输，而今以为例，不可复减”。① 如浮收适度，且官员能够体恤百姓，则征收难度不大，如既浮收且不恤民，则会导致民怨沸腾，如丹徒县“故令周以勳以办嘉庆十九年旱灾捐赈，得民。次年收漕，公议以加二完纳。后任欲援其例，乡民万余围其署，至不通薪、水三日，而竟不得减”，② 由此可知，浮收在当时已成为普遍性的惯例。咸丰九年（1859 年）苏州爆发漕案，有匿名书信称：“大致言苏城漕弊，绅衿官吏，各饱私囊，重敛乡民……其外彭等串通官吏，以熟作荒，不完条漕”。③ 因该案牵扯文渊阁大学士彭蕴著，所以咸丰帝命彻底查办，“命各督抚查明乡绅内有何人以熟作荒，不完条漕，指名参奏，并将刁生劣监及串通之蠹吏，徇私之州县，分别查明惩办……若绅户以熟作荒，必致小民以荒作熟，倘不严行禁绝，必至民欠日多，蠹吏与有力之家分肥中饱，上亏国课，下朘生民，其害不可胜言。该督抚等必当破除情面，彻底清查。至刻本内尚有州县收漕，概令漕书包办，净得余银，私造大斛大斗，踢斛淋尖，至有七折八扣名目，开仓数日即行设柜勒折，设柜数日又即截串加价，上司每年索取漕规，视为定例。漕书、经造广置田亩，混立花户，其预买丑米存顿开兑之处，以备起运，又有去任官员占田包价，广东游民从而效尤，种种弊端，实为漕务大害”。④ 面对如此严重的弊端，咸丰帝虽命督抚实力查办，不得畏难推诿，但漕运利益涉及诸多环节与人群，其中存在着严密的网络关系，牵一发而动全身，食漕已久的人员不可能轻易失去这一弊薮，面对禁令只能是虚与委蛇、表面应付。

① 《清人文集地理类汇编》，第 651 页。

② 《清人文集地理类汇编》，第 651 页。

③ 《咸丰己未苏州漕弊查办案》，《江苏文献》1944 年第 1 卷第 3—4 期。

④ 《咸丰己未苏州漕弊查办案》，第 14—16 页。

以上弊端多载于正史、会典、实录、方志、名人奏疏、文集等资料。除此之外，因漕运既关系国家命脉，又与普通百姓有着千丝万缕的联系，所以清代的文言小说、白话小说也通过对当时官员牟取漕利时的丑恶嘴脸进行了描述，并以历史事实为基础，加以艺术加工与塑造，将漕弊对民生与社会的危害描绘得栩栩如生。如《官场现形记》为清末著名谴责小说，对清末官场的种种弊端进行了形象的刻画，小说第四回“白简留情补祝寿，黄金有价快升官”中有德化县知县求何藩台代理九江府知府一两个月，送二千两银子作为回报，藩台道：“要挂这张牌，至少叫他拿五千现银子。代理虽不过两三个月，现在离着收漕的时候也不远了，这一接印，一分到任规、一分漕规，再做一个寿，论不定新任过了年出京，再收一分年礼，至少要弄万把银子。现在叫他拿出一半，并不为过。况且这万把银子都是面子上的钱；若是手长些，弄上一底一面，谁能管他呢！”① 代理数月知府，就能获取至少上万两银子，可见清末官场贪蠹现象之严重，而漕粮浮收与贿赂在其中占有相当比例。第五回“藩司卖缺兄弟失和，县令贪赃主仆同恶”里王梦梅通过贿赂何藩台得到了署理玉山县知县一职，“王梦梅的意思，为着目下乃是收漕的时候，一时一刻都不能耽误的。原想到的那一天就要接印，谁知到的晚了，已有上灯时分，把他急得暴跳如雷，恨不得立时就把印抢了过来”，② 为了漕利而匆忙赶路，急切接任，生动地刻画了一个清末贪官的形象。该书中对地方士绅包漕揽粮之弊也有叙述，第四十七回“喜掉文频频说白字，为惜费急急煮乌烟”中钦差大臣童子良奉命巡视江南，苏州知府卜琼名对其称：“苏州一府，有些乡下人应该缴的钱粮、漕米，都是地方上绅士包了去，总不能缴到十足。有的缴上八九成，有的缴上六七成，地方官怕他们，一直奈何他们不得。许多年积攒下来，为数却亦不少”，③ 于是童钦差询问为何百姓要拖欠漕粮，其又称：“其过不在百姓而在绅士，百姓是早已十成交足，都收到绅士的腰包里去了。苏州省城里还好，顶坏的是常熟、昭文两

① （清）李宝嘉：《官场现形记》，浙江古籍出版社 2015 年版，第 31 页。

② 《官场现形记》，第 39 页。

③ 《官场现形记》，第 484 页。

县，他那里的人，只要中个举，就可以出来替人家包完钱漕，进士更不用说了”,[①] 可见地方缙绅，甚至科举士子的钱漕包揽之弊非常严重，就连地方官都无可奈何。正是因为缙绅、士人拥有声望、知识与地位，所以在乡村事务中具有很大的引导性与权威性，他们通过包纳漕粮不但可以获得额外的收入，而且在与地方官府的博弈与较量中也可以提升自己在地方社会的领导力，达到制衡区域政治环境的目的。《后官场现形记》里陈县丞不满足于县丞卑微职位，意图高升，“因为是个大家出身，志大心大，终不肯久屈下位。况且与知县同城，衙门只隔一墙，看见知县收漕、征税，雪白的银子抬出、抬进，岂有不眼红心热的！一心一意总要做一任正印官，才遂心愿”。[②] 后陈县丞通过巴结藩台，得了县令一职，收了个全漕，贪贿了大量钱财。这一故事将清末官员做官只为发财，通过征漕牟利的嘴脸刻画的十分形象，深刻反映了清末官场的黑暗与腐化。《金石缘》第十五回“署官差客商受害，谋粮宪漕户遭殃”里名叫利图的官员通过贿赂上司得了署江苏粮道这一肥差，“又适遇收漕时候，便逼令各县漕米，每县要漕规二升，早早先解上去了，便无话说。不然就有许多苛求责备，又向各县以查察为名，倘有粮户呈告状书的，便将县官、吏书，任意索诈，满其所欲，便没事儿。不满其欲的，便翻转面来，说粮户阻闹仓场，重则亲提拷讯，轻则发县枷责……百姓受害，有冤莫诉，有苦无伸”,[③] 这一故事将一个唯利是图，为了满足个人贪欲而不分黑白、任意妄为的贪官形象刻画得栩栩如生。《林公案》第三十一回“悍帮头菜馆遭擒获，小粮户茶肆发牢骚”中林则徐奉命清查江苏漕弊，“漕赋本为大利所在，宜乎贪官、滑吏、劣绅等，把持揑饰，粮户照额清完，国库收到多至八成半，少至五六成，遇到荒年，非但漕银豁免，还要拨发赈款。这班贪官猾吏，熟年固然饱满私囊，遇到荒年，更可揑荒冒赈，收入更多于熟年……现在的漕弊，亦由滑书、蠹吏、经漕等暗中舞弊，土豪

① 《官场现形记》，第 485 页。

② （清）天公：《宦海浮沉》，中国文联出版公司 1999 年版，第 494 页。

③ （清）静恬主人：《金石缘》，陕西师范大学出版社 2001 年版，第 115 页。

劣绅等参透个中三昧，酿成闹漕、包漕等种种流弊”。[①] 因漕利而形成了利益集团，其中势力盘根错节，涉及诸多群体，构成了牢不可破的网络弊窟。除利用收漕获取利益外，仓场等衙门也经常以米色不符为由，勒取纳粮百姓、军丁钱财，《娱目醒心编》中蔡节庵运粮至通州，“即往总漕衙门投递文书，仓场管粮厅验过米色，使用了些银两，立即兑收”，[②] 可见当时仓场收受漕粮、白粮完全以贿赂作为标准，而且行贿、受贿被视为寻常之事，否则仓吏就会刻意压榨、苛索，以米色不符为由拒收，所以国家漕粮质量低劣也就不足为奇了。正是由于漕弊、河弊、仓弊不断侵蚀着清王朝的肌体，加上清末黄河北徙、运河断流、漕粮改折，同时随着西方轮船、火车等先进交通工具的兴起，商品粮市场的兴盛，传统漕运逐渐走向了没落，“到了后来，河运改了海运，又省力又神速，并且还节省了许多经费，政府便把漕运的事情永远改了海运，把漕运总督一缺也裁掉了。自此以后，这条运河便永远没有人来挑浚，这条堤岸便永远没有人来修整，由着他年深月久的淤塞、坍塌，没有一个人来理会”，[③] 运河也由此失去了国家命脉的地位，传统漕运随之而衰落。

面对漕弊日佳严重，病国害民的现实，清代很多有识之士提出了整顿措施。学者包世臣认为地方州县例收耗米，通过多收、浮收以增加收入，这些收入除作为修理仓廒、斗级辛食、车脚补贴、旗丁食米之外，余剩者即作为州县自用与贪腐。另外管漕各级官员人浮于事，十羊九牧，督押漕船者有押运官、各省粮道、地方文武攒运，其他如漕委、督委、抚委、河委数百员，其俸禄、津贴数目巨大，为支付这些人的款项，只能层层剥蚀，多方牟利。更为严重的是，诸多官员多不能亲临其职，漕督验粮委托弁兵、通州上仓听之花户，“两处所费，数皆不赀。一总运，所费二三万金；一重运，所费二三千金；一空运，一催趱，所费皆浮于千金。又沿河过闸，闸夫需索，每一船一闸不下千文。是故帮丁专言运粮，其费取给于官而有余，合计陋规、贿

① 文正义编辑：《林公案全传》，岳麓书社，第 182—183 页。

② （清）草亭老人：《娱目醒心编》，上海古籍出版社 1988 年版，第 40 页。

③ （清）张春帆：《九尾龟》，中国戏剧出版社 2000 年版，第 1308 页。

赂，虽力索州县之兑费而上不足也”。[①] 要解决这些弊端，包世臣也提出了一些措施，他认为首先要清理地方屯田，督促卫所人员勤于耕耘，收入用作家计、公需、裁总运等人员，责成粮道负责。其次，裁汰闸夫，责成闸官严格看守闸座，提高启闭闸效率。最后，“水次则严禁嫖赌及随帮收账者。盘粮厅专责漕臣，而使督臣稽查之。通州专责仓臣，督同坐粮厅，革退花户之为积蠹者，则帮丁之办运从容，无须州县津贴，而州县无所藉口，以诛求于小民，奸民不能激众，以凌辱其长吏。藏富于民，以培元气，以尊体统。否则浮收勒折，日增一日，竭民财以积众怒，东南之患，终必在斯矣”。[②] 这些措施对于解决清末严重的漕弊具有一定的效果，但在当时贿赂公行、法制废弛的局面下，根本不可能得到彻底的实施，因此也不会改变漕弊日深的现实，只能为一纸虚文。正是因为漕弊盘根错节，根深蒂固，难以有效整顿与消除，所以光绪二十七年（1901 年）颁布上谕：“漕政日久弊生，层层剥蚀，上耗国帑，下朘民生。当此时势艰难，财用匮乏，亟宜力除糜费，切实整顿，著自本年为始，各直省河运、海运一律改征折色，责成该督抚等认真清厘，将节省局费、运费等项悉数提存，听候户部指拨。并查明各州县向来征收浮费，责令和盘托出，全数归公，以期汇成巨款，仍由该督抚提存归公。”[③] 至此传统漕运已彻底走向没落，即将灭亡。

第二节　京通仓储弊端

明清两代，国家定鼎幽燕，北京作为政治中心，聚集了全国大量的人口，这里不但有皇室、官员、驻军，而且商贾、百姓、游宦数量众多，是典型的消费型城市。为了满足大量人口衣食之需，需通过京杭运河，将漕粮与商货等物资运至京城，或存于京通仓储中，或于市场发售，以保障京城供给

① 《魏源全集》卷 46《刬漕弊》，第 484—485 页。

② 《魏源全集》卷 46《刬漕弊》，第 485 页。

③ 《快除漕弊》，《万国公报》1901 年第 152 期，第 20417—20418 页。

与社会稳定。可以这样说，北京是运河上漂来的城市，而京通仓储则是京城的供需基地，一旦京城匮粮，那么统治阶层就会异常恐慌，国家根基就会动摇，所以其重要性自然不言而喻，为了保障仓储稳定，明清政府设置了完善的管理、运作制度，对于仓粮的收支、晾晒、看护、守卫无不面面俱到，以图仓储充盈，积贮丰厚，但即便如此，明清数百年间京通仓储出现了大量的弊端，严重损害了国家的统治基础，使各项规章制度成为了具文，难以起到应有的作用。

明清京通仓弊端既有类似之处，同时也有各自的特点。明代重视宦官势力，统治者用其掣肘官员，平衡力量，从而导致宦官势力不断增强，干涉国家政治、经济诸领域，京通仓储也不例外，宦官既不懂仓储管理规范，同时又没有受过系统的培训，因此往往借机勒索军丁，排挤户部管仓官，导致仓弊百出，与朝官之间的矛盾日佳尖锐，而皇帝作为宦官的后台，往往又纵容宦官为恶，致其气焰更为嚣张，仓储秩序陷入混乱。与宦官相比，明代监仓官员的腐败相对较少，其原因除了受宦官的掣肘外，还因户部仓官多进士出身，受儒学教育影响较大，多数能够尽职尽责，另明代吏治相对整肃，对于贪官污吏的惩治异常严厉，所以监仓官员多数能够安于本分、恪尽职守。除管理者外，明代京通仓的基层劳役人员，如看仓军丁、甲斗、车户、扛户、晾晒人员及胥吏也存在着相当数量的舞弊行为，不过与清代相比，其危害相对较轻。清代中前期京通仓弊端就已比较严重，乾隆后仓弊日甚一日，仓储管理人员与基层劳役者均陷入了贪腐的深渊之中。清代京通仓有仓场总督、坐粮厅、仓监督、大通桥监督、巡仓御史等官员，机构健全，体制完善，同时为消除弊端，每一部门均设满汉监督二员相互制约，即便如此，清代仓储官员的渎职、舞弊现象非常普遍，甚至出现了监仓官员与基层劳役人员相互勾结，共同获利的现象，而仓书、攒典、花户、车户、船户虽然地位较低，但数量最多，其对京通仓储日夜侵蚀，鼠窃狗盗，积少成多，造成了仓粮的严重损耗，并通过各种手段加以掩饰、覆盖，妄图躲避王朝的惩治，引发了一系列仓案。针对弊端，清廷处置、惩罚了大量涉案人员，并通过赔补等措施力图弥补亏空，但均治标不治本，腐败群体气焰日益嚣张，仓粮之案不断发生，并一直延续至清朝灭亡。

一、明代京通仓弊

明代京通仓弊中最严重者即为宦官监仓之弊，宦官多由皇帝派遣，拥有监督仓储的特权，为彰显其地位与优势，往往专权胡为，不遵守相关制度与约束，不但祸乱仓储，勒取钱财，甚至骚扰郡县、掣肘户部管仓官，导致其与民众、朝官之间的矛盾日益尖锐，严重削弱了仓场秩序的正常运转。而监仓户部官也存在失职之弊，在管理仓粮收支的过程中，或被下属蒙蔽，或疏于职守，使仓粮损耗进一步严重。从事仓粮晾晒、扛运、出纳的基层仓储服务者与劳役人员也乘机舞弊，利用自身所从事工作之便，从中取利，加剧了仓储秩序的混乱。

1. 宦官监仓之弊与危害

宦官之害在中国历史上很多朝代就已出现，特别是东汉、唐、宋、明为尤甚，宦官又称太监、中官、宦者、内官、内臣、内侍，是专门服侍皇帝、君主及其家族的服务性人员，其权力的大小往往与帝王信任程度的高低密不可分。关于宦官对国家及朝廷的危害，历代史料不绝如缕，“外戚秉政，宦官用事，皆非宗社之福也”。① “汉、唐宦官专政，为国之蠹”。② 汉、唐两代宦官势力庞大，气焰嚣张，不过也有所差异，“东汉之衰，宦官最为骄横，然皆假人主之权，依凭城社，以浊乱天下，未有能劫胁天子如制婴儿，废置在手。东西出其意，使天子畏之若乘虎狼而挟蛇虺如唐世者也，所以然者，非他，汉不握兵，唐握兵故也”，③ 认为唐代宦官之害甚于汉代的原因在于其掌控兵权，君主如同傀儡与木偶，任其摆布。唐代宦官危害之烈，牍案多载，《十七史商榷》记：“高祖、太宗时无内官典军旅，自天宝以后，宦官寖盛，贞元、元和分羽林卫为左、右神策军，以便卫从，令宦官主之。

---

① （明）程敏政：《宋纪》，齐鲁书社 1996 年版，第 137 页。

② （清）王鸣盛：《十七史商榷》，凤凰出版社 2008 年版，第 406 页。

③ （宋）司马光：《资治通鉴》卷 263《唐纪七十九》，线装书局 2007 年版，第 2232 页。

自是参掌枢密，内务百司皆归宦者。”[①] 清学者赵翼也称：“东汉及前明宦官之祸烈矣，然犹窃主权以肆虐天下，至唐则宦官之权反在人主之上，立君、弑君、废君有同儿戏，实古来未有之变也。推原祸始，总由于使之掌禁兵、管枢密，所谓倒持太阿而授之以柄，及其势已成，虽有英君察相，亦无如之何矣”。[②] 明代宦官之害有其自身特点，“东汉及唐、明三代，宦官之祸最烈，然亦有不同，唐、明阉寺先害国而及于民，东汉则先害民而及于国”。[③] “有明一代宦官之祸，视唐虽稍轻，然至刘瑾、魏忠贤，亦不减东汉末造矣。初，明祖著令，内官不得与政事，秩不得过四品。永乐中，遣郑和下西洋，侯显使西番，马骐镇交趾，且以西北诸将多洪武旧人，不能无疑虑，乃设镇守之官，以中人参之，京师内又设东厂侦事，宦官始进用。宣宗时，中使四出，取花鸟及诸珍异亦多，然袁琦、裴可烈等有犯辄诛，故不敢肆。正统以后，则边方镇守，京营掌兵，经理仓场，提督营造，珠池、银矿、市舶、织造，无处无之”，[④] 对明代宦官势力的发展演变进行了介绍。明代宦官之祸弱于唐代的观点，黄宗羲并不认同，其认为：“奄宦之祸，历汉、唐、宋而相寻无已，然未有若有明之为烈也。汉、唐、宋有干预朝政之奄宦，无奉行奄宦之朝政。今夫宰相、六部，朝政所自出也。而本章之批答，先有口传，后有票拟。天下之财赋，先内库而后太仓。天下之刑狱，先东厂而后法司，其他无不皆然，则是宰相、六部为奄宦奉行之员而已……汉、唐、宋之奄宦，乘人主之昏而后可以得志，有明则格局已定，牵挽相维，以毅宗之哲王，始而疑之，终不能舍之，卒之临死而不能与廷臣一见，其祸未有若是之烈也！”[⑤] 认为明代宦官控制领域更广，权力更大，甚至影响了国家存亡。

明代宦官监仓权力的变化经历了由盛转衰的过程。洪武二年（1369 年）

① 《十七史商榷》，第 555 页。

② 王树民校证：《二十二史札记校证》，中华书局 1984 年版，第 424 页。

③ （清）赵翼：《二十二史札记》，凤凰出版社 2008 年版，第 74 页。

④ 周予同：《中国历代文选》，上海古籍出版社 1980 年版，第 257 页。

⑤ （明）黄宗羲：《明夷待访录》，中华书局 2011 年，第 172 页。

定内侍官制，以约束宦官行为，防备其势力坐大，“此辈所事，不过供洒扫、给使令而已。若求善良于中涓，百无一二，用为耳目即耳目蔽，用为腹心即腹心病。驭之之道，但当使之畏法，不可使之有功，有功则骄恣，畏法则检束”，[①] 即对宦官心存戒备，有所防范。但即便如此，洪武六年（1373年）六月仍“更内仓监为内府监，以内仓监令为大使，监丞为副使，内府库为承运库，仍设大使、副使，皆以内官为之”。[②] 后宝钞库、神宫内使监、内府宝钞广源库皆为内官掌控，为宦官势力的扩大埋下了隐患。“当成祖时，宦官稍稍用事，宣宗寖以亲幸……其后设内书堂，而中人多通书晓文义，宦寺之盛，自宣宗始。”[③] 宣德年间开始重用宦官，将其视为巩固皇权，牵制朝臣的重要力量，宦官势力开始逐渐渗透至政治、经济诸领域。据《国朝典汇》载，“自宣德末，京、通二仓置总督中官一人，后夤缘滋多，所居号中瑞馆，请置印记，漕挽军民横被索求，不堪其扰，临清、徐、淮诸仓，亦各置监督，纷扰尤甚”。[④] 《明史》也称，“凡为仓库害者，莫如中官，内府诸库监收者，横索无厌……内府收粮，增耗尝以数倍为率，其患如此。诸仓初不设中官，宣德末，京、通二仓始置总督中官一人，后淮、徐、临、德[⑤]诸仓亦置监督，漕挽军民被其害”。[⑥] 不过宣德年间虽设中官监仓，但因人数有限，其害尚不甚大。至成化二十一年（1485年）随着皇帝对宦官依赖程度的增强，京通仓宦官人数不断增加，“增京、通二仓太监军斗总督人三十名，监督人二十名，前此总督一百五十许，留三十，监督一百许，留二十，至是太监杨寅以役使不足请，故有是命”。[⑦] 监仓宦官及其随从人员的增多，一方面导致管仓户部官员权力不能集中，难以行使职权；另一方

① （清）夏燮：《明通鉴》，线装书局2009年版，第207页。

② （明）王世贞：《弇山堂别集》卷90《中官考一》，中华书局1985年版，第1722页。

③ （清）张廷玉：《明史》卷164《列传第五十二》，中华书局1974年版，第4441页。

④ （明）徐学聚：《国朝典汇》，台北学生书局1965年版，第730页。

⑤ 此处有误，明代京、通二仓及临清、徐州、淮安水次仓设有宦官监仓，而德州、天津二水次仓未有宦官监督，为户部官员监仓。

⑥ （清）张廷玉：《明史》卷79《志第五十五》，中华书局2000年版，第1286页。

⑦ 《明宪宗实录》卷265，成化二十一年闰四月丙申条。

面宦官祸乱仓储，扰乱了仓储秩序的正常运转。成化二十年（1487 年）在朝臣们的建议下，“革京通等处仓场总督太监二员，京通二仓及淮安、徐州、临清三仓监督内官七员，俱天顺元年以后增设者也”,[①] 进行了一定裁革，但数量依然很大。弘治十一年（1498 年）又令少监莫英、太监宋玉与刘璟监督京通仓事，引起了户部尚书周经等人的反对，其称：“京通两仓原止设总督一员、监督二员而已，当时各治其事，未见废坠，后虽渐加，无益有损，且生一事则有一事之害，增一官则有一官之费，况人品不同，执拗者误事，贪婪者侵削，下至伴当、书写一切亲信者恃势求索，无所不至，故军斗脱逃，官解负累，年复一年，未有穷已”,[②] 提出不能再增加监仓中官，但未被允准。同年户部主事李世享奏：“监督通仓太监贿赂公行，往年太监无收粮之例，今则私役百至矣，乞查照宣德、正统年间原设额数，其余尽行裁革”,[③] 但同样没有结果。弘治十三年（1500 年）户部官又奏：“近日京通二仓总督、监督添至五六员，役占馈送，科索不胜其扰，乞以前旨裁，以俟有缺再补”。[④] 孝宗皇帝以既已差用，不应更改，但其后又不断增加。有明一代，户部与监仓太监之间的矛盾是不断尖锐的，户部官员一直欲夺回仓储大权，行使管理国家财政的权力，而宦官依赖皇帝的支持，不断侵夺户部监仓之权，两者之间展开了反复、激烈的斗争，皇帝作为最高决策者，总是力图平衡二者之间的势力，以达到制衡与掌控仓储的目的。

正德元年（1506 年）三月，尚膳监太监刘杲以病乞监督京仓，得到了武宗允许，户部右侍郎陈清、监察御史朱廷声称仓厂刚裁革冗员，岂能再复增加，失信于天下，请罢刘杲勿用，但武宗不从。同年六月，户部尚书韩文奏称：“京通二仓总督太监二员，监督各三员系先帝裁定之数，今总督已足数，监督尚剩三员，而太监赵忠等复已传奉，至将来供亿之烦，取给之扰有

① 《明宪宗实录》卷 6，成化二十三年十一月戊戌条。
② 《明孝宗实录》卷 141，弘治十一年九月壬寅条。
③ 《明孝宗实录》卷 143，弘治十一年十一月乙未条。
④ 《明孝宗实录》卷 158，弘治十三年正月丙子条。

不可胜言者，乞取回”。[①] 尽管户部官员搬出了弘治皇帝的诏令，但武宗依然不为所动，可见宦官监仓的背后力量实为帝王自身，宦官只不过是其控制仓储的工具与傀儡。其时宦官气焰嚣张，“凡为仓库害者，莫如中官。内府诸库监收者，横索无厌。正德时，台州卫指挥陈良纳军器，稽留八载，至乞食于市。内府收粮，增耗尝以数倍为率”。[②] 正德十六年（1521 年）武宗去世，嘉靖登基，为彰显新帝改革气象，诏令：“京通二仓、水次仓、皇城各门、京城九门、各马房仓场、各皇庄等处，但系正德年间额外多添内臣，司礼监照弘治初年查参取回，又令临清仓监督内臣止留现在二员，著廉静行事，不许纵容下人生事害人，以后不必添补”，[③] 在一定程度上打击了宦官的嚣张气焰。嘉靖元年（1522 年）八月，户部称：“祖宗朝设尚书、侍郎总领天下财赋，督察委之台官，放收属之郎署，当时不闻内官与事，法至善也。宣德间，京通二仓暂设总督、监督二员，其后复增至二三十员，创设中瑞馆处之，冗滥积弊，实为国家大蠹。今诏书裁革二仓内使至二十七员矣，乞遂罢中瑞馆，尽取其余人代还内府供役，及临清、徐、淮监督之使，宜一切罢，勿遣”，[④] 于是革京通及水次仓所增加宦官，以后不再添补，户部官员利用新帝登基时机希望彻底击垮宦官势力，但嘉靖帝仍心存犹豫，并未下定决心，说明皇帝对宦官有着依赖性。同年，巡仓御史刘寓生上言：“天下卫所运粮四百万石常额，外加耗有曰太监茶果者，每石三厘九毫，计用银一万五千六百两。有曰经历司，曰该年仓官，曰门官、门吏，曰各年仓官，曰新旧军斗，俱每石各一厘，共计用一万六千两。有曰会钱者，上粮之时有曰小荡儿银者，俱每石一分，共计用银八万两。又有曰收斛面银者，每石五厘，计用银二万两。率一岁四百万石，分外用银一十四万余两，军民膏血，安得不困竭也，乞痛革宿弊，以苏漕运困苦”，[⑤] 其中太监茶果银在其中占

---

① 《明武宗实录》卷 14，正德元年六月丙寅条。

② （清）张廷玉：《明史》卷 79《志第五十五》，中华书局 2000 年版，第 1286 页。

③ 《大明会典》卷 21《户部八・仓庾一》。

④ （明）张萱：《西园闻见录》卷 34《户部三・积贮》，台北明文书局 1991 年版，第 565 页。

⑤ 《明世宗实录》卷 12，嘉靖元年三月丁卯条。

有很大比例，为监仓宦官额外勒索。直至嘉靖十四年（1535 年）正月，“提督京通仓场内官监少监王奉、李慎互以奸赃讦奏，诏下法司逮问。户科都给事中管怀理[①]因言仓场钱谷实皆户部职掌，顷者参用内臣，惟肆贪饕，于国计无裨，请将二臣裁革，其余督理内外各仓场内臣如吕宣等七员一并取回”。[②]《通鉴辑览》亦载，“嘉靖十四年春正月罢督理仓场中官。初孙交为户部尚书，以监仓场中官为数太多，请尽去之，并临清、淮、徐诸仓一切勿遣，帝罢撤其半，余仍如故。至是监督中官王奉、季慎互以奸赃讦奏，下法司按问。给事中管怀理因言仓场钱谷皆户部事，今参用内官，惟肆贪饕，于国计无补，请悉撤回，从之”。[③] 至此宦官监仓百余年的历史才得以彻底结束。不过宦官势力在其他领域并未终结，甚至在税收、矿产、监军等方面的影响力进一步增强，控制了国家的经济、军事。万历年间因宦官之害发生了临清王朝佐抗击税监马堂的斗争、苏州葛成抗税使孙隆的民变，凸显了这一时期尖锐的社会矛盾。崇祯时，工部尚书刘宗周疏称：“今天下即称乏才，亦何至尽出一二中官下，而皇上每当缓急之际，必依以大任，此在前日已成覆辙，方亟亟更弦之不暇，而乃者三协有遣，通、津、临、德复有遣，益又重其体统，等之总督。中官总督，将置总督于何地？总督无权，将置抚按于何地？是岂以封疆为尝试也”，[④] 可见直至明朝接近灭亡之时，皇帝依然信任宦官，委之大权，完全将国家交与宦官之手，对大臣、将领处处加以掣肘，这种内耗进一步加快了明朝的覆亡。

尽管宦官为祸仓储，且有皇帝在幕后支持，但有明一代仍然出现了大批正直的官员，他们不惧宦官势力，与其进行了坚决的斗争。景泰年间刑部主事游明正直无私，“通州军储仓岁以中官受贿，虚出通关卖粮，岁不下千石。仓吏欲发其事，中官赂以白金，吏持金诉以官，户部以中官故，劾吏知

---

① 《同治临邑县志》载其为菅怀理，同时据《嘉靖八年进士登科录》、《光绪临邑菅氏族谱》、《大明湖广左布政使复斋菅公墓志铭》等载，菅怀理为山东济南府临邑县军籍，国子生，曾任户科给事中、礼科给事中、江西副使、陕西参政、湖广左布政使等职。

② 《明世宗实录》卷 171，嘉靖十四年正月壬申条。

③ （清）官修：《通鉴辑览》卷 109《明》，清文渊阁四库全书本。

④ （清）孙承泽：《山书》卷 9《工臣进谏》，浙江古籍出版社 1989 年版，第 220 页。

情。明以大吏纳贿卖粮，小吏发其事反坐以诬，是纵大吏为奸也，卒白其事”,[①] 可见景泰时中官就已盗窃仓粮，收受贿赂，祸乱仓储，甚至户部官员明知其弊，畏惧其势而加以掩饰，甚至不惜颠倒黑白，冤屈举报仓吏，只是在游明坚持下，才得以昭明案情。成化时户部主事张举，“监诸草场、仓场，故皆貂珰[②]督收，辄多供张娱乐部官，部官往往为所掣肘结舌，举却不受”。[③] 面对宦官铺张浪费、贿赂公行的局面，张举不与其同流合污，显示了其清明廉洁的人生准则。弘治时监察御史胡献对宦官监仓之害深为痛恨，称：“京通二仓总督太监索要收粮银两，各占斗级，使纳月钱，愿尽罢革以苏运军困苦”。[④] 宦官在收粮时以漕粮质量为由勒索运军，并向斗级索取月钱，而这些额外的收益最终必然会转嫁至普通纳漕户身上。正德年间户部郎中杨淮，“差监出纳者凡四，先京仓，次淮安水次，继通州仓，最后内十库，皆有中官同事。京仓胥卒积弊久且胶蔓，一切革之；淮安仓革中官茶果之需，江南北纳户称快；通仓革囤基及额外席草之费；内库勤慎清苦无与为比，一茶外，悉绝中官供馈，虽饥饿不恤也”。[⑤] 《明史》亦载杨淮为正德年间进士，先授户部主事，后升郎中“始监京仓，革胥徒积弊殆尽。继监淮、通二仓，罢中官茶果之需，除囤基及额外席草费。最后监内库，阉人例有供馈，淮悉绝之”。[⑥] 京仓、通仓、沿河水次、内库均有宦官之害，可见其对国家仓储已形成了绝对控制，而其舞弊行为多端，不但损害了仓储的正常运作，而且压榨、勒索纳户，对地方社会秩序危害也很大，杨淮廉洁勤谨，严于律己，敢于对抗宦官的贪腐，革除各种弊端，在一定程度上遏制了宦官势力的蔓延。另一御史涂相巡视通仓，“时管仓太监八员，役占军斗八百名，相至查黜之，岁省军斗月粮八百余石”,[⑦] 管仓太监人员众多，加之

---

① （明）范涞：《万历新修南昌府志》卷19《人物》，明万历十六年（1588年）刻本。

② 貂珰，貂尾与金银珰，古代侍中、常侍的冠饰，后借指宦官。

③ （明）尹守衡：《皇明史窃》卷101《张举传》，清光绪十二（1886年）刻本。

④ （清）张可立：《康熙兴化县志》卷8《人物》，清康熙二十四年（1685年）钞本。

⑤ （明）过庭训：《本朝分省人物考》卷28《南直隶常州府二·杨淮》，明天启刻本。

⑥ （清）张廷玉：《明史》卷192《杨淮传》，岳麓书社1996年版，第2794页。

⑦ （清）王之藩：《同治南昌府志》卷40《人物》，清同治十二年（1873年）刻本。

占用军斗数百名，其薪俸、口粮开支庞大，对国家财政是一项额外的负担，涂相虽不能罢黜监仓太监，但通过减少其羽翼，使人浮于事的局面得以改观，财政压力得以稍减。

有明一代，宦官作为皇帝的亲信，备受重视，是监督朝臣与掌控国家财政的耳目与爪牙，正是由于最高统治者的支持，才导致了宦官无所顾忌，肆意妄为，而京通仓储作为都城稳定的物质基础，是王朝维系的重要支撑力量，宦官势力的遍布充分体现了皇帝对户部官员的质疑及迫切掌控这一部门的愿望，但监仓宦官的设置并未实现统治者的目标，他们不但侵吞仓粮，勒索军丁、漕户，掣肘户部管仓官，而且对仓储管理制度毫不了解，扰乱了仓场正常的运作秩序，使京通仓储日趋混乱，正如《六典通考》所言："至明之仓储典以中官，利权旁落，奸弊横生，遂使军人困扰，海内嗷怨，迹其末流，土崩之祸，视秦、隋何以异哉！"① 指出宦官监仓是导致明王朝灭亡的重要原因。

2. 管理者与劳役人员弊端及整顿

明代京、通二仓为国家漕粮最终收贮地，常年存粮在数百万至上千万石，粮食收支、晾晒、运输、守卫都有专门的管理者与劳役人员负责，"仓中之人，漕粮之进仓也，卸粮回袋则有歇家，倒米上囤则有扛、车，晒扬则有脚役，抱筹收粮则有铺军，经管收支则有见年攒典，铺厫看守则有小甲、军斗，磨算、收放则有书办，仓中之人尽矣"。② 人员众多，良莠不齐，嗜利之心人人有之，初期仓令严整，仓弊危害不大，随着法久废驰，不少管仓官员与基层劳役人员猫鼠一窝，盗窃仓粮，侵吞公帑，将京通仓储变成了贪腐渊薮。明代京通仓储基层劳役人员之弊主要有以下几种：一为仓官与仓役勾结之弊，"运官初到，假称需索，该臣等看得运官米色不登，米数不足，则为打点之计，每与仓役暗相呼吸，而奸棍遂得乘以为利，假借名色，指乘打点，运官既坠其云雾，监督且被其点染"。③ 二为旗甲与脚役互通之弊，

① （清）阎镇珩：《六典通考》卷 79《历代委积》，清光绪刻本。
② 《度支奏议》之《云南司》卷 16《覆六仓监督条奏立法厘弊疏》。
③ 《度支奏议》之《云南司》卷 16《覆六仓监督条奏立法厘弊疏》。

“奸滑旗甲暗贿脚役，有故意厚晒而逆风低扬者，此京坻之储易于朽腐也”。① 三为官旗交粮陋规，“领运官旗之行贿于官攒人等，非无故而空投也。仓臣称有双筹混入者，官旗之小利非积储之大损乎”②。四为小甲徇私之弊，“漕粮晒扬之后则入厫矣，入厫斛面分视之则少，合计之则多，期间行概抗粮、扯掔诸役皆一气之流通，于是乎掔者一漏者，百察者，一朦者，又百弊所系丛也”。③ 诸多仓弊相结合，使京通仓粮大受损失，仓储秩序也遭到严重破坏。

早在宣德三年（1428 年）行在户部尚书夏原吉奉敕旨：“仓廪之粮为奸人盗窃常数万计，当加关防之术。圣谕究其作弊之端，皆亡赖者私通官攒人等偷盗，又或揽纳虚收，亦或冒支倍出，所以亏耗为数不少，犯者虽皆问罪，不悛者仍蹈前非，而北京太仓尤甚”。④ 当时仓场制度初创，管理存在诸多缺陷，仓粮被盗数目很大，原因在于无赖之徒与官攒之间相互沟通，共同舞弊。宣德四年（1429 年）榜谕：“各仓凡收支粮草官吏人等，有折收金银并揽纳偷盗者，许诸人首告，或拿送法司，正犯处斩，仍追原物入官，家属发边远充军，首告者赏钞五十贯”，⑤ 其惩治措施非常严厉。同年宣宗敕谕南京都察院左副都御史邵玘：“都察院乃朝廷纲纪之司，庶政兴废，百僚之治忽系焉。近年南京都察院官萎靡不立，颓坏宪纪，非惟不能纠正诸司，亦致各道御史恬无畏惮，巡仓库者通同监守纳户恣为奸弊，巡钞法者通同市井商贾滥受货贿，甚者挟制诸司，肆行嘱托，贪利坏法非止一端”，⑥ 可见当时连主持整顿纲纪的巡仓御史都陷入了败坏国法的境状，严重危害了国家仓政的稳定。宣德五年（1430 年）夏四月，释被诬御史李骥，“初骥巡视通州仓，遇军斗高祥等盗粮，执而鞫之，祥父妄告祥同张贵等盗粮，骥受贵等白金，纵之不问，而独问祥，行在刑部当骥绞罪，骥上章诉冤。上曰御史既

① 《度支奏议》之《云南司》卷 16《覆六仓监督条奏立法厘弊疏》。
② 《度支奏议》之《云南司》卷 16《覆六仓监督条奏立法厘弊疏》。
③ 《度支奏议》之《云南司》卷 16《覆六仓监督条奏立法厘弊疏》。
④ 《明宣宗实录》卷 40，宣德三年三月癸卯条。
⑤ 《明会典》卷 21《仓庾一》，第 549 页。
⑥ 《明宣宗实录》卷 50，宣德四年春正月癸亥条。

擒盗，岂有受赃之理，若其受赃，即此事皆泯灭不发，安肯尚存事端”，① 于是命诸官共同审讯，查明李骥为冤枉，可见此时仓储弊端非常严重，甚至连御史都被诬陷，牵连其中几乎不能自拔。宣德七年（1432 年），令“法司犯赃，徒流杂犯死罪，官吏人等有力者编充通州各卫仓斗级，如官攒、军斗人等有偷盗虚出等弊，许首告得实放免，仍赏钞一千贯，若通同偷盗作弊者，加以重罪，逃走者发口外充军”，② 通过告发等方式以减少官攒、斗级偷盗之弊。宣德十年（1435 年）宣宗去世，英宗继位，极力整顿仓场弊端，“各处仓收粮多有势豪无籍之徒通同仓官、攒典诓诱民财，宜令巡仓、巡按监察御史伺察究治”，③ 命仓储监察者对食利群体进行整顿，革除弊端。

正统七年（1442 年）榜谕：“各卫差委监支官军月粮头目，不许擅立大小把总名色及官攒人等通同作弊，违者令巡仓御史并户部管粮官拿问”，④ 可见此时官军领粮已与仓中胥吏相互勾结，共同从中取利。景泰三年（1452 年），又令各仓官攒、斗级等人，不许勒要纳户晒米、地铺及关粮人抬斛等项额外浮收钱财，第二年又令各仓收粮官攒、军斗不许小脚等丁夫夺揽，如果纳户自愿雇佣小脚，每米一百石，止许小脚二十名。天顺元年（1457 年）又定，“在京各仓场凡把持、诓骗、包揽、坑陷纳户，搅扰仓场之人，许人指实首告，连当房家小发边远充军”。⑤ 成化十四年（1478 年）春正月，宪宗谕都察院：“京通二仓并各场粮草俱国用所系，近各卫监支官多不守法度，私立大小把总名色，不肯依期守放，故为刁蹬迁延，以致军士到仓日久，不得关支，其贪婪委官通同官攒人等以斛面高低为名，就中扣除者有之，军吏人等指以答应为由于内剋减者有之，及关粮到营十不得七，以致军士多饥窘失所。及有官旗舍余人等，倚势用强搅扰仓场，需索财物者，似此奸弊非此一端，事觉之日从重处治，巡视御史及管粮委官坐视不理者一

① 《明宣宗实录》卷 65，宣德五年夏四月戊寅条。
② 《明会典》卷 21《仓庾一》，第 550 页。
③ 《明英宗实录》卷 9，宣德十年九月壬辰条。
④ 《明会典》卷 21《仓庾一》，第 550 页。
⑤ 《明会典》卷 21《仓庾一》，第 550 页。

体治罪”,① 可见此时仓场奸弊繁多，监支官员与胥吏无所不用其极，利用各种手段获取利益，导致支粮军丁迁延岁月，无所求食，甚至流离失所，造成的危害非常大。弘治十二年（1499 年）又奏准因京仓小脚、歇家营求钱财，并以官家公用为由索取囤基等项名目及别项求索，许被害之人至总督及巡仓官处陈告，如所告得实，将违法之人于本仓门首枷号一个月，军发边卫充军，民发口外为民。

正德元年（1506 年）因仓库使费繁多，令“内府各监局各库及各处仓场收受钱粮，除旧例该用铺垫芦秸等项，该部查议定以数目取用外，不许似前指以各项使用为由，勒要纳户财物，违者重治”。② 嘉靖七年（1528 年）议准“内外总督及京通巡仓御史、坐粮监收官员通行晓谕禁革，凡遇有指称太监名目，勒要茶果等钱，各官攒、斗级人等索取常例银物，主事刁难，听各该官员并缉事衙门访拿送问枷号，照例发遣，干碍职官奏请处治”。③ 针对监仓太监、户部主事及官攒出现的腐败现象，由稽查、监督官员奏请处置，并按律法进行惩罚。嘉靖二十四年（1545 年）题准“今后仓场事务缉事人役俱要遵奉诏旨，不许擅自干预，如有机密重情，亦要指有明证显迹，毋得辄以空言刑逼招承，违者听巡仓御史及科道举劾究治”,④ 对仓场缉事人员提出了要求，以防诬陷与刻意制造冤假错案，保障仓场秩序的稳定。

明代京通仓储管理者及劳役人员对仓储的危害主要体现在包揽苛索、茶果常例、仓粮盗窃、克减斛面、浮收粮钱等方面。根据留存史料记载，尽管京通仓储中存在各种不法行为，但造成的危害主要局限于部分仓储人员，而大规模的仓粮损耗案较清代为少，这说明明代京通仓案无论爆发的频率，还是危害烈度，尚未影响到国家稳定的程度。面对诸弊，明朝帝王也是屡下诏令与敕谕，力图通过对违纪人员进行处置以达到以儆效尤，惩前毖后的效果，但因仓储为利益渊薮，涉及官员、胥吏众多，参与人员参差不齐，导致

① 《明宪宗实录》卷 174，成化十四年春正月丁亥条。
② 《明会典》卷 21《仓庾一》，第 548 页。
③ 《明会典》卷 21《仓庾一》，第 550 页。
④ 《明会典》卷 21《仓庾一》，第 550 页。

难以起到应有的效果，诸多弊端一直延续至明末都没有得到彻底清除。

二、清代京通仓弊

清代京通仓弊具有仓案数量多、大案频发、上下皆腐、损失漕粮巨大等特点。面对诸弊，清政府采取了一系列措施惩治违法人员，通过追偿以弥补仓储亏损，但始终难以有效根除积弊。特别是清中后期，京通仓弊日甚一日，“时东南大计首重漕储，而积弊丛生，通仓胥吏扰于北，屯船丁户扰于中，不曰风涛，即曰寇盗，不曰霉变，即曰縻费”，[①] 成为了国之大患。咸丰五年（1855 年）黄河铜瓦厢决口后，漕粮大量改折，京通仓存粮数额锐减，但胥吏、花户、仓棍的嗜利之心未变，贪腐手段更加隐秘与丰富，造成的仓粮损失更为巨大。光绪二十七年（1901 年）漕粮全数改折，“至仓场关系紧要，全漕既经改折，自应按时筹备，详定办法，所有采买、运解、收存、储备各章程，及到仓后应如何严责成，防流弊之处，著漕运总督、仓场侍郎分别妥议，统限于两月内覆奏，毋稍迟误，将此通谕知之”。[②] 漕粮改全折后，京通仓粮主要从市场购买，但弊端依然未除。直至光绪三十二年（1906 年）仓场一切官员全部裁撤，改隶度支部，延续五百余年的京通仓场管理制度方彻底取消，相关弊端也随之而亡。

（一）监仓官员弊政与国家整顿

清代京通仓场管理制度严整，有着系统的运作章程，但即便如此，因仓储内外食利群体众多，加之其中利益巨大，因此出现了大量的弊端与黑幕。这其中既有管仓者的监守自盗，也有下层胥吏、劳役人员、土棍的相互勾结与利益分肥，甚至还有仓储不同群体的通同舞弊。面对腐败现象，清廷并非置若罔闻，而是采取了大量的措施予以防范与惩处，但随着法久废弛，食利人员贪腐的手段逐渐丰富与隐蔽，参与人员数量更多，呈现一种惩之不尽，去之复来的恶果，而其中的监仓官员作为仓储的直接管理

① （清）方瑞兰：《光绪泗虹合志》卷 11《乡宦》，清光绪十四年（1888 年）刊本。
② 《快除漕弊》，《万国公报》1901 年第 152 期，第 20417—20418 页。

者，他们的腐化与堕落导致了仓储大环境的败坏，使仓储的各个环节陷入整体衰落之中。

清代对京通仓储监督官员违法乱纪行为有着相应的惩罚机制。康熙元年（1662 年）覆准“每季发米部差司官二人并旗员一人到仓与监督一同监放，有通同搀和糠土、湿米等弊，仓场侍郎题参，一并议处。若监督不严查下役，致有搀和糠土湿米，并少粮索钱等弊，将经管官交与吏部从重议处，作弊下役交与刑部从重治罪，至领运米之佐领，领催并家人若将好米搀和糠土，偷盗者，亦送刑部从重治罪”。① 清初这一制度对于约束监仓官员的不法行为起到了一定作用，有利于督促其忠于职守。不过因官员能力参差不齐，加之制度约束力的下降，乾隆朝开始监仓官员的舞弊行为不断涌现，成为了仓之大蠹。嘉庆六年（1801 年）八月，因仓场官员失察，致使放米迟延，仁宗皇帝极为重视，对仓场侍郎、仓监督均进行了惩处，“达庆、邹炳泰系总司仓务之人，但驻扎通州，离京较远，其各止于失察，所有降二级调用之处，著加恩准其抵销。至御史兴德是其之责，乃并不随时赴仓稽查，已属玩误，迨明知监督德永等放米迟延，又不据实参奏，实属扶同隐饰，兴德著照部议降三级调用，不准抵销”。② 此事件中巡仓御史、仓监督玩忽职守，于公事懈怠漠视，甚至存在官官相护之弊，因此均受到了惩治。嘉庆十四年（1809 年）发生了通州大运西仓高添凤舞弊案，高添凤为通州人，原充京城海运仓书吏，后至通州西仓充甲斗头役，任满后又叫其子高廷柱、表弟赵长安接任，形成了仓储中的一股势力，据高添凤称：“这前后十余年他们不过出名当官，其实仓中一切事务总是我一人办理，仓里每年约进白米四万余石，定例总是先尽陈米开放，斛面微凹，放完后才能合数。我听得仓上原有向领米人要钱才给好米的事，随起意向领米人每石索钱二三百至四五百文不等，放给好米并满量斛面，每石约多出米二三升。后来陈米渐多，只得偷换廒座支放。我于四年上开设天增米铺，曾陆续收买王、贝勒及各官米票到仓

① 《皇朝政典类纂》卷 143《仓库三》，第 1813 页。

② 《军机处上谕档》，盒号 7983，册号 1，第 1 条，嘉庆六年八月十二日，中国第一历史档案馆藏。

关领新米，多出斛面，约计每年春秋二季多出米五六百石”。[①] 高添凤势力盘踞通仓十余年，不但开设米铺，私放黑档，收受贿赂，甚至与监督、书吏、车户、旗丁相勾结，盗取白米近十万石，如此大规模的黑幕与监仓者的昏聩是分不开的。仁宗皇帝对该案极为重视，谕令：“嘉庆三年以来历任仓场侍郎俱各怠玩因循，毫无整顿，以至已革仓书高添凤竟敢在彼盘踞，串通甲斗、花户、攒典、仓书人等一气把持，无弊不作……而监督等亦复通同舞弊，得贿分肥，明目张胆，毫无顾忌。近日甫将白米各廒派员盘验，尚未查竣，已亏短至十数万石之多，殊可骇异，似此积蠹横行，官吏骫法，不知该仓场侍郎所司何事！此而不严加惩办，何以肃纪纲而厘职守”。[②] 于是将历任仓场总督达庆、蒋予浦、邹炳泰、赓音、吴璥、李钧简、和宁、托津、萨彬图、德文或降职、或革职、或赔补，分别进行了惩罚，甚至连在通州出卖米票的王公、贝勒也予以处置。嘉庆十六年（1811 年）六月，仓场总督玉宁奏称：“上年春夏之间，万安仓监督缺出，例应挨补一员，调补一员，同戴均元商量，将裕丰仓监督万克星额调补，万克星额再三恳求不能办理万安仓之事，我等不准，万克星额即告病恳请将原官开缺，后又派禄米仓海章阿署理，海章阿又屡次恳辞，我等以同系监督，何以能办别仓事务，独于万安一仓不能办理，必有缘故，随向京通各仓及大通桥各监督留心询问，始知花户方世德有方老虎的绰号，把持仓务，所以人人害怕，都不肯去。我要拿他弊病，无如仓上之弊，今日过去，明日即无从查拿，闻得他手下朋比甚多，监督竟无可如何?”[③] 于是命将方世德、王喜等花户拿获，枷号一年以示惩处，期满发遣。但该案很快出现了反转，方世德之母王氏控告称仓场总督玉宁之子广春曾差人把持职名，向万安仓监督嘱托，但花户方世德等人不允，广春挟私报复，诬陷方世德、王喜等人，于是又命军机大臣进行调

① 中国第一历史档案馆：《嘉庆十四年通州粮仓吏胥舞弊案》，《历史档案》1990 年第 1 期，第 49 页。

② 中国第一历史档案馆：《嘉庆十四年通州粮仓吏胥舞弊案》，《历史档案》1990 年第 1 期，第 53—54 页。

③ 《军机处上谕档》，盒号 857，册号 2，第 6 条，嘉庆十六年六月二十三日，中国第一历史档案馆藏。

查，发现玉宁确有嘱托等事，于是革庆春工部员外郎之职并拿问，玉宁仓场总督解任，而经彻查方世德也有受贿情事，并有屡次包揽，领米作弊等案，也予以严惩。道光二十六年（1846 年）三月，兴平仓失火，贤字、翔字二厫烧毁米石若干，仓储值班监督原由义因失职罪交刑部议处。

清末京通仓粮匮乏，但仓弊却丝毫没有减轻。咸丰元年（1851 年）七月，因南粮到大通桥潮湿霉变，显系收粮经纪起运漕粮时掺和水土，任意舞弊所致，这与坐粮厅官员的失察密不可分，“至石坝州判吴元忭于上车时并不实力稽查，难保无知情故纵情事，著听候刑部传质，其坐粮厅查验是否认真，有无朦混之处，并著仓场侍郎查明具奏”。① 收粮经纪舞弊与监督者的放纵有着重要联系，作为管理人员不能确保漕粮保质入仓，显然其中有失职情弊。光绪二十一年（1895 年）上谕：“启秀等奏，特参仓监督开放兵米搀杂不堪，请旨惩处一折。本年七月分南新仓应放镶黄旗蒙古兵丁甲米，据该都统等呈进米样，且称该监督一味支吾，任意刁抗，著仓场侍郎查明放米情形，据实具奏，仍将应放兵米迅行开放，毋误兵食，该监督何以谨止广瑞一员，其汉监督因何未经到仓之处著一并查明具奏”。② 该案中不但有仓监督玩忽职守，不能履行正常的监仓任务，甚至徇私舞弊，通过掺杂使假获取利益，可见清末仓储已弊窦重重，监督官员贪腐、无为已成常态。同年有大臣奏称：“仓场衙门向称弊薮，百孔千创，天庾虚竭，几至不可究诘，该侍郎等虽亦偶加整顿，不过重加水手罪名，严防车户偷窃，而于仓书之把持、花户之盗卖，与夫监督之包庇串通，悉置不问，一似明知而故纵之者，即如丰益仓花户刘敬三捏称开放中营甲米，私放黑档一案，先给御史参奏，奉饬查验，旋经仓场衙门弥缝保释……查仓场侍郎主持仓政，不能立振积疲，稍除痼习，乃反于执法舞弊之著名花户竭力袒护，抗章乞恩，适足以济奸贪而助

① 庆祺：《奏为特参坐粮厅万毓钟、俞树风失察经纪舞弊请交部议事》，《军机处录副奏折》，档号：03-4457-002，咸丰元年七月初六日，中国第一历史档案馆藏。

② 《皇朝政典类纂》卷 143，《仓库三》，第 1824 页。

势力，为虎传翼，无怪仓务之日坏也”。[①] 正是由于仓场官员与胥吏、花户之间存在利益勾结，所以在黑幕曝光后往往刻意掩饰，徇私枉法，甚至不惜藐视国家法令，成为了仓储弊端的包庇者与操纵者。

清代京通仓弊逐渐严峻化受很多因素影响，但监督者自身的腐化与堕落是导致仓储衰败的重要力量。作为管理人员，仓场侍郎、仓监督本应恪尽职守，严格仓场收支、禁革弊端出现。但实际情况是，在仓场利益的巨大诱惑下，加上胥吏、花户人等的腐蚀与拉拢，监仓者不但自身陷入了贪腐的深渊之中，甚至成为了其他食利人员的保护伞，为其提供掩盖与庇护，甚至在案发时百计隐瞒，增加了案件审理的难度。面对如此局面，统治者对一些案件当事人进行了惩治，力图通过降职、赔补损失等做法减少仓粮的损耗，以及达到惩一儆百、减少贪腐的目的。但随着官场的整体腐化，加之仓场案件具有隐蔽性强、延续时间久等特点，仓场大案依然不断重现，严重损害了国家统治的根基，使清王朝不断衰落下去。

（二）仓场胥吏与劳役人员、仓棍之弊

清代漕粮抵通州后，仓场不法官员、胥吏、花户、仓棍、无赖伺机侵渔，谋取利益。顺治时官员王命岳有《漕弊疏》，其文载“何谓抵通之苦？其一为投文之苦。船一抵通，仓院、粮厅、大部、云南司等衙门投文，每船共费十两，皆保家包送书办，保家另索每船常例三两，此一苦也。其一为胥役船规之苦。坐粮厅、总督仓院、京粮厅、云南司书房各索常规，每船可至十金，又有走部代之聚敛，其不送者，则禀官出票，或查船迟，或取联结，或押取保，或差催过堂，或押送起米，或先追旧欠，种种名色，一票必费十余金，又一苦也。其一为过坝之苦。则有委官旧规，伍长常例，上斛、下荡等费，每船又须十余两，而车户恃强，剪头偷盗，耗更不赀，又一苦也。其一为交仓之苦。则有仓官常例，并收粮衙门官办书吏、马上马下等等名色，极其需索，每船又费数十两。又有大歇家、小歇家需索，虽经奉旨题革，今

---

① 王会英：《奏为特参丰益仓监督等执法舞弊请暂时解任候审并花户刘敬三加等治罪事》，《军机处录副奏折》，档号：03-6677-55，光绪二十一年，中国第一历史档案馆藏。

又改名复用，小歇家改名雇长，大歇家改名住户，借口取保，每船索银四五两不等。有送者可得先收，无送者刁难阻冻，又一苦也。其一为河兑之苦。河兑法本两便，但间有践踏、偷盗、混筹、抢筹种种难言之弊，前经督部臣王永吉疏题，又经运官卢廷选登闻控告，屡经部臣疏复，未见所以整顿之方，此又一苦也”。① 通过以上的介绍可知，漕粮抵京通仓场，就已面临种种勒索与陋规，而其中不法胥吏与劳役人员造成的弊端非常严重，几乎涉及漕粮入通、抵仓的每一环节，胥吏为获取利益而不择手段，甚至故意借端不让漕粮顺利入仓，其目的就是谋求钱财，而仓书、花户、歇家虽地位低下，却通同舞弊，利用所从事工作之便暗中偷窃米石或需索。

自乾隆朝开始，京通仓储花户、胥役势力不断强大，他们相互勾结，欺蒙监督，甚至世代相袭，成为了仓储的实际操纵者与控制者，也是贪腐群体中最严重的人群。乾隆元年（1736 年）三月内阁奉谕旨，“向来仓场弊窦甚多，我皇考加意整理，诸弊始得肃清，今北新仓吏役辄敢偷盗米石，目无法纪，甚属可恶。该监督玉福、管之宷著革职，交与刑部，并案内有名人犯严审定拟具奏，该侍郎总理仓场事务，漫无约束，甚属不合，著交部察议具奏”。② 仓储吏役偷窃米石，既是对国家律法的蔑视，也反映了这一时期管仓者的懈怠与玩忽职守，因此该案中仓场侍郎、仓监督均受到牵连，被予以惩罚。乾隆十八年（1753 年）三月，巡视京通仓储给事中伊龄阿参奏花户何祥放米勒钱事，“据何祥供，我是这太平仓冬字廒值日花户，向例我们花户一日一廒轮流当差，今日开廒放这正白旗满洲旗分觉罗常格、白成额两佐领下甲米，领催雅尔泰、噶尔兵阿向我讲明每石给我小钱六十文，两佐领共领稜米三百二十石，共给我钱十九千零，他们给我的钱有八百算一千的，有七百五算一千的，也有七百算一千的不等，每打出一个佐领的米，花户头儿要我钱二百文，每一个佐领还有给骁骑校饭钱三百文，给本仓书办钱二百文，每一廒满汉监督家人各钱五百文，以上各项钱文俱是花户头儿耿文武收

① （清）魏源：《魏源全集》卷 46《漕运上》，岳麓书社 2004 年版，第 479 页。

② 《谕内阁北新仓吏役盗米著将该监督革职积案内有名人犯严审定拟》，《乾隆朝上谕档》，档号：0547（1）-252，乾隆元年三月二十日，中国第一历史档案馆藏。

去替我开发，下剩的钱算是我和挖笆的、抬斛的人分用”。[①] 八旗军丁为领取好米不得不贿赂花户钱财，而其中利益分成涉及人员众多，包括花户头、骁骑校、仓书、监督家人，甚至连劳役人员都有利钱可分，可见乾隆前期仓储内部就已败坏至极，弊端重重。嘉庆七年（1802 年）浙江道监察御史秦维岳奏称直隶米贵原因不在直隶收成减少，而在京通仓花户需索过多，“缘官员、兵丁应领米石者，或食指较少而使用乏资，兼恐赴仓领米难定美恶，是以多将米票转售米铺，虽属违禁而暗自通融，其衰益亦总在民间，但铺家买的米票，必领好米方能获利，势不能不嘱托仓中花户，花户以米价腾贵为居奇，索费自必过多，米铺亦必将所用使费俱摊入米价内售卖，窃以官员等自领取俸米，未能尽好，而米铺领出粜卖之米无不一律白净，其明证也，米之昂贵未必不由于此”。[②] 秦维岳将直隶与京城米价昂贵归于花户舞弊虽有夸大之意，但花户收取贿赂后，将好米卖于米铺，米商为获取厚利，必然会在价格方面有所上涨，导致米价攀升，在一定程度上影响了民众的日常饭食。道光四年（1824 年）仓场侍郎博启图奏请命各仓监督住宿巡查，以资防范，“京通十五仓各设有满汉监督，公同经理，责任甚重，该监督等向不在仓值宿，未免疏于防范，以致花户、经纪等乘机舞弊，无所畏忌，嗣后各该仓监督俱著亲身驻仓，分班轮流值宿，饬令尽夜周历巡查，以冀肃清诸弊”。[③] 仓监督不能住宿值班，为花户人等提供了贪腐契机，导致其盗窃仓粮、徇私舞弊的机会大增，因此试图通过增加值防的手段强化巡视，使舞弊花户有所忌惮。道光二十六年（1846 年）十一月，江南道监察御史谢启昆奏花户开设米局、收买米票、囤积米石等违法事，“窃维仓厫舞弊久干例禁，臣风闻京城裕丰仓花户崔安及已革花户现在身后办事之王宏升、陈瑞，并挪移厫座，压陈放新之孟七，又开设太和米局，积囤米石之仓书任四、任

---

① 伊龄阿：《奏参花户何祥放米勒钱文请治罪事》，《军机处录副奏折》，档号：03-0747-012，乾隆十八年三月初八日，中国第一历史档案馆藏。

② 秦维岳：《奏为京城各仓花户需索过多致米价上涨事》，《军机处录副奏折》，档号：03-1841-033，嘉庆七年八月二十九日，中国第一历史档案馆藏。

③ 《军机处上谕档》，盒号 929，册号 1，第 1 条，道光四年正月十八日，中国第一历史档案馆藏。

五等均系著名勾串舞弊之人，若不严拿惩办，于仓储大有关系，而旗民人等受害非浅”。① 花户舞弊手段丰富多样，如把持仓储、开设米铺、积囤米石、私放黑档，其利益均来自京通仓储，损害的是国家官粮，不利于京城供给与社会秩序的稳定。

清后期，仓储胥吏、花户势力更盛，各种违法行为明目张胆，完全视国家律法为无物。咸丰八年（1858 年）正蓝旗所支取甲米竟然霉烂而不能食用，引起了咸丰帝的震怒，经仓场侍郎、查仓御史勘明后奏称：“本月初五日旧太仓开放正蓝旗满洲甲米，查看厫内米石微变，不堪食用，经该都统等赴仓查验所阄盛字厫内米色霉烂，竟至二万余石之多，显系花户使水舞弊，实堪痛恨，旧太仓花户王瑞著即拿解刑部，严行审讯，所有微变米石责成花户等照数赔补，监督锡纯、高铎于该仓米石潮湿并不督饬花户认真挑晾，亦难辞咎，均著摘去顶带，一并先行交部议处”。② 花户掺水舞弊，从中获取利益，而仓监督显然缺乏足够的监督与约束，因此被一并惩治。同治元年（1862 年）八月，掌贵州道监察御史恩崇稽查旧太仓事务，花户张玉林、邢得芳、钟永泰呈控，花户孙遇贤、周忠善把持仓务，亏短米石、黑豆霉烂等情，“奴才当即询问张玉林等何厫亏短，据称察字、日字二厫亏短，即往查验，日字厫米石果有亏短情形，察字系属整厫，有仓场侍郎封识，未即开验。奴才当即借用本仓封条表画为封”。③ 后查明孙遇贤果有弊端，其与在逃书吏王怀仁勾结，在收放米石时偷窃粮米，导致仓储亏短，于是判孙遇贤斩监候，追缴所亏仓粮，仓监督负失察之罪。光绪五年（1879 年）六月，京通仓储发现仓粮亏短情弊，上谕称：“京通各仓关系天庾正供，岂容亏短，乃近来该花户等辄敢盘踞把持，乘机侵盗，实属不成事体”，④ 于是命

---

① 谢启昆：《奏为仓花户开设米局收买米票囤积米石请敕拿审办事》，档号：03-3376-078，道光二十六年十一月二十八日，中国第一历史档案馆藏。

② 《皇朝政典类纂》卷 143《仓库三》，第 1823—1824 页。

③ 恩崇：《奏为花户讦告米石亏短请将花户孙遇贤等交部严讯事》，《军机处录副奏折》，档号：03-4952-026，同治元年八月二十九日，中国第一历史档案馆藏。

④ 《军机处上谕档》，盒号 1356，册号 3，第 2 条，光绪五年六月十九日，中国第一历史档案馆藏。

仓场侍郎实力稽查，再遇侵盗之弊，定要严行惩办，同时在招募仓书、花户时要遵循章程，由该人员所在州县邻里保送证明，防止无赖之徒乘机充任。光绪七年（1881 年）八月稽查甲米御史顺龄称："臣等风闻各仓花户每多营私舞弊，各旗章京领米日期均有匪徒身后代领，把持仓务，以致领放迟延，弊端百出。现当八旗领米之际，岂容若辈暗地行私，恣为不法，应请旨严饬八旗都统及各查仓御史将此弊窦确切查明，彻底根究，按律惩办，以裕仓储"。[①] 每仓花户均有舞弊诸事，充分说明了此时腐败已呈普遍化，他们把持仓务，无所不用其极，领米官兵、仓监督均受其挟制，已成为仓储中最为黑暗的力量。光绪十六年（1890 年）御史端良奏禄米仓亏短粮米数额巨大，经户部官员认真盘查，"竟亏至十五万五千余石之多，总由花户、仓匪因缘为奸，监督各员漫不加察，以致积成巨亏，深堪痛恨，亟应从严究办，以昭警戒，所有拿获之花户郭启泰及全才、张六即张世和等，著刑部严行审讯，究出亏短之确情，按律惩办"。[②] 监仓户部主事对仓储亏损毫无察觉，仓场侍郎不能严格约束属下，均交部议处。该案亏短粮数巨大，绝非一朝一夕而致，而是弊端日积月累的结果，花户与胥吏暗中勾结，监督官员昏聩无能，不能明察秋毫，从而致使恶果日加严重。光绪二十一年（1895 年）四月，御史钟德祥奏，"兴平仓花户韩文耀前因盗取仓米，定以军罪发遣。近复潜回京仍充该仓花户事，引不肖之徒，私造小斛，恣意克扣，甚至拆毁廒座，别修房屋，使其党盘踞偷窃，弁兵应领仓米皆霉烂泥土"。[③] 作为戴罪之人，韩文耀竟能脱免罪责，再次回仓充任花户，甚至变本加厉，任意胡为，这显然单靠其自身的力量难以做到，其背后必然有利益集团的支持与笼罩。光绪

① 顺龄：《奏为各仓花户营私舞弊把持仓务请饬查明究办事》，《军机处录副奏折》，档号：03-6673-047，光绪七年八月十九日，中国第一历史档案馆藏。

② 《谕内阁禄米仓亏短著刑部严审拿获之花户步军统领等严拿在逃花户监督等交部议处》，《光绪朝上谕档》，档号：1411（1）-1，光绪十六年九月初八日，中国第一历史档案馆藏。

③ 《寄谕步军统领衙门等前盗粮充军花户韩文耀潜回仍冒充花户盘踞兴平仓著查拿》，《光绪朝上谕档》，档号：1425（4）-7，光绪二十一年四月二十六日，中国第一历史档案馆藏。

二十八年（1902 年）发生了兴平仓仓役高一等人私放甲米，折价舞弊之案，“兴平仓五月间发放镶蓝旗包衣甲米，该仓役胆敢蒙蔽该监督私办成事，将包衣甲米领出，每石卖银四两五钱，给兵价钱三两四钱，该仓役等每石余银一两一钱，并盗出米六百余石，卖与北新桥各米铺，共余银二千余两”。①仓役竟敢隐瞒仓监督私自放米，从中取利，甚至胆大妄为的盗窃仓米数百石，可见此时仓储食利群体无所顾忌，为以示惩戒，清廷将仓役高一、张文德、祁三寿、段四等人严行惩办，与仓役勾结之八旗百户、十户一并治罪。

清初顺治至乾隆前期，因统治者严于律令，法令森严，所以京通仓管理者尚能严格约束属下，仓场胥吏、花户等人的违法行为较为隐蔽，一旦发现就会受到惩治，仓案规模相对较小。乾隆中后期，随着吏治废弛、仓法懈怠，管仓者多为平庸无能之辈，他们不但不能查明弊端，予以整顿与改革，甚至与胥吏、花户相互勾结，从中徇私舞弊，获取利益。而胥吏、花户有了监督官员的庇护与掩盖，更加有恃无恐、明目张胆，不但侵吞仓粮、勒索领米军丁，甚至盗窃米石、私放黑档，使京通仓储亏损严重，尽管清廷采取了一系列措施打击不法行为，但因利益巨大，仓案仍然丝毫未减，甚至呈普遍化、常态化的趋势，导致京通仓储日益衰败。

第三节 京杭运河沿线大型水次仓弊端

明清两代天津、德州、临清、徐州、淮安、江宁、凤阳等大型水次仓是国家京储的后备基地，对于运丁、地方驻军俸粮，区域社会灾荒赈济也具有重要意义，总体看来大型水次仓存粮呈现衰减趋势，明代存粮多于清代，管理程度也是如此。在仓弊上，明代大型水次仓与京通仓一样，由宦官与户部官员共同管理，宦官对仓储的破坏非常严重，同时在兑漕、收支时管理者、

① 灵昆：《奏为兴平仓仓役高一等私放甲米折价舞弊请查办事》，《军机处录副奏折》，档号：03-6680-058，光绪二十八年六月二十一日，中国第一历史档案馆藏。

劳役人员也存在舞弊行为，从中徇取私利。而清代大型水次仓存粮较少，国家管理程度较低，相关仓弊记载不甚详细，其弊多为因疏于管理而致。

一、宦官对明代水次仓的危害

明宣德年间设置监仓宦官，但未成定制，正统元年（1449 年）明英宗敕令太监李德："今命尔与通政使李暹，提督在京太仓并象马牛羊等房仓场，巡视通州，直抵临清、徐州、淮安等处一应仓粮，尔宜用心革弊，毋令隐漏及下人生事虐害纳户，务在事妥人安，庶副朕之委任"，① 从国家律令的形式上承认了宦官监仓的合法性。初期监仓宦官尚有所顾忌，但随着法久废弛，加之宦官良莠不齐，对仓储的危害越来越大。明代宦官主要集中于徐州、临清、淮安三仓，而天津、德州二仓不见于载，这种情况的出现可能与仓储存粮数额高低及明廷的关注度有相应的联系。

宣德年间，张伦与马姓同知解送税粮十万斛至徐州仓交兑，监仓中官以仓储已满为由，拒绝收纳，蓄意勒索，马同知进退彷徨，不知如何办理，张伦于是穿上儒服前去拜访中官，称："人谓平江伯无善谋，果然。今统十万人治河打浅，浅终不通。若以数万人筑城浚池，扩仓厫以接南运，待水发，旋北运入京庾，未为不可。倘以十万粮委之草莽，设遇兵变，将以资敌"，② 监仓中官听其言论后，恐惧漕粮丢失，朝廷将怪罪于己，于是开仓收粮。天顺二年（1458 年）南直隶巡抚李秉称常州府宜兴等县纳粮漕户告讼淮安府常盈仓太监金保等，"纵容豪滑之徒，大肆科敛，每粮上仓，经由二十余处使钱，才得收纳，每百石花费银至五六两之上，小民被害，无所控诉，乞别选廉能官员将金保等暂且替回，以慰人心"。③ 面对这一合理要求，明英宗置之不理，并未将金保替回，只是冠冕堂皇地训诫其若再犯将不予宽恕，实为纵容宦官的不法行为。

相较其他各仓，临清因距京城较近，且为重要的粮食码头，监仓宦官数

① 李国祥、杨昶主编：《明实录类纂·山东史料卷》，武汉出版社 1994 年版，第 870 页。

② （明）吴履震：《五茸志逸》卷 2，明代手钞本。

③ 《明英宗实录》卷 289，天顺二年三月癸卯条。

量更多，为害也更严重。成化年间进士王璠任户部主事监临清仓，“力清中官剥尅之弊，总理辽东粮储，阅实得羡米千万。攒运漕河，值藩封之国，河道壅塞，璠昼夜巡视，漕艘如期”。①《容春堂集》亦载其事，“同事中贵剥尅万状，酷流诸郡，公力与之争，期月间缚奸胥辈二十余人，皆置于法”，②王璠与监仓宦官进行了坚决斗争，惩治了大量不法行为，打击了宦官的气焰。同一时期大名府浚县人宋明也任职户部主事，“督临清仓储，监储中官某恣横，明裁以法，宿弊顿革。中官滥乞庄田于保定、容城诸县，上命往按之，抗疏以闻，事卒不行”。③ 宦官以皇帝为靠山，肆意妄为，不遵守国家律法，导致仓储弊端难以有效整顿与清理，而宋明不畏宦官权势，一心为国，裁革宿弊，使仓储秩序焕然一新。弘治、正德年间宦官督仓势力达到鼎盛，其弊更重。弘治时人王源监临清仓，“仓故置中贵人一人董视之。中贵人嗜货，与诸吏从甲保乾没为奸利，惮公严恪，数治酒馔为好会，冀娱公意，公举杯濡唇而已，中贵人知不可动，尽一岁中敛手不大为奸，恚不得恣所欲，则构兵备道赵副使侵扰仓事，扰吏徒，公疏其事以闻，并劾中贵人罪状”，④ 宦官欲谋取私利，因忌王源公正，于是加以笼络，希望通过利益分肥将其拉入自己的团伙之中，在难以实现目的时，又勾结地方官员扰乱仓储，嫁祸王源，而王源遵守国家法纪，对宦官违法之事不隐瞒与包庇，而是揭露其罪行，进行惩治。据正德年间临清州、山东布政司呈报的宦官对临清仓危害的奏疏称：“本州地方冲要，往来钦差等项官员络绎不绝，有管仓太监一十五处，委的支银数多，并一应修理衙门、买办物料、人匠工食、公差人役支给等项，费用浩繁，累及里甲、答应不前。及照管仓太监内掌敕杨太监一应跟用门子二名，皂隶二十二名，余十四处每处门子一名，皂隶二十名，共占门子十六名，皂隶三百零二名，俱在本州拘要在役。即今管仓太监陆续添增，费用日多，愈难支持……斗级困于诛求，应役一年费银八九十

① （清）升允：《光绪甘肃新通志》卷 34《人物》，清宣统元年（1909）刻本。

② （明）邵宝：《容春堂集》续集卷 13《墓表》，清文渊阁四库全书本。

③ （明）邹守愚：《嘉靖河南通志》卷 58《人物二》，明嘉靖三十四年（1555）刻本。

④ （明）王慎中：《遵岩集》卷 17《尚宝寺少卿竹坡李公行状》，清文渊阁四库全书本。

两，或一百余两，往往鬻产而破家……粮家疲于取索，纳米一千石，用银六七十两或八九十两，往往系官而死狱……其尤可虑者，临清本天下之要区，北拱京师，南通江淮，西连韩魏，宜使其人民日益庶富，商贾日益辐辏可也。今之时非特居民愁困，十逃五六，而富商大贾苦于和买，亦皆弃素业而他求，贸迁之所，日见其稀落矣"。① 监仓宦官不但多占人役，耗费国家资财，而且勒索漕军、纳户、斗级，骚扰地方百姓、商贾，致使民不聊生、商业不通，临清富庶之地因之而衰落。直至嘉靖初年，临清诸仓监仓宦官才得以革除，监仓权力专归户部，不过宦官仍不断对仓储管理权进行干扰与破坏。如万历朝时何藻任户部主事，"督理山东临清仓务，仓内用旧斛，年久失制，藻念民困，请更新斛以便民。中使催饷按临清，藻抗礼不少逊，中使衔之，劾藻匿新斛，用旧斛，就逮诏狱，及中使以贿败，得脱，诏复原官"。② 何藻本意念百姓穷困，所以请造新斛以便民，而宦官却因何藻对自己不敬而怀恨在心，便加以诬陷，而皇帝竟不辨黑白将何藻下狱，可见明代宦官违法乱纪的背后支持者实为帝王本人。

与京通二仓监仓宦官不同，因距京城较远，缺乏有效的监督机制与监控人员，因此临清、徐州、淮安诸仓宦官肆意妄为，完全漠视仓法与国家律令，不但侵吞仓粮，收受贿赂，勾结仓储胥吏通同舞弊，而且骚扰郡县，压榨百姓，为求贪贿而无所不用其极。在监仓户部官员的干涉与抗争下，宦官气焰虽有所收敛，但因有皇帝的幕后支持，所以其仍然对沿河水次仓产生了巨大冲击，导致仓粮匮乏、弊端百出，国家粮储受到严重破坏。

二、明代水次仓的其他弊端

首先，明代大型水次仓往往是收纳漕粮的重要基地，在收兑漕粮时诸多弊端的产生，给纳漕民众造成了沉重负担。成化之前，纳漕民众弊在长途转输，"民运淮安、徐州、临清、德州水次四仓交收，漕运官分派官军于内转

① （明）张萱：《西园闻见录》卷102《内臣下》，明抄本。
② （清）黄绍昌：《香山诗略》（上），中山诗社重刊1986年版，第69页。

运通州、天津二仓，往返经年，多失农月”，[①] 后改兑运、长运，民众运粮负担方有所减轻，不过仍有部分州县还须百姓运粮至水次仓，路途遥远，船运车输，经常有赔累、损耗之苦。明中后期，漕粮改折后，出现了更多弊端，嘉靖年间山东漕粮多输往临清、德州二仓，在三百里以内州县运送本色粮，三百里以外纳银买米上纳，“到仓每被光棍揽头抬价，每石要银九钱以上，或至一两以上者。亦有之写立合同，诓骗浪费，十无完纳一二，往往负累大户，监并追赃，倾家荡产，动经数年不得完纳”，[②] 可见百姓前往临清、德州买粮上仓，受当地光棍诓骗与蒙蔽，不但漕粮不能按数上仓，甚至有往往破家者，其弊非常严重。河南鄢陵县“临、德、小滩三仓买米之银，共计四千四百二十有余两，奉旨官买吏解，百姓止供纳鞭银。不意天启七年，有始作俑者借名烂米，每柜私派银二两五钱，名为柜头银，一岁之内加银三百余两，民害自此始矣……殆至崇祯九年、十年、十一年，间复有起而增加之者，一岁之内加至九千余两，无名柜头银比之正供鞭银几过半矣，日甚一日，岁增一岁，任意科派何所底止”。[③] 而柜头银之名并非鄢陵县一邑，在河南全省为普遍征收名目，通过各种手段增加折银，以满足地方官与征解官之私欲，从漕粮征兑开始州县即有此弊，而征解过程、市场买粮、兑仓之时诸弊更是不断。封丘县俗有大差，“如梢草厂夫、仓斗级、临德二仓运米等项，皆赔累不堪”。[④] “临德二仓运米解役虽以吏书领之，而每岁劳费多寡及掣批迟速往往不同，盖人有优劣，时有难易，不可不选择而责成也”。[⑤] 清顺治时为减轻运粮临德二仓负担，改为起运银两，革厂夫、斗级，由官吏监之。

其次，大型水次仓负责收粮之官攒、斗级、书吏人等往往疏忽职守，损失仓粮，甚至利用特权徇私舞弊，从中获取利益。宣德二年（1427 年）天

---

① 《皇明通纪法传全录》卷 23，明崇祯九年（1636）刻本。

② （明）黄训：《名臣经济录》卷 22《户部》，清文渊阁四库全书本。

③ 靳蓉镜：《民国鄢陵县志》卷 10《政治志》，民国二十五年（1936）铅印本。

④ （清）余缙：《顺治封丘县志》卷 3《徭役》，清康熙三十六年（1697）刻本。

⑤ 《顺治封丘县志》卷 3《徭役》。

津卫仓发生火灾，焚兵粮数十万石，命御史虞谦前往查勘，“还言主典者多盗用，故纵火以自盖耳，追逮凡八百人，不胜鞫治，皆诬，应死者百余人，余坐徒流”。[①] 该案为犯罪人员盗窃仓粮后为掩人耳目故意纵火而发生的巨案，损失仓粮巨大，牵扯人员众多，按律应处死上百人，虞谦将其中罪行较轻之人奏明宣宗，使部分人员得以免死。不过该案发生四年后，宣德六年（1431 年）八月天津仓再发火灾，据《明宣宗实录》载，“天津右卫仓副使纪拳奏比城外军家失火，飞焰入城，烧三千余家，延及仓厫，焚粮七万一千余石有奇，焦灼不堪用者一万五千五百石有奇，令法司追问，令臣等赔纳，缘火起有因，赔补实难”。[②] 宣宗命调查火灾原因是否如此，经调查确非人为所致，于是免其赔偿。正统二年（1437 年）明英宗命停追徐州广运仓亏折粮米，“初中官银作局副使阮汝丛奏徐州广运仓官攒人等亏折粮米一万五千六百三石有奇，命行在户部移文追征，至是斗级二百七十余人诉今年水灾，人民艰食，俟明年收成，将豆麦抵斗赔偿”。[③] 仓储人员一次亏折漕粮一万五千余石，其中难免没有舞弊之事，但英宗为体恤斗级人等穷苦，命予以免除。弘治年间，何鉴巡抚山东，整理积弊，“山东南北要冲，接递夫役岁计四五万人，官府滥增，吏缘为弊，民不堪命，乃度州县繁简，酌里分多寡，分派夫役立为定规。临清、德州仓场权贵揽剋纳充，巡捕、官兵倚势害民，悉擒治”，[④] 临清仓、德州仓管仓官员与权贵相互勾结，甚至下属也因缘为奸，虐害百姓，祸乱地方，作为巡抚的何鉴力除积弊，将违法者全部惩处。明末时，临清、德州二仓虽然存粮早已不如往昔，但弊端仍复不少。崇祯五年（1632 年）圣旨称：“军兴亟须本色，改折不得轻议，水次相沿已久，毋事更张，粮运出入俱有成规，何独临、德二仓多有赔费，如仓役需索，明加暗增等项，以致小民患苦畏避。监督官显有通同故纵情弊，该部查

---

① 《明宣宗实录》卷 26，宣德二年三月壬子条。

② 《明宣宗实录》卷 82，宣德六年八月甲辰条。

③ 《明英宗实录》卷 36，正统二年十一月庚子条。

④ （明）过庭训：《本朝分省人物考》卷 49《浙江绍兴府一》，明天启刻本。

明议处来说，其奸役着巡漕御史访实拿究，以后仍严行申饬”。① 在当时军兴频起的局面下，仓储胥役仍借机苛索、压榨，可见当时仓储秩序的混乱。面对水次诸仓储弊端，一些贤能官员也进行了整顿与治理，对一些不法行为进行了打击。如正统进士李蕃以户部主事出视临清仓、九江钞关，“弊绝风清，豪吏袖手”，② 对扰乱仓储、税收的豪强、胥吏进行了打击。嘉靖年间户部主事林乔相，“差管德州仓，痛扫前弊，不手一钱，德人思之”，③ 为当地百姓所敬服。万历时丹阳人姜士昌监徐州仓，“时方弱冠，洞烛利弊，即老吏不及，恤军、惠商，不听外讼，胥吏畏若神明，羡余万金悉贮州帑”。④ 崇祯年间进士夏中美任户部主事，巡视德州仓储，“尽除需索克扣诸弊，吏胥畏服”。⑤ 这些官员对仓弊的整顿，在一定程度上保障了仓储的正常运转，对于降低仓弊的危害起到了一定的作用。

相较于京通仓储，明代关于沿河大型水次仓弊端的记载较少，其原因有三：首先，天津、德州、临清、徐州、淮安诸水次仓存粮最多的时期在明前期，当时实行支运法，贮粮数十至上百万石，明中后期随着兑运法、长运法的实行，沿河水次仓地位下降，国家重视程度减弱，相关弊端的记载也较少。其次，京通仓储位于畿辅之地，相关奏疏、诏令，甚至专书记载内容丰富，对弊端的处置也较为快速与严厉，而沿河水次仓远离京城，监督制度不健全，存在管理上的疏忽，加上存粮减少，弊端也经常被忽视。最后，明后期战乱频起，沿河水次仓不但无粮可存，甚至仓厫倾圮，缺乏足够的管理与维护，相关的史料记载难以留存相关内容。

三、清代水次仓弊端

清代大型水次仓在数量上超过明代，分别为德州仓、临清仓、徐州仓、

① 《度支奏议》之《河南司》卷1《覆议临德二仓监督罚俸疏》。
② （清）鄂尔泰：《乾隆云南通志》卷21《人物》，清乾隆元年（1736）刻本。
③ （明）何乔远：《崇祯闽书》卷86《英旧志》，明崇祯刻本。
④ （清）崔志元：《道光铜山县志》卷12《名宦下》，清道光十一年（1831）刻本。
⑤ （清）李先荣：《嘉庆增修宜兴县旧志》卷8《治绩》，清光绪八年（1882）刻本。

淮安仓、江宁仓、凤阳仓，其中前面四仓为运河沿线漕仓，而江宁为明代南都，凤阳为朱明王朝之中都，所以清廷非常重视两地，于两处设军贮粮，维持地方社会秩序稳定，警惕反叛势力。在储粮数量上，清代水次仓数额较明代为少，特别是中后期漕粮大规模改折及赈灾、工程用粮、旗军行月粮、地方驻军俸粮开支浩大，水次仓储日渐空虚，发挥作用相当有限，而仓弊方面的内容也较为匮乏，不过通过仔细整理后发现，仍有一定的文献对相关弊端进行了记载。

清代漕运虽行长运法，由旗军、水手运粮至京通二仓，但部分远离运河的府州仍须运粮至德州、临清、淮安、凤阳诸水次仓，存在长途运输、疲于奔命的困境。康熙年间，施维翰任山东巡抚，适逢发生灾荒，民众多流亡，维翰截留漕米五万石存济南仓赈济灾民，又疏言："青、莱等府距临清仓远，办解甚艰，请永行改折，以息转输，民大悦服"。[①] 青州、莱州距临清仓六百或八百里，距离遥远，百姓输粮至仓储，不但旷日持久，路途之中耗费甚大，而且漕粮沿途折干也很严重，通过永久改折，大大减轻了纳粮压力。济南府邹平县距德州四百余里，"通县漕粮每当征输，无仓可贮，惟假寺院旧舍暂堆，然后运至德州上仓汇交运艘，但经制水脚无多，而盘运等费数倍，在官无项贴赔，在民岂堪加扰，且多此一收一出不无耗浥，又所需车辆一时难集，多致迟误"。[②] 为解决这一弊端，于是听民自运德州水次上仓，从官府的角度看确实减轻了吏员筹集车辆、办理运费的负担，但实际上改由民众运输，依然没有消除长途运粮的困扰。凤阳仓虽不位于运河沿岸，但亦为水次仓，收兑数州县漕粮，清人李宗孔曾论凤阳仓、淮安仓收兑之弊，称其为军民大害，"江南庐、凤、淮、扬四府州县有凤米一项，设立户部征收，原故明时为守凤阳陵寝之兵而设也。我朝龙兴，守陵之兵久已裁汰，其凤米改作兵米，自应各府兵丁就便领放。乃凤阳留守卫运军行月二粮，仍照旧设立监督司官驻扎凤阳，征收其他府州县征解凤米……如江都县每年额征

① 赵尔巽：《清史稿》卷 273《列传第六十》，内蒙古人民出版社 1998 年版，第 487 页。
② （清）程素期：《康熙邹平县志》卷 2《仓局》，清康熙三十四年（1696）刻本。

凤米五千余石，解凤仓二千一百三十八石，解淮仓二千八百余石，其支给扬营、狼山各营官兵之米俱在此内。凤阳距江都陆路五百里而遥，水路由洪泽大湖将及千里，解米员役无论有湖河风涛之险，而每凤米一石则水脚银四钱六分，耗米加二，是凤米一项岁费民力千有余金”。① 解往淮安仓也是如此，不但路途遥远，而且雇船、雇夫交兑使费众多，催米、验米之守候也迁延日久，而各营兵丁前往凤仓、淮仓领米八九百里，于民于兵均不便利，其他临清、德州、徐州诸仓其弊亦是多端，军民交困。

在水次仓储的管理与运作过程中，由于监仓者贤愚不齐，在漕粮征收、存储的过程中也存在着诸多弊端，面对这些问题，一些有作为的官员进行了治理。顺治年间松阳人王汝棐任职户部，管临清仓务，“革陋规，厘奸弊，仓囤丰裕，士无庚癸之呼”，② 通过对宿弊的整顿，使仓储得以丰盈，满足了政治、军事上的开支。康熙时诸城人王斗枢任户部广东司主事，他忠于职守，清正廉洁，“督徐州仓，不持一钱归。康熙八年督凤阳仓，旬月间积弊尽革，以劳瘁致疾，卒于官”。③ 江苏上海县人曹锡宝乾隆年间任山东省督粮道，“清操冰雪，杜绝馈送，严查漕政陋规，积弊力为厘剔……德州仓积粟霉变，设筹以新易旧，济民乏急而仓储无亏，前官并获免吏议焉”。④ 按照律法规定，仓储存粮发生霉变，前任督粮道及管仓人员有赔补责任，在曹锡宝的整顿下，仓粮损耗得以弥补，责任者也得以免除惩罚。另一山东督粮道汪玉林“兼管德常、临清仓务事，整己严属，除积弊陋规，漕政肃然”。⑤ 清代部分贤能官员对仓储弊端的重视与厘革，对于增加国家积蓄，保持仓储秩序的稳定起到了重要的作用，不过在仓粮日少、王朝日益忽视的情况下，水次仓在国家与社会中的地位、作用是不断下降的，其影响力日益衰微。

清代大型水次仓史料中所载弊端较少，即便有所描述，也缺乏足够的细

---

① （清）姚文田：《嘉庆重修扬州府志》卷63《艺文二》，清嘉庆十五年（1810）刊本。
② （清）刘廷玑：《康熙处州府志》卷9《人物志》，清康熙二十九年（1690）刻本。
③ （清）宫懋让：《乾隆诸城县志》卷32《列传第五》，清乾隆二十九年（1764）刊本。
④ （清）成瓘：《道光济南府志》卷37《国朝宦迹五》，清道光二十年（1840）刻本。
⑤ （清）秦达章：《光绪霍山县志》卷9《人物志上》，清光绪三十一年（1905）刊本。

节与内容，难以进行深入的研究与探讨。这种情况的出现是由多重因素决定的，首先，清代大型水次仓存粮较少，数额较多时也多为截漕赈灾，很快即作为旗军、地方军卫俸禄、赈灾发放，不会存储较久，而后期随着漕粮改折，仓储几乎无粮可存，因此其中的弊端一方面不被国家重视，另一方面也不会清晰地予以展现，难以形成系统、明确的发展脉络。其次，清代水次仓管理程度不断降低，由初期的国家户部管理，再到地方粮道与州府代管，逐渐由国家性仓储沦落为地方性仓储，地位的下降也导致了能够出现大案、要案的几率减少，而较小的弊端难以引起足够的重视，更不会予以记载。最后，清代末期，随着战乱频兴与商品粮市场的日佳活跃，国家关注的重点不再是仓储建设，忽略了对仓储的维护与修缮，并随着仓粮的彻底匮乏，相关弊端的记录自然难以存留。

第五章　明清基层社会的漕仓弊端

明清两朝，国家数百万石漕赋出自有漕省份，由纳漕百姓承担。中央政府在京杭大运河主航道流经之处的山东、江苏、浙江沿线州县、市镇设有水次兑军仓储，收纳百姓所缴漕粮，而河南、江西、两湖、安徽等省虽未位于京杭运河沿线，但有卫河、漳河、长江、淮河等水道与京杭运河相通，所以漕粮可由自然河道进入运河，然后输往通州、北京等地仓储存纳，无论是否位于运河沿线，这些有漕省份均有收兑漕粮的仓储。这些水次兑军仓可谓基层社会的漕仓，它们不但数量最多、地域最广，属国家漕粮最初的存贮单位，而且与普通百姓的关系也最为密切，影响到了他们的生产、生活，甚至社会秩序的稳定。在纳漕的过程中，充满了不同势力之间的博弈与斗争，这其中既有食利阶层对纳漕百姓的苛索与压榨，也有百姓为自身合法利益的斗争。而国家、地方政府为了保障漕粮的正常缴纳秩序、维持社会的稳定，也会对漕仓之弊进行整顿与清理，力图强化国家的凝聚力、向心力，增强社会统治的根基。

第一节　山东、河南两省基层社会的漕仓弊端与社会影响

山东、河南两省为江北地区缴纳漕粮之地，因两省居水陆通衢，京城近地，所以地理位置至关重要。相较江南几省，山东、河南经济发展程度相对

较低，且两省所缴纳漕粮比例在四百万石总额中不大。不过作为明清王朝极力控制的近京之地，两省基层社会的稳定直接关系到王朝的稳固。在征收漕粮的过程中，山东纳漕百姓多将漕粮输往沿河漕仓，距离相对近便，不过也有长途输粮而负担沉重者，甚至东昌府莘县、冠县、观城、朝城等地漕粮需输往直隶小滩镇。而河南纳漕水次所在地在明清两朝有所变化，明代多数时间中河南漕粮纳于直隶元城县小滩镇，但也曾在河南回隆镇、卫辉，汤阴五陵镇，山东临清州、馆陶等地反复。清代顺治、康熙年间，河南漕粮仍兑于小滩镇，因弊端重重，后改于卫辉、浚县西关等地，乾隆时方确定交兑于内黄县楚旺镇，同时为河南省粮道就便管理，将原属直隶省的内黄县改归河南省彰德府管辖。山东、河南两省百姓在纳漕的过程中，征漕官吏、中介歇家、漕仓胥吏为获取利益，通过各种手段勒索、压榨纳漕百姓，造成了百姓的沉重负担与区域社会秩序的混乱。

一、山东漕仓交兑之弊

山东居京杭大运河中段，明清时期除部分漕粮前往临清、德州两大型水次仓交纳外，“东省有漕州县漕粮各有一定水次，听候粮道分拨各卫收兑，旗丁出领状，卫官出通关，交各州县通报”。[①] 多数漕粮交兑于运河沿线州县市镇的基层漕仓，这些漕仓亦称水次仓、水次兑军仓，如张秋镇、七级镇、阿城镇、魏家湾镇、夏镇、鲁桥镇以及异省直隶小滩镇等地，虽然山东漕粮多交兑于本省水次，但仍然存在着长途输粮、州县浮收、运军与水手勒索、歇家欺蒙之弊。

清初山东漕弊就已非常严重，各项使费名目繁多，“漕运仰给天庾而从弊积为民累，东省济、兖、东三府自征收以至运仓，陋规名色不一……惟东省不然，各有势豪、黠生、奸胥百计打点，钻充粮总、收书，或托绅衿保荐，或通内署线索，引用此辈未曾收粮已费多金，其意原欲数倍取偿纳户，及征收势必恣行勒索。又有里棍、蠹役包揽代纳，乡愚止图省便，将米或银私给，

① （清）沈鸿翙：《同治临邑县志》卷3《食货志》，清同治十三年（1874）续补刻本。

遂吞侵入腹，及至临兑无粮，又追花户……漕米禁令民运。民将漕粮既已完纳，征收在官，自应官自运送。今东省相沿故习，漕粮征完不令粮官收役，运粮仍拘户头、里长雇车运赴水次，所征席草、脚价、盘费银两并未给发，先取户头全领，或短数支发，或全自吞侵，以致户头、里长又向小户私索帮贴，病民实甚……道府粮厅衙门有开征书仪、余米小礼、三晒三扬、踢斛淋尖，漕粮各房经承、门子、快手、皂头等项使费，又有印烙斗斛，呈验样米，管家押差，令箭接催等项使费。至开兑时又有水次兑运，监兑下仓，运弁、旗丁、牢子、船工、船头、挖笆、扣斛、杆草、绳橛、缴验、通关等项使费，种种名色……呈验斛斗，查收漕斛。斛斗系有部颁定式，各省尽一，惟东省有市斗、仓斗之不同，有仓斗二斗抵一市斗，甚有三仓斗抵一市斗者，各州县虽有印烙斛斗，及至征收，不肖官役将印烙斛斗置之高阁，仍用市斗征收，加之踢斛、淋尖，必多数倍。即间有遵行仓斛者，每暗起钉铰，令其开松，且体低口大，计其多收亦不下加三四矣”。① 除此之外，东省兑粮还有长途运输之苦、水次仓厫头陋规、滥收脚费等，弊端百出，民众多受其害，赔累沉重。延至清中后期，漕运、漕仓之弊愈演愈烈，地方州县为图漕利，折色在漕粮份额中的比例逐渐增大，通过私定漕粮价格，从中牟取差价之利，“有漕州县惟利改收折色，借以分肥，往往于开征时，先将低潮米石，搬贮仓廒，名为铺仓，以便借词廒满，折收钱文……民户完粮，惟望早为收纳，从无躲避不前之事，皆由官吏多方勒措，有意刁难，以致民户守候需时，不得不听从出费……总由地方官得受漕规，以为贿赂权要，逢迎上司之用。甚至幕友长随，借此肥橐，而运弁以挑剔米色为词，刁难勒措。及催漕运弁，沿途俱有需索，而抵通后，仓场衙门又向弁丁等勒取使费，层层剥削，锱铢皆取于民，最为漕务之害”。② 山东省作为有漕省份，虽然漕粮交兑数额较少，但漕弊丝毫不减，“山东省有漕州县，按章征收者绝少，往往于官斗之外，倍蓰加收，并立样盘名目，纵容蠹役格外剥削，民间视以为苦，只得折价完

① （清）钟运泰：《康熙章邱县志》卷10《文》，清康熙三十年（1691）刻本。
② 宋寿昌：《中国财政历史资料选编》，中国财政经济出版社1990年版，第641页。

纳。其浮收之数与完米增至数倍者无异，即或经该管上司查明，减成定价，出示申禁，该州县并不张贴，浮收如故。东省如此，他省皆在所不免”。① 浮收表面为蠹役、胥吏所为，实际上离不开州县官员的纵容与指示，漕弊整顿多为虚应故事，掩人耳目，不可能得到彻底整顿与肃清。

明清两代山东漕弊尤以清代为甚，当时山东沿河水次漕仓出现了大量弊端，这在各州县纳漕的过程中体现得非常明显。清顺治五年（1648 年）为规范州县收漕，防范弊端累民，曾定“立督催漕粮法，定斛样。官儒民户一体督催，及时入廒，候兑不得堆贮私家，违者治罪，斛样由粮道制准印烙发行”。② 第二年又定水次交兑法，“经征漕米州县，限十月开仓，十二月兑完，监兑官验明实米，足额兑完，即将各帮粮数备造清册，交粮道照数验实，不许私折颗粒”。③ 虽制定明确章程，但在实际运作过程中食漕群体仍然视漕运为利薮，从中牟取私利，甚至不惜以身试法、干犯法纪。如魏家湾为清平县首邑，临京杭大运河与马颊河，水路交通便利，是高唐州、清平县、夏津县漕粮交兑的仓储所在地。早在明代时，该地的交兑弊端就已很严重，据《重建魏家湾水次仓廒碑记》载，高唐州在魏家湾的漕仓明末就已废毁，“四境居民车载驴负，城廒堆积将满，官为雇车运送水次，赁民房屋贮候交兑，此法自明末廒废以迄于今，将五十年，沿为成例矣，而不知其病漕实甚也！何言之？司漕胥吏日盘粟入，夜盘粟出，寒冬凛冽，每夜不休，作奸者流巧营弊窦，则稽查之难。运粟须车雇之，十路脚价领去，车辆不来，差拘查比，劳神费力，则雇车之难。天寒地冻，雨雪在途，重载难行，动需数日，无赖车户暗行偷窃，或和糠秕，差役押送，狼狈为奸，则挽运之难。赁房索价，动至百金，粟既到次，东量西折，人侩鼠耗不可究诘，则赁屋之难”，④ 可见水次之弊由来已久，在明末就已存在胥吏作奸犯科、车户偷窃米粮、差役讹诈勒索诸弊。至清代，魏家湾水次交兑之弊依然未除，道

① 《清穆宗实录》卷 205，同治六年六月丙戌条。

② （清）潘相：《乾隆曲阜县志》卷 31《通编》，清乾隆三十九年（1774）刻本。

③ 《乾隆曲阜县志》卷 31《通编》。

④ （清）张汝芹：《康熙高唐州志》卷 10《艺文志》，清康熙十二年（1673）刻本。

光九年（1829年）包世臣乘船经清平县魏家湾镇，曾言："三十里至魏家湾，为粮食马头，清平之首镇。而高唐、清平两州县兑漕水次在焉。予酤饮月下，与肆主张老闲话，言及东省兑费皆头船一丁独得，以办粮道、总运、卫帮、通仓各费，赢余岁三四千两，他船丁止得行月正项而已"。[①] 漕运兑费的分配不均，必然会导致未得兑费旗丁通过其他手段获取利益，而负担则要转嫁于纳漕百姓身上。明代单县水次仓在济宁州城南门外，"单县漕粮例在济宁交兑，自县仓车运至彼守候，帮搬向在安居镇民房堆贮，彼处土人勒措牟利，岁费数十金，甚至露囤河干，有风雨盗贼之虞，官民颇累"。[②] 单县赁民房存贮漕粮有土人勒措、盗贼盗窃、雨雪霉烂之患，其弊即因无专门漕仓而生。清顺治四年（1647年），合县捐资买济宁南门外大街路西房屋一所置为水次仓，有房屋三十余间，每岁运粮至此兑付旗军，其弊得减。莱芜县水次仓在东平州安山镇，距离三百余里，运粮二千七百石，仓储始建于明万历年间，后毁于兵火，只能赁民房为仓，"隘漏蒸湿，多耗费"[③]，于是建新仓以贮粮。邹平县本县无漕仓可以贮粮，"通县漕粮每当征输，无仓可贮，惟假寺院旧舍暂堆，然后运至德州上仓，汇交运艘，但经制水脚无多，而盘运等费数倍，在官无项贴赔，在民岂堪加扰，且多此一收一出，不无耗浥，又所需车辆一时难集，多致迟误"。[④] 这种租赁民房、寺院屋舍作为漕仓存粮的方式在山东运河区域普遍存在，此举虽可节省盖建仓廒等方面的费用，但是也导致霉烂、失窃现象加重，同时租金方面受制于房主，其往往借机上涨费用，耗费很大。冠县百姓纳漕时备受其苦，新任县令何式箴体恤民情，对漕弊予以整顿，"时民间完纳漕米向有仓夫斛尖、样盘等弊，乃出示严禁，使花户自纳自充，由此而耗羡、恶例永远革除"，[⑤] 大大减轻了百姓

① 《清人文集地理类汇编》，第649页。

② （清）王镛：《康熙单县志》卷2《仓廪》，清康熙五十六年（1717）刻本。

③ （清）颜希深：《乾隆泰安府志》卷26《艺文志七·记》，清乾隆二十五年（1760）刻本。

④ （清）程素期：《康熙邹平县志》卷2《仓局》，清康熙三十四年（1696）刻本。

⑤ （清）梁永康：《道光冠县志》卷6《职官志》，清道光十年（1830）修民国二十三年（1934）补刊本。

负担。

明清两代，除德州、临清为国家大型水次漕仓外，多数州县漕粮均兑于附近水次，这些基层社会漕仓或位于运河沿岸州县政治中心，或处于沿河商业市镇或交通枢纽，具有较为发达的商业市场与便利的水陆位置，对于漕粮交兑与就近购粮都有着积极意义。但是在交兑的过程中，山东纳漕民众也受到了层层压榨与勒索，地方官员及相关食漕群体利用手中掌握的权力，通过各种途径获取利益，造成了山东基层社会民众压力的增大与社会秩序的动荡。

二、河南漕仓交兑之弊

明清两朝河南漕粮多在直隶①元城县小滩镇、河南省内黄县楚旺镇两地交兑②，两地均建有漕仓，以收纳河南有漕府州县所输漕粮。明代多数时间中小滩镇有户部分司官员监兑，其余时间临清道、临清钞关户部主事、河南粮道也曾兼管或专管，清代迁至楚旺漕仓交兑后，基本为河南粮道管理。河南漕粮缴纳程序为：初期基本全部交兑本色粮，由百姓或有漕州县运至小滩交至漕仓之中，再由山东运军提取后输往北京、通州等地，部分漕粮则由遮洋总运军输天津、蓟州等边防要地。后因长途运粮，路途艰难，漕粮多折银征收，由官府或百姓到小滩或楚旺粮食市场买粮交与漕仓，因此与诸多漕粮参与者发生了密切关系，其弊也随之泛滥。

明初河南漕粮先后交兑于回隆镇、卫辉府，后因卫河水道变迁与沁河水患，迁至北直隶元城县小滩镇交兑。小滩镇地理位置优越，水运便利，“自元以来为转输要道，又东北三十里而达山东冠县，今河南漕运以此为转兑之所，有小滩巡司”。③“小滩镇，离东关三十里，地濒大河，军民生息之一都

① 明代为北直隶，清康熙年间改直隶省。

② 明代小滩镇有户部官员监兑，是规模较大的漕运仓储，其级别高于一般州县水次兑军漕仓，但因相对于明代天津、德州、临清、徐州、淮安等大型水次仓为小，所以将其划于基层社会漕仓之中。清代内黄县楚旺漕仓为河南粮道管理，也划为基层社会漕仓。

③ （清）顾祖禹：《读史方舆纪要》，中华书局2005年版，第702页。

会也。豫省漕糈皆在市氽，有粮宪驻节衙署，每岁冬初，按临督运出河，始达京师。且地于齐鲁接壤，三省冲繁，防兵最为扼要”。① 明弘治年间，因小滩交兑地位重要，命户部主事一名至此监兑漕粮，“元城之小滩、浚之道口镇，为山东、河南咽喉之地，每岁春夏之交，部使者监兑驻节于此”。② 据河南布政司左参政陶照的《明于公建户部分司署碑记》载，弘治时曾立监兑分司署，不过因地势低隘，规制简陋，屋宇倾圮，莅临兑粮之户部主事如同逆旅，无所居住，又因漳河泛滥，分司署垣墙被冲毁，房屋朽烂不可居，正德十五年（1520 年）户部主事于宗德建新署，其规制为“为大门三间，左右榜房十有二间，为仪门一间，左右角门各一，为前堂三间，崇而高者丈有四尺，纵而深者丈有八尺，横而长者如纵之数而加尺之七焉。为后寝五间，高深俱稍损前堂之制，其长者加丈有八尺焉。前厢房六间，东为书案者所居，西则隶人居之。后厢房六间，东为厨庖，西为记室”，③ 另有厕所、退思堂、春风亭等建筑。衙署南北长五十丈八尺，东西长十四丈，远超旧署规模，同时河南省左右布政司在此也建有驻节场所，协助户部官处理兑粮事务，明中后期又改河南粮道监兑。嘉靖十一年（1532 年）十月，诏令“遮洋、山东二总兑运河南粮米于小滩镇交兑，著为令”，④ 二总运军至小滩漕仓取粮，输往京通二仓。河南漕粮交兑小滩虽有卫河相通，便于舟楫运输，但也有诸多弊端。

首先，河南漕粮运至直隶元城县小滩镇漕仓交兑，存在着长途输粮、水道环境复杂、隔省呼应不灵等弊端，导致河南官员难以辖制直隶元城当地存在的漕运食利群体，面对弊端束手无策，无法应对。正德元年（1506 年）河南漕粮由小滩改兑临清，即由于“漳河河上，北岸自广平县，南岸大名府魏县至地名重村，被沙淤断，约有五十余里，粮船重载难行，军士今岁日

① （清）吴大镛：《同治续修元城县志》卷 2《廨署》，清同治十一年（1873）刻本。

② （清）陈梦雷：《古今图书集成》之《职方典》第 137 卷，清雍正铜活字本。

③ 洪家禄：《民国大名县志》卷 28，民国二十三年（1934）铅印本。

④ 《明世宗实录》卷 143，嘉靖十一年十月辛巳条。

夜涉水疏挑抗拽，不能前进，只能盘剥，所费比昔加倍”。[①] 正德七年（1512 年），“河南改兑粮小滩，河道剥浅，其费不赀，请加耗米三升，仍敕管河都御史疏浚河道”，[②] 卫河水运环境并非一帆风顺，运粮途中困难重重，不但有河道淤塞之苦，而且所需盘剥费用甚巨。嘉靖四十二年（1563 年），河南开封等府起运粮米改为折银，“坐派各民户征完银两，赍赴小滩买米兑军，原征额数颇多，扣处尚有余剩，每年约有四五万两”，[③] 可见在漕粮折银时就存在多征、浮收等现象。崇祯三年（1630 年），右佥都御史范景文针对河南民众长途异省兑粮之弊提出建议，“河南固以直隶元城县小滩镇为水次者也，而额运漕粮实分征于舟楫不通之地，就小滩而籴买完官者，势也。以两河之民而赴籴三辅，其情俗既不相洽，以中州之官而遥制河朔，其威令又不相属，即极力振饬，终究于臂指之不能互运”。[④] “中州免运，例在小滩。大河南北相去有千余里，既无舟楫可通，自不得不于小滩、道口等处就籴，而印官鞭长莫及，又不得不委粮官代买，然一经转委，而印官之能事起矣，粮官之垂涎起矣。闻中州州县有另征粮官盘费者，此亦小民苦累之一端也。”[⑤] 豫民兑粮于直省，不但历河道之险，而且即便改折后前往小滩市场买粮交兑，也因河南官员难以管理直省事务，会遭遇种种苛索。

其次，河南官员或百姓前往小滩当地纳粮或购粮交兑时受当地歇家、粮食商人、仓吏的讹诈与勒索。正德元年（1506 年），漕运总兵官郭鋐、都御史张伟奏称：“河南兑军粮米，惟彰德、卫辉二府虽收本色，临期亦有不敷，其余府分俱收轻赍银两，尽被小滩镇积年歇家、光棍贪图营利，前去邀接兜揽，专往临清、东昌等处籴买粗秕不堪粮米，展转迁延，致使军民递年争讼不已”。[⑥] 歇家、光棍作为小滩镇食利群体，往往欺蒙兑粮军民，以代买漕粮作为掩饰，从中获取利益，因所购粮食质量低劣，难以符合国家漕粮

---

① （明）杨宏、谢纯：《漕运通志》卷 8《漕例略》，方志出版社 2006 年版，第 143 页。
② 《明武宗实录》卷 59，正德七年十二月辛亥条。
③ 《明世宗实录》卷 528，嘉靖四十二年十二月丁未条。
④ 《度支奏议》之《云南司》卷 2。
⑤ 《度支奏议》之《云南司》卷 1。
⑥ 《漕运通志》卷 8《漕例略》，第 143 页。

标准，致使纳漕民众、兑粮官军之间的矛盾日益激化。万历九年（1581年），巡仓御史顾尔行奏小滩水次弊端，称："河南粮户赍银至彼买米，致奸棍营求包揽，掺和不堪"，① 要求禁止地方土棍营利之弊，但整顿效果不佳。后河南汝州人，任职山东冠县知县的张维新输粮至小滩，遭歇家勒索，"止饮歇家清茶一盏，赏银五钱，犹尔嗔索，维新怒责之。比征入青琐，遂疏论小滩奸弊，移兑馆陶"。② 万历十一年（1583年），入京升任兵科给事中的张维新奏称："方今谭弊薮者，则归漕粮，而莫甚于小滩，尤莫苦于大河以南。迩年汝、洛、梁、豫间，水旱为灾，冰雹示异，闾里成萧条之景，民萌起愁叹之声。矧今漕弊若此，非所谓变通时哉！臣先任山东冠县知县，距小滩监兑衙门仅仅四十里而近，感时抱愤也久矣！敢不以耳目所睹记，列状上闻。夫户部每岁题差司官一员驻扎小滩，监兑东土、中州两省。其在东土则收纳本色，出入水次，固无籴买挽运之累，在中州、河北三府，则本色居多，交易甚少，臣不敢轻议。惟开封、河南、归德、汝州相去小滩，远则千里有余，近亦不下五六百里，有河山之险，无舟车之便。大户一抵小滩，其害有不可胜言者。盖河南三府一州，大户约有二千余名，非官部运不可。故各令府判领之，而郡邑之中，又有佐贰部之。其中廉介罕见，诸所费耗，率皆以大户为鱼肉，此部解之弊也。大户赍银到滩，必投歇家，藉手斗户，节年歇斗之家，获利得惯，营求充役，或父为歇家而子斗行，或兄为米户而弟为店主，交通诈骗，腾踊价值，每米一石，歇家明除牙用五分，斗行三分，仍巧立大行市、小行市之名，里讨、外讨之说，计所得约二万余金。而大户羁留三月，每名月费银数两，计所得又一万余金。即今元城县岁派歇斗一千余名，意何为哉？详察人情，若欲罄大户之囊而群然攫之者，此歇斗之弊也……比有龙断奸贩，视漕粮如奇货，以搀搅为惯术，有滥收粗湿低米，浮以干洁而勒价者，有以水拌米而希图出息者。俟大户拥至，兑限迫期，始串通厂歇主，令大户增价籴买，抵数塞责……他如厂基之典赁、芦席之搜

① 《明神宗实录》卷113，万历九年六月乙卯条。

② （清）朱煐：《咸丰大名府志》卷21《艺文》，清咸丰三年（1853）刻本。

求、人工之费用、旗甲之盘剥、门吏皂快之需索，诸弊难以缕数”。[①] 该史料将小滩交兑的重重弊端予以展现，无论歇家、店主、米铺，还是部运官员都以纳漕民户为鱼肉，从中牟利，因此张维新建议将河南漕粮予以改折，而以小滩所归属的大名府粮充之，以杜其弊，不过这一建议并未被朝廷采纳。万历二十八年（1600 年）七月，河南巡抚曾如春提出整顿小滩积弊三策，“一革斗歇以清弊源，一专责成以便兑运，一建仓廒以便贮积”，[②] 为户部所批准。崇祯二年（1629 年），“河南祥符等县解官买完七年米，运至小滩，延挨旬月，私卖弃回，更余棍役有久已领批乘机沉匿，两处闪脱，银米俱无归着”。[③] 而仓储胥吏、奸诈米商更是无所不用其极，“买米大弊在于以斛斗作市斗定价，夫市斗大而斛斗小，买之于市所用者市斗，交纳仓庾所用者斛斗，大约市斗六斗可纳斛斗一石，此小滩不易之规也。买役奸弊，谬称米价腾贵，此就市斗言之也。米或偶贵，然于市上买得六百石即可交纳一千石，则此四百石之价银独不可为腾贵之增添乎？乃以市斗之价谬作斛斗，恣意吞肥，上欺官府，下诓里民，间或遣人往查，通同作奸，此宿弊所以难清也”。[④] 正是因为不同利益群体的相互勾结，导致贪腐网络牢不可破，难以有效整顿。明末金光辰曾言：“小滩坐落北直大名地方，运粮官旗鞭有不及。臣已移文总漕、巡漕及畿南抚按诸臣严示禁约，盖综核严而弊自去，收纳早而价不踊。事完之日买解官员急公自爱者查明酌奖。有仓霸、积旗包揽作奸，勒索常例坚拒，窟私者尽法拿究，虽粮官、卫弁不贯焉，则害可杜也。又中州之生员包揽也，士为四民之首，萤窗习业，自其本等何得干预钱粮”，[⑤] 可见直至明末小滩奸弊依然未除，粮官、仓官、旗军、卫弁纷纷参与其中，分享漕利，甚至连读书士子也觊觎其中的利益分成，包揽漕粮，从中图利。

---

① （明）张维新：《改折漕粮疏略》引自《天下郡国利病书》，上海古籍出版社 2011 年版，第 1467 页。

② 《明神宗实录》卷 349，万历二十八年七月乙丑条。

③ 《度支奏议》之《云南司》卷 2。

④ （明）郑二阳：《郑中丞公益楼集》卷 4《书牍》，清康熙世德堂刻本。

⑤ （明）金光辰：《金双岩中丞集》，清初刻本。

最后，管理权的频繁变化也致使小滩漕仓兑粮弊端重重，难以有效进行整顿。天启五年（1625年），巡按河南御史杨方盛上言："旧时小滩兑运设有监兑部司，自裁革之后，督以粮道。顾河南粮道与东省卫弁原无统辖，往往跋扈咆哮，不受约束"，[①] 管理权由中央户部下放至河南省，导致河南粮道难以约束山东至小滩兑粮卫军，不能有效管理，因此建言："将滩运移属临清道，俾督率本属武弁，便于弹压，其小滩旧有大名道公署一所，乞稍加修葺，以为临清道驻节之地"。[②] 临清道管理本卫军丁兑粮有便利之处，军丁服从管辖，但又导致临清道疲于奔命，分身乏术，不能及时处理临清本地事务。管理权的变化，使小滩镇食利群体更加猖狂与有恃无恐，各种贪弊行为纷纷出现，他们明目张胆、恣意妄为，视管仓官员为木偶与傀儡，"就中如豪贩高价车脚增值，是害之在市侩者也；减价而买粗湿之米，袭舛而甘猫鼠之眠，是害之在委官与总部者也；借口常例而索不一端，以致耗费多而加派之苦贻累地方，任情搀和、折干而弊不一途，以致米色恶而挂欠之数亏损仓储，又害之在奸弁与猾旗者也。方今仓庾空匮，挂欠之弊既万万不可因循，且各州县畏功令而浸淫加派，每石辄至三四钱不等……云虽监兑业遣分司，而事系兼摄，故去住不时"。[③] 甚至连河南巡抚吴甡对河南官员难以管理小滩粮务都无能为力，"小滩为奸蠹窟穴而辖于大名之元城，臣不得而禁也。监兑衙门往日常例、使费尤难枚举，打点需索不饱其欲则勒措刁难，以致委官、解户视临、德为刀山戟林，不倾其身家性命不已者"。[④] 管理权在户部监兑官、河南粮道、临清仓户部主事、临清道之间的频繁变化，虽然体现了国家为减少弊端而进行变革的意图，但每一管理机构都有其弊端与缺陷。其中户部官员不能常驻小滩而难以熟悉全部弊端详细情况，无法制定具体措施予以整顿；河南粮道难以处理直隶元城县事务，对当地的土棍、歇家、豪商没有权力惩治，与直隶官员不存在隶属关系，同时不能指挥山东运

① 《明熹宗实录》卷56，天启五年秋七月庚午条。

② 《明熹宗实录》卷56，天启五年秋七月庚午条。

③ 《度支奏议》之《云南司》卷4。

④ （明）吴甡：《柴菴疏集》卷5《按豫·漕米弊蠹当除疏》，清初刻本。

粮卫军，无法与直隶、山东官员进行有效交流与合作；临清仓户部主事自身事务繁杂，难以兼管小滩兑粮，临清道亦是如此。管理权的变化体现了明廷矛盾的心态，一方面其急于通过调整管理机构以整顿兑务，另一方面当调整后再次出现弊端时，又只能再次更换管理部门，从而形成了恶性循环，不可能从根本上清除积弊。

清初河南漕粮仍兑于小滩漕仓，其弊也多发生于此地，乾隆年间交兑内黄县楚旺镇后，随着内黄县由直隶省划归河南省，管理相对简便，本省官员可以直接处理各种问题，弊端方得以减少。除小滩、楚旺两地外，河南漕粮还曾短时间兑于卫辉、汤阴五陵镇等地，“河南粮道属原无卫所，俱系派拨直隶、山东、江南卫所官丁、船只协运……其州县漕粮，则附近水次者征本色，兑运谷米、麦豆时，奉文酌改。离水次较远之州县，惟征漕项银两，径解粮道，以为运费。水次则初在卫辉府城，继改小滩、五陵镇等处，今则统归内黄之楚旺镇。其限期则于十一月兑齐，开至临清守冻，明岁春融北上”。[①] 清直隶大名府魏县人崔述亦言：“初，会通河既开，江淮漕运皆自山东达京师，至临清始入御河，不由县境；惟河南漕舟于小滩镇兑运，或在馆陶，然其地皆居大名下流，漕舟亦不由县境也。及我朝，移兑运于彰德、卫辉水次。乾隆五十三年，移兑于内黄之楚旺，于是河南诸府漕舟必由县境乃达小滩”，[②] 该史料将河南漕粮交兑地的变化进行了详细说明。而具体的过程则经历了上百年的发展演变，清康熙二十二年（1683 年），河南巡抚王日藻称：“豫省漕粮二十五万余石，历来各州县佥差官役前赴大名府小滩地方买米交兑，越境采办，囤户、牙行任意腾贵，官民交困，请行改折”。[③]“粮官、买役四散购求，远则苦盘剥之耗费，近则苦奸棍之勒索。所以康熙十八年至二十年小滩米贵至一两二三钱不等，间有恐误开帮向临近水次州县运买好米，而小滩牙侩勾结官旗嫌称中州米带黄色，抑勒不用，必要小滩之米，

---

① （清）朱云锦：《河南漕运说》引自《魏源全集》，第 556 页。

② （清）崔述：《崔东壁遗书》，上海古籍出版社 2013 年版，第 734 页。

③ 《清圣祖实录》卷 107，康熙二十二年春正月乙酉条。

以致买粮官役称贷无偿，挪移无补，官民交困”，① 可见清初至康熙初期河南漕粮仍兑于小滩，弊端未除，纳粮官民受当地囤户、牙行的压榨非常严重。经商讨后，户部覆议“查豫省漕米原系征银买米起运，康熙十五年缘需用兵饷改折，后因各省漕米截留，京城米谷不敷，仍令买米起运，今既苦累小民，应仍令改折解部”。② 另因河南粮道不再负责漕粮解京事务，也同时予以裁撤。但河南漕粮折银解部并未延续很久，康熙三十二年（1693年），河南巡抚顾汧又言河南漕米俱在直隶小滩采买，百姓不便，请求改折停运，朝廷回复称：“河南漕粮不出于本省，百姓远至直隶大名府小滩采买，将漕米改折有益民生，嗣后停止百姓采买，但解京米石所关匪轻，令该抚将改折银两亲至大名府所属地方照数采办，验看起运，倘有迟误，该抚从重治罪”。③ 通过折衷举措，将由民众采买改为官府采办，以此减轻直隶小滩地方的勒索之弊。

不过隔省交兑终难为长久之计，官员难以相周，漕粮不能直达，漕仓之弊也不能尽除。康熙三十五年（1696年）正月，河南巡抚李辉祖言：“豫省漕厂水次，旧设卫辉府北门外，嗣因监兑部员驻扎直隶大名府小滩镇，遂将漕厂移于彼地，相沿至今，上年十一月间，臣亲诣视漕，确勘细探，卫河一带旧为行漕故道，直抵通州。见今商贾船只往来不绝，漕艘亦无阻滞。合无仰吁皇仁允赐，改复卫辉兑运水次，以本省之银买本省之米，就近盘剥，实为至便。但老鹳嘴地方有大石二块，相去五里，横卧河边，中间率多碎石，平常水势本自无妨，倘遇最浅之时，应仍就小滩镇购买，庶民便通融而粮无遗误矣”。④ 漕粮改兑于卫辉，本省漕粮纳于本省，不但减少了长途运粮之苦，而且不会再受异省食利阶层的盘剥，也便于本省官员处理相关事务，具有很大的便利性，因此这一建议得到了清廷批准。据清乾隆时人顾栋高《漕运小述》载，“本朝至德感神，河流安澜，漕运便利，舳舻万艘，悉由

---

① （清）徐汝瓒：《乾隆汲县志》卷3《赋役》，清乾隆二十年（1755）刻本。

② 《清圣祖实录》卷107，康熙二十二年春正月乙酉条。

③ 《清圣祖实录》卷159，康熙三十二年夏四月庚寅条。

④ （清）傅泽洪：《行水金鉴》卷137，商务印书馆1937年版，第1986页。

江达京庾。而卫河之运，特南河省臣巡视，抵临清以会通仓而已。我皇上封卫河之神，钦赐匾额，复以兑粮小滩，改归卫辉水次，以省交兑跋涉之苦，又以河石浅滩，需夫挑挖，并经由浚、滑、内黄之县，拨入漳、卫，以免隔属呼应不灵之虞”,[①] 提到了改兑卫辉及整修卫河河道之事。不过漕粮交兑地的改变也给输粮运军带来了不便，河南漕粮多由山东卫军、水手运送，在小滩交兑时，因小滩距山东较近，运军驾船距离较短，而移至卫辉，卫军需长途驾船至卫辉，不但来回距离遥远，且可能有耽误按时抵通之限，所以兑地改变引起了运粮军丁的不满。康熙三十七年（1698 年）四月，山东都司任城等八卫运丁张文安称：“河南漕粮原在直隶大名府小滩镇兑运，原任巡抚李辉祖题准改迁河南卫辉府水次，路途遥远，山谷崎岖，挽运甚艰，请仍改归小滩镇”。[②] 经户部等衙门商讨后，为体恤运军之苦，又回至小滩交兑。行之未久，一年后，河南巡抚李国亮又题请改归卫辉。雍正三年（1725 年）六月，直隶总督李维钧奏：“查河南兑粮水次，自元明以至本朝俱在直隶大名府元城县之小滩镇。粮船受兑开行，由小滩镇历元城之善乐营而入临清运河，河身宽深，从无淤沙浅涩之阻，其路近易行，粮运无误也。自康熙三十五年间，豫抚臣李国亮题请改次卫辉，相沿至今。查在卫辉受兑开行至直属之浚县，经历淇河喷沙、老鹳嘴石岗石柱险阻，又中错汤阴县河道，皆系流沙，聚散不定。建坝则无地签桩，坚固难保；修闸则水性下刷，蓄泄无资。每年漕船行至浚县、内黄县地方，募夫挑挖，雇船剥运，官民交困，粮艘难行，二十五六年矣……莫若仍复小滩为兑次，直抵临清州路，仅二百一十余里，河水深宽无阻，其路之难易远近，判然易决。若虑小滩非河南所辖，民或抗违，临兑次时，两省各委道府一员，同驻小滩，协恭办理，永著为例，则河南无呼应不灵之虞”。[③] 清廷未接纳李维钧将漕粮改归小滩交兑之议，但为便于河南粮道管理本省漕粮，将原属直隶大名府属浚县、滑县、内黄县三县划归河南省卫辉、彰德二府管辖，以便境内卫河能够得到及时疏浚、修

① （清）魏源：《魏源全集》，岳麓书社 2004 年版，第 586 页。

② 《清圣祖实录》卷 188，康熙三十七年夏四月己未条。

③ 《世宗宪皇帝朱批谕旨》卷 10 下，清乾隆三年（1738 年）内府活字朱墨套印本。

缮，利于漕船航行。

河南卫辉交兑或直隶小滩交兑除牵扯到河道距离、兑漕弊端外，还涉及两省利益，交兑于小滩时，商贾辐辏、客货云集，所征税收归于直隶，而改兑于卫辉，小滩衰落，商税大减，直隶总督李维钧恢复小滩之议除考虑到运粮距离外，也牵涉到直省商税收入多寡问题。李维钧的提议遭到了河南官员的反对，雍正四年（1726 年）河南巡抚田文镜称："豫省漕粮向由卫郡受兑，自明季移于直隶大名府属之元城县小滩镇。康熙三十五年，前抚臣李辉祖题请改复，业蒙俞允。至康熙三十七年，运丁张文安等叩阍，部议仍改小滩。后抚臣李国亮又请改复，奉旨允行，迄今二十余年，不复更改者，总因小滩之不如卫郡，已经历试而权其轻重也……若移水次于小滩，每于交兑之时，运米就船，既苦转输之不易，携银就买又遭牙户之居奇……其余勒索益自可想而知，是以不敢冒昧请改"，[①] 极力反对漕粮改兑小滩。卫辉交兑九十余年后，因河道曲折、险滩众多，乾隆五十二年（1787 年）试兑于汤阴县五陵镇，第二年漕运总督毓奇称："河南漕粮向于卫辉受兑，上年改至五陵试兑，虽已避去老鹳嘴等处险溜地方，但自五陵以至楚旺一百三十余里之内仍有古浅，不免转拨之烦，请改至楚旺受兑，可免迟滞"，[②] 并请在楚旺修建仓廒以备贮粮。经斟酌后，中央政府决定移兑楚旺镇，楚旺位于卫河沿岸，属河南省管辖，便于河南粮道管理兑粮事务，同时又距山东较近，旗军、水手到此取粮也较为迅捷与便利，从而在一定程度上协调了不同群体的利益。楚旺兑运其弊虽较小滩、卫辉大为减少，但在征收的源头，尤其是漕折银时，仍然有浮收、勒征之患。如汤阴县"汤阴仓在楚旺，每收兑时，豪民籴谷交官，俟折色价定，敛众户钱，谓之包户公"，[③] 豪商大户通过包揽上纳，勒取漕户钱财。《民国林县志》亦载，"官收民粮，兑交于楚旺水次，经收之际，吏胥索民颇苦之。迨咸丰七年匪扰阻运，河南长吏奏准漕米

① 《世宗宪皇帝朱批谕旨》卷 126 之 7。

② 《清高宗实录》卷 1300，乾隆五十三年八月戊戌条。

③ （清）李桓：《国朝耆献类征》卷 242《守令》，江苏广陵古籍刻印社 1990 年版，第 47 页。

改征折色，每石折银一两二钱五分，解司充饷”,[①] 可见在漕粮兑交、征收之时，其弊依复不少。

明清两朝，河南漕粮兑仓之弊产生的原因受多重因素的影响。首先，河南纳漕州县并不直接位于京杭大运河主航道附近，加之本省没有运粮卫所，所以处处受制于人，漕粮交兑没有足够的自主权，另外隔省交兑也使管粮官员鞭长莫及，难以对异省仓弊进行处置。其次，交兑地的变化体现了不同利益群体的博弈与斗争，也体现了国家为协调利益而进行的调整，从回隆、卫辉、小滩、馆陶再到小滩、卫辉、五陵镇、楚旺，这其中掺杂了太多的因素，既有国家层面的需求，也有地方政府、运粮卫军、纳漕民众，甚至食漕阶层的利益抉择，形成了错综复杂的关系网络，所以在清除积弊时困难重重。最后，清末随着运河断流，漕粮大规模改折，完全纳银相对简单，交兑之弊才得以稍减，民众漕粮方面的负担有所减轻。

第二节　明清江南各省基层社会漕仓弊端与影响

明清江南各省的范围包括明代南直隶、浙江省、湖广省及江西省及清代的江苏省、浙江省、安徽省、湖南省、湖北省、江西省等省份，这六省除江苏部分地区处于江北以外，多数省份均位于长江以南，所以将其划为江南各省。江南六省为明清全国漕粮的主要产区，在明成化后四百万石数额中占有绝对比例，六省中江苏、浙江为京杭运河主航道流经地区，其他省份则有长江、淮河与运河相通，所以水运交通便利，各省所属府州县、市镇均有漕仓分布，这些漕仓方便了附近民众交兑漕粮，也利于旗军、水手前往收兑，不过因漕粮数额巨大，涉及群体众多，所以在漕粮交仓的过程中产生了诸多弊端，如地方官吏的浮收、管仓胥吏的勒索、兑粮卫军的讹诈等，而这些负担最终由纳漕百姓承担，使基层社会漕仓收兑秩序遭到严重破坏，产生了诸多的社会问题。

---

① 王泽溥：《民国林县志》卷 5《财政・田赋》，民国二十一年（1932）石印本。

一、江苏、浙江、安徽三省漕仓交兑之弊

江浙两省在明清时期是全国著名的漕粮交兑地，因两省水路交通便利、商贾辐辏、经济发达，所以全国漕粮中的很大份额在此征兑，几乎所有府州县都有水次兑军仓，用以收兑漕粮。由于粮多人繁，漕弊、仓弊异常严重，“漕弊各省有之，而江苏为尤甚”。① “各州县有漕总之勾通关说、漕书之浮收舞弊、仓役之恣意需索、粮差之包揽完纳”。② 在仓储收粮过程中，涉漕人员纷纷从中取利，特别是征漕官员、管仓胥吏、兑粮旗军，甚至连仓书、漕书、仓役等不入流人员也有其贪腐的手段，种种弊端，不一而足。面对仓弊，许多官员提出了整顿措施，但多数无果而终，不能予以彻底消除，所以效果并不明显。

明清两代江浙两省仓弊甚重，特别是清中后期，两省漕仓收兑之弊日甚一日，纳漕百姓倍受压榨，官民矛盾不断激化，“江苏赋额，甲于天下，每一州县，额征米自七八万至三四万石，银七八万至三四万两不等……每届开漕，定期一月或二十日封仓停收，而此一月、二十日之中，率皆强而有力之绅衿大户争完本色，是完户尚未及半，而仓中所收之米，已与原额短少无几，除起运外，所余仓米尚可变价入己。其完折色之价，则更全入官之私囊，浮收中饱，由来已久，官民习以为常。故每办一漕，额多之州县官，立可富有数十万之巨资”。③ 道光元年（1821 年），户部右侍郎江苏学政姚文田称：“今之所谓抗粮者，如业户应完百石，彼既如数运仓，并外多赍一二十石不等，以备折收。书吏等先以淋尖、踢脚、撒散，多方糜耗，是其数已不敷，再以折扣计算，如准作七折，便须再加三四十石，业户心既不甘，必

① （清）王家相：《掌江西道监察御史王家相为请禁浮收革除漕弊事奏折》，嘉庆二十五年九月十七日，中国第一历史档案馆藏，《历史档案》2014 年第 1 期。

② 《著为漕运总督魏元煜接任后即饬各州县禁革漕书约束仓役事上谕》，道光二年十月二十八日，中国第一历史档案馆藏，《历史档案》2014 年第 1 期。

③ 吴馨：《上海县续志》卷 30《杂记三》，1918 年刻本。

至争执，不肯再交，亦有因书吏刁顿，仍将原米运回者”。[①] 除此之外，修整仓廒及购买芦席、竹木、板片、绳索、油烛等仓储日用之物，甚至州县幕友、家人、书役、出纳、巡防等人的工食银两也全部来自漕项附加与浮收，因此官民之间因征漕而矛盾重重，甚至发生冲突与斗争，其原因即在于交仓时书吏、仓胥的侵耗与勒索。道光二年（1822 年），监察御史程邦宪奏：“查各州县开仓收米，于每廒点派漕书之外，复设总书一人，名曰漕总。一切收米兑运，由一手总办，粮户运米到仓，于正额外应加若干，皆由漕总派定，少者加三加四，多者或至加倍。及至本官查核，则以多报少，而侵肥己不可胜计矣。至如旗丁需索兑费，多益求多，该漕总即勾通旗丁，从而影射。刁生劣监包完漕米，讹索漕规，该漕总即勾通生监，与之分润。计江浙州县之大者，漕米不下十万余石，该漕总充当一年，即可积赀巨万，高门华厦，衣服舆马之赫奕，甲于城市”。[②] 总书、漕书利用仓廒收漕之便，勾结旗丁、生监徇私舞弊，恶意压榨，并且江浙等地每县都是如此情形，勒取钱财数额巨大。除漕总外，负责具体收兑工作的廒书、仓役也利用时机获取利益，“各州县收漕，每廒派漕书一名，专司收兑。粮户运米进廒，于正数加贴外，又有斛面之弊，定例每斛五斗，如将斛口开宽，则一斛可至六斗以外，再加以淋尖，则更多矣。有口袋之弊，粮户交米，每五斗为一袋，至斛收时，每十袋之内须扣出一二袋不计数，名曰捉猪，此皆浮收之外又加浮收者。有飞米之弊，浮收之余米不能私运出廒，则将后来之米数以少报多……有搀杂米色之弊，旗丁既有兑费，即不能挑斥米色，该廒书于临兑之时搀以糠粞秕谷，甚至搀以水浆，使米质加涨，迨至长途色变，或抵通时验明米色不纯，则旗丁、州县均受其咎，而廒书转得置身事外”。[③] “各州县开仓之时，遴派头役数名，在仓外巡逻，以供差遣。该役等举引帮役数十百人，盘

---

① （清）姚文田：《户部右侍郎江苏学政姚文田为敬陈东南漕务情形事奏折》，道光元年五月十四日，中国第一历史档案馆藏，《历史档案》2014 年第 1 期。

② （清）程邦宪：《江西道监察御史程邦宪为请严禁收漕州县纵容书役侵渔之弊以除积蠹事奏折》，道光二年十月二十七日，中国第一历史档案馆藏，《历史档案》2014 年第 1 期。

③ 《江西道监察御史程邦宪为请严禁收漕州县纵容书役侵渔之弊以除积蠹事奏折》。

踞仓场，恣意婪索。每粮户赴仓交米，须先向仓差讲定使费，方准报数验米，使费既足，即丑米可以验收，使费不遂，即好米亦必驳退，甚至有守候数日不能验米入廒者。是小民于未经交米之前，先受需索之累也”,① 廒书、仓役渔利仓储，视漕粮交纳为揽财捷径，而纳漕百姓则苦不堪言，难以忍受。

明清两朝江浙两省各州县有大量具体的案例体现了漕仓弊端的严重性。如明溧水县有漕仓在宣城水阳境，初虽兑粮遥远，但因有江路相通，加上沿途为溧水境，所以未有不便。后弘治年间于溧水境分高淳县，将溧水与纳粮地水阳隔开，“壤地既非旧观，而仓兑仍踵往辄，民始称甚不便矣。其称甚不便者有二：每岁冬，例当输米于仓，始输则有舟车之费，既输则有看守之劳，又粮役主于一家，雇值听其主张，需索遂至无算。兼之仓廒久圮，贮米尤难，米至则先集主家，临兑入仓止应故事，转运耗散，其累无穷，不便一也。交兑之际，小民远离本土，独处异方，地邻陵弱，阴肆侵侮，众军恃强公行恣取，县之长吏以地远不能卒至，即至辄旋，无能久处，以故小民财力劳费既数倍，他邑而欺陵搏击之害，犹有不能免者，不便二也”,② 于是隆庆年间县令贺一桂移建漕仓于本县梅梁渡，取名便民新仓，万历年间因仓储濒湖，屡遭夏潦水害之苦，县令董懋中又移至洪蓝埠，民众非常便利，顺治十年（1653 年）重修，五年后该县漕粮改折，仓储废毁。元和县“向来征收漕米分有三仓，一曰青邱、一曰席墟、一曰苏巷，三仓相距里许，不能联给……查征收漕粮例应官收官兑，亲驻仓场督察，祇缘窎远难稽，胥役因而舞弊”。③ 因纳粮分属不同仓储，加之元和、长洲二县交纳相互混杂，导致弊端层出不穷，官员因两县之事而难以协调处理，最后只能通过划定仓储范围、纳粮区域以解决纷争与仓弊。地方主政官员的贪腐也导致了仓储秩序的混乱，顺治十七年（1660 年）任维初出任吴县县令，“逼仓总吴行之私粜粮

① 《江西道监察御史程邦宪为请严禁收漕州县纵容书役侵渔之弊以除积蠹事奏折》。

② （清）傅观光：《光绪溧水县志》卷 16《艺文志上》，清光绪九年（1883）刊本。

③ （清）许治：《乾隆元和县志》卷 7《仓庾》，清乾隆二十六年（1761）刻本。

七百石，婪贿虐刑，口碑腾刺”,[1] 地方官利用私权，任意违法，贪贿漕粮，虐害地方，引起了生员联名控诉，导致了一场大案。松江府华亭等县有征漕旧例，“民米入仓后欲得执照甚艰”,[2] 仓储胥吏从中阻碍，苛索钱财，县令朱元丰为除该弊，将纳漕凭据挨户分发，纳米入仓后，即给予执照，减少了胥吏、仓书的压榨。而浙江省在清初时未行官收官兑，也有诸多弊端，“兑漕一事，旗丁勒索，仓蠹欺侵，累民甚苦”。[3] 后总督范承谟行官收官兑之法，禁革旗丁勒索、弹劾墨吏、惩治豪强，其弊稍减。临安等县“漕仓索于刁军，湿润、踢尖之外，有请兑银、话会银、酒食银、贴运银，而歇家有宿食银、守看银”。[4] 旗军前往漕仓兑粮时，以各种借口勒取钱财，而民众运粮至漕仓所在地交兑，也受歇家压榨。钱塘等县“运丁兑米时于贴费外，勒加浮满斛面，顺风淋尖，并白粮备袋等项……运丁私带纲司、水手多人，临仓诈索花红、酒席、饭费、犒劳、笆米、喜包等项名色，每石派钱三五文，计每县勒钱数百千，数十千不等……头船伍长联结通仓，拴合仓蠹，故嫌米色，动以误漕大题，挟制官府，并于仓场咆哮，公堂锁吊衙役，拷打逼勒，串卖水次”。[5] 其他浙江昌化、长兴、桐乡等地情况基本类似，纳漕时也是弊窦丛生。

面对江浙地区“州县一经开仓，费如猬集，其衙署各项用度，漕务运脚诸费，种种开销，皆藉冬漕为补苴，大户既不听浮勒，不能不取给于小户，于是米价石粜二千钱，折价有八千、十千至十数千钱不等，胥吏又从而朘削……每至开仓，辄兴大狱”[6] 的局面，很多官员提出了诸多补救措施。如江西道监察御史程邦宪提出禁革漕总、严禁廒书收兑之弊、禁仓役需索、不得包揽完纳等章程，力图肃清弊政，减轻百姓负担，恢复基层社会正常的纳漕秩序。而具体到不同州县，主管官员也针对本地现实状况，因地制宜，

① （清）冯桂芬：《同治苏州府志》卷148《杂记五》，清光绪九年（1883）刊本。
② 《光绪嘉兴府志》卷61《两廡先儒》。
③ （清）许瑶光：《光绪嘉兴府志》卷10《坛庙一》，清光绪五年（1879）刊本。
④ （清）彭循尧：《宣统临安县志》卷8《艺文志一》，清宣统二年（1910）刊本。
⑤ （清）裘琏：《康熙钱塘县志》卷6《田赋》，清康熙刊本。
⑥ 郭廷以：《郭嵩焘先生年谱》，台北中研院近代史研究所1971年版，第236页。

因时制宜，进行了一系列改革。嘉兴县令潘湛明提出使用倒廒掣兑之法，当时官军兑粮各有固定水次与承兑数额，“然而粮蠹上下通弊作奸，故将一单零星派散，有一军而兑数十民者，有一民而应数十军者，苛索之端，自派单始，今既贮足仓廒，则粮米上仓时，粮长已先给完单，临期只须县官与粮官照苏、松倒廒掣兑，有一廒，掣一军，立督兑完，不足，鳞次挨补”。① 在州县水次仓兑粮时，州县仓储胥吏任意讹诈，一民派遣多军，或一军兑数十民，导致旗军、民众疲于奔命，交兑效率不高，所以潘湛明提议照苏州、松江等地章程，加速兑粮，严禁弊端。康熙十一年（1672 年），江苏布政使慕天颜奏漕仓交兑陋规，“兑粮查验米色，夫漕粮官收官兑，寄仓则有仓夫、斗级，看米则有协部粮官，而查验米色一十二名之吏书，索银索米竟派至十有余金，永当禁革，如有违犯，官参，经承处死”，② 力图用严刑峻法惩治各种兑粮时的不法行为，保障征兑秩序。乾隆十七年（1752 年），两江总督尹继善颁布漕规禁例，各县立石刊刻，其内容有：“一，粮仓遵例辰开酉闭，凡米到仓，插旗编号，挨次斛收，如遇米多即多开廒口分斛，总在本日斛完，毋许后先搀越，耽搁守候，倘有俟至暮夜米不收完，仍然斛收者，明系弊混，严拿漕记，从重究处。一，粮户完米，务须亲身赴仓交纳，毋许米行、铺户揽价买米包交，粮户运米到仓，自行平斛响挡，毋许漕记人等执挡动斛、脚踢、手捺、嚷闹、抑勒，斛外余剩零米，悉令粮户扫回，不许在仓人役擅取颗粒，违者重究”。③ 浙江杭嘉湖等地漕仓之弊尤为严重，同治年间核定减漕，“向来收漕加耗每石自一二斗至七八斗不等，各视花户贵贱、强弱以定收数多寡。今额漕既经减定则，浮收之款岂可任其因循。惟州县办漕有修仓、搭棚、纸张、油烛之费，有仓夫、斗级、漕纪、差役饭食之费，有内河运米交兑、夫船耗米之费，有交米书役守候之费，一切用款甚巨”，④ 于是将一切加尖、加价、勒折诸弊全部革除，绅民一律平等均收，不再有大

① （清）潘湛明：《通申会议官兑法则》，引自《治安文献》卷 2。
② （清）高得贵：《康熙镇江府志》卷 13《赋役八》，清康熙二十四年（1685）刻本。
③ （清）李光祚：《乾隆长洲县志》卷 13《赋税》，清乾隆十八年（1753）刻本。
④ （清）王彬修：《光绪海盐县志》卷 9《食货考一》，清光绪二年（1876）刊本。

小民之分。这一改革对于减轻因循已久的漕弊、仓弊具有一定意义，但延续数百年的积习不可能因一纸章程就立刻消失无踪，加上当时官场整体环境的腐化，相关整顿措施难以贯彻落实，不可能起到标本兼治的作用。而且随着清朝末年传统漕运的日渐没落，加之黄河北徙、运河断流，江浙漕粮多由海运至京，收兑环节减少，铁路兴修后，商品粮市场兴起，大规模的内河运输已没有必要，江浙漕粮全部改折，漕仓之弊也随之大减。

安徽一省情况与江浙两省有所差异，清康熙六年（1667 年）分江南省为江苏、安徽两省，方有安徽省之称，该省漕粮除部分运往徐州仓、凤阳仓外，多于本省地方交兑，因兑粮数额有限，仓弊危害程度小于江浙地区。据《道光繁昌县志》载明代与清初安徽各县“奸豪恃顽抗纳，每累垫赔，于是经承有费，差役有费，科派杂项有费，以及站柜、看仓、解饷、兑漕种种赔偿大半入官胥之橐，而小民倾家破产，甚且流离死徙矣，更有劣衿蠹棍包揽代充，议贴银一二百两不等，此辈竟尔中包，且包纳钱粮，多勒耗费，不肖官吏倚为腹心，指一派十，通同分肥”。① 在征漕、兑漕过程中官员、胥吏勾结分肥，讹索小民，从中渔利，而普通百姓受累沉重，纳粮压力巨大。太平县漕粮于芜湖交兑，“所有水次仓厫久已倒塌，搬运窎隔，临兑失误，赔累万端”，② 于是在芜湖买地重建仓廒，方便民众交兑，减少赔累之苦。宣城县“国家岁漕取道江淮，沿江诸郡于水滨建仓置吏，民输仓而卒转漕，漕卒之费例取诸民，故事每粟若干石则有耗赠、有运费，谓之五两五石，著为令……其后漕事日艰，漕卒辄瞋目，曰吾费无算，奸胥、运弁又相倚为奸利，弁每兑要索无已，谓之话会钱”。③ 漕卒欲望不达即不兑粮米，导致民众耽搁时月，漕米腐朽无算，甚至在仓监兑官员都受运军、旗丁挟制，不敢为百姓主持公道、伸张正义。太平府在颁布禁止漕弊、仓弊禁令时提到“一，征粮不许仓皂、斗级淋尖、踢斛，私置斗升，加收以及苛索粮米，违

① （清）林光祖：《道光繁昌县志》卷 5《食货志 · 田赋》，清道光六年（1826）增修 1937 年铅字重印本。

② （清）庆霖：《嘉庆太平县志》卷 3《仓库》，清嘉庆十四年（1809）刊本。

③ （清）陈受培：《嘉庆宣城县志》卷 24《艺文五》，清嘉庆刻本。

者立拿处死。一，征粮不许粮里藉称仓内完粮费用名色苛派花户，如有故违，查出定行重究"，[①] 通过禁令可知太平府漕仓兑粮多有弊窦，因此通过制定严刑峻法以祛除弊端，恢复兑漕秩序。太湖县漕粮初为官征民兑，运弁勒索民户银米外，又有拦头、拿船、纲司、插筹、打印、小书会、出通关、淋尖、踢斗、浆米、样米、无筹米等使费，名目繁多，百姓受累，后改官收官兑，另该县漕仓旧在石山潭，近水便民，明朝末年移至城内，"运米赴皖，水浅舟胶，令烟民革沙扛船，隆冬冰雪，冻毙人命，下乡里民困苦尤甚"。[②] 康熙年间县令段标麟体恤百姓长途运粮之苦，奏报朝廷予以免除。安徽各州县漕仓一直使用至清朝末年，咸丰、同治年间因太平天国运动、捻军起义等战乱的破坏及漕粮大量改折，仓储除部分作为地方常平仓、义仓使用外，多数废毁，如当涂县有水济仓"在南津门内大街东，为征收阖县漕粮，旗丁兑运之所……共厫五十二间，自咸丰兵燹后，粮船尽毁，同治四年南漕改折，仓储之制乃废"。[③] 明清两朝，安徽这一区域纳粮数量总体较少，无论是属明代南直隶，还是清代江南省，所占份额不大。总体看来，江南漕粮主要从江苏、浙江两省征收，而安徽各水次或集中于某一县近水区域，或在本县水路便利之处设仓收兑，其弊主要为漕军勒索、仓胥欺压、地方官浮收等。

明清江浙作为全国著名的重赋之区，其漕粮压力异常巨大，特别是清代中后期随着浮收、加征等情况的普遍化，在漕仓交兑过程中弊端重重，其突出表现有运军勒索、胥吏苛求、州县官压榨等，普通纳漕户承担的漕赋远超国家规定的数额，这种局势一方面使江浙地区百姓的闹漕、抗粮行为频繁发生，官民之间对抗剧烈，严重扰乱了专制王朝对江南区域社会的控制，同时漕利、仓利的巨大诱惑，使众多的群体纷纷参与其中，地方官员、缙绅、生监、地棍牟利途径更加广泛化、丰富化，危害也随之加深。

---

① （清）王斗枢：《康熙当涂县志》卷29《艺文》，清康熙四十六年（1707）增修本。

② （清）赵继元：《同治太湖县志》卷9《食货志》，清同治十一年（1872）刊本。

③ 鲁式谷：《民国当涂县志》之《民政志》，民国钞本。

二、江西与两湖漕仓交兑之弊

明清两朝两湖①、江西漕赋有漕粮、南粮之分，明代分运至北京、南京两地仓储的粮食，称北漕、南粮，清代则有所变化，漕粮仍指运送至北京粮仓的税粮，而南粮则因南京都城地位的消失，改为运送至荆州驻防八旗军及驻扎湖广各地绿营兵充作军饷的税粮。明初，湖北、湖南、江西三省漕粮各有卫军在固定水次交兑，后因洞庭之险，湖南水次并于湖北，“湖南诸卫初亦尝漕京师，后以限洞庭蠲之，而并其数于湖北，是代之漕也”。② 两湖虽漕粮合并于湖北水次，不过水道环境并不稳定，“湖北之漕，冒大江之险，蹈千里之危，其势不啻洞庭也”。③ 当时湖北兑粮水次分别位于，“荆州三卫并岳州卫在城陵矶交兑，武昌、武昌左、沔阳、襄阳、安陆、德安六卫所在汉口交兑，蕲、黄二卫在蕲州河下交兑……武昌府所属州县粮米俱派武昌二卫兑运”。④ 武昌府州县本该于汉口交兑，但兴国州、武昌县在汉口之下，距离数百里，纳漕百姓以船运载漕粮前往交兑，不但需逆水而上，有风波艰险，而且常有倾覆之患，稍有不慎即会船毁人亡，造成巨大损失。另外黄州府所属州县由蕲州、黄州二卫所兑运，运至蕲州水次交兑，但所属黄梅、广济二县全在蕲州之下，船只航行仍需逆水，于是予以改革，“漕运国之大计，军与民俱不宜偏损，合无酌地里之上下，计江流之顺逆。凡民粮顺水而下就军交兑者，俱照原定水次，不得变更。而其逆水而上，如兴国等州县，则许令沿江仓分交兑，俾军顺水就民，如此则军民两便，事体相宜，而漕务永济矣”,⑤ 从而使百姓长途交兑之弊得以减轻。嘉靖十二年（1553 年），命将湖广漕粮全部于蕲州、汉口、城陵矶三处水次交兑。四年后又题准江西吴城水次原兑漕粮，改于进贤水次交兑。万历元年（1573 年），又定“湖广

---

① 明代至清康熙年间湖南、湖北为湖广布政使司，后分湖南、湖北二省。

② （明）曾储：《嘉靖沔阳县志》卷 12《兵戍》，明嘉靖刻本。

③ 《嘉靖沔阳县志》卷 12《兵戍》。

④ 《漕运通志》卷 8《漕例略》，第 145 页。

⑤ 《漕运通志》卷 8《漕例略》，第 145 页。

衡、永、荆、岳、长沙漕粮原在城陵矶交兑者，改并汉口水次”。[①] 十一年（1583 年）改汉口交兑于金沙洲、陈公套水次。万历三十六年（1608 年）湖南岳州籍人给事中姜性念本省民众长途运粮至湖北交兑，“奏改于岳城北门外青泥湾交兑为便，报可。长、岳、衡三郡凡二十二州县俱于皇华亭设立水次漕仓，每岁粮道按岳监兑”，[②] 兑收岳州府、长沙府、衡州府属州县漕粮，至清末咸丰三年（1855 年）漕粮停运改折后，仓储逐渐废弃。

清代江西兑粮水次有所变化，“漕米兑军，惟南昌府属之丰城，饶州府属之鄱阳、德兴、万年、浮梁、乐平，南康府属之都昌等七县粮船在各本处水次便兑，其余均在省城设立漕仓，该州县等离省自数百里至千余里不等，所收漕米自行雇船赴省兑军，溪河浅窄，冬令水涸，额征最少之处，亦须用船数十只，经旬越月，始得抵省，其小船水脚例价不敷，船户往往偷米滋弊，州县不得不额外加给，以免误公。县省二仓自八月开廒，至漕粮兑竣，历时五月之久，丁役饭食所需不少，即水次便兑之浮梁、德兴、万年、乐平四县，亦须将米由县运至饶州府城上仓兑军，并有因花户僻远，运米维艰，分设乡仓便民，所费亦与省仓相仿”。[③] 百姓长途输粮至漕仓，不但费时费力，花费不赀，而且经年累月，耽误了正常的农业生产，同时开兑数月，所需各项经费繁杂，仓吏、运丁为得利益而求于州县，州县又不得不取之于民，导致兑仓之弊愈演愈烈，难以舒缓。清代湖南漕赋仅十五万二千余石，其数仅抵江浙一大县之数，“惟湖南因有洞庭大湖间阻，帮船回空例在洞庭湖以北之岳州湾泊，而有漕州县多处洞庭湖以南，远则千有余里，近亦数百里，粮米运赴岳次，先由小河拨运，而出湘江，滩河深浅夷险，处处不同，节节均须易船起剥，每多抛撒折耗。及至装载大船开行前进，又有洞庭之险，风信靡常，守候稽延，每不能免，遇有沉溺，赔累更重……各属漕米即

① （清）傅泽洪：《行水金鉴》卷 175《漕运》，台北商务印书馆股份有限公司 1968 年版，第 2563 页。

② （清）黄凝道：《乾隆岳州府志》卷 13《积贮志》，清乾隆十一年（1746 年）刻本。

③ （清）瑺弼：《江西巡抚瑺弼为遵旨筹议江西省漕务情形事奏折》，道光元年二月二十七日，中国第一历史档案馆藏，《历史档案》2014 年第 1 期。

当先期运贮岳仓候兑，俟交兑完竣，方能掣取通关回县，计开仓以迄在次约需五月之久，一切夫役、丁胥口粮、脚价需用浩繁”。① 其余漕仓每岁修葺费用、兑军帮费、劣监勒索也是一笔不小的开支，深为民害。

而具体到某县漕粮交兑也是弊端重重。湖北监利“自顺治三年，户蠹商同积棍，逢迎前任县主，亲立陋规，每批备花、红杯盘、公堂等费计数百金”。② 新任蔺姓县令至后，革除弊端，并“责令里长看柜批头，守仓设立花名，廒经严谕花户，按期上纳。倘有抗延，圈拿责完，惩一警百，小民畏威戴德，踊跃输纳，毫无拖欠”。③ 清初监利漕弊就如此严重，完全由不贤县令与户蠹、积棍的相互勾结而导致，他们为牟取漕利，形成了利益集团，以压榨、勒索纳漕花户为能事，而蔺县令严于律法，祛除弊端，禁止额外勒索，保障了正常的漕粮收纳秩序。黄冈县，“本县仓廒止有一处，节年漕粮先贮在廒，南粮无廒可顿。遂雇船停泊，征既不前，经年守候，船户得以通同虚报、侵盗，或故凿船底以漏浥”。④ 黄冈仓储数量不足，不但致使粮食霉烂、色变，而且船户乘机盗窃，漕粮损失严重。荆门直隶州漕弊、仓弊更甚，“南、漕则重价私折，复又勒密册费，每粮一石索取规银五六钱、七八钱、两余不等。征收南、漕之时，各书潜住沙仓，左边设立纸票，开列花户米数，名曰卡票，勾通经管南、漕仓书，惟凭卡票收米，花户无票，米莫能交，动至守候苦累，不得不惟命是从。经征之官皆以虚粮无著，利其赔垫全完，无碍考成，置之不问，管粮册书藉有虚粮，公抬视如固然”。⑤ 征粮官与管仓书役相互勾结，通过浮收、折银、勒取漕规银等手段获取钱财，而地方官的漠视与庇护，导致漕仓之弊日甚一日，民户受累颇重。应城县旧无漕仓，“邑无粮仓，历来南、漕二米收贮私家，或寄寺观，分屯散积，及征足议解，方遣一书役督同往兑，岁以为常，所谓里民私收民解也。于是强梁抗

① （清）陈若霖：《湖广总督陈若霖等为遵旨查明办理湖南漕务情形请准七折收纳事奏折》，道光元年五月二十四日，中国第一历史档案馆藏，《历史档案》2014 年第 1 期。

② （清）郭徽祚：《康熙监利县志》卷 4《田赋》，清康熙四十一年（1702）刻本。

③ 《康熙监利县志》卷 4《田赋》。

④ （清）王凤仪：《乾隆黄冈县志》卷 14，清乾隆二十四年（1759）刻本。

⑤ （清）恩荣：《同治荆门直隶州志》卷 3 之 2《赋役》，清同治七年（1868）刻本。

纳，懦愚倍输，兼以收贮非所，侵渔中饱，弊窦百出。及水次交兑之时，军丁苛索，兑后措勒，实收留难”。[①] 漕粮寄寓他所，加之没有专人管理，出现了大量弊端，于是建新仓，有正屋三间、厢房二间，用以存贮漕粮，由官收官兑，弊端大减。潜江县“南、漕二粮上关国计，下系民生，乃奸胥积蠹不思粒粒辛苦，每石漕米包收上船米二石五斗有零，水脚一两六七钱不等……及至漕米临兑，又勒开仓、洒仓、书会、花红、酒礼、淋尖、踢斛、长夫通淮之费”，[②] 种种苛索不一而足，民众多受其害。

湖南、江西两地漕仓之弊虽较湖北为弱，但陋规仍复不少。湖南漕粮明代多数时间兑于湖北水次，不过各县靠近水路之处，有县仓可暂存漕粮，待收足后，再起运湖北，明末与清代于本省交兑，漕仓在管理、维护、修缮上也存在诸多问题，为相关人员的徇私舞弊行为提供了可乘之机。一方面是长途运输之苦，横山县水次在岳州青泥湾，水路八百里，长途输粮不但有江河覆溺之险，而且官民经年累月，耽误了正常的农业生产。同样情况的还有巴陵县、平江县、临湘县等二十二州县均在青泥湾兑粮，每县在此地建有漕仓，每年固定时间运粮至此交兑，近者数百里，远者上千里，长途奔波，耗费时月，途中泼洒、遗漏难以避免，加上期间食宿花费也是一笔不小的开支。另一方面兑仓时也有勒索之苦。宁乡县“州县办漕不无铺仓、盘验、人工、船脚等项之费。一则因从前各旗过淮抵通不无多用，势需帮给，且从前自院道以及府厅各衙俱有陋规，一切收之于州县，不得不取之于粮民”。[③] 为减轻民众负担，“禁革漕总在仓起串登籍，禁革斗级、斛手，凡粮米到仓俱令粮户自运、自斛、自概；禁革敲松粮斛并活箍、夹底及另用私斛，禁革先收样米后留养斛，不许私收折贺”，[④] 其他还有不许强分洒落粮米，裁革各衙门胥吏漕粮陋规，裁旗丁勒索等措施。浏阳县县西诸乡有西板仓六间用以存贮漕粮，“仓侧有斗级公所，先是征漕贮仓，胥役苛收，乃建公所，岁

---

① （清）李可寀：《雍正应城县志》卷11《艺文上》，清雍正四年（1726）刻本。
② （清）刘焕：《康熙潜江县志》卷9《杂课》，清康熙三十三（1694）刻本。
③ （清）李杰超：《乾隆宁乡县志》卷5《政迹》，清乾隆十三年（1748）刻本。
④ 《乾隆宁乡县志》卷5《政迹》。

输，派粮户司之”,[①] 通过建斗级公所之法以寻求公平交兑，并由粮户监督，减少仓胥苛索。江西漕仓多位于州县或乡里靠近江河之处，如峡江县九都漕仓“在漳口，康熙三十八年东乡士民以赣江风涛横渡甚险，艰于输纳，举人张锦、陈伟及士民……等倡议增置漕仓于东乡之漳口渡，九都人争先捐助，遂底于成，国民两便，中为官署，前两厢则经书、仓役之舍，左右横列仓厫共十楹”,[②] 通过士子、绅民合力捐建，避开了横渡赣江之险，保障了百姓纳粮安全。新建县有漕仓二，一在德胜门外礼贤坊大街，一在德胜门外隆兴观塘，“漕仓设用扒夫，原为上兑粮艘，以便挑量，俱各给有食米，乃岁久滋奸，里户纳米之时，结党把持，暗索馈送，明受陋规，更兼狼藉抛散，巨履藏米，乡民吞炭莫敢谁何”。[③] 扒夫原为临时雇佣人员，却勾结成奸，勒索民众，同时通过各种手段获取不当利益，为民大害。进贤县漕赋、粮赋近四万石，“先是装粟于舟以待漕艘，称不便。仁和寓庸黄公始建今水次仓，计都选一人领运，贮粟与军交兑，二十余年矣，然每岁不能无利害。视为政者，田农淳直之民有事于漕卒，无异群羊遇狼狗，拮据藉手，竣役不挫产为幸，何利之有?”[④] 纳漕民众备受旗军勒索之苦。针对江西各州县漕仓陋规，某些地方官员也提出了整改措施，“漕米开征，既奉印官征解，自应印官择吉开簿，不得仍前关粮衙责备酒礼，以滋陋规……水次交收漕米，较正过斛，向概平收，不得私更大斛及淋尖踢抹，如在水次与水脚全完者，即给仓收，经承不得留难，将完作欠”。[⑤] 虽制订了一系列章程与规则，但因各地漕仓众多，涉及利益人员不胜枚举，单靠一纸禁令不可能使弊端消除，难以起到令行禁止的目的。

明清两朝湖北、湖南、江西三省虽不位于京杭大运河主航道附近，但因盛产稻米，所以也为有漕省份，各州县漕粮或兑于异省，或兑于省城或重要

---

① （清）王汝惺:《同治浏阳县志》卷7《仓储》，清同治十二年（1873）刻本。
② （清）廖其观:《同治峡江县志》卷3《仓储》，清同治十年（1871）刻本。
③ （清）杜友棠:《同治新建县志》卷24《营建·仓储》，清同治十年（1871）刻本。
④ （清）江璧:《同治进贤县志》卷4《建置》，清同治十年（1871）刻本。
⑤ （清）程芳:《同治金溪县志》卷9《田赋》，清同治九年（1870）刻本。

城市，或兑于本地州县或市镇，但无论交兑于何处，其运输航道主要依赖于长江及其支流，然后进入运河，输粮至北京、南京或其他战略要地。在基层社会纳漕过程中，地方官员、仓储胥吏、看仓夫役、兑粮运军与水手纷纷利用手中掌握的权力徇私舞弊，损公肥私，导致普通纳漕民众受害严重，他们除忍受各种漕仓漕规外，还需长途运粮，甚至不得不贿赂涉漕胥吏以乞求漕粮顺利入仓。而漕仓利益人员的勾串与不法行为则导致了严重的危害，不但使基层社会漕运秩序陷入败坏与没落之中，而且激化了纳漕民众与官府之间的对立，产生了闹漕、抗粮等极端行为，使清政府对基层社会的控制力大为削弱。

第六章　清代有漕省份的闹漕案与区域社会关系

明清两朝漕运虽然是国家重要的政治制度，对中央王朝的军事、经济、文化产生了深远影响，但相较于国家层面，漕运对基层社会与民众的影响则更为巨大。在当时有漕省份的州县或漕仓所在地，往往是各种力量博弈与冲突的集中区域，这些冲突一方面体现了利益争端往往会通过诉讼、闹漕、抗粮、哄仓等形式予以体现，同时也存在着州县官员、运粮旗军、地棍生监、绅衿百姓之间在利益协调过程中的博弈与较量，这种彼此之间因漕利而发生的关系异常复杂，也令地方官府、专制政权非常敏感与关注。从中央层面上讲，在保障漕粮征兑秩序的前提下，如何既保证地方官员、旗军等群体的利益，又让纳粮百姓不至于负担过重，是一个相当难以协调的问题。一方面专制帝王需要通过惩治贪腐以争取民心，获得基层社会民众的拥护与支持，巩固统治的基础；另一方面又对适度的浮收、加征保持默认态度，力争使不同群体保持利益的均衡。从地方官府的角度考虑，面对旗军对州县的勒索及大户的少纳，必须通过对普通纳漕户加征与浮收，而浮收的度往往难以把握，通常与主政官员能力高低、廉贪程度、贤愚品德等方面有着密切联系，当官员贪心过重，唯信胥吏，不能正确处理民间争端时，就会过多苛索纳户，导致官民之间矛盾加剧，进而发生诉讼、闹漕，甚至武装起义等行为的发生。当官员贤能，加征比例适度，且能照顾到百姓利益时，则地方社会秩序就会相对稳定。从旗军、豪绅大户、监生、地棍的角度探讨，如何从州县、纳漕百姓身上获取最大的利益是他们首先考虑的，旗军沿途耗费及生活所需，必然会勒索州县，寻求利益最大化，利用兑粮权力挟制地方官员，以粮食不符国家标准为借口，向州县寻求钱财，而劣绅、监生、地棍或依靠朝中势力，或依赖掌握文化与熟悉律令的优势，或凭借不法胥吏的笼罩，通过恐吓、威胁州县或民众等方式，牟取私利，在地方社会为所欲为。

闹漕、抗漕、哄仓等活动往往发生于纳漕地或漕仓所在地，是纳漕民众反抗浮收、加征的手段，如果得不到正确的处理，平息闹漕民众的怒火，就可能发展成农民运动与武装起义，导致地方社会秩序陷入混乱。闹漕事件主要发生于清代中后期，明代几乎不见诸于史料，这种情况的出现与清代中后期的政治局势密切相关。首先，明代运输者为运军队伍，管理较为严密，受国家及卫所官员约束，而清代运输者为水手，他们为市场雇佣，缺乏约束力，清中后期旗军、水手勒索州县，州县不得不浮收于民众，导致矛盾激化，冲突进而加剧。其次，清中后期吏治腐朽，州县官员多庸碌无能，唯知贪腐，有“三年清知府，十万雪花银”之民谚，而征漕是获取巨大利益的重要契机，在爆发冲突时，官员或隐瞒实情，或压制百姓，不能公平、公正、合理地处理争端，加上清廷陷入困境，面临内忧外患，难以对腐败行为进行及时处理与整顿，从而使闹漕事件愈演愈烈，在有漕省份普遍发生，而江南为尤甚，原因与江南重赋有关，自明代开始，“以单位面积的田赋看，全国五分之一以上的税粮来自于仅占全国十六分之一田土面积的江南八府”,① 并且这一情况一直延续至清代。最后，清代闹漕事件的领导者主要以乡村社会中有威望的民众领袖、生监或缙绅为主，他们或为纳漕民众的意见代表，与官府协调利益，提升在本地的影响力，或存在自身的私欲，希望在与官府的博弈中寻求利益的最大化。而江北、江南地区在闹漕形式上也有所差异，江北更加注重通过秘密宗教、结社组织来强化力量，暴力色彩更为明显，而江南地区最初多以正常的诉讼开始，通过乡党、戚友的力量强化组织结构，当闹漕达不到既定目标时，才向暴力方向转化。

---

① 胡克诚：《逋赋治理与明代江南财赋管理体制的变迁》，科学出版社 2019 年版，第 38 页。

清代中后期的闹漕斗争从乾隆晚期开始，至嘉庆、道光、咸丰年间达到顶峰，同治、光绪年间漕粮大量改折后逐渐减少，经历了一个马鞍形的变化。如果单纯从表象看，闹漕只是民众争取合法权利，减轻压迫的斗争手段，属官民之间的矛盾与冲突。但从更深层次上看，闹漕本质上是在当时国家政治、军事、社会局势发生大变革的背景下，不同利益群体之间博弈、斗争的体现，这种体现既考验了国家与地方政府处理纠纷的能力，同时也考验了民众的耐心，而处理措施是否正确与适度，也使闹漕向不同的方向演变，导致不同的后果。

第一节 清代闹漕的整体概况

清代闹漕事件的发生绝非偶然，是多重因素综合导致的结果，对于专制王朝与地方政府来说闹漕是百害而无一益的，不利于国家政权与地方社会的稳定。为了消弭闹漕这一破坏性因素，清代的君主、大臣及文人对闹漕事件可能发生的原因、导致的后果进行了分析，并力图通过人为干预或制定相应制度措施等手段以减少漕案的发生，这些措施并非全无效果，有些是针对当时社会现实与闹漕现状而制定的，不过由于各方面因素的影响，相关处理措施并非完全到位与落实，从而使效果大打折扣，难以从根本上遏制官员的贪腐及各种苛民行为的发生，因此闹漕事件也不可能彻底消除，官民对立仍不断激化，成为导致国家与社会动荡的重要因素。

闹漕虽然发生于基层社会与民间，但最终破坏的却是国家漕运体系，威胁政权统治，所以最高统治者对于漕弊是深恶痛疾的，屡次严令地方官员禁止苛榨民众，对闹漕事件也是异常重视，力图平息这一不利于统治的因素。乾隆四十八年（1783 年），浙江巡抚福崧拿获聚众闹漕首犯，称浙江省近年办理漕粮上下视为利薮，劣衿、地棍趁机挟制，包揽把持，甚至纠众抗拿，喧闹公堂，地方官向来贪腐，害怕告发，甘心隐忍，酿成大弊，高宗皇帝收到奏报后称：“浙省政务废弛，各州县经征漕米百弊丛生，实堪痛恨，劣衿把持公事最为地方之害，若稍事姑息则伊等不知敬畏，益无忌惮，适足以长刁风，自应严拿究办，尽法惩治”，[①] 并命查明带头闹漕监生钱征书是否已故尚书钱陈群之子孙，予以正法，不得姑息，希望起到杀一儆百的效果，打击生监、绅衿在征漕中的嚣张气焰，除去这一积弊。嘉庆七年（1802年），针对江苏各属州县积棍、劣衿、生监闹漕、闹仓之案频起，谕令：“此等包漕滋事生监，各州县开仓之先，该督抚等出示严禁，随时查察系分内应办之事……各省收漕禁止折色，原因刁衿、劣监包揽把持皆由折色而起”，[②] 指出地方州县只依仗圣谕惩治生监，而不知折色是导致弊端的根源，同时官员按律征收漕粮，不过度浮收才能化解生监挟制、民众闹漕之弊。道光五年（1825年），针对生监等读书人在闹漕案中数量众多，不遵守国家法纪的行为，宣宗皇帝谕曰：“士为四民之首，自宜恪守卧碑[③]，束身自爱，况钱粮系惟正之供，定例贫生交纳钱粮以次年二月、四月为率，较平民展至数月，待士已为优厚。岂容积年抗欠。如该学政所奏，浙江杭嘉湖三府近来钱漕逋欠甚多，俱系生监上控有案，包漕、闹漕抗不完纳，地方官不能催征，加以讼户名目与讼师、讼棍无异，该生等恬不为怪，于士习大有关系，不可不严行惩办”，[④] 命浙江巡抚程含章与学政朱士彦实力整顿，不许再有讼户名目，对闹漕生监逾期不纳粮者，予以褫革严惩。生监闹漕在清中后期地方社会中影响巨大，相较于普通百姓闹漕，生监具有文化上的优势，对于国家律令也是了如指掌，他们通过对纳漕民众的鼓动，可以组织起相当强大的力量与官府对抗，从而在漕粮交纳中获取利益，同时作为国家官员的后备力量，一旦生监不听从政府的宣教，成为对立面，那么专制政权的统治根基就会发生动摇，不利于笼络人才与人力资源的积蓄。因此针对生监闹漕，政府往往通过怀柔的策略予以解决，就是希望其能改过自新，为朝廷效力。相对于生监闹

---

① 《清高宗实录》卷1172，乾隆四十八年春正月戊戌条。

② 《清仁宗实录》卷98，嘉庆七年五月庚寅条。

③ 明清时期刻有约束生员行为条规的碑刻称卧碑，一般位于明伦堂左侧，是儒学教育的规范与守则。

④ 《清宣宗实录》卷91，道光五年十一月庚戌条。

漕的处理，对于地棍、普通民众的闹漕则惩治相当严厉，如咸丰二年（1852年），江西泰和县民众闹漕，谕令称："江西泰和县棍徒于该县开征漕粮时聚众滋事，若不严拿惩办，何以肃漕政而儆凶顽。署泰和县事赣州府通判王宇英缉捕懈弛，著先行撤任，饬令协同接署知县上紧缉拿，务将此案首从要犯按名戈获，从重究办"，① 可见地方官员如不能正确处理漕案，要负连带责任。

具有忧患意识的官员，特别是了解闹漕对基层社会秩序造成巨大冲击的有识之士及知识分子，他们通过对社会中漕弊、闹漕发生原因的分析，提出了一系列建议，希望清廷能够予以采纳，重新树立政府的威望，减轻民众的对抗心理，恢复正常纳漕秩序。曾国藩任职江浙时，素知这一地区漕赋沉重，曾指出"州县取之于民者，向不一律，然民间卖三石米尚难完一石之漕，则大致相同，东台、兴化、盐城等县纷纷闹漕滋讼。连日与藩司商定，饬令酌减，州县向解司之二两四钱，一概减去三钱，州县取于百姓向来价昂者，须减去八百文，即向来价极低者，亦须减去四百文，冀宽小民之力，免酿闹漕之案"，② 希望通过减少浮征之弊，宽裕民力，降低百姓负担，缓和民众对立情绪，消弭闹漕事件。左宗棠也曾言："惟查杭、嘉、湖三属额征漕米一百零三万数千石，内实起运米八十六万二千四百余石……较之江苏常、镇两府为尤重。向年开征，杭、湖各属皆先本后折，嘉兴七属皆先折后本，其交折色者，初收每石已在六千余文，嗣后逐渐加增，折收一石，照时价约合两石有奇，其交本色者，每石有加六七斗至八九斗不等。竭小民终岁之力，徒为吏胥中饱，衿棍分肥之资，所以嘉、湖各属，时有闹漕之案也"，③ 提出清除各县宿弊之建议，明确征收额数，分别根据实际情形进行裁减，并勒石以示，按章征收。咸丰、同治年间历任桐乡知县、台州府同知、严州知府、温州知府、浙江候补道的戴槃在《杭嘉湖三府减漕记略》中对这一区域闹漕、包漕之案频起的原因进行了分析，"近数十年来有漕州

① 《清文宗实录》卷80，咸丰二年十二月丙申条。

② （清）曾国藩：《曾国藩全集》，岳麓书社2011年版，第258页。

③ （清）左宗棠：《左宗棠全集》，岳麓书社2009年版，第282页。

县因费用日增，米款不能多加，遂勒民间完折。其在米价昂贵之时，以钱计米，浮收固多于米，至谷贱伤农之岁，有以一倍而完至数倍者，民更不堪累。况米者，农民所自有，欲令粜米易钱，其烦扰又何如乎”。[①] 咸丰三年（1853 年），漕粮改海运后，除漕项外又增津贴及开漕后运费，地方官府不得不多收折色以作为新增费用，“官欲收折，民畏完折，小户因受累太甚而遁入于大户，仍旧完米，此包漕之风所以甚，闹漕之案所由出也。而其中之最不平者，完米之户不肯完折，完折之户永不准完米，户名分而本折亦分，无有一定之例。余闻各属完折之粮户，竟有数十年来欲求完米一次而不可得者”。[②] 针对漕弊现状，戴槃提出了尊重民众意愿，本色、折色皆可输纳，同时要按照时价折征，不能随意增价，地方官要制定合理章程，使百姓作为准则，不能随意更改。

具体到基层社会与地方州县，任职官员也将闹漕案的解决视为地方政务的重要工作之一，并采取不同措施予以平息。道光年间临漳知县姚谏之，“漳水溢，赍粮赴灾区，且勘且赈，全活者众。兼摄内黄，民服其治，闹漕之风顿革”。[③] 贤能官员以德服众，正确处理政务，体恤民生，对于减少闹漕事件的产生具有重要意义。朱炳南署祁门、太湖两县知县，“闹漕事发，大宪檄委接办，剔除积弊，众皆帖然，在皖三十余年，为地制宜，宽严并用，论者以为能吏”。[④] 闹漕实为民众长期积愤的汇聚与爆发，通过除积弊、宽民心等方式，对于缓和民众对立情绪，具有重要的作用。王士豪任长清县教谕，颇得士子民心，“民聚众闹漕，邑宰知公为士民所服，挽公解说，事即解”，[⑤] 可见贤能且有威望之官员对于平息民愤，化解纠纷具有相当的意义。彬州知州张春源，“平江县闹漕、阻考，大吏议请兵捕治，春源单骑往

① （清）戴槃：《杭嘉湖三府减漕记略》之《征收漕粮改完本色记》，清同治七年（1868 年）刻本。

② 《杭嘉湖三府减漕记略》之《征收漕粮改完本色记》。

③ 《清史稿》卷 478《循吏三》，第 9944 页。

④ （清）陈钟英：《光绪黄岩县志》卷 18《人物 宦业》，清光绪三年（1877）刊本。

⑤ （清）赵翰銮：《光绪郓城县志》卷 8《岁贡》，清光绪十九年（1893）刻本。

论事，遂定，旋署长沙知府，引疾归”。[①] 在闹漕案中，很多官员不能详细调查案件起因，盲目信奉武力镇压，往往会导致事件向更加激烈的方向发展，而通过协商、宣教，使闹漕民众看到官方柔和的态度，则可能起到较好的效果。光绪间举人王贻哲署山东观城县知县，“值愚民闹漕，案平反，多所全活，大计卓异”。[②] 武陟县人冯熙素有威望，“光绪乙亥邑人闹漕，几酿巨祸，先生奔走官民间，侃侃辩论，双方折服”。[③] 基层社会中的乡绅在官民之间起着中间媒介的作用，可以调解、缓和官民之间的对立情绪，使争端趋于平息。

闹漕作为清代中后期基层社会所特有的一种现象，与这一时期的政治局势有着密切的关系。漕运延续至清中后期，弊端重重，食漕群体贪无止境，民众负担沉重，导致官民冲突日益激化，当矛盾得不到及时化解时，正常的利益诉求往往会向闹漕、起义的方向转化。而地方政府的处理方式也会影响闹漕的趋势，当贤能官员或有威望的乡绅出面协调，体恤民众疾苦，适度利益让步时，闹漕可能缓和，民众对抗情绪减弱。相反一味秉持镇压、抵制等政策，则会火上浇油，使闹漕民众情绪进一步激化，将官府视为寇仇，走向民变、起义的结果，而这种局势一旦出现，就很难扭转，无论对于基层社会、还是对于专制政权，都会造成很大的破坏，使国家的控制力与公信力减弱。

第二节　山东、河南两省的闹漕案

清代山东、河南两省纳漕数额较少，总数不到四十万石，占全国四百万石的十分之一左右，主要以小麦、豆类、米谷为主。过往的研究认为山东、河南两省农业、经济发展较江南为弱，民众纳漕负担远不如江南地区沉重，所以闹漕事件无论数量，还是影响力，都无法与江南漕案相比，所以相关研

① 陈传德：《民国嘉定县续志》之卷附《乔寓》，1930 年铅印本。
② 单毓元：《民国泰县志稿》卷 27《人物志》，钞本。
③ 史延寿：《续武陟县志》卷 17《孝义传》，1931 年刊本。

究一直处于比较薄弱的状态，没有受到应有的重视。但实际情况是，山东、河南两省虽然纳漕数额少，但浮收、加征情况非常严重，加上民众蓄粮少、经济状况一般，一旦发生天灾人祸，便往往衣食无着，流离失所，在这种极端的情况下，如果地方官员不体恤百姓，征漕时依然滥加数额，任意勒索浮收，那么民众的反抗情绪就会异常强烈。另外，这一区域自然生态环境较为恶劣，清中后期屡受水、旱、蝗、瘟疫等灾害冲击，太平天国北伐军、捻军起义及兵乱、匪患不断，所以百姓承受赋税能力有限，一旦官府的加征威胁到民众生存，那么闹漕案就会随之发生，漕控、京讼之案也因之而起，甚至会向武装起义的方向转化，而山东、河南两省民间宗教与秘密结社组织也会加入其中，使闹漕案更加错综复杂与剧烈。

一、山东省的闹漕案

山东为清代畿辅门户，既为有漕省份，又为京杭大运河流经区域，地理位置至关重要，一直为中央王朝所极力掌控的省份，而该省一旦区域社会发生动荡，即会威胁运河河道与漕粮运输，动摇专制王朝统治的根基。在明清两朝，山东区域社会既受孔孟儒家文化的影响，又受梁山水泊文化的熏陶，两种文化长期共存，此消彼长，其变化往往与当时社会局势的变化密切相关。在国泰民安、吏治清明、社会秩序安定的局面下，国家对儒家文化的宣教有力，普通百姓衣食无忧，对于正统文化的接受度较高，加上士农工商等级制度，有着刺激百姓努力上进、进入仕途的动力，而国贫民弱、灾荒横生、兵燹遍布时，生存上升为第一要务，为获取更多的发展资源，很多百姓在无法忍受官府压榨、勒索的情况下，纷纷加入各种民间宗教与秘密结社组织，以集体的力量对抗官府，甚至有占山为王、遁入绿林者，成为威胁基层社会稳定的重要力量，乾隆皇帝就曾认为："东省民情与豫省迥别，中州俗尚淳朴，而山左则人多好勇斗狠，又自负略能识字，遂至玩法逞奸，无所不为"。[①] 山东闹漕案发

① （清）鄂容安：《覆奏交办豫省灾务及整顿东省民风折》，《军机处录副奏折》，档号：007236，乾隆十六年九月十四日，台北故宫博物院藏。

生的主要地点在鲁西运河区域、鲁中山区等，延续时间从嘉庆至同治年间不等，几乎与山东这一区域持续不断的灾荒、战乱相始终，也与民间宗教的盛行时期保持一致，充分体现了山东漕案的独特性。

清代山东发生较早且规模较大的一起漕案，是嘉庆初年济南府德平县的阎常留闹漕案，该案在民间与官方的书写中是完全不同的，民间社会更多的将阎常留视为民众利益的代理人，其闹漕是正义的行为，《民国德平县续志》载，“阎常留，字松龄，邑廪生，家世书香，蔚为乡望。当嘉庆四年漕务积弊太深，有杨樟者，聚众要挟，抗不完纳。邑令叶某以常留为乡望所归，请其劝导，乃约会乡里首倡完纳。杨樟方面亦请其入署求完常数，而时间过久，彼等急不暇待，蜂拥而进，叶令遂被害，事变后，杨樟一去无踪，县民四散逃逸，惟常留家居坦然，上宪委查，伊以个人牺牲救免全县涂炭，其义气有足多者”。[①] 方志虽多数由官方组织修纂，但纂写者往往是地方士绅、文士，他们经常会将地域社会群体诉求书写到方志之中，体现了利益的地域性与乡土性，而阎常留作为廪生，知识分子的一员，其为大义而牺牲的事迹，受到了当地不同阶层民众的同情与敬仰，所以有“阎常留，是好汉，豁出一命救全县”的民谚，另有相传为阎常留遗诗曰：“忽然一官来空舍，胸中豪气欲成云。著书畏闻文字狱，抗漕忍看倒悬民。万家赤子本骨肉，一邑黔首尽主人”。[②] 这一民间叙事诗的语言色彩、风格是与当地的文化土壤密不可分的，寄寓了抗漕百姓的思想与愤怒情绪，而阎常留也不再是作为单独的个人而存在，而是成为乡土文化的凝聚与百姓利益的代表。而官方的记载则将阎常留视为叛乱者，嘉庆四年（1799 年），阮元由户部左侍郎出任浙江巡抚，当他离京至山东德州境时，“闻德平县阎常留戕官破狱，距德州不远，先生留驻德州两日，与德州城守尉商备官兵事，集之后，知德平事定，具奏而后行”。[③] 阮元十月二十二至德州，十一月十五日至杭州任上，计二

① 凌锡祺：《民国德平县志》卷 6《人物》，1936 年铅印本。

② 商河县委员会文史资料研究委员会编：《商河文史》，济南市商河教育印刷厂，1993 年，第 191 页。

③ （清）张鉴：《雷塘庵主弟子记》卷 1，清道光琅嬛仙馆刻本。

十三天，也从侧面证明了阎常留漕案持续时间并不长，很快被清廷镇压与扑灭。《钦定剿平三省邪匪方略》更是将阎常留视为寇盗，“山东德平奸民阎常留戕官一案，拿获首从各犯，即按律分别凌迟、斩绞，岂有贼匪戕害多员转可宽其一线之理，其余系被贼裹胁，临阵弃械，自行投出，询明止系随同贼队，并未戕官害兵者，方可贷其一死”。[①] 关于阎常留闹漕的具体细节除民间叙事故事外，已无详细的资料记载，但从嘉庆皇帝的言语可知，漕案规模较大，有大量群众参与，且杀害县令，攻破县城与监狱，而清廷为杀一儆百，对阎常留等人的惩治也是相当严厉的，予以凌迟等酷刑，充分体现了统治者对百姓闹漕的痛恨与敌视。阎常留的被杀并不是德平漕案的结束，随后几年，德平县漕粮浮收、加征情况依然未变，百姓负担严重，苦不堪言，嘉庆十三年（1808 年）德平县民王大勇控漕，直至京城，嘉庆谕令前往山东审案的户部左侍郎托津：“山东德平县民人王大勇，呈控浮收漕粮一案，关系地方官执法殃民，必须详细研求，究明虚实，审办需时，恐伊等因万寿节近，计算回京日期，办案不无欲速，此可不必，伊等系属京员，非如外省之员，必须因祝嘏来京，方得遂其瞻觐者可比，届期无论行抵何处，皆可望阙行礼……惟当将此两次所交各案，一一逐细研求，核实查办”，[②] 从嘉庆帝的谕令可见其对漕控案件的重视，希望查明案因，还原案件实情，还百姓公道，重塑朝廷威信。托津到济南后，经过仔细勘查与审讯涉案人员，查明前任德平县县令李藩征漕时每斗浮收数升，后任知县周宗华沿袭未改，嘉庆十一年（1806 年）至十三年（1808 年）计多收漕粮一千九百余石。嘉庆帝接到奏报后，命将李藩、周宗华革职查办，将疏于管理的济南府知府交吏部议处，同时减免德平县浮收，据陵县《免运漕车辆碑》载，“照得本县运漕车辆于嘉庆十四年间，蒙前抚宪吉，因德平县民王大勇部控一案，奏定章程，德平县地方情形分为东西中三路，三年一轮，无论粮户之大小，总以纳粮地亩之多寡均匀搭派，官给红封、食米，责令应行出车花户，按日入城装运，

---

① （清）庆桂：《钦定剿平三省邪匪方略》卷 137《正编》，清嘉庆武英殿刻本。

② 《清仁宗实录》卷 217，嘉庆十四年八月庚戌条。

其零星小户情愿帮贴钱文、草料者，听其自便。如有居奇抗派者，即行拘提究治，其余有漕各州县一体照办”,① 在一定程度上减轻了纳漕百姓的负担。不过漕粮浮收诱惑巨大，是地方官牟利的重要手段，嘉庆十五年（1810年），德平县民刘静远又赴京控诉于步军统领衙门，称新任知县周履端恶习不改，多收漕粮，并让德州守备弹压抗漕百姓。接到民众诉讼后，嘉庆帝谕令内阁：“州县勒折浮收，大干例禁，山东德平县前任知县周宗华、李藩征收滋弊，曾经该县民人王大勇在本省控告，该抚、藩不为审办，以致该民人前来叩阍，经朕特派钦差到彼审结，乃甫经惩办未及一年，而该县复蹈前辙。现据刘静远所控新任周姓知县设法禀明上司，派员弹压，恣意浮收，而接任之夏姓知县浮收益甚，该抚、藩等于属员扰累闾阎不加饬禁，一任其苛索横征，所司何事？巡抚吉纶，藩司朱锡爵俱著先行交部议处，其周姓、夏姓两知县著交该抚确切严查，如查明所控属实，即将该县等革职拿问，并将该管知府一并严参”。② 嘉庆一朝，仅德平一县就连发漕案三起，连最高统治者都不得不亲自过问，派遣高级官员进行审讯与查勘，可见很多地方官员对于国家禁令往往是阳奉阴违，图谋私利，而漕粮浮收带来的暴利，令地方官员贪欲大开，即便朝廷明令禁止，也敢于冒革职、惩办的风险而干犯法纪。

乾隆、嘉庆年间除德平县闹漕案外，还有其他几起案件也非常具有代表性。乾隆五十二年（1787年），东平州民人孟捍廷京城控漕案是目前所见资料中山东最早的漕案。针对此案，高宗谕军机大臣：“山东东平州民人孟捍廷呈控该州多收漕粮及科派车辆，历控该省藩臬各衙门不为审办一案，查此案该地方官吏如果有浮收米石，折钱派累之事，既经该处民人历次呈控，无难审讯得实，亦不值专派大臣前往查办。现在孟廷捍所控呈词内有长巡抚坐照悉查情弊之语，是长麟尚属留心民事，因何不向该抚呈控此案”,③ 于是命山东巡抚长麟就近秉公严审，如果民人控告属实，地方官吏征漕有浮收、

① （清）沈淮：《光绪陵县志》卷17《金石志》，1936年铅印本。

② 《清仁宗实录》卷237，嘉庆十五年十二月丁酉条。

③ 《清高宗实录》卷1295，乾隆五十二年十二月壬子条。

勒折等事，应彻底究查，严厉惩处，以整肃吏治，即便控诉不为属实，也应该据实审理，不能因百姓有称颂巡抚之语就有所偏袒。嘉庆九年（1804年），齐东县民王法京控于都察院，控诉胥吏浮收漕粮之弊，齐东早在乾隆时就有“书役收漕滋事”，[①] 嘉庆时更甚，王法称当年征漕时，其叔前往仓厫交兑漕米，仓内粮书、斗级、官员亲属计有二十三人之多，这些人把持仓厫，每交米一斛需交样米一盘，每盘约七八升，样米不归正赋，收样米至七八盘后方正式开斛收粮，除此之外还有淋尖、踢斛、抛洒诸弊，其叔上讼于山东巡抚衙门，山东巡抚派济南府委员监兑，但漕弊仍然未除，王法只能京控。嘉庆十二年（1807年）四月仁宗皇帝在翻阅都察院提交的各省案件目录中发现有山东莘县民人鲁名魁控告漕书朱吉甫重征漕粮一案，命山东巡抚查办，“外省州县书吏舞弊重征最为闾阎之害，遇有来京控案，都察院亟应专折奏闻，以便交该抚作速审办，或交钦差就近审讯，严加惩创，庶除莠安良，奸蠹日渐敛迹”。[②] 嘉庆帝非常重视此案，并命巡抚官员查明奸胥猾吏是否存在玩法营私、普遍浮征的弊端，如查实予以严惩。嘉庆十四年（1809年），山东平原县民妇张李氏与其侄张文兴控诉张树桂被征漕胥吏殴伤，且被该县关押致死一案，嘉庆帝命河东河道总督马慧裕审讯，马慧裕以张树桂病死结案，张李氏认为审判不公，于是又命山东巡抚吉纶审理，发现疑点重重，“张树桂纠众抗漕时，既据地方禀首该县，何难立时拿究，且所纠二十余人既系同伙，何以均经开释。又原验张树桂尸身、脊背等处，均有血晕，亦未据详细说明”。[③] 后经刑部查明，河东河道总督马慧裕查案瞻前顾后，假手他人，又袒护属员，草率结案，导致民冤不能申诉，于是命将马慧裕革职留任，戴罪立功，以观后效，知县甄士林遣新疆，其他涉案人员命刑部严惩。除此之外，嘉庆年间的历城县乔希明、赵知先控诉漕书舞弊案，东阿县监生韩绳先控漕案等，都对区域社会产生了重要影响。

---

① 《清高宗实录》卷1489，乾隆六十年十月乙巳条。

② （清）托津：《钦定大清会典事例》卷1004《都察院》，清嘉庆二十五年（1820）武英殿刻本。

③ 《清仁宗实录》卷213，嘉庆十四年六月辛卯条。

嘉庆后，山东地方社会天灾人祸不断，闹漕之案更是频繁发生，导致社会秩序陷入混乱之中。曹州府朝城县自乾隆朝漕粮浮收就已相当严重，纳粮时有斛尖米、样盘米、鸡淋米等名目，至道光时，浮收日甚一日，民众苦不堪言。道光二十四年（1844 年）夏，朝城连日降雨，积水严重，庄稼受灾，几乎颗粒无收，知县董坤下乡勘察灾情，制定应灾措施，提出了缓征、缓积欠等方式，但百姓已无余粮交纳漕赋，加上县令随从骚扰百姓，勒索银钱，引起百姓愤怒。九月初十东南乡郭家庄申来玉率百姓五百余人至县衙喧闹，要求减免漕赋，“扬语凡有呈报被水之处，概不纳粮，胁坤面允而罢，出城焚掠户书赵凤翔庐舍，殴伤赵金邦等，坤捕获乱民张衫”。[①] 张衫被抓后，申来玉率千人攻打县城，要求释放张衫，城池几乎被攻陷，县令为平息民愤，只得释放张衫，民众方归家，途中拦截前往城中纳粮的百姓。董坤上报情况后，为缓和官民冲突，上级衙门罢免了董坤县令之职，并缓征一百余村庄漕赋。该次闹漕是朝城县第一次闹漕，规模达千余人，之所以发展到如此地步与县令处置失措有密切关系，董坤既不能减轻民众负担，又在冲突时盲目镇压，致使民众怒火暴涨，进而攻击县城，殴打胥吏，使社会秩序陷入混乱，只是在上级官府介入的情况下，才使闹漕群众缓和了情绪。但这只是开始，而不是结束，道光二十七年（1847 年），百姓又聚集起来反抗漕赋加征，“众至累万，围署殴官，知县刘树棠为长杆所击，不敢禀白台司”。[②] 此次闹漕达万人之多，知县刘树棠吸取前任知县董坤被罢职的教训，不敢将事件禀上司，致使闹漕群众更加激进，为其后群众运动的进一步扩大化埋下了隐患。道光三十年（1850 年），新任知县任腾蛟履职，其后两年中，百姓纠众入城，抗纳漕粮，但规模不如其前。咸丰三年（1853 年），朝城大雨三日，乡间积水严重，民众向县衙报灾，但一直未得到回复，后乡民韩存柱、孙际美带领数百人闹漕，“突然入城入署，抛砖掷墒，丁役皆伤，腾蛟亲出抚谕，不听，为砖石所中，当时传呼闭城，始各散窜”。[③] 孙际美、韩存柱

① 中国史学会：《捻军 4》，上海人民出版社 1957 年版，第 420 页。

② （清）张曜：《山东军兴纪略》卷 22 上《团匪一》，清光绪年间刻本。

③ 《山东军兴纪略》卷 22 上《团匪一》。

等二十五人受到了严厉惩罚，或被斩首、或被远遣，清廷意图利用残酷的惩罚以警戒闹漕群众，希望减少类似事件的发生。不过惩罚显然没有起到应有的效果，咸丰四年（1854 年），武举李潮燕又聚众起事，冒充太平军攻破县城，杀死县令任腾蛟，焚烧县衙、释放囚犯，攻击附近州县，民众纷纷响应，杀死县令、教谕、千总、把总数十人，据《中兴别记》载，"朝城捻首李朝燕冒贼帜，执知县任腾蛟，不屈，投诸井，踞城分股犯观城，知县彭垣击却之，腾蛟赐恤如例，朝燕，武举也"①，民国七年（1918 年）《朝城城守碑》亦载，"自前清咸丰四年二月发匪李开方破阳谷，土匪因之破朝城，而县尊任腾蛟殉难，至十一年教匪张玉怀、闫抡秀破莘县、冠县，而因以及我朝，县尊董涵殉难"。② 清末朝城城池被闹漕群众屡次攻破，两任县令先后殉难，充分体现了这一时期社会秩序的动荡。朝城县延续近十年的闹漕与太平军、捻军、教匪有着密切联系，在生活贫苦、战乱频繁的局势下，大量民众纷纷加入民间宗教与秘密结社组织，通过集体的力量来寻求自身的利益，并以闹漕、抗粮等方式与官府对抗，强化团体与组织的声势，希取在与官府的对抗中占据优势。

咸丰十年（1860 年），山东淄川县又发生了刘德培闹漕案，刘德培曾中秀才，为私塾教师，因淄川县浮收漕粮，百姓愤而闹漕，刘德培代表百姓与县令谈判，引起了县令的不满，将其关进监狱，民众纷纷联名具保，县令为防其再次带领百姓闹漕，将其押至济南，幸德培机警途中逃跑。咸丰十一年（1861 年），刘德培组织民团，自任团长，并发动群众举行闹漕、抗粮运动，攻入县城，打死为害百姓的粮长，并于同治元年（1862 年）正式发动武装起义，占领淄川、博山等县，与清军进行了激烈的斗争，清廷命山东巡抚谭廷襄率重兵镇压，刘德培只能困守淄川城，"现在博山、淄川均有兵勇驻扎，分路夹攻。惟刘德培匪党尚踞淄川城中，未能攻克，棍匪又为之援应，

① 太平天国历史博物馆：《太平天国资料汇编》，中华书局 1979 年版，第 214 页。

② 莘县政协学习宣传文史委员会编：《莘县文史资料 · 莘县碑文大观》，山东新闻出版局 2004 年版，第 84 页。

若不及早扑灭，必至蔓延”。[①] 清帝谕各路官兵加紧剿灭，以防与其他农民军汇合。这一次由闹漕到民变的事件，在当时的很多资料中都有记载，丁宝桢曾言：“山东捻教各匪叠次肆扰，淄川县城为团匪刘德培等所踞，而东昌降匪复啸聚山东、直隶交界处所，肆意焚掠”。[②] 之所以官方称其为团匪，就是因为刘德培以团练起家，拥有一定武装，其中保家卫寨，听从清廷调遣的团练为官方所承认，而与官府对抗、扰乱区域社会秩序的民团则被称为匪。“僧格林沁奏各省设团练修围寨，原以助守望而御寇盗，节经费而辅兵力，权宜补救，法非不善。乃各团每以有寨可据，辄藐视官长，擅理词讼，或聚众抗粮，或挟仇械斗，甚至谋为不轨，踞城戕官，如山东之刘德培，河南之李瞻，安徽之苗沛霖等，先后倡乱，劳师糜饷，始得次第翦除”。[③] 起义军在清军火炮的攻击下损失严重，加之淄川城内发生瘟疫，农民军多数牺牲，刘德培突围被杀。除刘德培起义外，清末还有邱县贡生赵茂林抗漕、长山县监生王凤廷控漕、堂邑县生员许守宗控漕、冠县抗官闹漕、平原团练王汝玉抗漕、莘县减漕、乐陵孙清沂减漕、齐河民团郭少棠抗漕、淄川毕澜远抗漕、夏津程宝珍抗漕、济阳江思哲抗漕等，可见山东的闹漕、抗漕、减漕运动并非少数，而且往往与民团相互结合，对当地的社会秩序造成了很大的冲击。如齐河民团郭少棠抗漕，郭少棠为廪生，在当地素有威望，被推为团总，咸丰八年（1858 年）在齐河漕粮浮征时，他为百姓伸张正义，率领百姓抗漕，“是岁邑人郭少棠倡率民众，力争丁漕浮收之数，积弊乃除”。[④] 在方志的书写中郭少棠是百姓的代理人，是正义的一方。但郭少棠损害了食漕阶层的利益，同治三年（1864 年）郭少棠被济南府及齐河县官府借口杀害。济阳县人江思哲也为民团首领，同治元年（1862 年）济阳县浮收漕粮，江思哲率众抗漕，“济阳之江思哲再立团传帖，四乡毋许自行纳粮，必交团总

① 《清穆宗实录》卷 44，同治元年九月癸酉条。
② （清）丁宝桢：《丁文诚公遗集》，台北文海出版社 1973 年版，第 106 页。
③ （清）刘锦藻：《清续文献通考》卷 215《兵考十・团练》，民国景十通本。
④ 杨豫：《民国齐河县志》卷首《大事记》，1933 年铅印本。

代纳，有良民江大福潜令徐尚信、尚义先纳，思哲闻知，围大福居”。[①] 后江思哲被抓入县狱，其团王文训、江振南引五千人围攻县城，索江思哲，而县令陆履祥处置失措，将江思哲先行杀害，然后将民众驱散，后清廷为平息民愤，将县令陆履祥罢职，新县令李翼清亲至民团，加以抚慰劝解，才使冲突得以缓和。

清代中后期的山东民众闹漕运动具有连续性、持久性与巨大的破坏性，对区域社会产生了巨大影响。山东的闹漕运动多数由廪生、武举、秀才作为领头人，同时与捻军、幅军、太平天国北伐军等农民武装互通声息，与白莲教、长枪会、黑旗军等民间宗教与秘密结社组织相结合，利用民团等形式团结群众力量，不断扩大闹漕的规模与影响力，增强与地方官府对抗的资本。而且与江南等地闹漕不同，山东闹漕很大比例都发展成为了农民运动或武装起义，这种情况的出现除与山东地域社会的文化特征有着密切关系外，同时也与自然灾害、战乱兵燹的破坏密不可分，正是在多重因素的影响下，山东区域社会的闹漕自乾隆中后期一直延续至同治年间，达上百年之久，对基层社会的方方面面都产生了巨大冲击。

二、河南省的闹漕案

相较于山东，清代河南的闹漕事件数量较少，几乎不见诸于史料，与“山东民情，习惯抗粮”,[②] “外省控案，惟山东为最多”[③] 不同，河南百姓相对循规蹈矩，安于本分，“豫省与山东接壤，民风淳厚，皆知早完国课，每年岁底全完者，有五六十州县，及至奏销届期，尾欠无几”。[④] 在乾隆帝的眼中，山东拖欠国家赋税已是常态，自康熙末年至雍正末年，山东拖欠达三百余万两之巨，乾隆登基后豁免山东赋税剩余银一百二十余万两，而整个河南只有欠银七千两，因此统治者认为“两省风俗之淳漓，官吏董率之勤

① 《山东军兴纪略》卷 22 下《团匪三》。
② 《清高宗实录》卷 355，乾隆十四年二月丁未条。
③ 《清仁宗实录》卷 179，嘉庆十二年五月癸卯条。
④ 徐昌义：《乾隆治国圣训》，中国华侨出版社 1995 年版，第 291 页。

惰，亦大概可见矣”。[①] 因此，整个清代，河南闹漕案件只有零星数起，规模较大者为光绪年间的洛阳闹漕案，该案非常具有典型性，呈现出由闹漕向京控转变的轨迹，虽未发展成山东那样剧烈的斗争形式，但仍然影响了区域社会的正常秩序。

洛阳闹漕案发生于清末光绪年间，而且闹漕事件与其后的一系列民变运动具有延续性，充分体现了国家政局与基层社会秩序变迁之间的密切关系。光绪十三年（1887 年）洛阳知县王道隆与胥吏、土棍相互勾结，增加漕粮数额，多征、浮收，引起了纳漕民众不满。为维护自身利益，减轻纳漕负担，百姓们推举洛南乡李延华、李延涌两兄弟为代表，与王道隆进行谈判，希图实现利益的均衡。但王道隆残暴无礼，对百姓毫无怜悯之心，将李延涌冠以闹漕罪名，关进县狱，“因民人李延涌等传帖聚众，阻挠收漕，将李延涌拿获，辄非法殴打，立时拷毙”。[②] 而且在事后的调查中，证明王道隆确有浮收之作弊，“洛阳县民人李延华京控违法收漕，酷刑毙命一案，闻该县知县王道隆确有浮收、酷刑情事”，[③] 可见该案的起因并非民众无中生事，而是贪官苛索加征而导致的。王道隆草菅人命后，为逃避上司核查，又添改日期，谎称病故，妄图瞒天过海。在得知李延涌惨死后，李延华为寻求公理，还其弟清白，先后向附近州县、河南府、河南省进行控诉，但因当时官场腐败，“近来交查案件，各省往往袒庇属员，设法消弭”，[④] 官员之间形成了庞大的关系网络，彼此之间以贿赂、人情相勾连，相互袒护与掩饰。在地方诉讼无果后，李延华前往京城，控诉于三法司之一的都察院，“河南民人李延华以洛阳县漕米违例浮收，兼将其兄（实为其弟）李延荣（涌）滥刑毙命等词，赴该衙门呈讼，该民人旋即在押病故，并于尸身检出告示、粮单各件一，并抄录呈览等语”。[⑤] 李延华、李延涌兄弟双双因闹漕、京控而毙

① 《乾隆治国圣训》，第 291 页。

② 《清德宗实录》卷 248，光绪十三年冬十月甲申朔。

③ 《清德宗实录》卷 244，光绪十三年六月丁亥朔。

④ 《清德宗实录》卷 244，光绪十三年六月丁亥朔。

⑤ （清）朱寿朋：《光绪朝东华续录》之《光绪八十二》，清宣统元年（1909）上海集成图书公司铅印本。

命的悲剧引起了洛阳民众极大的反抗情绪，他们组织起来攻击县衙，声讨王道隆的罪行，掀起了轰轰烈烈的民众抗粮运动。这一事件也引起了最高统治者的重视，光绪帝命河南巡抚边宝泉彻查案情，“案关苛政病民，酷刑毙命，虚实均应彻底根究。著边宝泉督同臬司亲提人证、卷宗，秉公研讯，务得确情，定拟具奏，毋稍瞻徇”。[①] 案件重新发省审查，光绪帝对边宝泉抱有极大的希望，命他查明案件实情，早日结案，但边宝泉颟顸无能，对案件并不认真办理，加之袒护下属，导致案情无法明了，“前据都察院奏河南民人李延华以知县违例收漕，滥刑毙命等词，赴该衙门呈诉，当谕令边宝泉提案研讯。嗣据御史张廷燎以洛阳县知县王道隆滥加粮额，酷刑毙命，抚臣规避失察，恐难彻究，请饬查办”，[②] 于是光绪帝再命大学士恩承、刑部尚书薛允升前往查案。

恩承、薛允升通过对案卷仔细研审，并通过提讯涉案人员，终于将案情查明清晰，王道隆滥征漕粮确证无误，涉案官员也存在徇私舞弊，相互包庇之情。接到奏报后，光绪帝异常愤怒，惩治了一大批违法官员，并为李延华、李延涌平反昭雪，“王道隆……实属暴戾糊涂，王道隆著即行革职，发往军台效力赎罪。孟津县知县陈理裕虽讯无扶同情事，惟未将李延涌刑毙缘由查讯明确，率以受杖后越日身死详报，河南府知府承恩事前既未将此案查明禀揭，事后复照详率行拟结。候补知府冯光元亦未查明，辄与承恩照详会禀。署洛阳县知县康乃猷明知该漕粮向有浮收，不肯举发，含糊断结，均著交部分别议处。前河南巡抚边宝泉于王道隆滥刑毙命各节不行即时参奏，著交部察议。寻议上，承恩等均应革职，边宝泉应降二级留任”。[③] 李延华兄弟闹漕案引起了河南官场的地震，清廷罢免了一大批官员，希望其他官员能够以儆效尤，在漕粮征收中保持廉洁，正确处理官民纠纷。同时为了缓和洛阳百姓的对立情绪，对纳漕数额进行了调整与部分减免。据国家图书馆所藏《漕规碑记》拓片载，“从吾洛之人来法之无越旧章者，自率由而莫易。事

① 《光绪朝东华续录》之《光绪八十二》。
② 《清德宗实录》卷 248，光绪十三年冬十月甲申朔。
③ 《清德宗实录》卷 248，光绪十三年冬十月甲申朔。

之有关大义者，虽捐躯亦不辞。吾洛漕米合勺成升，四碗起头，其弊多端，今经李延华、李延涌京控，兄弟同死案下。蒙皇上钦差大臣恩、薛二公讯明，洛阳大粮共六万二千五百七十五两，漕米共壹仟二百八十五石，每正银一两扣漕二升零四勺七撮，每升扣钱二十五文，当堂面谕，永不准合勺成升，四碗起头；亦不准出执照钱，仍照二十五文旧章完纳。肆后藩台复谕每米一石，上解费银三两，折收钱六千八百文，每粮银一两扣漕二升三合三勺，每升折收钱六十八文，合洛暂遵此完纳。但恐世远年湮，其弊复生，因会通合县各捐囊资，劝诸贞珉，以著李氏之义行，并见吾洛之人□□。册书、工食向无此例，姑念伊等贫穷，在官合县公议每粮银一两为出钱八十文，如出粮食者，秋夏各一升以示体恤。光绪十六年十二月谷旦，合洛绅民同立"。① 该碑立于闹漕案发生三年后，由民众捐资所立，主要目的有二，一是纪念李氏兄弟为公义而牺牲的壮举；二是希望将征收漕粮数额勒石成碑，以垂后世，让后任官员不再有浮征之事。不过洛阳百姓的愿望并未实现，光绪三十年（1904 年）官府又增加赋税银，引起了民众的斗争，第二年百姓群起抗花布捐与粮食交易税，宣统二年（1911 年）又反对清政府加税，发生了抗官毁署事件。

清末河南洛阳闹漕案的发生绝非偶然，河南民风虽尚淳朴，但在压迫忍无可忍的情况下，也会通过闹漕、京控等方式维护自身利益。但京控的道路并非一帆风顺，而是充满了曲折坎坷，甚至需要付出生命的代价。李延华、李延涌兄弟双双因闹漕、京控而毙命的案例告诉我们，在清代基层社会中，普通百姓寻求正义所遇到的阻力是十分巨大的，这其中既有贪官污吏的压榨与徇私枉法，还有官场的相互遮掩与维护，无论是省府州县，还是刑部、都察院等中央机构都存在着办事效率低下、拖延懈怠等弊端，导致闹漕案件得不到及时处理，很多百姓终其一生都未能得到公平与正义，正如包世臣所言："州县专以钱漕为意，于听断大都怠慢，而佐理之友更多不谙条例，玩视民瘼，虽雀脚细故，常至拖延岁月，迫至上控，上控则发回本县，又迫成

① 《漕规碑记》拓片，国家图书馆藏。

京控，京控又发回本省，委员与发审之友商同，置之高阁，每有原告瘐毙，押店具文销息，积习至牢，交恶弥甚。及征收钱漕时，绅民连名控诘，轻则发府，重则提省，原被数十百人，拖累经年，官民两困”，① 深刻反映了清代官场的黑暗与百姓诉讼之路的艰难。

第三节　江浙两省的闹漕案

江浙两省为清代漕粮的主要输纳地，占全国漕额的近二分之一，纳漕百姓所受压迫也最为沉重。特别是在清中后期漕粮改折后，州县官员、胥吏、生监纷纷鱼肉漕粮，以此为利薮。正如魏源所言：“国家转漕七省，二百载来，帮费日重，银价日昂，本色、折色日浮以困，于是把持之生监与侵渔之书役，交相为难，各执一词，弱肉强食，如圜无端。及其痈溃，俱伤两败，虽有善者，亦未如何，而或代受其祸。近年若浙之归安、仁和，苏之丹阳、震泽，江西之新喻，屡以漕事兴大狱，皆小用兵”。② 有漕省份闹漕形式逐渐由平和趋向武力，充分体现了在社会局势动荡的情况下，百姓通过正常途径寻求利益维护而无效时，转而会以武力的方式达到自身的目的。不过与山东省闹漕案相比，苏浙两省闹漕的暴力性稍弱一些，而且初期基本以正常诉讼程序进行，只是在目的未达到时，方向暴力形式转变。

一、江苏省闹漕案

清初以明南直隶地区设江南省，康熙六年（1667 年）分江南省为江苏、安徽两省，江苏省名取自江宁府、苏州府两府首字，归两江总督管辖，巡抚衙门驻苏州。江苏省清代中后期闹漕案层出叠现、连绵不绝，如吴江县漕案、昭文县闹漕、嘉定闹漕案、丹阳漕案、镇江闹漕、兴化闹漕、震泽漕案等。

① （清）江藩、包世臣：《炳烛室杂文・中衢一勺》，中华书局 1985 年版，第 104 页。

② 魏源全集编辑委员会编校：《魏源全集》，岳麓书社 2004 年版，第 269 页。

清代吴江县属苏州府管辖，历来为重赋之区。嘉庆十年（1805 年）五月，仁宗皇帝因生监把持漕粮而谕内阁："刑部议覆，铁保等奏，审拟吴江县勒休知县王廷瑄亏缺仓库银米，并生监王元九等勒索漕规，分别定罪一折。王廷瑄办漕不善，挪移库项数逾二万两以上，实属昏庸不职，著依拟照应斩监候，仍勒限照数追完，再行分别办理，余均著照部议完结。至此案王廷瑄挪移亏缺，数至累万，皆因刁生劣监等在仓吵闹勒索陋规所致，今审讯确实，所有附和得规计赃较轻之吴景修等三百十四名，均经部议照该督所请，一并饬提责处"。① 一次生监闹漕，竟涉及三百余名读书人，可见在这一时期，漕利的巨大诱惑已对儒家"修身、齐家、治国、平天下"的道德理念与人生准则产生了巨大冲击，国家的宣教已不能抵御利益的驱使，而官场的腐化与黑暗也使读书人会利用自身掌握律法的优势，或与官员合作共同牟利，或挟制胥吏勒取钱财，沦为漕运食利群体中的重要组成部分。面对如此现状，嘉庆帝异常愤怒，称："生监皆读书人，今以一案而罪犯责处者至三百余名之多，阅之殊不惬意，但该生监身列胶庠，不守卧碑，辄敢恃符寻衅，挟制官长，吵闹漕仓，强索规费，此真无赖棍徒之所为，岂复尚成士类。朕闻各省劣衿往往出入公门，干与非分。以收漕一节，持地方官之短长，而江苏为尤甚，各该州县或平日与之交结，遂其取求，欲壑既盈，即遇不肖官吏实有罔利营私等事，复袒庇不言，徒使乡里小民暗遭朘削，设稍有不遂意，则遇事辄生枝节，每届开征时掗交丑米，借端滋事，动即以浮收漕粮列名上控，其实家无儋石，无非包揽交收，视为利薮，此等恶习，大坏名教，今吴江一县分得漕规生监已有三百余人，其余郡县可想而知，朕培养士子至优且渥，原望其束身自爱"。② 嘉庆帝在这里一方面表达了对生监闹漕的愤恨，痛惜其辜负了朝廷的培养之恩，同时也对这种局面产生了深深的忧虑，恐怕一旦成为普遍现象，不但对于基层社会的纳漕秩序产生危害，而且会形成不好的社会风气，对其他阶层的社会民众也会产生感染与影响。但闹

① 《清仁宗实录》卷 144，嘉庆十年五月己酉条。

② 《清仁宗实录》卷 144，嘉庆十年五月己酉条。

漕生监众多，一旦惩处，必然会导致读书人心生不满，于是嘉庆帝虽予以训斥，但却免除了该次生监闹漕罪责，实为笼络士子之心，希望他们能够改过自新，报效朝廷。

嘉庆十四年（1809 年）十二月，仁宗谕军机大臣，称都察院奏常熟县附监生沈旭前来京城陈诉江苏收漕之弊及粮食出洋等事，嘉庆帝审阅后，认为所言皆切中时弊，“该省弊端漕粮浮征，久干例禁，前此常、昭二县漕书竟有另制大斛，加收八斗等事，实属不法，至米石出洋，甚有关系，不惟妨于民食，且盗匪得此接济，藉以活命，更滋充斥。即如沈旭所称，有司但知得受陋规，或经民间盘获偷犯奸徒，解官究办，旋即开脱。并指出奸侩王长发包买包运，自系实有其事，均应彻底详查，剔厘积弊。著章煦将常熟县漕书张政和、周复兴，昭文县漕书张奎扬并常、昭奸侩王长发饬属密为访查，如有舞弊实据，即详加究诘，严行惩办”。[①] 当时部分士子对漕弊也是异常忧虑，往往通过上书的方式向朝廷建言，希望国家能够予以整顿，而仁宗皇帝也命署两江总督、江苏巡抚章煦查访舞弊漕书、奸侩罪状，予以惩治。但因漕利巨大，朝廷虽屡次整顿却并无实效，嘉庆二十二年（1817 年）年秋七月，仁宗谕军机大臣：“御史高翔麟奏江苏昭文县令黄嵋信任漕折总书张姓，勒折浮收，张姓本系犯事革役，因与该知县之孙黄仁溥结交饮博，得以钻营改名复充，勾通一气，婪索多端，民间物议沸腾，胪款上控，积有数十案，该管上司但以一批了事，请饬查办等语。此案所控昭文县知县黄嵋纵容伊孙结交漕书，多方婪索，如果属实，何以历经上控不行查办，著孙玉庭、胡克家亲提漕书张姓，并具控各案人证，秉公严究，如黄嵋实有纵吏殃民情事，无庸先行具奏，将该员革职归案严审，按律定拟，毋稍徇纵”。[②] 在该案中，昭文县令与已革漕书通同舞弊，通过勒索漕折以达到利益分肥的目的，在地方社会中，州县官员为掩盖腐败行为，往往并不亲自出面，而是以胥吏、漕书、仓书、库书等人谋求利益，而本人在幕后掌控与操纵，一旦东

① 《清仁宗实录》卷 223，嘉庆十四年十二月戊子条。

② 《清仁宗实录》卷 332，嘉庆二十二年秋七月丙午条。

窗事发，即以直接犯事者抵罪，方便自己脱身，因此地方社会漕弊的幕后，往往有州县官员与其他食漕群体勾结的影子。但仁宗的谕令并未起到应有的效果，张姓漕书只是当时受到了一定惩治，十四年后，反而在道光朝时益加胆大妄为，道光十一年（1831 年）九月谕令称："据御史范承祖奏，江苏昭文县漕书张仁扶即张奎扬，与前任昭文县黄嵋之孙黄仁溥交结复充，通同舞弊，经前任御史高翔麟参奏，将该书吏杖责、斥革在案，后又更名星灿，朦捐监生，因绅民控告，经前任江苏学政辛从益褫革，而该独蠹倚恃上司衙门，书吏皆其党类，声息相通，盘踞把持，依然如故，现虽卯簿无名，而影射作弊，出入县署，众目共睹，较未革时胆量益大，办漕则自称漕总，殷实之户任意勒索，办灾则自称荒总，婪索多寡，定灾轻重，其住居县城方塔寺前，大营私宅，画栋雕甍，甲于一邑，若非剥民肥己，何以奢侈若此，虽经该县绅民叠次上控，该蠹百计弥缝等语。蠹吏把持漕务，实为地方之害，如该御史所奏漕书张仁扶，即张奎扬，在该县盘踞多年，屡经责革仍敢如前舞弊，朦混复充，必应严拿重办"，[①] 于是命江苏巡抚程祖洛遴选干员严密审查，予以惩办，以除积蠹。不过经程祖洛调查后，与御史范承祖的奏报完全相反，"张仁扶所捐监生讯无违碍，亦无另有盘踞、把持、勾串、舞弊劣迹，惟于革卯后，因现充漕户各书向其咨询公事，不知避嫌敛迹，即与干预无异，张仁扶即张星灿，著革去监生，杖八十，加枷号两个月，满日折责发落，前任昭文县知县著查取职名，交部议处"。[②] 清代统治者最为忌讳生监勾结地方官员插手漕务，徇私舞弊，因此即便张仁扶实际上并未有较大的罪责，依然受到了严厉的惩罚，其原因除了其在嘉庆年间有干涉漕粮征收的案底外，更为重要的是，统治者希望通过惩治达到以儆效尤的目的，使其他涉漕人员能够吸取教训，遵守法纪。不过昭文县漕案并未结束，道光二十六年（1846 年）又发生了薛桂闹漕案、金得顺闹漕案，光绪二十五年（1899 年）举人归宗郙闹漕案等，闹漕案件一直延续至清末。

---

① 《清宣宗实录》卷 197，道光十一年九月丁卯条。

② 《清宣宗实录》卷 209，道光十二年夏四月戊寅条。

清代嘉定县属太仓州管辖，该县虽然名义上赋税较轻，但实征较重。道光元年（1821 年）五月，宣统皇帝谕军机大臣："据步军统领衙门奏，江苏嘉定县民人沈志忠控告土棍王荣芳等结党闹漕一案，已明降谕旨，交魏元煜审讯矣。此案据控土豪王荣芳、杨宝林因太仓州牧收漕斗斛甚大，纠纷乡民，开写土棍二十八人黏贴城门，欲行抢闹。该州赵知州闻知，令漕书王步亭说合，分给土棍等每人银五十两，王荣芳等允从后，复又纠结二百九十余人结盟，取名八卦青龙党，约会闹漕等情，州县用大斗收漕已干例禁，土棍等纠众讹取银两，又复拜盟结党，尤属目无法纪。著魏元煜严密确查，该州上年如何大斗收漕，土棍如何纠约挟制，该州如何遣人贿和，并现在有无八卦青龙党名目，事关合邑，必不能掩人耳目，务须彻底查明，秉公惩办，不可稍有徇纵"。[①] 从谕令中可知，太仓州收漕时存在舞弊行为，引起了王荣芳等人的不满，意欲抗漕，而知州为息事宁人，掩盖自身的贪腐行为，于是贿赂王荣芳等人，希望通过利益分成平息事端，但王荣芳等人并未听从知州安排，而是纠结党羽，组建秘密结社组织，准备更大规模的闹漕，而真实情况是否如此，宣宗命江苏巡抚魏元煜进行调查，力图查明案件真相，进行有针对性的惩处，关于该案的最终结果，因未有详细记载，结果不得而知。不过嘉定漕案后，该县所征赋税并未有实质性的减少，光绪五年（1879 年）九月，"江苏嘉定、宝山二县因赋则较轻，于办理减漕案内，未减分毫，而统计应解漕银系属名轻实重，民力竭蹶"。[②] 在当时江浙两省普遍减漕的背景下，嘉定、宝山两县却因名义上的赋轻而难以降低负担，百姓依然压力很大。

清代江苏省作为全国著名的重赋之区，其遭受的漕赋压迫异常沉重，因此漕案频繁发生也就不足为奇。不过与其他省份漕案相比，江苏漕案有两个明显的特点：一是生监、漕书在其中的比例较高，生监通过自身掌握知识，熟悉地域文化的优势，或充作纳漕百姓的代言人，或希图从漕利中分肥，而

① 《清宣宗实录》卷 18，道光元年五月己巳条。

② 《清德宗实录》卷 100，光绪五年九月丁亥条。

漕书熟悉漕粮交纳的相关程序，利用交结官府的便利，与官员狼狈为奸，牟取私利。二是江苏漕案相对平和，多通过正常的诉讼、控告等程序进行，较少有暴力行为的发生，这与江南文化兴盛，缙绅在乡村社会中的控制力较强有一定关系。

二、浙江省闹漕案

浙江省漕粮数额虽较江苏为少，但在有漕省份中也属较高者，百姓被浮收、加征的情况普遍存在，闹漕事件也是层出不穷，知名者有桐乡县漕案、仁和县漕案、石门县漕案（原崇德县）、归安县漕案、湖州闹漕、德清县漕案、天台县闹漕等。在这些漕案中，桐乡、仁和、石门三县比较具有代表性，三地闹漕的领导者或为生监，或为地方绅衿、土棍，在与地方官府争夺漕利的过程中，发生了错综复杂的利益纠葛，甚至桐乡漕案并非一起，而是几乎贯穿于清中后期，深刻凸显了基层社会官民之间的冲突已经普遍化、激烈化，成无法调解之势。

清代桐乡县属浙江省嘉兴府管辖，该县漕赋数额较大，百姓负担沉重，在乾隆、宣统年间屡发闹漕大案。桐乡县漕仓又称便民仓，位于皂林镇运河之南，后移建至古接待院之址，明宣德年间巡抚令于嘉兴府城内盖造仓储，景泰年间建仓屋三十余间，万历时移仓储至县城北门内，有仓厫一百七十九间，贮桐乡县全境一百七十九里漕粮。清顺治时重修，并在仓侧建坤德祠，道光重修，咸丰年间毁于战乱，同治四年（1865 年）知县富拉浑在旧址基础上重建白粮厫八间，漕粮厫八间，仓屋四十五间，后又添建漕粮厫五十间。桐乡县漕白粮米共四万五千五十三石一斗七合二勺八抄，其中漕米为三万八千五百十六石八斗，白粮六千五百三十六石余，后加征漕截银一万一千一十九两七钱六分六厘零，随漕项下共银一万一千六十二两九钱余。桐乡县漕弊由来已久，“惟各州县私立样盘，强取于民，久干例禁。查嘉属收漕向用样盘，皆不过如三寸碟大，深亦不过二三分。而桐邑样盘独大，宽至七寸，深至二寸，平量米有三升，堆尖至四五升不等。向来收漕必插两三盘，甚有插至四盘者，假验米以浮收，积渐已非一日，其情实为可悯”,① 桐乡百姓备受其害。除浮收外，“州县办漕有修仓、搭篷、纸张、油烛之费，有仓夫、斗级、漕记、差役饭食之费，有内河运米交兑夫船耗米之费，有交米书役守候之费，一切用款甚巨”,② 而诸多的使费最终都由纳漕百姓承担。

乾隆四十七年（1782年）桐乡县爆发漕案，关于该案的详细过程，浙江巡抚福崧进行了详细的汇报。该案主要人员是桐乡县监生钱征书纠众闹漕，巡抚福崧与臬司亲至桐乡抓获首从各犯，参与审案的人员有藩臬二司、粮道、署杭州府知府、处州府知府、仁和县知县、署钱塘县知县等官员，充分体现了浙江方面对该案的重视。经审理得知，桐乡监生钱征书家计稍裕，应纳漕粮一百余石。乾隆四十七年（1782年）秋冬因雨水稍多，米色不能全部干洁，钱征书知道漕仓征收严苛且多收斛面，于是意图观望未交漕粮。十二月初四，钱征书遇到革生朱端书，言及完漕之事，意图纠集人众前往漕书家中吵闹，打毁房屋，使漕书畏惧而不敢苛求，并且可以趁机交纳丑米，朱端书认为这一策略非常好，于是又约金象山、已革武生朱禹昌沈洪升于初六日至朱端书家，当时正好地保张天爵与朱端书族侄朱顺顺也在其家。钱征书就主谋商量，这些人因均有未完钱粮，而朱端书、朱禹昌、沈洪升等人希图包揽漕粮，从中获利，索诈漕规，于是都同意闹漕，并各自纠人相助。钱征书等人先后纠集数十人，并在附近村店粘贴传帖，号召众人于十五日同打漕书，在南司空地会齐，如果谁不到，就打毁其家，为增加人数，钱征书还出钱雇佣他人参与，每人给钱二百文。众人齐聚后，进城先后至旧充漕书金德元、张奉之、孙禹门及现充漕书吴汉兴、陆应麟等家，将门户、墙壁及器皿打毁、抛弃，并误将临近房屋一并打毁。后知县李成璠带领差役前往缉拿，拿获四十六人，并禀告嘉兴知府恒宁。恒宁前往桐乡县查办，先后数日在县审验，未有结果。钱征书得知同党被缉获后，害怕自己被供出，于是打算纠集人等前往县衙，要求释放被捕等人，于是与金象山商量，“称事起闹

① （清）严辰:《光绪桐乡县志》卷6《食货志上》，清光绪十三年（1887年）刊本。
② 《光绪桐乡县志》卷7《食货志下》。

漕，向不究办，但须人数众多，始可挟制。如不允准，即行吵闹，不虑不放”，① 于是又纠集三十八人前往县衙，而钱征书、金象山并不自往，于幕后操纵。当时嘉兴府知府正在县衙提审众犯，将各犯分别治罪。陆在高招呼众人一齐拥入大堂，要求释放各犯，知府呵斥，但众人大声喧嚷，知府喝令衙役捉拿，各犯逃奔，拿获朱顺顺、张天爵等七人。后浙江巡抚福崧亲至桐乡，将前后各犯拿获解送省城，会同司道审讯，查明了过程。根据律令“查例载，刁民因事哄堂聚众，至四五十人者，为首斩决枭示，同恶相济者，亦照光棍例拟斩立决，其余从犯拟绞监候，被胁同行者各杖一百，又凶恶棍徒，生事行凶扰害者，发遣。又律载毁损人房屋墙垣之类者，坐赃论罪，止杖一百，徒三年”。② 经判决，首犯钱征书聚众闹漕，拟斩立决，并枭首于犯事地方示众，金象山、陆在高斩立决，三人立即正法，并将犯罪缘由公布于众，使其余民众有所警惕，其他随从人员或杖刑，或徒刑，均受到惩罚。该案的发生其咎也并非全在钱征书等人，就连福崧也称：“窃查浙省近年办理漕粮，上下视为利薮，经收官吏朋比作奸，层层剥削，各饱私囊，于是折色浮收弊端百出，驯良花户祇图完粮归业，不与争执，而劣衿、地棍由此乘机挟制，包揽把持，强搀丑米，短数交收并勒索漕书银钱，竟成规例，向有光头米、吃仓油等名目，稍不遂意，即煽惑乡愚，藉名泄忿，殴打漕书、毁拆房屋，甚至纠众抗拿，喧闹公堂，一哄而散，地方官或素染贪污，甘心隐忍，或以人数众多，难以查拿，往往讳匿不报，即有禀告拿获，亦止从轻完结，以致毫无忌惮，视为故常。总之，良善百姓阴受其累，而墨吏奸民藉以肥家，此近年漕务酿成痼弊之实在情形也”，③ 可见福崧也认识到了监生、劣衿、地棍闹漕的原因，即浮收与多征，正是因为官员与胥吏自身深陷污浊而难以自拔，所以被食漕人员所挟制与掌控，而不得不分利于其

---

① 福崧：《浙江巡抚臣福崧跪奏为审拟具奏事》，档号 044087，乾隆四十八年二月十六日，台北故宫博物院藏。

② 《浙江巡抚臣福崧跪奏为审拟具奏事》。

③ 福崧：《奏为查拿纠众闹漕首从要犯全行就获现在确审严办先行奏闻事》，档号 043717，乾隆四十七年十二月二十九日，台北故宫博物院藏。

人，而稍不遂意，这些人员便借机闹漕，并往往蛊惑百姓等参与其中，与官府进行激烈的对抗，从而酿成漕案。所以闹漕事件的发生有因有果，绝非无中生有与毫无根由，其深层次原因在于当时官员的贪污腐败已成普遍现象，官场之中污浊不堪，存在利益的输出与勾连，而取利的最大来源即漕粮征收。该案牵扯人数之多，惩罚之严厉引起了乾隆帝的重视。乾隆四十八年（1783 年）二月谕称："浙省嘉兴府属之桐乡县有聚众闹漕之事，并称历年以来因循酿成积弊，上年该县即有聚众喧闹之事，案犯谨拟枷杖完结，其知县另案参革，颟顸了事。故奸民罔知惩创，复蹈故辄……今又有聚众喧闹之事，实是我姑息养奸，未曾严办所致，至地方诸事不能实力整顿"。① 除认定闹漕者之罪责外，高宗皇帝也意识到了官员、胥吏的贪腐才是导致漕案的重要原因。因此谕令巡抚福崧审拟桐乡县办漕浮收之官吏，称："案内已革漕书金德元于前充漕书时得过浮收余米，包揽折色钱八百余串，此次征收漕米，又怂恿该漕书吴汉兴等，禀明县官加收斛面，分肥舞弊，以致县民钱征书等纠众哄堂，身罹重辟者三名，虽因钱征书等罪因自取，但此案实由该犯酿成，即以抵罪而论，金德元亦应照部中书办衙役舞弊，立正典刑，以昭惩儆，乃福崧谨将该犯拟发伊犁，赏给厄鲁特为奴，殊属轻纵"，② 于是除将金德元交刑部另行议处外，还申饬了福崧。

清末桐乡县再发漕案，宣统元年（1909 年）浙江巡抚增韫电奏称："乌程、归安、德清等县因抗粮滋事，当将德清刁民为首之何怔曼等拿获审办。现在桐乡乡民又复聚众入城，毁仓闹署，并焚毁师船，夺械拒伤兵勇，复图入城滋闹"，③ 于是清廷命增韫严拿首要各犯，解散胁从，慎重办理，不能任由蔓延，酿成巨端。这是《大清宣统政纪》中的记载，内容比较简单，没有事件的详细经过。而 1910 年的《政治官报》所收录的《浙江巡抚增韫奏查明桐乡县民众聚众闹漕详细情形折》则对案件的缘由有明确的记录。宣统元年（1909 年）夏秋之间，杭州、嘉兴、湖州三府所属各州县遭遇水旱

① 《清高宗实录》卷 1174，乾隆四十八年二月甲子条。

② 《清高宗实录》卷 1175，乾隆四十八年二月甲申条。

③ 《大清宣统政记》卷 28，宣统元年十二月甲午条。

灾害，于是筹款进行赈济，并准备在秋成时，根据受灾具体情况，予以分别蠲缓，并按照以前办理成案剔荒征熟，由布政使、督粮道出示相关赈济措施，以便百姓知晓。但湖州府属乌程、归安、德清三县，嘉兴府属桐乡县民众以光绪十五年（1889 年）大灾曾免除漕粮有前例，开始都以受灾为由，观望不纳漕粮，后来又鸣锣聚众，相约抗漕，形势非常激烈，地方官员劝说而百姓并不听从，尤其是桐乡县最为严重。先是该县乡民借饥荒为词向富户索取粮食，聚集不散，期间有部分匪徒乘机挑拨，于十二月十四日夜煽动乡民进入城内滋事，知县与营汛官兵加紧防范，将教堂、监狱等妥为保护，并禀告巡抚增韫，巡抚命嘉兴府知府英霖、前翼左路统领沈棋山带领水陆兵队前往弹压，同时命道员袁思永带队前往查办。十五日早，乡民千余人自城北而来，营兵、县令上前拦阻并劝说，乡民持械攻击，打伤弁兵七人，并且夺去枪械三杆，印官被殴打，幸亏未受伤。兵丁开枪抵御，击毙一人，击伤一人，而闹漕民众聚集越来越多，蜂拥进城，焚烧军船一只，夺去子弹五百颗，后又前往漕仓，损坏物件，拆毁县署房屋，抢劫案卷、物件，哄闹很长时间方散去。这时沈棋山已率队赶往县城，先派兵船将教士及家眷护送至郡城，分拨官兵加意巡防。十六日乡民又聚集于东门外，县令余文钺与统领沈棋山登城劝戒，但乡民置之不理，甚至放火焚烧城门，军丁开枪，击毙二人，误伤一人，乡民方开始退到城外，并将电线杆拔毁，电信遂无法接通。傍晚乡民复聚集双桥地方，声言入城报仇，后听闻省中大兵将到，于是各自散去。当晚袁思永率队到县，派人修复电线，以互通消息。第二天黎明，众官分别劝导，解散胁从者，并安抚商民各安生业，因城乡谣传不一，商民惶恐异常，形势危急，于是将已拿获的毁仓闹署首犯王涵桂讯明后正法，“以定人心，各乡民始懔然，于国法之不可犯，谣言顿息，闾阎始安……饬令传谕花户从速完粮以免贻误漕运，是日午后即有遵谕来县完漕者，现在漕粮已收有成数，地方一律敉平，乌程、归安、德清等县亦安靖如常”。[①] 为快速

① 增韫：《浙江巡抚增韫奏查明桐乡县民众聚众闹漕详细情形折》，《政治官报》1910 年第 878 期。

稳定地方社会，除击毙及正法闹漕者，缉拿逃跑案犯外，将随同及附和人员解散后应免深究，以免再起争端，令地方官员处理善后事宜，谨慎办理。该案在官府言论中属桐乡民众小灾而希望免除漕粮，因诉求得不到满足而闹漕，而实际原因可能并非如此，百姓常年受压榨、勒索，本来就心怀怨言，而适逢灾荒却无法豁免漕粮，自身生计受到威胁，加之数年来怨恨的集聚，必然会以此为导火线而爆发，进而发展成攻城、毁仓、闹署的暴力行为，而在清朝末年，面临王朝倾覆危机的统治者，面对闹漕时，第一做法是保护好传教士，防范引起国际争端，导致欧美诸国的抗议，而不是去安抚民众，减轻百姓负担，因此导致闹漕愈演愈烈，成无法收拾之局面。

仁和漕案在清代历史上也有着重要影响。仁和县属杭州府管辖，清代漕粮有正耗米四万六千九百九十二石余，雍正、乾隆年间因多次水旱灾害，曾减免或豁缓部分漕粮，以稳定区域社会秩序。不过仁和一县竟纳近五万石漕粮，特别是清中后期的漕赋加征，使该县负担极为沉重，百姓纳粮压力很大。道光六年（1826 年）十二月，仁和县发生了徐凤山闹漕案，“浙江仁和县十六都等处民情刁悍，竟敢于该县开仓收漕时，不遵示期，豫聚多人，蜂拥入仓，拆毁棚厂，捆殴书役。声言将上年闹漕并赴京捏控拟罪之沈培政、徐寿高等必须释放，方肯完粮。经该县及委员等前往开导谕禁，辄被关禁，并将随带兵丁捆殴，迨经该府派委副将等官会同杭州府至仓晓谕，犹敢拒伤官弁兵丁，实属目无法纪，可恶已极”，[①] 于是将首犯徐凤山等三百余人拿获，命新任巡抚刘彬士彻底根查，以肃漕政。不过掌山东道监察御史吴傑确有不同的见解，其称：“伏思漕粮为天庾正供，该邑民人食毛践土，胆敢于光天化日之下聚众滋事，必应尽法处治以彰国宪而戢刁风，乃近闻此案启衅情节由于仁和县漕书蒋姓已革复充，县令徐云笈受其朦蔽……该民等于百十里外载米远至，志在纳粮，既称运米入仓，何尚不肯完粮，显系讲论折价之故，使谨为夺犯起意，尽可徒手而来，何须运米，抚臣为整顿地方起见，事起仓猝，一时未暇推详，此又据抚臣原奏，而徐令之因循酿患朦禀不实，已

① 《清宣宗实录》卷 112，道光六年十二月丙寅条。

可概见也。查该令徐云笈与巡抚程含章云南同乡，复由该抚保奏调补省城首县，在抚臣绝不瞻徇，而该令或隐存倚恃亦未可知”。① 吴傑祖籍会稽，与杭州仁和县仅隔一江，听民众传言与程含章所奏不符，而且钱塘县与仁和县同城接壤，同时收漕，何独钱塘安静无事而仁和却闹漕，因此提出质疑，希望朝廷能够派员查明案情。可能是受到了吴傑的启示，所以道光七年（1827年）春正月情况有所反复，宣宗在谕军机大臣时称浙江闹漕案有人奏称情节与原巡抚程含章所奏不符，“据称此案肇衅由于仁和县漕书蒋姓已革复充，县令徐云笈受其朦蔽，乡民负米上仓，漕书勒折每石制钱四千七百余文，复加至四千八九百文，每米一石只准作四五斗，乡民完米竟须二石有余始作一石，因此口角哄闹。该令迁延一日，仅面禀闹漕，而不将书吏构衅之由禀出，即所禀始称徐凤山等运米入仓，又称必须将沈培政等释放方肯完粮，朦禀已可概见等语。该县征收漕粮自有一定章程，不容任意加增”。② 从该资料中可知该案的发生与县令及漕书的勾结密不可分，为了寻得利益的最大化，县令违规任用已革漕书，疯狂敛取钱财，民众不堪其压方闹漕，实为不得已的手段，而巡抚程含章维护下属，不能查明实情，因此乾隆帝命新任浙江巡抚刘彬士一定要无所回护，秉公查办，如实为县令与漕书勾结徇私舞弊，酿成重案，那么除惩办闹漕者外，涉案官员也须严厉究办，使贪赃者、闹漕者公平对待，不能有所偏颇。但查明后，却发生了惊天逆转，刘彬士称：“查仁和县漕棍徐凤山与已获拟结漕棍沈培政均系徐寿高之婿，该犯起意包漕渔利，不遵本县派定完米日期，胆敢纠约姚应添等多人运米入仓，不许查验米色，并欲将应完耗米格外减少，先用妄言挟制，声称如要照额完纳好米，必须将沈培政、徐寿高释放，漕书王槐清等向阻，被徐凤山等困缚，并用木篙殴伤，时已昏夜，县仓又在城外，书役不及禀报。该县徐云笈于次早得信后始面禀前抚臣，派委杭协副将徐庆超等带兵会同该府县前往弹压，徐凤山竟逼令余匪将该县徐云笈及各员弁关闭仓内，并喝令姚应添等将

---

① 吴傑：《奏为风闻浙江闹漕之案起衅情节与抚臣原奏稍殊恭折奏闻请旨彻底查办以成信谳事》，档号 054412，道光七年正月十一日，台北故宫博物院藏。

② 《清宣宗实录》卷 113，道光七年春正月丁亥条。

副将徐庆超及兵丁邵廷彪、书役张庆等殴伤”。[①] 查明案情后，清廷将徐凤山斩立决，枭首示众，沈培政作为闹漕主使之人发配边疆，被诬陷漕书蒋汝无浮收、勒折之事，不需再议，县令徐云笈虽禀告稍迟，但属无心，不需下部议处。徐凤山闹漕案一波三折，从最初的起意包纳漕粮，被控漕棍，后来又奏县令与漕书勾结，肆意舞弊，查明案件后方确定实情，这其中掺杂了不同利益主体的诉求，他们在漕粮交纳过程中通过不同的方式来维护自身利益，而一旦难以实现目标时，就会通过诉讼、闹漕等方式予以表达，从而使地方漕运秩序陷入混乱。

石门县原名崇德县，康熙元年（1662 年）为避讳清太宗皇太极年号而改称石门县，归浙江嘉兴府管辖。石门县漕案发生于道光二十七年（1847 年），据浙江巡抚吴文镕称该年石门县有匪徒倪锡淋抗粮滋事，杀死兵役。吴文镕由江西巡抚任上抵浙后，死者亲属向吴文镕控诉，吴文镕随之将隐匿不报的府县官员予以参奏，宣宗命将知府、知县或降级或革职。而其中署理石门县知县的熊光煦在闹漕时，明知有兵役毙命，并不缉拿真凶，反而借丁忧卸任之机，将卷宗私自隐藏，署嘉兴府知府徐瀛对下属隐匿而毫无察觉，事发后又不进行揭参，其原因就在于闹漕发生于自己辖区，统治者往往会将事件与任职官员的不作为联系起来，即便闹漕事件的发生与官员关系不大，也会有附带责任，所以知府、知县企图通过隐瞒不报，蒙混过关。在该案中，倪锡淋、陆三、倪桂昌等人闹漕，最后甚至上控于都察院，牵涉者上百人之多。据吴文镕调查称，倪锡淋、陆三平日武断乡曲，人皆畏惧。石门县征收漕粮有固定规矩，大户输纳本色，零星小户按照时价设柜征银，由官方代为买粮交兑，这种兑粮方式延续很久，已为定例。道光二十七年（1847 年）十一月间，倪锡淋因秋收歉薄，借端约会抗粮，敛取钱财，于是同其父倪再豪及陆三、陆效忠等人四处散发传单，不许村民赴县交纳漕粮，前任知县熊光煦访闻该事后，于十二月初四日命差役陈庭、张秀及兵丁吴庆瑞分别查拿，众人至倪锡淋家后，其父倪再豪抗拒不服，倪锡淋将兵役捉拿拷

① 《清宣宗实录》卷 113，道光七年春正月丁亥条。

打，殴伤吴庆瑞、陈庭，两人因伤而死，并将尸身抬至高桥河内抛弃，以毁尸灭迹。接到报告后，知县熊光煦一面添差缉拿案犯，一面查找兵役尸身。第二年二月十三日，差役寻到主使陆三，结果被陆三及党羽殴打致死，尸身被扔至五湖泾河内灭迹。熊光煦因久久得不到消息，所缉获倪锡淋、彭添保，二人拒不认罪，于是将其提至郡城审问，倪锡淋坚不承认，并称死亡兵丁、差役只是被关禁，并未死亡，因事件久远不知踪迹而予以狡辩。因死无对证，倪锡淋被释回，同时石门县四处查找失踪兵役。谁知倪锡淋被释后，勒取各户抗粮费用，每田一亩交钱四十五文，如不允许，就拆屋驱逐，有钟鼎沅等不从，不肯出钱，倪锡淋、陆三等将其房屋拆毁，村民畏惧不得不交钱，倪锡淋勒取钱财二千余文，交其父倪再豪经收支用，并用木桩封锁河道，制造铁枪木棍等器械作为抗拒官兵所用。此时熊光煦适逢丁忧卸任，前次派出调查之差役、眼线尚未回县，于是就将卷宗携至郡城，与知府徐瀛商办，期间已亡差役陈庭堂弟陈汝英向臬司衙门及巡抚衙门控告，接署石门县知县陆之栋调查卷宗后，向吴文镕进行了汇报，徐瀛、熊光煦因失职罪分别被降职与革职，又命接署知府张印塘率兵前往缉拿众犯，倪再豪潜往省城探听消息，被拿获关入监狱，因病在押身亡。倪锡淋闻风携带家眷逃匿，涉案人员逃散，张印塘至村庄后，经村民指认，将倪锡淋等人房屋逐一捣毁，无干村民没有丝毫骚扰，然后撤离。倪锡淋探听兵丁撤离后，又聚集村内，十二月初该县开仓收纳漕粮，陆三起意闹漕，商同倪锡淋、陆效忠等人，分赴各村鸣锣纠众，声言如有不到，定要杀害，迫使四五十人胁同，十四日黎明分别驾驶小船进城，陆三喝令将完粮船只逐一逐回，知县陆之栋前往弹压，抓获二人，其他人员起意对抗，呐喊助势，汛弁官丁捕获多人，而差役也被闹漕人员掳走两名藏匿。倪锡淋又至库书、漕书金玉堂、金音先等人家，拆毁房屋，知县陆之栋带领营弁、兵役分头追捕，捕获六人，余人逃散。署知府张印塘闻听匪徒滋闹后，在石门县城外高粱地捕获逃散人员五名，并缴获船只、器械多件，押至省城。巡抚吴文镕命督粮道带兵前往督办，二十三日至闹漕者所在村庄仰家儿，拿获七人，起获铁枪、铜锣等器物，找到被抓差役，将所捕人员解往省城审办。后知县陆之栋命地方花户抓紧完漕，陆三、倪锡淋将准备完漕之监生胡亮采房屋拆毁。道光二十九年（1849年）二月十四日，知县陆之栋前往捉拿陆三、倪锡淋等人，但被其打伤壮勇王四等六人，而壮勇则拿获胡景峰等五人，击伤一人落河不知生死，押回县署，后知府前来捕拿余犯，陆三等人逃至归安县，被拿获，其他多人也先后被捕拿关押，送至省城。倪锡淋因身犯重罪，与陆臣鼎商同赴京捏控，将该县设柜征收零户改为库书金玉堂擅开粮店，违例勒折，并捏造多事，称该府县进村砍伐桑枝、烧毁民房，纵兵掳掠，粮户入城完米被县书金音先等焚烧等，任意罗织堆砌罪名，并命倪桂昌潜至京城都察院衙门控诉，被解回浙江，命杭州府知府徐敬讯办，并至石门县详细调查实情。徐敬协同府县人员打捞已亡衙役尸身，因水深湍急，尸身漂流无着，并查明该县并未有开设粮店，违规勒折及衙役焚烧民居之事，于是将倪锡淋解往省城仔细审查。

巡抚吴文镕亲自审办该案，勘定实情后，“以倪锡淋、陆三聚众敛钱，抗粮闹漕并制造器械，迭次抗拒官兵，实属憨不畏法，恐难保无谋逆重情，恐同谋者亦不止陆效忠等数人，复向各犯再三严诘，据倪锡淋、陆三供称，伊等纠约抗粮、闹漕，意在敛钱渔利，因被乡勇兵役往拿，虑恐获案问罪，是以纠众拒捕，委无谋逆情事”。① 最后判决倪锡淋、倪桂昌、陆三依照刁民假借地方公事强行出头，逼勒平民约会抗粮，聚众联谋敛钱构讼，拟斩立决；陆效忠听从纠约抗粮、闹漕，拟绞立决；彭添保、沈三顺等听徒同谋抗粮、闹漕，散发传单，鸣锣纠人，随同滋事，其中除沈起发、蒋受幅、蒋景发、倪添陇、冯大良在监狱毙亡不置惩罚外，其他人员拟绞监候；张正发等被胁同者，酌量问拟，陈泳发、沈幅年、沈胜才监毙外不需置议，其他人杖一百，流三千里；另有协同者朱泳才、陈泳生监毙外，其他协同人员或杖一百，或杖七十，或徒一年。道光三十年（1850年）正逢恩赦，除为首数人不能减罪外，其他获罪人员均减罪或释放，而伤亡诸

① （清）吴文镕：《吴文节公遗集》卷26《审拟石门县匪徒闹漕折》，清咸丰七年（1857）吴养原刻本。

差役也予以恩恤。石门县漕案延续达四年之久，历县、府、省、都察院四级机构，牵扯数百人之多，其中死亡差役、闹漕者近二十人，期间夹杂了诸多的暴力行为，对地方社会产生了巨大危害，导致当地社会秩序陷入混乱。

清代浙江发生漕案之多，远胜其他有漕省份，只有江苏能与之并列，这种情况的出现是与浙江省漕赋的沉重密不可分的，百姓受官府勒索而心存不满，加上生监、地棍、匪徒等渔利者的怂恿，往往爆发闹漕事件，进而引发漕案，而地方官府对于闹漕者持有敌视态度，一旦民众反抗，就派遣差役、兵丁缉拿，导致矛盾进一步激化，冲突更为严重。与山东、湖北等地漕案演变成大规模的农民起义不同，浙江漕案虽有人员伤亡及官民暴力冲突之事，但参与人员相对较少，并未发展成农民起义与谋反叛乱等事，这也是江浙两省闹漕的典型特色。

第四节　两湖的闹漕案

一、湖北省的闹漕案

清代湖北漕粮虽于本省交兑，但依然存在长途运粮至水次的弊端。清中后期湖北地方浮收、勒征现象非常严重，引起了纳漕百姓的普遍不满。他们通过推举代理人与地方官府谈判等方式，力图减轻漕粮交兑负担，但在当时漕利是地方官员及相关利益群体创收的主要手段，正常的协商往往难以取得实际的效果，不能使百姓满意，所以湖北的很多漕案也演变成了民变与起义。暴力方式造成了严重的破坏，不但使国家对地方社会的控制力削弱，而且导致民众大量死亡，田地荒芜，经济破坏，国家能够征收的漕赋数额进一步减少。

清代湖北影响最大的闹漕案是钟人杰闹漕，据魏源《湖北崇阳县知县师君墓志铭》载，“道光二十有一年十二月十二日，湖北武昌府崇阳县生员钟人杰聚党逼城劫官，知县师长治死事，贼遂陷崇阳、通城，大战官兵",[①] 可见这次闹漕案最后发展成了武装起义，形成了规模庞大的民变运动，甚至杀官陷城，影响巨大。起义始于道光二十一年（1841 年）十二月，道光二十二年（1842 年）年正月失败，时间持续了不到两个月。关于漕案的详细过程，魏源从官方角度进行了叙述与评论，"崇阳圜万山中，胥役故虎而冠，凡下乡催征钱粮漕米，久鱼肉其民。生员钟人杰、金太和者，亦虎而冠，与其党陈宝铭、汪敦起而包揽输纳，不数年而骤富，与县胥分党角立。前知县折锦元愦不治事，一惟胥役所为，致两次哄漕。据巡抚伍长华所批漕石加收一斗之数，造扁送县，毁差房，武昌知府明竣，惟以调停姑息，于是奸民日肆。湖广督抚劾罢折锦元，以金云门往署县事，擒金太和置武昌狱，势少戢。是年九月而师君至。钟人杰闻上游檄捕甚急，疑其仇生员蔡绍勋所主使也，约党渡河篡取之"。[②] 后钟人杰入崇阳县城，逮县令师长治，长治大骂人杰，被杀。《清史稿》亦载，"人杰以长治始至，无可归罪，乃櫘敛而哭祭之，言已报仇仓促，误戕良吏，事不获已，遂据城叛，胁众逾万，陷旁近数县"。[③] 在官方资料记载中，钟人杰是与不肖胥吏一样的食漕者，他并非是百姓利益的代言人，只是因自身利益而闹漕，而且杀害无辜县令，是叛乱者与危害社会秩序安定的危险分子。曾国藩作为清廷的封疆大吏，对钟人杰起义更是痛恨，"湖北崇阳县逆贼钟人杰为乱，攻占崇阳、通城二县，裕制军即日扑灭，将钟人杰及逆党槛送京师正法，余孽俱已搜尽，钟逆倡乱不及一月，党羽姻属，皆伏天诛"。[④] 在曾国藩眼中，钟人杰是倡乱的逆贼，是朝廷的对立面，剿灭其及党羽有助于维护王朝的统治与社会的安定。作为统治者的道光帝初期对起义有怀疑态度，称："该县刁徒钟人杰前因包庇程中和挖煤图利，拟徒配逃，查拿未获，与民人挟有夙嫌，欲图报复等语。该犯钟人杰以无赖匪徒，何至因有衅端，辄敢聚众入城，抢劫

---

① 《魏源全集》，第 268 页。

② 《魏源全集》，第 268 页。

③ 《清史稿》卷 489《忠义三》，第 10259 页。

④ （清）曾国藩：《曾国藩家书》，中国言实出版社 2014 年版，第 16 页。

监狱、仓库，拒捕捆官，情节殊难凭信”[①]，并询问是否是地方官激成事端，说明初期宣宗对事件的起因存在疑惑与不解。待确认无误后，道光帝异常愤怒，称钟人杰为“逆犯”、“奸徒”、“匪徒”，其事“罪大恶极”、“覆载不容”，起义被扑灭后，道光帝又下令将被俘首领押赴京城，尽法惩治，希图用严酷刑法来发泄内心的愤怒，达到警示叛乱者的目的。道光帝将此次事件的诱因归于钟人杰包纳漕粮，将其视为劣生，完全没有意识到是浮收与官员腐败才是导致闹漕的根本原因。

以上为官方记载，而民间叙事诗《钟九闹漕》的描述则完全不同，与官方记载甚至相左。长篇叙事诗《钟九闹漕》是上百年来民间百姓口耳相传留下的杰作，通过质朴的语言叙述了钟九闹漕的背景、过程与结果，歌颂了农民运动领袖的满腔热血与不畏牺牲的精神。叙事诗中钟九名世雄，又字贵村，幼名九，世居崇阳，以务农为生，后中秀才，为私塾教师，为人正直，经常为百姓利益打抱不平。在该诗的《引子》中有“男耕女织忙不闲，只有钱粮最难完。清朝政治暗无光，欺压乡民赛虎狼。官逼民反只得反，起义烽火遍四方，抗粮故事在崇阳”，[②] 诗歌言简意赅地说明了崇阳闹漕、抗粮的原因，即清廷无休止的欺压与剥苛，使得百姓忍无可忍，只能通过抗争争取利益。《完国课》里揭示了起义爆发的直接诱因，“官府征粮催的凶，本年是个王县主，年将七十多昏庸，独听衙役口边风。崇阳祸害数粮房，伙同一党恶难当。横行霸道行讹诈，一把升子七寸方，斗米只作七升量。提起缴粮好伤心，贪官污吏压乡民，饷逢毫厘一分算，米上合勺要一升，算盘珠子打死人。完粮凭他一句言，余外还要烟酒钱。见十加一还嫌少，秤平斗满又要添，天理良心放一边。花户送粮到县中，粮房开口骂得凶，踢斛摇斗真可恼，三盘样米太不公，衙门讲理说不通”。[③] 正是由于纳漕、征粮过程中的种种讹诈，胥吏、粮书欺压良善，贪欲无所底止，视百姓为鱼肉，才使百姓的不满情绪日益高涨，稍有引导，便可一触即发。后乡民金太和为民出

① 《清宣宗实录》卷 364，道光二十一年十二月壬寅条。

② 孙敬文整理：《钟九闹漕》，湖北人民出版社 1957 年版，第 2 页。

③ 《钟九闹漕》，第 2—3 页。

头，“完粮规章订的有，多出钱粮理不端，按着章程把粮完……百姓年年完国课，衙役不该把人欺，章程哪能乱改移。衙役一听心发焦，手指太和骂声高。你是那里恶痞棍？挑拨众人尽放刁，敢在这里闹仓厫！我是北山金太和，年年进城完国课。崇阳册载千石米，如今完粮两万多。贪心不足所为何？”① 在这里金太和忍无可忍，斥责衙役、胥吏的不法行为，结果引来了衙役的责骂。金太和被抓后，遭到了殴打与羞辱，在心里埋下了复仇的种子，从而为闹漕奠定了基调。金太和决定向崇阳县的上司武昌府控告，为百姓讨回公道，“老汉性命值几何！有朝胜得钱粮案，崇阳百姓受益多，宁可舍掉金太和”，② 刻画了一个全心为民、不畏恶势力的朴实农民形象。为寻求完全之计，金太和与钟人杰商量，“钟九听罢怒冲冲，可恨衙门太不公，花户人多千条理，走遍天下讲得通。哪怕衙役乱行凶……三人谈到夜更深，决心要告钱粮案，共患难来同死生，雄鸡血酒誓同盟”，③ 决心与官府斗争到底。金太和前往武昌府告讼，因衙役、总督只为钱财，诉讼以失败而告终，从而导致了起义的爆发。叙事诗站在普通民众的立场，将当时官场的黑暗予以揭露，说明了官逼民反的现状。叙事诗充满感情，里面添加了很多主观情感与民间语言，显得生动形象，人物活灵活现，将当时的社会背景与民众闹漕轨迹的变化予以联系，使整篇叙事诗层析清晰、结构严谨，将闹漕事件表达得非常连贯与明确，歌颂了钟人杰等农民领袖的伟大。

除叙事诗外，部分奏疏、方志、文集、笔记或站在王朝统治的角度，或秉持较为客观的视角，叙述了钟人杰闹漕的过程与影响。《张惠肃公年谱》载，“先是道光二十一年崇阳廪生钟人杰愤官吏浮征，纠众抗粮，酿戕官据城之变”。④ 年谱为曾历任山东巡抚、贵州巡抚、云贵总督张亮基的生平记载，也指出起义的原因为官吏浮收，相对客观。《清稗类钞》载，“皖人周某官于楚，以楚无是利，谋加漕价，石至十千外，崇阳诸生钟人杰，富而好

① 《钟九闹漕》，第 4—5 页。
② 《钟九闹漕》，第 9 页。
③ 《钟九闹漕》，第 17 页。
④ （清）林绍年：《张惠肃公年谱》卷 3，民国铅印本。

善，民感戴之，遂奉人杰为首，抗粮不完，聚众至二万人，兵械火器甚盛。大吏得报，罢周某官，解散党羽，调兵纵谍，擒首乱数人”,① 指出钟人杰为百姓所拥戴，因不满浮收而抗漕。而《同治新建县志》则称钟人杰为“土匪”、《光绪湘阴县志》称“乱民”、《同治荆门直隶州志》称“逆匪”，体现了方志在书写过程中，会从地域利益角度出发，其原因在于钟人杰起义对附近州县社会秩序产生了破坏，所以方志书写者持仇视态度。甚至连《同治崇阳县志》也称：“逆首钟人杰、陈宝铭倡乱，陷城，知县师长治，典史王光宇死之。先是人杰以诸生健讼，被革，迩因连岁吏民構讼，遂至于乱，大杀胥役，邑民惧逼，四散逃匿，逆党陷通城，犯蒲圻、通山。”② 崇阳作为钟人杰的故乡，方志一方面在称钟人杰为逆贼的同时，又书写的较为隐晦，有“吏民構讼”一语，体现了闹漕、起义绝非某一群体单方面的原因，而是长期官民对立导致的恶果。

钟人杰起义产生了巨大影响，不但冲击了清廷对湖北地域社会的控制，而且为其他区域民众树立了榜样，当百姓遭遇不平时便往往效仿钟人杰揭竿而起，通过武力的方式与清廷对抗。左宗棠曾言：“窃武昌府属崇阳、通山、通城等县，壤接湖南岳州府、江西义宁州，山谷幽深，民情犷悍，自道光二十一年崇阳钟人杰等因抗粮滋事，酿成戕官踞城巨案，虽旋经平定，而三县地痞常借兵灾免征名目，煽聚愚民，动思挟制官吏。咸丰元年，通城即有抗粮滋事之案……崇阳、通山二县曾因漕粮酿成巨案，山谷愚民罔知大义，诚恐互相煽聚，致滋事端”。③ 其后，咸丰三年（1853 年）通城县民众又攻入县城，抢劫典当商铺、焚烧衙署，杀害粮书数人，可见这一区域社会秩序非常混乱。

二、湖南省的闹漕案

湖南漕粮明代交兑于湖北，清代于本省交兑，漕粮数额与湖北相差不

① （清）徐珂：《清稗类钞》卷 19《屯漕类》，中华书局 2003 年版，第 549—550 页。
② （清）高佐廷：《同治崇阳县志》卷 12《杂记》，清同治五年（1866）刻本。
③ （清）左宗棠：《左宗棠全集》，岳麓书社 1996 年版，第 78 页。

大，两省都利用长江及其支流运输漕粮。清代中后期，漕弊日加严重，“漕务之浮收、勒折，始于乾隆中，甚于嘉庆，极于道光”。[①] 湖南纳漕负担较重，各种苛索、加征不断，百姓反抗意识日趋强烈，闹漕、抗粮之案一触即发。尤其是道光朝时内忧外患不断，地方官吏觊觎漕利，欲望日增，压榨百姓手段层出不穷，从而为民众的闹漕埋下了隐患。清代湖南闹漕案以醴陵县匡光文闹漕最为典型，该案一波三折，情节离奇，充分体现了普通百姓在诉讼过程中的艰难与曲折。

匡光文闹漕的原因是嘉庆、道光时醴陵县浮收、加征已成惯例，地方官员视兑漕为生财之道，不断勒索百姓。嘉庆二十五年（1820 年）新任醴陵县令王述徽巧立名目，苛索百姓，定每米一石纳外费银三两六钱，折钱四千四百文，纳米一石，浮收近三石，远远超过朝廷规定数额，百姓稍有不从，即以抗漕罪拿押。百姓不堪横征暴敛，上控于州府，因官官相护而毫无结果。在这种局面下，新阳乡花桥村人匡光文眼见百姓受难，心存不愤，控于京师，结果案件被发回湖南重审，湖南官员碌碌无为，只知包庇，为维护既得利益，反而诬陷京控人员，对王述徽未加处置。道光元年（1821 年）王述徽离职，金德荣署醴陵县令，金德荣贪心不改，仍加以浮收，其恶甚于前任知县王述徽，为拉拢素有威望的匡光文，金德荣企图与匡光文分享漕利，助己贪腐，但被匡光文所拒绝。后金德荣征收漕粮时，因苛征严重，百姓反抗，德荣疑为匡光文暗中指使，便诬告匡光文聚众闹漕，伪造圣旨之罪。湖南巡抚及藩臬二司接到奏报后，命前往逮捕匡光文，光文子弟拒捕，并击毙营丁一人，光文外出逃避。金德荣因引起民变被朝廷罢免，张孔言署县事，张孔言痛恨匡光文闹漕，烧毁其房屋，引起当地缙绅反对。匡光文逃至京师进行京控，引起了道光帝的重视，命湖南巡抚及藩臬二司会审，结案上奏，湖南大小官员享漕利已久，皆将匡光文视为眼中钉、肉中刺，欲除之而后快，于是严刑逼供，诬匡光文伪造圣旨，判处极刑。后光文表弟甘启琇再控于步军统领衙门，清廷命新任湖广总督李鸿宾复审，但此时甘启琇已病死于

① （清）金安清：《水窗春呓》卷下《漕务浮收》，中华书局 1984 年版，第 75 页。

武昌，因该案已死者达 27 人。李鸿宾经仔细研审，发现匡光文既没伪造圣旨，又未抗纳漕粮，但有拒捕伤丁之事，命依例处绞，于道光五年（1825 年）在善化监狱被杀，其诸亲友或充军，或除生监之名，或杖刑。而贪腐与不作为的县令金德荣、张孔言、湖南巡抚与藩司官员，酿成巨案，也被予以了惩治。匡光文闹漕案并未取得胜利，光文一家或死或充军，家败人亡，而贪腐官员虽受到一定惩罚，但却没有付出相应的代价，清廷在处理漕案时对贪腐官员的袒护及对百姓的偏见可见一斑。

匡光文闹漕虽未发展成大规模的农民运动，但其在湖南漕运史，乃至整个清代漕运中产生了重大而深远的影响。与其他省份漕案类似，该案在官方记载与民间叙述中完全是两种相反的模式，体现了不同利益主体的文化差异。道光二年（1822 年）春正月，湖南布政使钱臻奏报匡光文闹漕，道光帝谕内阁："湖南醴陵县生监杨清枚等为积午包户，揽纳漕粮。其在逃之匡光文等因包揽不遂，辄行挟制官吏，阻遏花户上米，复敢诈传诏旨，骗敛讼费，经该县差拿又复藐法抗拒，情节实为可恶，必应严加惩办。"① 在听取了钱臻的片面之言后，道光帝命查拿相关人犯，先入为主地认为匡光文为抗法闹漕的逆民。匡光文表弟甘启琇上讼于步军统领衙门后，道光帝又谕令"湖南醴陵县民甘启琇呈控土棍罗之壎等嘱知县金德荣诬赖匡光文闹漕一案，已明降谕旨交李鸿宾审讯矣。如果匡光文并无聚众拒捕及诈传诏旨情事，自应据实平反，将承审各员参处，倘原审并无屈抑，甘启琇辄敢架词耸听，或另有主使别情，此等刁风断不可长，即加重定拟，以儆刁顽"，② 可见统治者始终对诉讼民众怀有戒备心理，说明在清代社会中，民众京控不但要历尽千辛万险，而且即便为皇帝所知晓，也未必能昭明公理，平反冤屈。

《民国醴陵县志》则记载得较为客观，县志书写时清朝已经灭亡，所以能够根据实际情况予以描述。在介绍闹漕原因与背景时指出长期的压榨是事件的诱因，"州县同恃钱漕陋规以为办公津贴，不肖官吏辄视为利薮，积弊

① 《清宣宗实录》卷 28，道光二年正月庚午条。
② 《清宣宗实录》卷 42，道光二年十月丁未条。

相沿，久益深锢，征漕时遇有奇零，即收整数，名曰收尾。小户穷民尤受其害，又加派外费银两，曰漕规，漕规例勒高价折银。以之分润上司曰漕馆，分肥劣衿曰漕口，而州县所得曰漕余，岁盖以万计”，① 众多的漕润分肥使民众负担沉重。同时方志还介绍了漕案的详细发展脉络，嘉庆二十五年（1820 年），“程亮书、匡光文等控漕弊于京，有旨解湘审拟，坐亮书诬告，发边充远军”。② 六年后“匡光文以漕案绞死长沙，知县金德荣诬光文聚众闹漕，会营围捕，光文拒捕，伤毙营丁，依法拟绞”。③ 漕案自始至终延续长达六年，充分体现了案情的复杂与曲折。而匡光文死后，得到了家乡百姓的怀念，感激其为民众申诉漕弊的义举，为其立墓，“匡光文墓，在治北清安铺周家冲”。④ 漕案后，清廷采取了一定的抚民措施，但不久加征如故，可见漕利对历任官员吸引力之巨大，“定案减外费为一千七百，行之未久，浮征如故，漕米外费加至四千五百，水脚二百四十，又正银一两勒交外费钱二千……其他需索种种，均视前加厉”。⑤ 咸丰年间骆秉章任湖北巡抚，采用左宗棠策略，首先厘除湘潭漕弊，减轻了湘潭民众负担，其他各县也纷纷陈诉本县之苦，醴陵县人刘云辉也上讼醴陵积弊已久，结果被驳回，刘云辉被知县崔斌囚禁，后县人张光庚、傅师古、易大升、萧端仪等仿效湘潭事例，确定规条后上请，方得到允准，并立碑于县署仪门内作为定规，刘云辉也被释放，可见醴陵民众对于漕粮加征的斗争是延续不断的，没有因上讼道路崎岖而中止，这也体现了漕弊危害之深。而匡光文事件并非只影响到了醴陵地方社会，且匡光文本人也被百姓视为英雄，其事迹不断被流传，并加以修饰与改编，成为了民间社会重要的文化资源，民国年间“教育厅每年派员至县放映教育电影片，尚未能遍及乡村，傀儡戏、灯影戏犹盛行，民间灯影戏有蜡树打金一出，扮演县人匡光文闹漕故

---

① 《民国醴陵县志》之《赋役志》。

② 陈鲲：《民国醴陵县志》之《大事记》，民国三十七年（1948 年）铅印本。

③ 《民国醴陵县志》之《大事记》。

④ 《民国醴陵县志》之《地理志》。

⑤ 《民国醴陵县志》之《赋役志》。

事，乡人好恶心理可见一斑”。①

湖南匡光文闹漕案虽有抗拒官军围捕之事，但并未演变成大规模的民变运动，总体上遵循上诉、京控这样由下至上的道路，在程序上是符合清廷诉讼的规范与秩序的。但即便如此，上讼之路异常艰难，在官官相互的局面下，醴陵漕案死亡数十人，很多涉案人员死于官员迫害与牢狱之灾，可见在漕利为巨大收益的情况下，贪腐者是不会轻易改变与祛除这一痼疾的，正是由于漕利涉及群体众多，牵一发而动全身，所以即便诉讼程序合法、合规，即便最高统治者连下谕令命予以整顿，但相关官员多阳奉阴违，暗中为贪赃者开脱，并打击、报复诉讼民众，力图维护既往利益，从而使案件一波三折，长达六年之久。

第五节 江西省的闹漕案

清代江西、安徽两省也为有漕省份，漕弊也很严重，其中江西的闹漕案知名者有新喻县漕案、安仁县漕案、贵溪县漕案、泰和县漕案等。安徽虽然“皖北州县差役，每遇词讼，纳钱请票，而数倍取偿于百姓，历任官皆以为肥，由是差役横行，甲于他省”，② 但在史料中却不见诸漕案的记载，下面重点对江西漕案进行论述与研究。

一、新喻县漕案

清代新喻县属江西省临江府管辖，该县漕弊由来已久，康熙朝时张炼庵任新喻县令，“下车集邑之绅衿、耆父、里民，周咨疾苦，盖慨然念兵燹之余，谋所以休息长养之者，引为己任……侯曰：邑之民苦漕运久矣，自题荒恩减以来，尚计漕有一万八千石零，岁冬输粟于官，随辘车运省上仓候兑，

① 《民国醴陵县志》之《教育志》。

② （清）黄钧宰：《黄钧宰集》，陕西人民出版社 2009 年版，第 134—135 页。

喻虽向有旧仓，而卑湿窄隘，卑湿则粟易浥烂，窄隘则粟需舟泊，前艘滞省，后运不继，仓卒呼应，官民交困”，[①] 于是重建新仓存粮，运弊得以大减。嘉庆七年（1802 年），县东乡绅耆老请于罗坊建漕仓，以便漕粮于本县收贮，于是建仓厫六间、厅房五间。

道光十八年（1838 年），新喻民众纳漕时陋规繁多，折银时又浮收、勒征，甚至达到了每石米折银五六千文，民众不堪忍受，当时县令史致祥为谋漕利，先行震慑乡绅，诬陷新喻县生监万帼彩、胡尚友、严帮荣为漕棍，肆意闹漕，并向上级衙门临江府禀告，临江知府向江西巡抚汇报时也称万帼彩等人设局敛财，把持漕务，率众滋事。史致祥只知勒索民财，祸害百姓的行为，遭到了全县民众抵制，江西藩、臬二司为平息民愤，将史致祥撤职。后包世臣署新喻县令，他通过仔细查勘，清晰了解了新喻当地的土地、税收情况，并明察暗访，发现并未有闹漕之事，因此并未缉拿所谓闹漕主犯，结果引起了上司临江府及江西臬司的训斥。后万帼彩拜访包世臣，答应随包世臣进省澄清闹漕之事，后反悔不往，包世臣被罢去县令。关于该案的详细经过，据江西学政吴其浚称，其于道光十八年（1838 年）奉命前往临江府查访新喻县生监闹漕之事，他命该县教官查核，教官称生员胡思泮、欧阳濂不守学规，请以劣行注册，“臣复饬令再行确查，又据该学详称，生员张亨与隶役争殴生员李恒春，不遵约束，此外实无闹漕确据。据臣查该县闹漕本系监生万帼材[②]倡首，讵该生等以该县未将万国材拿获，无从对质，益无忌惮”，[③] 当时知县包世臣曾向南昌府禀告该事，吴其浚察看包世臣密函后，称“该署县纵意存消弭，而此等鄙亵轻薄之词，岂遽形诸简牍，径禀上官。当即交南昌府归案审讯，并将禀稿发交核对虚实，尚未据该府讯报。在该府因人证未齐自难结案，该署县意图和息亦系州县积习，而该学教官既不能约

① （清）符执桓：《康熙新喻县志》卷 14《艺文上》，清康熙十二年（1673）刻本。

② 原档文字中为“材”字。

③ 吴其浚：《奏为生员闹漕滋事教官不能约束请旨分别休致褫革以肃学校事》，档号 003524，道光十九年十二月二十日，台北故宫博物院藏。

束于前，迨至叠次滋事并不据实详惩，似此袒徇，何以约束士子”。① 在吴其浚的奏报下，包世臣受到了斥责，而该县教谕王运恒、训导刘筠被勒令休致，生员胡思泮、欧阳濂、张亨、李恒春被褫革。可见当时新喻闹漕事件参与人员众多，而其中尤以生员为主导，情节非常复杂，而万幗彩的避匿，导致案件不能审查明确，而知县包世臣等人受到了牵连。

新喻漕案久久不能结案，引起了道光帝的重视，道光二十年（1840 年）三月谕内阁，“江西署新喻县知县包世臣前因京控要证，延不拘解，当经降旨摘去顶带，勒限拘解。今限满仍未解省，实属任意迟延，包世臣著即撤任，留于该处协缉万幗彩等，务获解审。如再迟延，即著严行参处。其已革生员胡思泮等闹漕滋事，所控各案亦著一并归案讯办”。② 万幗彩外逃难以归案，使案件陷入了迷局，道光帝也逐渐失去耐心，给予包世臣等人最后的限期，命缉拿人犯归案。后万幗彩于分宜县被拿获，解抵省城南昌，命南昌府进行审讯，按律惩治。但在该案的审判中，江西官员意见相左，道光二十一年（1841 年）又谕令，“新喻县革监万幗彩等闹漕京控一案，该抚审拟罪名，是否允协，并有无不实不尽之处，著该侍郎亲提全案人证卷宗，覆加详核，确切研讯，务期水落石出，毋许稍有枉纵”，③ 于是命刑部侍郎麟魁仔细研讯，查明案件真相，其后称：“万幗彩主令胡尚友纠众抗官，按罪应斩，惟伙党在逃人数众多，应暂行监禁，俟逸犯缉获另行究办，胡尚友闻拿投首，应于为绞监候律上减一等，杖一百，流三千里，余分别问拟徒流”，④ 可见该案经多次官员的复审，最终结果对万幗彩等人依然是不利的。万幗彩闹漕案延续达四年之久，期间牵扯人员之多在清代漕案中较为罕见，该案因涉案人员或死或逃，情节曲折离奇，府州县及省、刑部多次派官员进行调查、复审，多次反复而不能决断，充分体现了案件的复杂性。

江西新喻县漕案在方志、笔记中几乎毫无记载，留存者基本全为官方资

① 《奏为生员闹漕滋事教官不能约束请旨分别休致褫革以肃学校事》。

② 《清宣宗实录》卷 332，道光二十年三月辛亥条。

③ 《清宣宗实录》卷 349，道光二十一年三月壬子条。

④ 《清宣宗实录》卷 349，道光二十一年三月壬子条。

料，因此难以对漕案的相关利益方进行比较全面的分析。在官方资料记载中，万幗彩及涉案人员“道光十八、十九等年，万幗彩与胡尚友因把持漕务，设局敛钱，抗官拒捕”，[①] 完全是聚众抗漕、徇私枉法、不遵国纪的漕棍、刁民形象。而作为监生的万幗彩是否真正如此，也不能完全相信官方带有仇视语言的描述。嘉道年间，漕弊日甚，百姓日苦，官员浮加日甚一日，缙绅、生监、百姓存在不满情绪是毫无疑问的，而其中因利益不均衡而产生的矛盾、冲突也是非常之多，官府往往依靠强力压制民众，而民众又希取借助闹漕、京控维护自身利益，因此在相互争斗中，产生了大量迁延不决，难以决断的案例，而万幗彩案只不过是其中具有典型性的一例而已。

二、安仁县漕案

清代江西安仁县今称余江县，清代属饶州府管辖。该县起运正改副耗米共七千三百五十六石七斗一升四合，“安仁虽弹丸小邑，漕米仅六千余石，然以国家军储所系，故省仓之设与大邑等，旧制仓基在洪都之抚州门外，明季毁于兵。顺治八年重构，缘材木朽蠹，不数年倾圮殆尽，迄今三十余载。所谓安仁县之省仓名与实俱湮矣”。[②] 康熙年间，县令邱象豫于是重修漕仓，合县百姓纳漕得以便利。除省仓外，县内也有兑粮漕仓，民众交齐漕粮后，起运省仓。

安仁县漕案发生于道光二十四年（1844 年），据《清实录》载，该年湖广总督吴文镕奏安仁县聚众抗漕，拒捕伤兵，“江西安仁县棍徒高嫩伎等胆敢于该县开仓收漕时倚众滋扰，该府营前往拿办，辄掷石拒伤官员、兵役，实属目无法纪，现在拒捕之犯虽经陆续报获，该县漕粮亦已照数完纳。惟案关重大，必应严行惩办。著该抚亲提犯证，彻究确情，按律惩治，其在逃各犯并著迅速查拿，毋使一名漏网。该县知县林汉乔著即撤任，查明如系办理不善，即行据实参办，无许稍有掩饰”。[③] 该案经江西方面查明后，回

① （清）吴文镕：《吴文节公遗集》卷 7《奏议》，清咸丰七年（1857）吴养原刻本。
② （清）朱潼：《同治安仁县志》卷 30《艺文·记》，清同治十一年（1872）刻本。
③ 《清宣宗实录》卷 403，道光二十四年三月壬申条。

复称："高嫩伩起意包漕渔利，纠党赴仓滋闹，照例拟军，余俱问拟如律，知县林汉乔尚无办理不善之处，而才欠开展，人地未宜，请留省另补"。①在清代漕案中，闹漕事件的发生往往与地方官治理不善有着密切关系，如官员贪贿，加征、浮收漕粮，从而导致民众抗漕。一旦闹漕之事为最高统治者所知晓，往往是一种两败俱伤的结果，闹漕者被依法惩办，而地方官员也会被罢免或罢职，因此闹漕不但为最高统治者所忌讳，而且也为地方任职官员所恐惧。不过在巨大漕利的诱惑下，闹漕之案层出不穷，各涉利群体均心存侥幸，希望能躲过惩治，在该案中，即便查明与知县无关，但仍以不适合任职地方为由予以停职，对林汉乔而言仍然是为官履历中不光彩的一笔。

湖广总督吴文镕对该案的详细经过进行了记载，因案件引起了道光帝的重视，所以交由江西藩臬二司审理，湖广总督吴文镕亲自研讯。该案涉案人员众多，除高嫩伩外，还包括吴多生、胡老五、艾佐臣、邵帼安、李德胜、余保胜、李青喜、陈尚忠、张书田、杨高明、李白华、张奇如、杨祥发、李云太等人。在安仁县完纳漕粮过程中，涉案人员应纳漕粮自四五升至数斗不等。道光二十三年（1843 年）十一月，知县林汉乔出示征收漕粮之令，高嫩伩见征收漕粮数额巨大，有利可图，于是商同李白华起意包揽，从中渔利，因恐纳粮花户不同意，于是就捏称本都漕粮经公议集体交纳较为便宜，即便米色不纯，仓书也不敢挑剔，怂恿花户一同到仓完纳，希图开销使费。花户信以为真，于是一齐将米运至都内志远寺，本月二十五日准备运往仓储交纳。知县林汉乔访闻此事后，命人查拿，拿获李白华，并讯明后革去李白华生员之名。高嫩伩商同吴和良赴仓哄闹，以图挟制，使地方官不敢捕拿其他涉案人员，但未被多数人应允。只有吴和良等十二人愿随从高嫩伩，高嫩伩怕人少难以成事，于是又纠集胡老五、艾佐臣等多人，计二十七人前往仓内，令仓书方向高将本都漕米全归高嫩伩包纳，方向高见人多势众，于是予以躲避，县役曾兴、王贵在仓防守，兵丁贵喜上前喊拿，结果被高嫩伩等捆绑，并殴打县役、兵丁，将其关在仓厫之内，另打毁房屋、桌椅等物。由于

① 《清宣宗实录》卷 403，道光二十四年三月壬申条。

该县驻防营弁赴省领饷未回，县令林汉乔只能率领差役前往捕拿，各犯闻讯逃散，验明曾兴等人伤痕后，拿获高嫩伭等人，但余犯吴和良抗拒不从，并命各花户不许运米上仓完纳。林汉乔向上司饶州府禀告，知府姚熊飞带营兵赶赴安仁县弹压，吴和良主使胡老五等人拒捕，用木担、石块打伤知县林汉乔额头，兵丁多人被打伤，于是兵丁放鸟枪还击，将曾擂子击毙，各犯趁乱逃散。后总督又命景德镇同知率兵拿获案犯，并将知县林汉乔撤职。经审理认定高嫩伭等人搅乱仓场、欺凌官攒，从罪以上发附近充军，“高嫩伭、陈尚忠情节较重，各供亲老丁单，均不准留养。应与艾佐臣等俱分别定地发配，照例折责安置。李白华、吴灜占、张奇如、杨祥发、李云太仅止听从包漕未成，并未随同赴仓滋闹，亦未抗官拒捕，应请各照不应重律，杖八十折责发落，李白华所革武生不准开复。兵丁周记太因曾擂子拒伤本官，放枪将其格毙，合依罪人持仗拒捕，捕者格杀之勿论律，勿论”,① 其他吴多生在南昌监狱病故，主犯吴和良逃逸。

安仁县闹漕只有官方资料的描述，而方志、民间文献则完全无载，因此难以对案情进行全面的分析，只能从相关记载中了解案情的大体经过。该案涉及人员众多，其中不乏生员等人，应归于生监闹漕行列，案件中发生了拒拿伤官这样的事件，所以引起了统治者的重视，命高级别官员进行审判，而案件最后结果是闹漕人员或被流放，或逃逸，或监毙，并未对当地漕弊减轻产生任何有益的影响，这说明闹漕导致的结果，并非都有利于百姓，也并非都是公平、公正的。

三、贵溪县与泰和县漕案

清代贵溪县归江西省广信府管辖，该县有漕仓，“在西，常平仓北，岁贮漕粮兑运，康熙十八年知县高骏升建，嗣后历有修葺，乾隆八年知县彭之锦增建仓八间，积贮新捐监谷”。② 贵溪县运往省城南昌正副兑军耗米八千

① 《吴文节公遗集》卷11《审拟安仁县闹漕匪徒折》。

② （清）胡宗简：《道光贵溪县志》卷8《公署》，清道光四年刻本。

六百六十九石一升一勺，由铅山所运输，有漕船十五只。贵溪县在乾隆年间，漕弊就已很严重，乾隆五十二年（1787 年）广信府知府令："票开照得各属征收地丁钱粮，例应编顺啚甲，设立滚单，挨户滚催完纳，毋许滥差滋扰，至里书、里长、啚差久奉严例，饬令刊示，禁革各役不敢分管都啚勒索等弊，甘结及出具遵依同刊式刷，严禁申送在案。今访的贵溪县差役仍行分管都啚，所有练保赴县点卯以及完纳钱漕人等，该县差役胆称伊系啚差，粘贴把持，婪指勒歇，任意需索餐钱，种种弊端，殊属不法"，① 为严禁贵溪县漕弊，知府命催征钱粮必须使用滚单，各差不能分管都啚，违者查拿。

咸丰二年（1852 年）十一月，署江西巡抚学政张芾称棍徒乘隙闹漕，要犯未获，"广信府属之贵溪县，自道光二十八年有棍徒刘明发等纠众闹漕，拒伤官役，经前抚臣严拿重办之后，数载以来颇称安静。本年八月间，署贵溪县事、余干县知县常山凤开仓收漕，棍徒刘城漳等因乘该县营兵调赴楚南防剿，聚众赴仓，挜交丑米不遂，任意滋闹，当经该署县饬役拿获钱培洸等九名，押候讯究。讵刘城漳等纠集多人，于九月初七日由漕仓西北角推倒墙垣而入，该署县会营督饬拦阻，竟敢开枪抗拒，并将仓役王姓民房放火焚烧，该署县饬令兵丁将放火之犯用鸟枪击毙，方始畏惧而退，维时署广信府知府史麟善派充乡试提调，正值事竣出闱。经臣据禀，札饬该署府截留来江防堵之浙省兵丁二百名，会同署广信营参将玉格前往拿办，去后旋据禀称刘城漳等因闻官兵至县，均已远扬无踪。该县漕米亦已征收完毕，浙江兵丁业经饬令起程赴省听候分拨等情具禀到臣。臣查刘城漳等如果因县兵远出，纠众闹漕，实属恫不畏法，必应悉数拿获，尽法惩办，以免效尤。乃该署县自滋事以后，迄今一月有余，首要各犯并无一名弋获，缉捕已属懈驰，且难保无办理不善之处，应饬将该署县常山凤先行撤任，留于该地方协同现任文武各员严密查拿，务将在逃各犯按名弋获，提同已

① （清）杨长杰：《同治贵溪县志》卷 3《食货志・漕运》，清同治十年（1871）刻本。

获之钱培洸等严审确情，按律拟办”。[1] 经上奏后，咸丰帝命将前任知县孙家铎调回贵溪县，称其熟悉环境与民俗，协助办理闹漕之事，案件结果因资料匮乏而无法知晓。

泰和县属吉安府管辖，该县漕粮仓位于县治仪门东，计屋十六间，官厅三间，门仓五间，用以存贮本县漕粮，道光五年（1825 年）重修，添增六厫，咸丰三年（1853 年）毁于战火。另该县在省城南昌还有水次仓，为该县漕粮运往省城交兑时存贮之场所，位于省城新城门外河泊所巷，亦毁于咸丰三年。泰和县本色漕粮共米二万一千七百二十六石三斗一升，征米二万二百二十七石一斗五升三合五勺，兑军三五轻賫银一千六百九十二两余。咸丰二年（1852 年）十二月，张芾奏泰和县棍徒聚众闹漕，其称：“臣接据署泰和县事赣州府通判王宇英禀称，该县漕粮于本年十月间开仓征收，一切循照旧章，并无格外科派。讵有五都棍徒萧同连等于十一月初三日带领多人空手赴县，声言本年收漕须照伊等现定章程办理，否则定行滋闹，该署县以理开导，一味恃强咆哮，当将萧同连拿获交差看管，一面出示晓谕。不意初四日该都复聚多人，各执刀棍齐赴县署，将大堂煖阁拆毁，放火燃烧，该署县当即督饬丁役将火救熄，会营查拿。该棍徒等公然抗拒，刀伤县役二人，兵丁开枪抵御，亦伤棍徒一人。该棍徒等复将看管之萧同连夺去，并赴本城添和、鼎兴钱店及漕书刘启陶家抢物、伤人而散。该署县确加访查，系属副贡萧雨等为首主使等情”。[2] 不过作为署理江西巡抚的张芾对于王宇英的汇报也并非完全相信，认为民众不可能无缘无故的闹漕，其中必有隐情，“臣查该署县征收漕粮如果率由旧章，该棍徒等何以忽思更改，聚众滋闹，且将无干之钱店一并殴抢，据禀起衅根由显有不实不尽，惟是该棍徒等胆敢毁烧县署，拒捕伤人，并将管押之犯恃众夺去，实属形同化外，若不严拿重办，将何以示惩创而靖地方，乃该署县自滋事以来已逾半月，犯无一名获报，捕务

① 张芾：《奏为贵溪棍徒乘隙闹漕要犯未获现将署事知县撤任协缉恭折奏闻仰祈圣鉴事》，档号 002804，咸丰二年十一月初八日，台北故宫博物院藏。

② 张芾：《奏为泰和县棍徒聚众闹漕现饬严拿从重究办并将署任知县撤任留缉恭折奏闻仰祈圣鉴事》，档号 002975，咸丰二年十二月初一日，台北故宫博物院藏。

懈驰已极，据藩臬两司转据该管道府详请奏参，前来相应请旨将署泰和县事赣州府通判王宇英先行撤任，协同接署知县实力查拿，务将此案滋事首从各犯按名弋获，禀解来省从重究办，倘逸犯日久无获，或查明系该署县办理不善以致激成事端，再行严加参处”。① 接到江西方面的奏报后，咸丰帝谕令张芾：“江西泰和县棍徒于该县开征漕粮时聚众滋事，若不严拿惩办，何以肃漕政而儆凶顽，署泰和县事赣州府通判王宇英缉捕懈驰，著先行撤任，饬令协同接署知县上紧缉拿，务将该案首从要犯按名弋获，从重究办”。② 关于该案的最终结果，因实录、档案资料中没有记载，已难以进行全面判断与求证。但咸丰初年，江西连发漕案，充分体现了闹漕已成为该省普遍发生的现象，在地方社会征收漕粮的过程中，民众对于浮收、加征日益不满，加上此时太平天国运动遍及江西、两湖、江浙等地，与民众运动有结合趋势，所以百姓的反抗情绪异常强烈，导致区域社会陷入动荡之中。甚至清末民初仍有漕案不断发生，宣统三年（1911 年）金溪县发生漕案，“北乡有野蛮绅董妄造谣言，于正月十号遍发传单，谓江西丁漕已免，独金邑官绅舞弊，鱼肉乡民，假言军政府命令，私行征收。约十四日联村入城，勒还所纳，该县许令自与营各公闻信后即黑夜厚集巡防营驻扎县城镇慑，一面电禀军政府，至十四日将各城门关闭，午刻乡民果集五百余人来城，见城内有备始不敢暴动，复经许令及各绅董在城楼上再三劝导，乃渐解散”，③ 可见在清末社会动荡时期，民众对于漕粮征收已是深恶痛疾，迫切需要解除这一延续数百年的额外压力。

道光至清末，江西省屡发漕案，而且呈现由正常诉讼到暴力闹漕的发展趋势。这种情况的出现一方面与正常诉讼道路曲折，百姓冤屈难伸有很大关系，同时也与这一时期社会局势的恶化密切相关，随着内忧外患的加剧，地方官员对于百姓的苛索日加严重，大规模的农民运动与武装起义不断爆发，

① 《奏为泰和县棍徒聚众闹漕现饬严拿从重究办并将署任知县撤任留缉恭折奏闻仰祈圣鉴事》。

② 《清文宗实录》卷 80，咸丰二年十二月丙申条。

③ 《闹漕风潮》，《顺天时报》1911 年第 2997 号，第 4 页。

社会秩序日益混乱，百姓生活困苦，甚至时刻面临死亡的威胁。在生存成为第一要务的时刻，面对官府的漕粮压榨与勒索，他们会组织起来，通过集体的力量与官府对抗，以谋求自身利益的维护，而暴力活动的简单性与有效性，往往成为他们最为常用的方式。

第七章 明清时期的漕仓神灵信仰与社会关系

中国古代社会有着广泛的神灵信仰，无论是天地、河渎、山岳，亦或是鬼神、圣贤都有着相应的信仰范围与信仰群体，这些信仰既有国家列入祀典的神灵，也有所谓民间社会的杂祀。在数千年的历史长河中，社会的发展演变往往与神灵信仰是密切结合在一起的，大量的神灵信仰一方面慰藉了民众的灵魂，在某些方面满足了他们的精神需求；另一方面也在某种程度上削弱了人的主观能动性，降低了人的进取精神。信仰文化的延续性、丰富性及其在民族文化中的地位与作用，决定了其学术研究绝不能仅仅视为一种迷信活动或单纯的文化仪式，而是通过对传统信仰文化的探讨，去寻求民族文化演变的路径与社会群体的心理变化及其精神世界，从而总结与归纳古代社会文化的某些特质与发展规律。漕运作为明清国家一项重要的政治制度，其与社会的方方面面有着密切联系，无论河道开挖与修治、漕粮交兑与开仓、船只航行、工程施建，都有着相应的程序与人员保障，但在古代科技水平落后、经济发展水平不高、资源得不到及时调配的历史背景下，漕运相关群体往往通过一定的信仰仪式与活动以祈求神灵的护佑，寻求某项任务的顺利完成。这些活动或仪式是历史学、人类学、社会学研究的重要内容，能够局部或集中反映漕运群体中不同人员的心理活动与精神世界，甚至某些时期是当时国家与官方的意志表达，如修堵河道、施建水工对金龙四大王诸水神的祭祀，漕粮交兑与入仓时对仓神的膜拜，漕船开行时对龙王及江河神的祈祷，漕船至通州时的祭坝与开漕节等，都是漕运系统中必不可少的环节与重要组成部分。

明清时期的漕仓神灵信仰包括漕粮的最终存贮地京通二仓及沿河大型水次仓、基层社会漕仓三部分，虽然三种类型的漕仓在漕运系统中都具有存储的功能，但因管理者级别、仓储结构类型、涉及人群差异很大，所以仓神信仰的主体、仪式、规格也有着很大的不同，这种区别从本质上反映了三个方面的问题。首先，京通仓储作为国家大型储备官仓，不但存粮数额多，而且管理级别高，涉及人员众多，是京城的物质保障，因此在仓神祭祀时往往有礼部官员主持相关仪式活动，甚至有皇帝的诏令、谕旨予以昭示，无论是祭品的规格，还是仪式的复杂程度，或是出席人员的级别、数量，在三种类型的漕仓中是最高的。沿河大型水次漕仓初期也由户部官员主祭仓神，后随着级别的降低与存粮数量的减少，改由地方管粮官主持。其次，相对于京通仓与大型水次仓，基层社会漕仓的神灵祭祀主要集中于漕粮交兑、开仓、漕船开行等几个阶段，由地方州县主官主持相关仪式与祭祀活动，祭品也有着相应的规格与要求，但低于京通仓储。不过因基层社会漕仓与普通民众的联系更为密切，所以其蕴含的内容也更加丰富，体现了社会信仰中的民俗文化。最后，明清时期的漕仓神灵信仰，与社会上的其他类型仓储的神灵信仰有着一定的区别，漕仓作为国家官仓，其相关活动与仪式的举行基本与漕运的各环节密切相关，而其他仓储的神灵信仰与漕运基本没有关系，而是与区域社会中农业生产、赋税征收等活动相结合，有着不同的信仰特征。

第一节　明清京通仓神信仰与社会关系

明清两朝定鼎北京，京、通二仓地位至关重要，“国家建都燕京，廪官饷兵，一切仰给漕粮，是漕粮者，京师之命也”，① 对于皇室供需、百官俸禄、驻军口食、粮价平抑、灾荒赈济都有着巨大的作用，是京城及畿辅区域社会稳定的保障与物质基础。《春明梦余录》称“京仓为天子之内仓，通仓

① （清）陆燿：《切问斋文钞》卷 17《裕国便民饷兵备荒兼得之道》，清乾隆刊本。

为天子之外仓，淮、徐、临、德置外，所以备凶旱，以防不虞也”,① 可见不同类型漕仓的设置有着明确的目的。为保障京通仓储的稳定，明清统治者不但制订了一整套复杂的仓储管理、运作制度，而且对于出现的种种弊端予以整顿与惩治，以确保国家各项需求的顺利进行。除此之外，在京通仓储的建设与空间布局中，不但有官厅、掣斛厅、筹房、水井等服务于仓储运作与安全的设施，而且建有仓神庙、土地神祠等建筑，在每年某些固定的日期举行祭祀活动，由相关官员率领属下通过一定的仪式来表达国家的希冀，而这些仪式不但要符合祀典的要求，同时也体现了仓神信仰在国家神灵结构中的地位与层级，是明清传统社会信仰文化的重要组成部分。除此之外，谷神、社稷神及一般性仓储的神灵信仰也很兴盛，在国家及民间社会中有着更为普遍的信仰群体，这些信仰与漕仓神灵信仰在信仰主体、管理机构、祭祀仪式上既有相似之处，同时也有自身的特点，现就明清社会部分与农业、仓储有关的信仰进行探讨，以便与漕仓神灵信仰进行比较研究。

一、明清社会谷神、社稷神及仓神信仰与祭祀

中国古代社会对于谷神、土地神、社稷神、仓神的信仰有着悠久的历史，这与土地、粮食在国家与社会中的地位是分不开的，粮食是人类维持生存的必需品，也是国家与社会维持正常运转的物质基础，所以相关信仰实质为人类社会实践的精神体现，蕴含着古人的智慧与思想。《春秋左传注疏》载，“社，本土神之名；稷，本谷神之名，配者亦得称社稷也。此五行之官，配食五行之神，天子制礼使祀焉，是为王者所尊奉也”。②《武林掌故丛书》也称仲春时节要祭祀五土之神、五谷之神，其祝文曰：“维某年某月某日，某府州县某乡某里某人等谨致祭于五土之神、五谷之神曰：惟神参赞造化，发育万物，凡我庶民，悉赖生殖。时维仲春，东作方兴，谨具牲醴，恭伸祈祭，伏愿雨旸时若，五谷丰登，官赋足供，民食充裕。神其鉴之，尚

① （清）孙承泽：《春明梦余录》卷 37《漕仓》，北京出版社 2018 年版，第 645 页。
② （春秋）左丘明：《春秋左传注疏》，山东画报出版社 2003 年版，第 1558 页。

飨”,[①] 可见祭祀谷神、社稷神灵有着特定的时间，是国家与社会的一项重要的公共活动。明清地方社会都有谷神祠、土神祠，以供百姓膜拜与祭祀，海州有社林山，“去东海城东六里，有崔生祠，又云旧有土谷神祠在上，故名”。[②] 松江府“五土五谷神坛，每里一所，洪武十五年建”。[③] 兴化府祭祀五土、五谷之神有相应的仪式，“凡各乡村每里立坛一所，其制坐南向北，祀五土、五稷之神，其牲用一羊、一豕、酒果、香烛、纸随用，每岁轮一户为会首，遇春秋二社，豫期率办祭物……会首诣五土神位前，跪，三献酒，俯伏，兴，平身；次诣五谷神位前，跪，三献酒，俯伏，兴，平身。赞：诣读祝位。赞：跪。会首跪，与祭以下皆跪。赞：读祝，执事者取祝，跪读于会首之左，祝文与官祭同。读讫，赞：俯伏，兴，平身，会首以下俱俯伏，兴，平身”,[④] 其后还有焚烧祭文、会饮礼、读誓词等环节，目的是敬神明、和乡里、厚风俗，创造和谐的乡里环境。

社稷神为谷神、土地神的代名词，只不过在古代社会祭祀过程中，以不同的身份出现，往往有春秋二祭，其中春祭为农历二月初二，秋祭为八月十五，上至帝王，下至地方官员及普通百姓，对社稷神的祭祀非常隆重与虔诚，不但在皇宫内苑设有祭坛，而且几乎遍布全国的府州县乡，是明清社会普遍信奉的神灵信仰。明代定凡皇帝祭祀郊庙、社稷神祇、诸陵、历代帝王，设监礼官二员，相关仪式由太常寺主持，“凡营造宫殿等项，祭告天地、宗庙、社稷、神祇、后土、司工、立木告成及修造在京庙宇、桥梁，各有祭祀，俱本寺掌行。凡岁时旱潦，及命将出师等项，祭告天地、宗庙、社稷神祇，俱本司掌行”。[⑤] 同时光禄寺与太常寺有协作之责，“凡祭天地、社稷神祇，享太庙省牲，先一日本寺卿与太常卿，同于御前奏知，省牲毕，次

---

① （清）丁申：《武林掌故丛书》，江苏广陵古籍刻印社 1985 年版，第 14 页。

② （明）郑复亨：《隆庆海州志》卷 2《山川志》，明隆庆刻本。

③ （明）陈威：《正德松江府志》卷 15《坛庙》，明正德七年（1512 年）刊本。

④ （明）周瑛：《重刊兴化府志》卷 21《礼纪七》，福建人民出版社 2007 年版，第 576 页。

⑤ （明）申时行：《明会典》，商务印书馆 1936 年版，第 4296 页。

日仍同复命”,① 可见专制王朝的帝王对于祭祀之事非常重视。对于地方社会的社稷神灵祭祀，明政府也有相关规定，洪武时定“天下府州县社稷之神，正配位各用羊一、豕一。十一年令在外府州县祭祀典神祇，中祀俱用币，小祀只用牲醴。十四年令在外祭山川等神，以文职长官一员行礼，武官不预，如军民指挥使司，则从本司行之。十八年议准先师孔子及社稷山川，凡县附府者，罢县祭。二十九年令在外未入流官陪祭，俱用祭服”。② 而具体到某县，亦有相应程序，如常熟县“社稷之神，土以生物，谷以养生，土谷之神，民之司命，设坛于北郭门外，每岁春秋二下阕。祝文曰：维某年岁次某甲子某月某朔某日戍，某某官某等敢昭告于县社之神，县稷之神。曰：品物资春，礼宜报乃，养育之功，司土是赖，惟兹仲秋，生民告祀，谨以牲帛、醴齐、粢盛庶品，式陈明，荐尚享”。③ 永乐时福建政和县有社稷坛，祭社稷之神，“石主长二尺五寸，方一尺，埋于坛上，正中近南止露圆尖，距坛边二尺五寸。木主二，高二尺二寸，阔四寸五分，厚九分，座高四寸五分，阔八寸五分，厚四寸五分，其神号一曰：县社之神，一曰：县稷之神，朱漆贵字”,④ 另有神厨三间、库房三间、宰牲房三间，祭器有牲匣、神牌案、祝案、磁碟、磁樽、爵、香炉等，祭物有羊、豕、帛、枣、栗、盐、鱼、稻粱等物。至万历时，该县社稷坛有所变化，“去县治二里，东西二丈五尺，南北如之，高三尺四寸，缭以四垣，门由西入，坛皆北向，陛各三级，万历二十六年知县车名时筑台于其上，长一丈二尺，阔五尺，高三尺五寸，向皆木主，祭则敬，祭毕则置之他所。知县惧其亵也，命工以石为之，高三尺，大二尺，题曰：县社之神、县稷之神，立于坛上，以示社稷不迁之意也，岁以春秋二仲戊日祭”,⑤ 对祭坛规制、神像材质、祭祀时间均做了详细介绍。清代对于社稷之神的重视较明代有过之而无不及，社稷之祭

① 《明会典》，第 4319 页。

② 《明会典》，第 2143 页。

③ （明）杨子器：《弘治常熟县志》卷 3《神祀》，清钞本。

④ （明）黄裳：《永乐政和县志》，厦门大学出版社 2015 年版，第 78 页。

⑤ （明）车鸣时：《万历政和县志》卷 5《祀典志》，明万历三十七年（1609 年）刻本。

不但为大祀，地位高于天神、地祇、太岁、日月、先师、先农，而且皇宫大内有专门的祭坛，设有专官负责祭祀事宜，祭品有规格较高的玉石、玉爵等物品。至于地方社会，清礼制定“直省府州县各建社稷，皆社右稷左，异位同坛，岁以春秋仲月上戊日致祭，省会以总督若巡抚一人主之，有故则布政使摄事，在城文武官县丞、千总以上咸与祭”,① 明确由地方长官负责祭祀事宜，属僚均需参与祭事，具体仪式有主祭官、陪祭官、司祝、司爵、引赞等人，行三跪九叩之礼，礼器、祭品异常丰富。各县在遵循国家礼制的基础上，因自然地理环境与人文环境的差异，祭祀的仪式、细节则有所差异。如山东聊城县“社稷坛岁以仲春、秋上戊日昧爽致祭，用制帛二，黑色，羊一、豕一、铏一、笾四、豆四、簠簋各二，祭仪准同礼部所颁祝文，曰：惟神奠安九土，粒食万方，分五色以表封圻，育三农而蕃稼穑，恭承守土，素展明禋，时届仲春秋，敬修祀典，庶丸丸松柏巩磐石于无疆，芃芃黎苗佐神仓于不匮，尚飨”。② 江苏盱眙县社稷坛在县治西南山，“祭期主祭官整朝衣，诣坛所佥祝文，起鼓三通毕，引至拜位，通赞执事者各司其事，陪祭者各就位，主祭者就位，赞迎神，行三跪九叩头礼，兴，赞奠帛行初献礼，引主祭官诣神位前进香，赞跪，众官皆跪，奠帛初献爵，读祝文，某官某等敢昭告于县社稷之神曰：惟神品物，资生蒸民，乃粒养育之功，司土是赖，惟兹仲春秋，谨以牲帛、醴齐、粢盛庶品，用伸常祭，尚飨”,③ 可见两县在祭文方面有所区别。

明清谷神、社稷神之祭与民间社会的仓神之祭有着密切联系，都是古代社会农业生产不同环节在精神信仰上的反映，体现了祭祀者的心理状态与社会诉求。州县常平仓、社仓、义仓及民间社会仓储的仓神信仰与漕仓信仰既有类似之处，同时也有自身特点，“后世有仓之所必祠司仓之神，非古制。然常平、社、义诸仓皆昔贤创制，以惠济小民者也，既立仓即祠仓神，以致

---

① （清）成瓘：《道光济南府志》卷 18《祠祀》，清道光二十年（1840）刻本。

② （清）陈庆藩：《宣统聊城县志》卷 5《典礼志》，清宣统二年（1910）刻本。

③ （清）郭起元：《乾隆盱眙县志》卷 11《祀典》，清乾隆十二年（1747）刊本。

出纳必质神明之意，且以为民祈福，法甚善也”，① 有着信仰文化的差异性与独特性。

在基层社会中，祭仓仪式往往是州县官员重要的政务之一，作为民之父母，官员们的表率作用，往往会起到激励百姓、开化社会风气的功能，而祭仓不但是国家规定的重要典礼，而且与地方农业生产、民众生活关系密切，所以在地方仓政建设中，往往设专人管理仓储，立仓神庙祭祀神灵。四川东川府“六月六日传为土地诞日，府县衙署各有仓神祠，牲醴致祭，合衙供演梨园数日”，② 通过供奉祭品与演剧以酬神。河南淅川厅有常平仓，“在北门路东，康熙三十三年知县孙堪奉文添造，计廒房二十三间，仓神祠三间，立有碑记，今尚存仓神祠及厢房十八间”。③ 该仓有专门祀典“每岁四月十二日，本厅同知致祭，祭品爵、帛、三牲、酒醴，查旧卷向无祭文，署同知徐光第谨拟一章，云：……惟神实司守卫，用庆丰盈，百谷告成，恃积喜坻”，④ 由本厅行政长官负责主祭，宣读祭文。会宁县祭仓神时祭文曰：“年月日，会宁县知县陈墉谨以牲醴祀于司仓之神，曰：卫民养兵，养兵以食，糗粮刍茭复资民力，胼胝皲瘃，节腹以输，负载牛驴，隶鞭于途，或耗雀鼠谷，飞鸟为蠹，神其驱除，保兹廪庾，官无稗贩，吏无奸偷，春秋报德，式荐醪羞，尚飨”。⑤ 祭文体现了粮、民、兵之间的关系，祭祀仓神的目的是希望仓庾安稳，粮无失盗。章邱县有廒神庙，“在仓所，道光十一年知县吴璋重修。大清通礼祀仓神之礼，羊一、豕一、果实十，盘、壶、爵、镫具，主祭官朝服，率陪祀官行三跪六叩礼，上香三，献爵、燎、楮、帛如仪”。⑥ 另济南府属其他州县也都有廒神庙，每年九月、十月开仓时祭。新化县有开仓礼，“每岁详请减粜，择日开仓，至日陈设牲醴，穿补服祭仓神，行二跪

① （清）方宗诚：《同治枣强县志补正》卷5《记艺文录后》，清光绪二年（1876）刻本。

② （清）方桂：《乾隆东川府志》卷9《风俗》，清乾隆二十六年（1761）刻本。

③ （清）徐光第：《咸丰淅川厅志》卷1《舆地志》，清咸丰十年（1860）刻本。

④ 《咸丰淅川厅志》卷2《礼乐志》。

⑤ （清）徐敬：《道光续修会宁县志》卷下《艺文志》，清道光二十年（1840）刊本。

⑥ 《道光济南府志》卷18《祠祀》。

叩首礼，买补开仓收谷，礼同”。[①] 福建闽县有仓王庙，“在今常丰仓左，祀都仓王，并奉罗汉寺古佛，明洪武十七年，以罗汉废寺改建常丰仓，庙祀之立，当在洪武间”。[②] 常丰仓规模宏大，闽县、侯官县的常平仓也附设于此，存粮数额达二三十万石，地方官员分设仓大使管理仓储收支。关于仓王庙的具体情况，《福州坊巷志》载，“在常丰仓后，祀仓神，称曰‘感应都仓淑安明王’，省称‘都仓王’，其部从有管仓廒大使、掌财库神王、管米谷使者、守禾稻神聪等……每年六月，例有迎赛”。[③] 仓神庙既有主祭，又有配祭，并且有固定的庙会，是福州规模较大的庙宇。北京琉璃厂有义仓，光绪十九年（1893 年）户部尚书翁同龢曾赴琉璃厂义仓，于仓神前行礼[④]，该仓有庙会，每年固定日期举行，有各种祭祀活动与民间表演，吸引大量民众参加。这里的庙会活动不仅是人群对神灵的崇敬心理与实践表达，而且有娱乐与人际交往的因素在其中，“带有较强的目的性与功利性，具有社交礼仪的功能”，[⑤] 是多重情感关系与实践的聚集。

仓神庙宇在民间社会广泛分布，有着庞杂的信仰群体，百姓与群众希冀通过祈祷仓神而实现庄稼丰收、积蓄充裕的愿望。和顺县每年正月二十五日祭仓神，“各家蒸谷、麦团填仓”，[⑥] 形成了一定的民风习俗。吉林各地正月二十五日“为添仓，煮黍饭，焚香楮，祀仓厫，曰祭仓，乡间尤甚”，[⑦] 在民间祭仓之风非常普遍。涞水县正月除有煮饺为食、宗党亲故拜年、祭祖、迎春食元宵等节庆外，“二十日小添仓，黍豆作糜以祭仓神，二十五日大添仓，祭亦如之”，[⑧] 正月中有两天关于仓神的祭祀，充分体现了在传统社会

① （清）关培钧：《同治新化县志》首卷下 3《公典三 · 吉礼》，清同治十一年（1872）刊本。

② （清）郭柏苍：《乌石山志》卷 4《祠庙》，福州天开图画楼刻本。

③ 林家溱：《福州坊巷志》，福建美术出版社 2013 年版，第 167 页。

④ （清）孙殿起：《琉璃厂小志》第 1 章《概述 · 琉璃厂义仓》，通行本。

⑤ 丛振：《敦煌游艺文化研究》，中国社会科学出版社 2019 年版，第 258 页。

⑥ （清）黄玉衡：《乾隆重修和顺县志》卷 7《风俗志》，清乾隆三十三年（1768）刻本。

⑦ （清）长顺：《光绪吉林通志》卷 27《舆地志十五 · 风俗》，清光绪十七年（1891）刻本。

⑧ （清）陈杰：《光绪涞水县志》卷 1《风俗》，清光绪二十一年（1895）刊本。

中民众对于这一信仰的重视。栾城县正月节庆活动丰富，“元旦贴桃符，酿黍酒，蒸麦食，五鼓祭天地，拜祖先，宗族亲友相贺，五日早埽堂宇，委土户外，曰送五穷，先立春一日，有司鼓乐迎春东郊，十五夜元宵、燃灯为乐，二十五日农人祀仓神，曰老添仓”。[①] 仓神信仰在明清基层社会中是非常普遍的，与土地、城隍、关帝信仰共同构成了民间祭祀体系的重要组成部分，因仓储关系民生，又与农业生产、日常饮食密切相关，所以这一信仰是民众社会实践在精神领域的具体呈现，其主要功能除保佑农产丰收、积蓄丰盈之外，往往还寄托了百姓的其他心理诉求，深刻体现了民众祈神的实用性与功利性的目的。

祭祀仓神者除官员、百姓外，还有粮食商人，北京也有填仓或添仓之俗，意为仓储丰盈，积蓄日加之意，每年正月“每至二十五日，粮商米贩致祭仓神，鞭炮最盛，居民不尽致祭，然必烹治饮食以劳家人，谓之填仓”。[②]“二十五日，粮商米贩致祭仓神，鞭炮相接不断，居民烹治饮食，谓之填仓”。[③] 北京作为明清都城，云集各省粮业商人，其祭祀仓神有祈求神灵护佑生意兴隆、粮业亨通之意。《燕京旧俗志》描述得更为详细与生动，“添仓，京师俗呼曰‘天仓儿’，为正月二十五日之小节令也，因此日为仓神之生日，凡官府所管辖之官仓，及有仓囤之各商店，如米面商等类，均须虔诚供祭仓神……各仓祀神典礼极丰盛，牺牲粢盛，异常丰满，燃放鞭炮，又由花户身后预备多数筵席，宴请该仓各项人等聚食，颇极一日之盛。此外，各米面庄等，各大商号，亦均燃放鞭炮，祀神宴众，各仓房米囤之上多贴有‘添仓大吉’之红纸条子”，[④] 祭仓典礼兼有敬神与娱乐双重功能，其内容非常丰富。不止北京如此，运河区域另一城市苏州有粮食商人修建的仓王阁，每岁祭祀仓神，据《五丰公所碑记》载，“职等系粮食营生，向有仓

---

① （清）陈詠：《同治栾城县志》卷 2《风土 · 物产》，清同治十一年（1872）刊本。

② （清）富察敦崇：《燕京岁时记》之《填仓》，清光绪三十二年（1906）刊本。

③ （民国）李家瑞：《北平风俗类征》，商务印书馆 1937 年版，第 40 页。

④ （清）韶公：《燕京旧俗志》引自《行业崇拜神 中国民众造神运动研究》，中国文联出版社 2000 年版，第 386 页。

王阁供奉香火，自遭兵燹，屋宇无存，今拟规复旧章，于同业薪水之中百钱抽一，积成存储，历有数载，经费稍充。光绪三年十月出价钱七百两，置买郑姓房屋一所，共计二十三间，坐落元邑利一上图……议将此房改建仓王阁，供奉圣像为米业公所”。① 仓神是粮食商人凝聚关系的纽带，起着增进交流，强化合作，扩大竞争的作用，是粮商行业的保护神与心灵慰藉的精神信仰。

明清两朝对谷神、社稷神、仓神的祭祀与膜拜，体现了国家、政府与百姓的现实与精神需求，这种信仰一方面有历史传承的原因，正是千百年来神灵文化的沿袭性，促进了相关信仰文化的衍生与丰富，使信奉群体的规模不断扩大，另一方面神灵信仰与国家、民众的生活与需求密切相关，在当时“国以民为本，民以食为天”的现实情况下，增加粮食产量、扩大积蓄，无论对于国家，还是普通民众都是至关重要的。正是这种维持社会稳定、满足生存需求的现状，使仓神等信仰有着广阔的信奉土壤与群体，而统治者与地方官府在祭祀时的虔诚与仪式，又起到了宣教与推广的作用，使更多的民众参与其中，通过修建庙宇、举办庙会等形式以祭神与酬神，使仓神等信仰更加深入到了现实生活之中，与基层社会的联系日佳密切。

二、明清京通仓神信仰与祭祀

京通仓是京城稳定的物质保障，所存漕粮丰富，其能否正常运转直接关系到社稷安危，所以中央政府对于仓储神灵的信仰与祭祀非常重视，不但历代帝王频繁发布诏令以强化仓神信仰的权威性，提升其在国家神灵结构与层级中的地位，而且通过赐予封号、教化宣传等手段，强化仓储官员、劳役人员对神灵的敬畏心理，以促使他们忠于职守、勤于仓务，减少弊端的发生。

---

① 江苏省高邮博物馆：《江苏省明清以来碑刻资料选集》，生活·读书·新知三联书店1959年版，第192页。

明洪武年间定都南京，曾建京都太仓神庙，每年派遣官员进行祭祀，永乐迁都北京后，建太仓神庙于京仓中，“二、八月上旬择日遣户部官祭祀”。[①] 具体为二月、八月的十五日祭祀，祭品有羊一、豕一、饼果五，户部堂上官行礼致祭。《太常续考》亦载，“庙建于太仓，内塑京都太仓神像，前为门，门外为牌坊一座，岁仲春秋，本寺题请遣户部堂上官行礼，京仓之祭自洪武中始，永乐后建庙京师，祭如之”。[②] 明清王朝对京通仓神的重视可通过一系列诏令、谕令、祭祀可见一斑，明英宗正统十年（1445 年）正月，因京仓屡发火灾，损失仓粮巨大，“改旧太仓名京都太仓，春秋遣户部堂上官致祭太仓之神”，[③] 祈祷神灵护佑仓储安稳。成化年间曾二十余次遣户部尚书致祭京都太仓之神，祭祀官员级别为正二品，弘治、正德、嘉靖、隆庆、万历、天启等朝或以尚书、或以侍郎、或以总督主祭，体现了国家对该信仰的重视。入清后，雍正时曾命修缮仓神庙，敕封各司仓之神，其称：“国家漕运之制，远轶前代，积贮盈溢，分建各仓以贮之，仓中或旧有神祠未列祀典，司事者以请下礼部议，通州三仓惟西仓旧有仓神祠。在京城内七仓，惟右翼兴平仓旧有太仓神祠，俱应重加修葺。左翼择于海运仓，城外五仓择于新建之储济仓，各建庙宇，设司仓神位，每岁春秋致祭。敕加封号，封通州仓为‘均调、显佑、司仓之神’，左翼仓为‘丰储、裕饷司仓之神’，右翼仓为‘佑农、广惠司仓之神’，新建二仓为‘凝禧、阜众司仓之神’，各赐御书匾额，载入祀典”。[④] 明清两朝京通仓储数量是不断变化的，存在着新旧之间的更替，而各仓中的仓神庙宇也随之变化，通过该史料可知，并不是所有京通仓储中都有仓神祠宇，而是在中心仓储或较为重要的仓储中方设置，每年固定时节，仓储官员集中于仓神庙中，举行祭祀活动，而帝王也赐予封号或匾额，有重视积蓄、强调存储之意。关于清代京城太仓神变迁的

---

① （明）王圻：《续文献通考》卷 110《郊社考·杂祠》，明万历三十年（1602）松江府刻本。

② （明）佚名：《太常续考》卷 6《京仓庙》，清文渊阁四库全书本。

③ 《明英宗实录》卷 125，正统十年春正月己亥条。

④ （清）官修：《清通典》卷 50《礼》，清文渊阁四库全书本。

具体情况，《清史稿》载，“司仓神，通州三仓旧惟西仓有祠，京内七仓惟右翼兴平仓有祠，雍正间重葺。繇是左翼置庙海运仓，京外五仓置庙储济仓，并立神位。仓场侍郎承祭，用少牢、果品，仓监督陪祀，二跪六拜。诸祭将事以黎明，与祭者咸朝服，此其大凡也”。① 祭仓习俗一直沿至清朝末年，为专制王朝礼仪制度的重要组成部分。

通州作为京师屏障，存粮也极为丰富，“明兴以来，岁额漕粟四百万石佐军国大计，通为畿辅肘腋地，留漕粟三之一入通庾，护卫神京，至长虑也”。②“畿辅咽喉，仓场重地，非他郡城垣可比也”。③ 通州作为明清全国漕粮汇聚之地，不但闸座、衙署众多，而且每年开漕时节，各省漕船充塞河道，船只辐辏、人烟密集，会举行盛大的开漕节以庆祝漕船顺利抵通。《北运河民俗志》通过对北运河区域民俗调研指出，漕船至通有祭坝与开漕节等仪式，“开、停漕节最早源于敬拜吴仲④的祭祀盛典。祭典分春祭和秋祭，尤以春祭为重。仲春时分，当新一年的漕运即将开始，北关码头都会举行隆重的祭坝活动，祭祀疏浚通惠河有功的吴仲等人，以表不忘功德、慎终追远之意，同时祈求神灵保佑，希望时和岁丰、漕运平安”。⑤《通惠祠碑记略》也载，“国家建都燕幽，岁漕东南抵湾，僦牛车，资丁壮，陆挽以达京师，费脚价钜万……毗陵吴公仲……置闸鳞次，转运皆有程度，水利大通，千艘衔尾，直达都门。公去后数十年，民益思之，相与立祠岁祀焉”。⑥ 祭祀时不但有漕运、仓储官员主持相关仪式，而且会有大规模的庙会、集市活动，有花会、杂耍、演剧等娱乐表演，内容非常丰富，吸引了大量民众参加。随

① 赵尔巽：《清史稿》卷84《礼三》，吉林人民出版社1998年版，第1741页。

② 《通粮厅志》之《序》。

③ 《通粮厅志》卷1《城池》。

④ 吴仲字亚夫，明朝官员，正德十二年（1517年）进士，嘉靖七年（1528）任监察御史的吴仲修浚通惠河成功，通州至北京粮运得以由船运输，百姓为纪念其功绩，为其建有生祠。

⑤ 毛巧晖：《北运河民俗志——基于文献与口述的考察》，中国戏剧出版社2019年版，第59页。

⑥ （明）颜鲸：《通惠祠碑记略》，引自《日下旧闻考》卷109，《京畿·通州二》，北京古籍出版社1983年版，第2263页。

着祭坝活动规模的不断扩大及参与人群数量的增多，开漕节在国家与社会中的地位愈加重要，形成了程序规范、仪式隆重、环节众多的国家典礼，开漕节举办时间为每年阴历三月初一前后，这时江南漕船陆续抵达通州，坐粮厅官员先确定祭祀日期，然后准备相关活动，开漕节当天先公祭诸神，参加人员有仓储官员、漕运官员、通州地方官员及附近商人、民众等，然后宣读祭文，鼓乐表演，码头巡视等，再检验第一批新到漕粮，军粮、白粮经纪校验斛斗，最后为民间各种表演，有舞狮子、巡坝戏、戏班表演、花会表演等。

通州除开漕节外，漕粮入仓后，还有相应的神灵信仰与祭祀，并且这一信仰随着时代不断变化，并非固定不变。明代北京诸仓有太仓神庙，而通州仓并未有具体的仓神之名，大运仓中最早修建的神灵庙宇为增福庙与土地祠，其中增福庙就起着仓神类似的功能，“增福庙在大运西仓之内，永乐年间立仓时所并建者，三厅，上任及年终俱祭谒于此。土地祠，各厅俱一座，立于大门之内以东，朔望谒之。其余三仓入门内外及仓内厫尽之处，夹道之间，各庙甚多”。①《曝书亭集》也载：“漕天下之粟达京师，储四之一于通州，设西、南、中三仓贮之，列厫二百五十有奇，计纳米二百万斛，领以户部分司四员，而西仓所贮居半，爰立庙其处，以祀神……出纳之有其数，车筥米粟之有其辨，匪特藉人事之谨而已，相因而不红腐，长满而无耗实，惟神焉相之。神之号未详乎祀典，考《春秋》佐助期，天廪仓神明均名，然则今之所祀，将毋是与，曰增福者，从其旧也。盖自明永乐中，通政使李暹请于朝，始建令甲太仓之神，诹吉日遣户部官致祭，则分司之在通州者，得祭于神礼也。”② 另据《重修通州大运仓庙垣记》载：“增福庙在大运西仓之中，盖我朝永乐间立仓时所并建者，仓凡四所，旧俱未有名，正统元年命以在城中者为大运中仓，城东者为大运东仓，其在城外今为新城者为大运西南仓，则督仓太监李德、通政李暹之所请也，庙以翊祐仓储……朝廷以贮江南之漕以充军国之计，以寿宗社之脉于万万年者，其所系视水火之切于人，

① 《通粮厅志》卷 6《祠庙》。

② （清）朱彝尊：《曝书亭集》卷 69《通州西仓增福神祠碑》，中华书局 1941 年版，第 504 页。

尤大而重，夫事大且重则凡维持保护……殆有非人力所尽能者，是则神以翊之，亦其宜哉，夫庙宇之修饬较诸仓庾其尚可缓乎哉！”① 增福庙实为仓储的保护神，起着与京城太仓神庙同样的作用。除此之外，通州仓还有崇报祠，“崇报祠在石坝迤北，大官厅之左，以祀巡视通仓御史吴仲暨户部郎中尹嗣忠、工部郎中何栋，通惠河之役，三人之功为最，故祭坝、行粮时祀之”。② 嘉靖年间吴仲等疏浚通惠河，使漕船得以畅通无阻，便利了漕粮运输与入仓，对过往贤能官员进行祭祀，一方面具有追功忆贤、不忘先人劳苦之意；另一方面吴仲等人作为人格神受到崇敬，体现了人的主观能动性与创造力，以激励后人有所作为。另有曹公祠，“在北关外河下，挖运起粮厅之内，以祀户部主事曹公维新，密、昌二镇水运自曹君经理始，故祀之”。③ 密云、昌平二地为明代畿辅战略要地，屏卫京城，所需军粮主要从通州仓挖运，而曹维新开辟了通州至密、昌二地的水运，便利了粮食运输，故予以祭祀。

清末，京通仓神信仰与祭祀有着盛大的仪式活动，文化内涵丰富。1938年北京《实报》所记清代京通仓场习俗，“大添仓日，仓场亦有一小仪式，即仓吏于是日大祭仓神”。④ 1940年该报又载有《添祭祀仓神》一文，其文曰：“清时京通十七仓皆米谷满廒，至添仓日，总督仓场侍郎衙门率各仓监督，祭仓于海运仓，祭毕举行聚餐。自次日起，始行开仓粜粮，是为仓场之添仓”，⑤ 可见添仓之风俗不仅存在于粮食商人与民间社会之中，而且也盛行于京通仓场，是国家官仓每年举行的重要仪式活动。通过祭祀仓神，仓场官员祈祷仓场平安，减少水火之灾、失窃之祸等方面的危害。

明清京通仓储的祭仓仪式带有明显的国家典礼性质，无论是参祭的官员、祭品的规格、礼仪程序都有着明确的规定，是当时中央政府国家礼仪的

① 《通粮厅志》卷11《艺文志下·碑记》。

② 《通粮厅志》卷6《祠庙》。

③ 《通粮厅志》卷6《祠庙》。

④ 李乔：《行业崇拜神——中国民众造神运动研究》，中国文联出版社2000年版，第387页。

⑤ 《行业崇拜神——中国民众造神运动研究》，第387页。

重要组成部分。京通仓祭一方面体现了中央王朝对积蓄的重视，希望以此为表率，使整个国家与社会强化对农业生产、丰实粮储的关注，以神之名而表达统治者的意愿，而相关庆典、庙会、表演则是由祭仓而衍生出的更为丰富的文化内涵，由神到人，由国家庆典到民间娱乐，仓神信仰所表达的已不仅仅是限于京通仓储，而是在国家、社会、民众互动关系中逐渐演变、完善而成的仓俗信仰体系，是一种文化的多元互动与实践表达。

第二节　明清水次仓仓神信仰与社会关系

明清水次仓包括沿线城市大型水次漕仓与基层社会小型漕仓两种，二者在管理制度、作用功能、人群关系上区别很大，在仓神祭祀上，大型漕仓留存的资料较少，几乎不见诸记载，而小型漕仓祭祀主要以湖南、江西为主，漕粮交兑数额较多的江浙地区却几乎没有相关内容记载，其原因可能在于两湖、江西等地水道环境复杂，仓神祭祀往往与开征礼、祭祀江河水神结合在一起，所以形成了群体神灵祭祀的系统与相关仪式，而江浙等地漕粮交兑距离较为便利，程序较少，同时也可能受当地风俗的影响，对仓神的祭祀较少，没有形成普遍的信仰习惯。

一、大型水次仓的仓神信仰

明清两朝京杭运河沿岸有天津、德州、临清、淮安、徐州、江宁、凤阳等大型水次仓。明代中前期水次仓转运江南、山东、河南等地漕粮，存粮数额巨大，后随着兑运法、长运法的实行，大型水次仓存粮逐渐减少，至清代中后期甚至丧失了国家户部监仓的权力，由粮道或其他地方官员代管，其作用也由转运、存储、赈灾、公共工程用粮、运军行月粮、驻军俸粮转为只给运军、驻军提供粮需。运河沿岸大型水次仓中的仓神信仰相关史料记载的并不多，对相关仪式与祭祀活动的描述则更少，现就相关存留资料予以分析，以期揭示大型水次仓的相关信仰情况。

清代大型水次仓的仓神信仰在德州仓、淮安仓、临清仓等仓储中有所体现。德州仓为清代山东运河沿岸重要水次仓储，存粮除转运京通仓外，还为路经运军、水手及本州驻军提供食粮与俸粮，该仓有厫神庙，各卫军卒至此兑粮或休憩时常进行祭祀，据《德州厫神庙碑》所载内容称："惟嘉庆十五年春二月既望，山东济、武二府运粮官吏、旗丁等，奉醴牵牲，致祭于德州水次厫神之庙，仰而言曰：呜乎！我国家受天命，食万方，薄海之间，供亿输将，惟虞不及，惟山东于王畿尤密迩，每岁仲秋我二府官丁挽粟飞刍，会于兹土，迺于河湄即仓以贮，时则惟我厫神鉴明德之馨香，矢其精灵，以佐我天子，故粟贮之日，不患寇盗，而亦不畏燥湿，由是万船而上，入于京师，于以供玉食，于以为官禄，于以备民赐，于以给军储"。[①] 该庙位于德州北厂，临近卫河，前往庙宇致祭的为济南府、武定府运粮旗军，目的是祈祷神灵保佑漕粮运输通畅，按时抵达京通二仓，满足国家各项供需。德州水次仓厫神也有相应的出处，"旧记庙创宇前明，失岁月，修于神宗万历二十六年，考厥神名，或曰汉相国酇文终侯萧公何，或曰唐忠州刺史刘公晏也，呜呼！二公转漕于当年，俾无虞匮阙"，[②] 在这里厫神推测为与漕运相关的两位人物萧何与刘晏，两人均为历史上的名相，为当时漕运的发展、国家的稳定做出过重要贡献，两人由人到神的转变，也体现了漕运作为国家大政背景下，对名人的塑造有助于增强漕运的权威性与信仰的正统性。淮安清江浦常盈仓有仓神祠，"仓神祠，清江浦户部仓北，明天启年间建"，[③] 户部仓储每年收兑漕粮及重要节庆时，仓储官员都要祭祀仓神，祈求粮储稳定。临清水次仓也有仓神庙建筑，仓储位于运河东岸地势高阜之地，方便识别与管理，每座仓储标有编号，每仓有正门，平时为管仓官员出入之所，旁侧开有小门，为栅门，为方便推送粮食的车辆行走之用。临清仓储群由临清、广积、常盈三仓组成，其中以广积仓规模最大，管理机构也设于此，该仓正门

① （清）管同：《因寄轩文集》卷7《德州厫神庙碑》，清道光十三年（1833年）官氏刻本。

② 《因寄轩文集》卷7《德州厫神庙碑》。

③ （清）杜琳：《续纂淮关统志》卷12《寺观》，清乾隆刻嘉庆光绪间递修本。

内前面正中为殿堂及朝房，是管仓官员日常办公、处理政务的场所，正堂后面为成排的粮仓，粮仓后为神祠，祭祀仓神、土地神等，每逢收粮或年节，户部管仓主事会率领所属官员前往神祠中进行祭拜，以祈求仓储平安，无水火之患。

明清两朝关于沿河大型水次仓留存下来的仓神信仰资料非常匮乏，基本不见诸史料。一方面，可能因为是随着仓储的衰落，祭祀人群减少，仓神信仰逐渐弱化。另一方面，随着管理程度的降低，由国家管理到地方管理，仓储的重要性明显降低，同时与旗军、兑粮民众的联系逐渐减少，因此相关的仓神建筑废毁严重，尤其是清朝中后期大型水次仓功能单一化，加上长期不予以维护、修缮，很多仓储废为瓦砾，仓神祭祀更是无人予以关注，难以留存相关资料。

二、基层社会漕仓的神灵信仰

明清基层社会的漕仓或以水次仓、水次兑军仓，或以便民仓等名出现，在分布地域范围、数量上远远超过京通仓与国家大型水次仓，同时因与基层社会、普通纳漕民众的联系最为密切。所以对仓神的信仰非常尊崇，不但漕粮征收有开征礼，兑仓有祭神礼，漕船开行有祭江河水神礼，而且无论是地方州县官员，还是普通民众，都将祭祀仓神视为政务与社会生活的重要组成部分，有着相应的程序与制度。作为中国古代信仰文化的重要组成部分，漕仓中的神灵信仰与一般性的仓神信仰有着明显的区别。首先，漕仓所存漕粮为国家赋税的重要组成部分，既与民众、地方政府有关，同时又是专制王朝积蓄的最初来源，所以仓神祭祀联系起了国家、地方政府与民众之间的关系。其次，地方漕仓神灵祭祀的主持者是官方，而普通民众却是重要的参与者，这是因为漕粮交纳与入仓关系到他们的切身利益，必然会希望在神灵祭祀中能够体现自身的影响。最后，基层社会漕仓神灵信仰往往没有固定的庙宇或相关建筑，而是直接在仓储之中进行祭祀，而京通仓、大型水次仓有独立的庙宇建筑，这是因为基层社会漕仓祭祀与兑粮可同时进行，减少了不必要的环节，不但可加快征兑速度，同时还能减少相关建设的费用，降低地方财政与民众的负担与压力。

明清各省漕粮交兑有不同的特点，江北山东、河南两省漕粮交兑时，对仓神的祭祀多在卫河沿岸或京杭运河沿岸的仓储中进行，这是因为两省的主要运输河道为卫河、京杭运河，所以无论漕粮交兑、入仓，还是运军运输都发生于这些区域。清代文学家厉秀芳曾任山东武城县知县，在征收漕粮时记曰："余下廒收漕，见廒门外米车壅塞于道，余曰：何纳粮之众多也。吏曰：今岁大熟，故争早纳，入拜廒神毕，余曰：尔见廒门外米车之多乎，曰：约数千石，当分三日收之"。① 武城县漕仓位于卫运河沿岸，民众交粮非常便利，不需长途运输。每年征漕时节，知县会亲临漕仓，祭拜仓神，检查收兑工作，防范舞弊行为的发生，而其中祭仓既是国家规定的仪式与典礼，也是征兑漕粮的开始，实为以神之名行国家征税之实。清代河南漕粮交兑于卫河沿岸内黄县之楚旺镇，道光时河南粮盐道李钧曾监兑漕粮交兑于楚旺漕仓，先祭祀仓神后，方开斛兑运，可见祭仓是兑粮前必须经历的典礼与仪式。江浙等地除京杭运河作为主航道外，还有长江、淮河等数量众多的河流，所以基层社会漕仓分布数量多，但留存下来漕仓神灵祭祀的资料却很匮乏。江都县每年开仓兑粮及漕船开行都要祭祀仓神，其费用列入县里的府库开支，有祭品钱五千四百文。两湖与江西等省主要以长江及其支流作为运输通道，所以仓神祭祀主要发生于这些水道附近。湖南茶陵州漕仓"每岁开征漕米或减粜积谷，秋收买补，俱先期出示开仓，至日陈设牲醴，穿补服祭仓神，奠酒三爵，行二跪六叩首礼，惟征漕则奖赉绅士、花户，与开局征饷同"，② 可见官方对于漕仓征兑非常重视，有着固定的程序，在服装、祭品、处理官民关系上都有着相应的要求。当漕船开行时，"每年漕船装载既齐，定期开帮，先设次于文星门外江，至日陈设牲醴，穿补服祭江神，奠酒三爵，行三跪九叩首礼"，③ 从漕粮交兑、入仓、开船，地方政府与民间社会都会通过相应的仪式以祈求神灵的保佑，寻得心灵的慰藉，希冀漕运任务能

① （清）胡文炳：《折狱龟鉴补》卷6《杂犯下》，清光绪兰石斋刻本。

② （清）福昌：《同治茶陵州志》卷11《祀典》，清同治十年（1871年）刻本。

③ 《同治茶陵州志》卷11《祀典》。

顺利完成。湘潭县、嘉禾县、平江县"开征礼，每岁开征钱粮、漕米及漕船开行，旧例县官俱于所在各神致祭行礼。开征钱粮祭库神，开征漕米祭仓神，漕船开行祭江神，皆陈设牲醴，正官穿补服，库、仓二神行一跪三叩礼，上任开征"。[①] 祁阳县也有开征礼，"每岁开征钱粮，旧例县官于库神致祭行礼，祁邑漕米例系折收，故不设祭仓神。陈设牲醴，正印官穿补服，行一跪三扣头礼，上任开征"。[②] 库神、仓神均为明清基层社会重要的神灵，在钱粮征收时举行相关祭祀活动，具有相当重要的仪式性与权威性，在一定程度上代表了国家征收税赋的合法地位。江西乐平县漕仓在东门外，"即便民仓，其屋南四楹，衡敞天井，东西各四楹，中敞大天井，俱分廒储米，官厅坐北向南，内奉仓神，后列仓廒，分储积谷"。[③] 江西武宁县有双忠庙，"在北楼，源祀张巡、许远，明知县冯琦建，一名朝天庙，以漕运开兑致祭"，[④] 实为起着漕运神、仓神信仰方面的功能。

明清基层社会漕仓神灵信仰最大的特点是与普通民众、州县官府的联系最为密切。作为区域社会的公共空间，漕仓汇聚了多方利益群体，这里既有监兑漕粮的州县官员、胥吏，也有交粮民众，还有前来收粮的旗军，他们祭祀仓神的目的也有着一定的差异，对于州县官员来说，祭仓不仅仅是一项礼仪制度与兑粮程序，而且也有着祈祷仓神，保佑漕粮按时交兑之意，而百姓更多的是希望交粮成功，不受勒索与压榨，完成国家的粮赋任务，而旗军祭仓神与江河水神，则希望顺利完成漕粮上船任务，运输途中平安稳定。尽管不同群体祭仓的目的各不相同，但在明清地方社会中，祭祀漕仓神灵已成为地域文化中的重要组成部分，体现了该地的民俗文化与精神信仰。

---

① （清）白璟：《乾隆湘潭县志》卷14《礼仪》，清乾隆二十一年（1756）刻本。
② （清）矿敏本：《乾隆祁阳县志》卷4《礼仪》，清乾隆三十年（1765）刻本。
③ （清）董萼荣：《同治乐平县志》卷3《仓储》，清同治九年（1870）刻本。
④ （清）何庆朝：《同治武宁县志》卷11《坛庙》，清同治九年（1870）刻本。

结　语

中国大运河有着两千五百余年的历史，在古代社会发挥了巨大作用，产生了重要影响，而其遗留下来的物质、非物质文化遗产更是不计其数，其价值弥足珍贵。关于中国运河的研究早在清末民初就已经有相关成果出现，对河道变迁、漕运沿革进行阐释与论述，为运河文化的相关研究开辟了先河、奠定了基础。新中国成立后，运河研究的内容与范围日佳开阔，特别是20世纪80年代以来出现了大量的作品，涉及漕运系统的诸多方面。运河申遗成功后，相关学科的研究受到了广泛的关注与重视，逐渐从过往单纯的历史研究向文化遗产学、旅游学、环境学、人类学、社会学等多学科综合发展，甚至出现了运河学这一综合性学科门类的尝试。随着国家与社会重视程度的提高，当今的运河文化研究达到了一个高峰，无论是历史探讨，还是社会现实的观照，都涌现出了一大批学者与成果，有着广阔的研究空间与良好的发展前景。

漕仓文化作为中国大运河文化的重要组成部分，作为漕运系统的关键环节，其产生、发展、衰落经历了长期的历史演变，其变化的过程往往与当时的时代背景、河道状况、漕运政策、军事政局发生着密切的联系。漕仓最初产生是与水道、政治相伴生的，从商代的巨桥仓、秦代的敖仓到隋唐洛口仓、含嘉仓，再到明清的京通仓、水次仓，所有的仓储都是源于政治而生，都是统治者巩固政权的策略与方法，但随着社会的演变，仓储的功能与作用不断强化，从政治、军事领域逐渐延伸到经济商业、民众生活、社会信仰等诸方面，影响了社会的方方面面。为了强化对仓储的管理，古代政权设立了大量的管理机构与管理人员，制定了详细的运作章程，以力图维系其长期稳定运转，尽管统治者力图做到面面俱到、事无巨细都予以控制，但随着各种弊端与问题的出现，漕运系统的漏洞越来越大，而仓储也成为腐败者的渊薮，成为各种势力利益博弈的对象。从管理者的懈怠、胥吏的苛索、劳役人员的勾连，再到纳漕民众与地方官府、运军的斗争，这其中充斥着不同社会群体的利益诉求，他们都希望通过不同的手段来实现利益的保障与维持。而中央政府在寻求平衡不同群体利益的基础上，会最大程度地维持国家供给、财库充裕、社会稳定，同时也会出台各种规章制度对腐败行为进行惩处，藉以达到国家威望的提高与公信力的形成。不过随着河道的淤塞及商品经济的发展、新式交通工具的出现，传统漕运日薄西山，仓储体系也不断败坏，最终随着清王朝一起消失于历史的烟云之中。本书与过往研究相比，更加关注“人”的主观能动性，分析仓储系统中不同人员之间的关系、人与社会的互动关系，通过不同关系的研究、分析，以揭示当时漕运、社会的发展规律与运行轨迹，总结历史的经验与教训。该书在分析上述观点的基础上，总结出以下几点结论。

首先，对运河及漕运仓储的探讨并非只是单纯的历史研究，而是具有相当的现实价值与意义。大运河及传统漕运在历史上发挥了巨大作用，影响到了社会的方方面面。但任何事物都是一把“双刃剑”，有正面的价值，也有负面的弊端，大运河与漕运也是如此。运河的开挖侵占了沿岸的土地、破坏了正常的河道水系，导致水旱失衡、土地盐碱化、区域环境恶化，而庞大的漕运系统不但消耗了国家财政、增加了民众负担，而且也使不同社会群体之间的冲突加剧。漕运仓储在历史上曾起到了存贮、转运、赈灾、军事供给的作用，是传统国家统治的物质基础，是明清王朝赖以维系的经济命脉，但其内部的权力斗争、贪污腐败、利益博弈也是非常的严重与剧烈，导致了诸多弊端的出现。这些历史的经验与教训，对于我们今天的社会建设具有一定的启迪意义，告诉我们在水利工程施建、河道维护时，一定要敬畏自然，遵循自然规律，把保持生态平衡、维系人与自然和谐共生作为首要的目标，决不能因为暂时经济的发展而破坏生态环境。同时，在建设运河文化带、运河国家公园及运河旅游开发、运河古镇打造时，一定要秉持保护、传承、利用相结合的原则，缺一不可，要处理好不同方面之间的关系，要以史为鉴、面向未来，遵循科学、合理、系统的建设方法与思路，实现运河文化的可持续发展。

其次，明清漕运仓储的形成虽是国家政治需要的结果，但其与区域社会之间则是一种双向互动的关系，其研究内容涉及了政治、军事、经济、社会保障、民俗信仰、社会治理等诸方面。过往关于运河、漕运的论述多关注于政治制度方面的建置沿革等，即便涉及人员关系也主要从政治史的角度进行分析，难以跳出这一窠臼。看运河、漕运与社会之间的互动关系，存在一定的不足与局限。随着研究思路的开拓与研究内容的深化，作为漕运系统重要组成部分的漕仓已不再是单纯的政治制度史研究，而需从其内部关系及人员构成着眼，既要在管理制度、运作机制中探究人的参与度、关注度及情感变化，分析人在制度建设中的地位与作用，同时还要强化仓储与区域社会关系的研究。一方面，不同类型的漕仓影响到的地域范围不同，所涉及的人群差异很大，对地方社会秩序的冲击与重塑也各有特色；另一方面，区域社会也影响到了漕仓的演变，无论是仓储的灾荒赈济、粮价平衡、工程用粮，还是军事供需、仓弊整顿，都是仓储应对社会现实的反映，体现了一种双向互动关系。

再次，对明清运河漕运仓储与区域社会的探讨拓展了运河史、漕运史的研究范围，有利于进一步丰富研究内容，建构研究体系，促进运河学学科的形成与发展。运河史、漕运史的研究范围广阔，涵盖河道、水利工程、生态环境、漕粮、漕船、漕政、漕丁、漕法、文化遗产等诸方面，而漕仓的研究属比较薄弱的环节，不但研究成果数量少，而且对仓储与区域社会关系的探讨一直不是很深入。本书的出版对于进一步拓展漕仓研究的深度，推进运河学学科建设步伐，增强漕运政治制度史与社会史、经济史、人类学之间的交流，具有一定的价值与意义。

最后，中国运河史、传统漕运史的研究前景是广阔与富有魅力的，但发展道路也并非一帆风顺。随着研究范围的扩大与研究人员的增多，关于多学科、跨学科的探讨将会日佳激烈，期间必然会有各种学术观点的碰撞与冲突，甚至会有学术进程的反复与曲折。无论是在资料的解读方面，还是在学术与社会现实的结合方面，都将会有不同的学者从不同的角度进行分析，而如何辨别正确的方向，从中选择最合适、最科学的思路与方法，将会对运河文化的发展方向产生重大冲击与影响。但无论前方的道路如何艰难，在学术氛围日益浓厚、社会各界不断关注的大好形势下，包括漕运仓储在内的运河史、漕运史研究必将会迎来一个更加美好的明天！

参考文献

一、古籍文献

1. （春秋）左丘明：《左传》，岳麓书社 1988 年版。
2. （春秋）左丘明：《国语》，上海古籍出版社 2015 年版。
3. （战国）孟子：《孟子》，中华书局 2006 年版。
4. （汉）司马迁：《史记》，中华书局 1959 年版。
5. （汉）许慎：《说文解字注》，上海古籍出版社 1981 年版。
6. （汉）刘向：《战国策》，上海古籍出版社 2015 年版。
7. （汉）刘向：《淮南子》，岳麓书社 2015 年版。
8. （汉）刘向：《说苑》，商务印书馆 1937 年版。
9. （汉）班固：《汉书》，中华书局 2012 年版。
10. （晋）陈寿：《三国志》，吉林大学出版社 2005 年版。
11. （北魏）郦道元：《水经注》，岳麓书社 1995 年版。
12. （南朝宋）范晔：《后汉书》，岳麓书社 2008 年版。
13. （唐）魏征：《隋书》，中华书局 2000 年版。
14. （唐）房玄龄：《晋书》，中华书局 2000 年版。
15. （唐）李延寿：《北史》，中华书局 1974 年版。
16. （唐）杜佑：《通典》，岳麓书社 1995 年版。
17. （唐）李林甫：《唐六典》，中华书局 1992 年版。
18. （唐）李吉甫：《元和郡县图志》，中华书局 1983 年版。
19. （宋）司马光：《资治通鉴》，吉林人民出版社 1997 年版。
20. （宋）欧阳修：《新唐书》，中华书局 2000 年版。
21. （宋）薛居正：《旧五代史》，中华书局 2003 年版。

22. （宋）周去非：《岭外代答》，中华书局 1985 年版。
23. （宋）徐天麟：《西汉会要》，商务印书馆 1935 年版。
24. （宋）王溥：《唐会要》，中华书局 1985 年版。
25. （宋）王钦若：《册府元龟》，中华书局 1960 年版。
26. （元）脱脱：《宋史》，吉林人民出版社 1995 年版。
27. （元）脱脱：《金史》，中华书局 1975 年版。
28. （元）马端临：《文献通考》，商务印书馆 1936 年版。
29. （明）宋濂：《元史》，中华书局 2000 年版。
30. （明）杨宏、谢纯：《漕运通志》，方志出版社 2006 年版。
31. （明）席书：《漕船志》，方志出版社 2006 年版。
32. （明）徐光启：《农政全书》，中华书局 1956 年版。
33. （明）刘三吾：《刘三吾集》，岳麓书社 2013 年版。
34. （明）王琼：《漕河图志》，水利电力出版社 1990 年版。
35. （明）冯梦龙：《东周列国志》，岳麓书社 2014 年版。
36. （明）丘浚：《大学衍义补》，京华出版社 1999 年版。
37. （明）李贽：《藏书》，中华书局 1974 年版。
38. （明）傅维麟：《明书》，中华书局 1985 年版。
39. （明）于慎行：《谷山笔尘》，中华书局 1984 年版。
40. （明）周之翰：《通粮厅志》，明刻本。
41. （明）刘斯洁：《太仓考》，明万历刻本。
42. （明）申时行：《明会典》，商务印书馆 1936 年版。
43. （明）梅守德：《嘉靖徐州志》，明嘉靖间刊本。
44. （清）张廷玉：《明史》，中华书局 2000 年版。
45. （清）顾炎武：《山东考古录》，中华书局 1985 年版。
46. （清）顾炎武：《肇域志》，上海古籍出版社 2011 年版。
47. （清）顾祖禹：《读史方舆纪要》，中华书局 1957 年版。
48. （清）王夫之：《船山遗书》，北京出版社 1999 年版。
49. （清）钱大昕：《恒言录》，新群书社 1923 年版。
50. （清）刘文淇：《扬州水道记》，广陵书社 2011 年版。
51. （清）陈梦雷：《古今图书集成》，中华书局 1985 年版。
52. （清）王鸣盛：《十七史商榷》，上海古籍出版社 2014 年版。
53. （清）永瑢：《历代职官表》，中华书局 1985 年版。
54. （清）魏源：《魏源集》，岳麓书社 2011 年版。

55.（清）严可均：《全汉文》，商务印书馆 1999 年版。
56.（清）严可均：《全晋文》，商务印书馆 1999 年版。
57.（清）于敏中：《日下旧闻考》，北京古籍出版社 1985 年版。
58.（清）钱仪吉：《三国会要》，上海古籍出版社 2006 年版。
59.（清）福趾：《户部漕运全书》，清光绪刻本。
60.（清）杨锡绂：《漕运则例纂》，清乾隆刻本。
61.（清）于睿明：《康熙临清州志》，清康熙十三年（1674 年）刻本。
62.（清）王道亨：《乾隆德州志》，清乾隆五十三年（1788 年）刻本。
63.（民国）夏仁虎：《秦淮志》，南京出版社 2006 年版。
64.（民国）王守恂：《民国天津县新志》，民国二十七年（1938 年）刻本。
65.（民国）李树德：《民国德县志》，民国二十四年（1935 年）铅印本。
66.（民国）徐子尚：《民国临清县志》，民国二十三年（1934 年）铅印本。

二、今人论著

（一）著作类

1. 全汉升：《唐宋帝国与运河》，商务印书馆 1944 年版。
2. 史念海：《中国的运河》，陕西人民出版社 1988 年版。
3. 谭其骧：《中国历史地图集》，中国地图出版社 1982 年版。
4. 李文治、江太新：《清代漕运》，中华书局 1995 年版。
5. 姚汉源：《京杭运河史》，中国水利电力出版社 1998 年版。
6. 安作璋：《中国运河文化史》，山东教育出版社 2006 年版。
7. 彭云鹤：《明清漕运史》，首都师范大学出版社 1995 年版。
8. 李治亭：《中国漕运史》，文津出版社 2008 年版。
9. 蔡泰彬：《明代漕河之整治与管理》，台北商务印书馆 1992 年版。
10. 陈桥驿：《中国运河开发史》，中华书局 2008 年版。
11. 邹逸麟：《中国历史地理概述》，福建人民出版社 1993 年版。
12. 潘镛：《隋唐时期的运河与漕运》，三秦出版社 1986 年版。
13. 傅崇兰：《中国运河城市发展史》，四川人民出版社 1985 年版。
14. 傅崇兰：《中国运河传》，山西人民出版社 2005 年版。
15. 许檀：《明清时期山东商品经济的发展》，中国社会科学出版社 1998 年版。
16. ［美］黄仁宇：《明代的漕运》，新星出版社 2005 年版。
17. 张含英：《历代治河方略述要》，商务印书馆 1945 年版。
18. 吴琦：《漕运与中国社会》，华中师范大学出版社 1999 年版。

19. 陈峰：《漕运与古代社会》，陕西人民教育出版社 2000 年版。

20. 王云：《明清山东运河区域社会变迁》，人民出版社 2006 年版。

21. 李泉、王云：《山东运河文化研究》，齐鲁书社 2006 年版。

22. 张小也：《官、民与法：明清国家与基层社会》，中华书局 2007 年版。

23. 倪玉平：《清代漕粮海运与社会变迁》，上海书店出版社 2005 年版。

24. 倪玉平：《海上生命线：晚清漕粮海运之路》，北京师范大学出版社 2015 年版。

25. 蔡藩：《京杭大运河水利工程》，电子工业出版社 2014 年版。

26. 张礼恒、吴欣、李德楠：《鲁商与运河商业文化》，山东人民出版社 2010 年版。

27. 崔岷：《洗冤与治吏：嘉庆皇帝与山东京控》，中央民族大学出版社 2012 年版。

28. 邹宝山：《京杭运河治理与开发》，水利电力出版社 1990 年版。

29. 李德楠：《明清黄运地区的河工建设与生态环境变迁研究》，中国社会科学出版社 2018 年版。

30. 于德源：《北京的漕运与仓场》，同心出版社 2004 年版。

31. 毛巧晖：《北运河民俗志——基于文献与口述的考察》，中国戏剧出版社 2019 年版。

32. 赵维平：《明清小说与运河文化》，上海三联书店 2007 年版。

33. 郑民德：《明清京杭运河沿线漕运仓储系统研究》，中国社会科学出版社 2015 年版。

34. 王耀：《水道画卷：清代京杭大运河舆图研究》，中国社会科学出版社 2016 年版。

35. 钟行明：《经理运河：大运河管理制度及其建筑》，东南大学出版社 2019 年版。

36. 王长松：《城市地名规划：理论与实践》，光明日报出版社 2014 年版。

37. 吴士勇：《明代总漕研究》，科学出版社 2017 年版。

38. 邱春林：《钟九闹漕》，中国文联出版社 2001 年版。

39. 孙敬文：《钟九闹漕叙事长诗》，武汉人民出版社 1957 年版。

40. 胡梦飞：《中国运河水神》，山东大学出版社 2018 年版。

41. 胡克诚：《逋赋治理与明代江南财赋管理体制的变迁》，科学出版社 2019 年版。

42. 丛振：《敦煌游艺文化研究》，中国社会科学出版社 2019 年版。

43. 李学通：《城市与运河》，河北人民出版社 2012 年版。

44. 李跃乾：《京杭大运河漕运与航运》，电子工业出版社 2014 年版。

45. 中国水利史典编委会：《中国水利史典・运河卷》，中国水利水电出版社 2015 年版。

46. 赵鹏飞、谭立峰：《大运河线性物质文化遗产——山东运河传统建筑》，中国建筑工业出版社 2019 年版。

47. 刘文峰：《济宁京杭运河及南旺枢纽》，中国水利水电出版社 2018 年版。

（二）论文类

1. 邹逸麟：《从含嘉仓的发掘谈隋唐时期的漕运和粮仓》，《文物》1974 年第 2 期。

2. 高寿仙：《明代京通二仓述略》，《中国史研究》2003 年第 1 期。

3. 董进泉：《隋末仓储与李密瓦岗军》，《复旦学刊》（社会科学版）1982 年第 6 期。

4. 张程娟：《从漕运卫所和仓储体系看明前中期漕运改革——以徐州地区为中心的考察》，《史林》2017 年第 5 期。

5. 阮宝玉、吴滔：《明清漕粮运输方式推行中的区域差异——以州县水次仓为视角》，《中国历史地理论丛》2016 年第 3 期。

6. 张程娟：《明代运河沿线的水次仓与城镇的发展——以山东张秋镇为例》，《中山大学研究生学刊》（社会科学版）2014 年第 1 期。

7. 李菁：《明代南直隶地方漕仓研究》，《建筑史》2013 年第 2 期。

8. 郑民德：《漕运与国脉：略论明代的淮安常盈仓》，《武汉理工大学学报》（社会科学版）2013 年第 2 期。

9. 胡梦飞：《明代淮安的常盈仓》，《江苏地方志》2012 年第 6 期。

10. 刘捷：《明代京杭大运河沿线的转运仓与运河城市》，《建筑史》2006 年第 1 期。

11. 杨品优：《明清漕运与南昌城外的空间格局——再论江西省仓》，《江西社会科学》2019 年第 8 期。

12. 刘婷：《从考古发现看隋唐时期漕仓的变化》，《中原文物》2019 年第 1 期。

13. 郑民德：《漕运天下与王朝兴衰——以隋唐大运河洛口仓为对象的历史考察》，《中原文化研究》2018 年第 4 期。

14. 杨家毅：《明清北京通州城与漕运仓储的关系》，《江南大学学报》（人文社会科学版）2018 年第 2 期。

15. 张叶、吴滔：《从淮仓到淮库：漕粮加耗折银与明代财政》，《史林》2017 年第 4 期。

16. 王聪明：《漕官为善：丰济仓的运作实态与晚清清江荒政》，《中国社会经济史研究》2014 年第 4 期。

17. 曾谦：《隋唐洛阳运河体系与漕粮运输》，《农业考古》2013 年第 1 期。

18. 钟行明：《明代京通仓的管理运作》，《中国名城》2011 年第 4 期。

19. 万来志：《清代粮仓制度探析》，《内蒙古农业大学学报》（社会科学版）2010 年第 6 期。

20. 张晓东：《秦汉漕运的军事功能研究——以秦汉时期的漕仓为中心》，《社会科学》2009 年第 9 期。

21. 周建明：《论北宋漕运转般法》，《史学月刊》1988 年第 6 期。

22. 杨亚非：《试论明代漕运方式的变革》，《社会科学战线》1986 年第 2 期。

23. 陈峰：《北宋东南漕运制度的演变及其影响》，《河北学刊》1991 年第 2 期。

24. 陈峰：《试论唐宋时期漕运的沿革与变迁》，《中国经济史研究》1999 年第 3 期。

25. 张新斌：《敖仓史迹研究》，《中国历史地理论丛》2003 年第 1 期。

26. 沈颂金：《秦代漕运初探》，《中国经济史研究》2000 年第 4 期。

27. 薛瑞泽：《先秦至北朝河洛地区的漕运与仓储》，《洛阳工学院学报》（社会科学版）2000 年第 3 期。

28. 邵鸿：《西汉仓制考》，《中国史研究》1998 年第 3 期。

29. 辛德勇：《论细柳仓与澂邑仓》，《陕西师范大学学报》（哲学社会科学版）2010 年第 2 期。

30. 王长松：《历史文化名城保护与发展模式》，《人民论坛》2019 年第 27 期。

31. 宋杰：《敖仓在秦汉时代的兴衰》，《北京师范学院学报》（社会科学版）1989 年第 3 期。

32. 孟宪实：《论隋朝的粮仓管理与隋朝的速亡》，《中原文化研究》2015 年第 4 期。

33. 方孝廉：《洛阳附近的古代粮仓》，《中原文物》1984 年第 1 期。

34. 周源：《隋唐洛阳含嘉仓城东门考》，《中国历史地理论丛》2015 年第 1 期。

35. 曹铁圈：《隋唐时期洛阳及其周围地区仓储初探》，《中州学刊》1996 年第 5 期。

36. 毛佩琦：《明代临清钩沉》，《北京大学学报》（哲学社会科学版）1988 年第 5 期。

37. 周慧清：《晚清财政困境下的南漕改折》，《中国农史》2019 年第 5 期。

38. 吴琦：《漕粮赈济：考察清代社会治理的一个视角》，《运河学研究》2019 年第 1 期。

39. 贾国静：《“治河即所以保漕”？——清代黄河治理的政治意蕴探析》，《历史研究》2018 年第 5 期。

40. 郑民德：《清代漕粮入京监督机制——以大通桥监督为对象的历史考察》，《北京社会科学》2018 年第 10 期。

41. 谢宏维、李奇飞：《明代漕运总督述论》，《史学月刊》2016 年第 10 期。

42. 官士刚：《宋代仓窖储粮探析——〈以天圣令 · 仓库令〉宋令第 1 条为中心》，《山西档案》2018 年第 5 期。

43. 官士刚：《宋代仓窖储粮的考古学观察》，《农业考古》2017 年第 3 期。

44. 周登超等：《明清漕运兴衰的见证者丰济仓》，《档案与建设》2019 年第 7 期。

45. 张晓东：《漕仓、运河与隋朝大一统战略布局》，《中国社会科学报》2014 年 7 月 16 日。

46. 袁飞、任博：《清代漕运河道考述》，《中国农史》2014 年第 2 期。

47. 袁飞：《论嘉庆时期漕政的腐败——以通仓舞弊案为中心的分析》，《社会科学战线》2012 年第 9 期。

48. 何汝泉：《唐代河南漕路续论》，《西南大学学报》（社会科学版）2010 年第 2 期。

49. 郑师渠：《论道光朝漕政》，《历史档案》1997 年第 4 期。

50. 高荣盛：《唐代江淮漕运的历史考察》，《安徽史学》1998 年第 3 期。

51. 吴琦：《清代漕粮在京城的社会功用》，《中国农史》1992 年第 2 期。

52. 吴欣：《运河学研究的理论、方法与知识体系》，《人文杂志》2019 年第 6 期。

53. 吴欣：《明清京杭运河河工组织研究》，《史林》2010 年第 2 期。

54. 林乾：《新喻漕案与包世臣罢官——探究文献背后的真相》，《中国古代法律文献研究》2016 年第 1 期。

55. 郑民德：《清代漕运中的官民冲突——以光绪河南洛阳闹漕案为视角的历史考察》，《农业考古》2015 年第 1 期。

56. 吴琦：《国家事务与地方社会秩序——以清代漕粮征运为基点的考察》，《中国社会经济史研究》2012 年第 2 期。

57. 肖丽红：《从官诬闹漕案看清代地方官漕政理念与地方社会治理——以陆名扬闹漕为中心的考察》，《安徽史学》2010 年第 5 期。

58. 吴琦、肖丽红：《漕控与清代社会秩序——以匡光文控漕事件为中心的考察》，《华中师范大学学报》（人文社会科学版）2009 年第 2 期。

59. 陈支平：《清末民间抗粮与乡族势力》，《厦门大学学报》（哲学社会科学版）2006 年第 1 期。

60. 崔岷：《山东京控“繁兴”与嘉庆帝的应对策略》，《史学月刊》2008 年第 1 期。

61. 邵正坤：《汉代国有粮仓建置考略》，《首都师范大学学报》（社会科学版）2005 年第 1 期。

62. 刘春强：《“以考古经世”：唯物史观与历史语言研究所时期夏鼐的考古学研究》，《史学理论研究》2020 年第 3 期。

后　记

时光荏苒如白驹过隙，转眼间从教育部课题立项到书稿出版已经五个多年头，期间酸甜苦辣，百味俱全，但书稿的出版带走了一切的苦涩与辛劳，留下的只有幸福与快乐！五年间，1800 多个日日夜夜，忘不了档案馆、图书馆、博物馆寻找资料的废寝忘食，忘不了运河沿线田野考察的艰辛，忘不了给予我帮助的所有的人，没有你们，就没有书稿的顺利完成，没有你们，就没有该书的出版，谢谢你们！

首先我要感谢教育部社科基金对我的大力资助，没有该项目的支持，就没有田野考察的资金来源、就没有查询资料食宿的物质支持、就不会有书稿的正式出版，正是项目的资助，才使像我一样的青年教师有了更多科研的动力，有了强化运河文化研究，深入探讨该课题的干劲与冲劲。同时我也要感谢课题组的诸位成员，五年间同心协力，给予了我很多的支持与帮助！感谢人民出版社的柴晨清博士，为书稿的出版尽心尽力，付出了巨大的辛劳，也感谢负责校订、编审的诸位老师，没有你们，就不会有该书的顺利出版！

感谢聊城大学运河学研究院的王云教授、感谢南开大学历史学院的许檀教授，两位恩师在我求学期间在学术上给予我辛勤指导，在生活上给予我巨大帮助，为我的学术研究奠定了坚实的基础，没有你们，就没有我学术生涯的开始与继续！我还要感谢李泉教授、吴欣教授、丁延峰教授、杜宏春教授及诸位同事的支持，在运河学研究院良好的学术氛围下，我感受到了同事们积极热情的科研干劲、坚持不懈的求实态度、奋发向上的进取精神，在这里工作的每一天都充满了激情与动力，鼓舞着我搞好科研、做好项目！感谢北京大学的王长松研究员、北京物资学院的陈喜波教授、淮阴师范学院的李德楠教授，诸位老师对书稿提出了具有建设性的意见与建议，对书稿的进一步完善提供了重要帮助！还要感谢研究生吴霄彤、魏志阳两位同学，在书稿的格式修订、标点检查方面做了大量工作，在此一并表示感谢！

感谢我的家人，在我查询资料、写作书稿期间，给予了我巨大的关怀与帮助！他们在背后默默支持着我，鼓舞着我，使我在完成该课题的过程中没有后顾之忧！

本书写作过程中尽量做到了有理、有据，进行了多次修改与审阅，但由于时间仓促与水平所限，内容难免有这样或那样的缺陷与不足，敬请诸位专家、学者、读者批评与指正！谢谢大家！

郑民德

2020 年 7 月 5 日于聊城大学运河学研究院

责任编辑：柴晨清

图书在版编目(CIP)数据

明清运河漕运仓储与区域社会研究/郑民德 著. —北京:人民出版社,2020.12
ISBN 978-7-01-023009-2

Ⅰ.①明… Ⅱ.①郑… Ⅲ.①大运河-漕运-仓储系统-研究-明清时代
②大运河-流域-社会变迁-研究-明清时代 Ⅳ.①F552.9

中国版本图书馆 CIP 数据核字(2020)第 263783 号

明清运河漕运仓储与区域社会研究

MINGQING YUNHE CAOYUN CANGCHU YU QUYU SHEHUI YANJIU

郑民德 著

人民出版社 出版发行
(100706 北京市东城区隆福寺街 99 号)

北京虎彩文化传播有限公司印刷 新华书店经销

2020 年 12 月第 1 版 2020 年 12 月北京第 1 次印刷
开本:710 毫米×1000 毫米 1/16 印张:22.25
字数:351 千字

ISBN 978-7-01-023009-2 定价:69.00 元

邮购地址 100706 北京市东城区隆福寺街 99 号
人民东方图书销售中心 电话 (010)65250042 65289539